유마경강의

상권

유마경강의
상권

이기영

한국불교연구원

차
례

하권

책을 읽는 분들께

『유마경』은 잘 알려진 바와 같이 반야사상에 입각하여 재가불교 사상을 설파하고 있는 초기 대승불교의 대표적인 경전입니다. 이 경은 불연(不然) 이기영(李箕永) 선생께서 생전에 가장 좋아하셨던 경전 가운데 하나였습니다. 불연 선생 자신의 불교사상과 또 그 근간이 된 원효사상과 일치하는 사상적 경향을 이『유마경』이 명료한 형태와 풍부한 문학적 상징을 통해 보여주고 있었기 때문이라고 생각합니다. 그래서 선생께서는 일찍부터 크고 작은 기회를 통해『유마경』에 대한 강의를 수십 차례 하셨으며, 또 기회 있을 때마다 그 사상을 강조하셨습니다. 그러한 많은 강의 가운데 1992년 4월부터 1993년 6월까지 56회에 걸쳐서 한국불교연구원에서 하셨던 강의가 가장 상세했고, 또 선생의 원숙한 사상에 기초한 해석을 담고 있었습니다. 이번에 상재하는『유마경강의』는 바로 그 강의의 녹음을 풀어서 정리한 것입니다.

강의에 쓰인 텍스트는 구마라집(鳩摩羅什)이 한문으로 번역한『유마힐소설경(維摩詰所說經)』으로, 원래『고려대장경』에 수록되어 있던 것을 토대로 했습니다. 이 강의에 쓰였던 교재는 1994년 고흥순 보살의 편집을 통해『유마힐소설경』이라는 책으로 출간된 바 있습니다. 1994년의 책에서 불연 선생은 '책을 대하는 독자 여러분이 직접 유마거사와 대화해 보고 그의 온몸에서 풍겨 나오는 그윽하고도 호쾌한 지혜의 향기에 젖어 보라는 뜻에서' 해설을 넣지 않았다고 하셨습니다. 그러나 이와 별도로 방대하고 상세한 해설서를 내고자 하는 생각을 선생께서 오랫동안 갖고 계셨던 것은 이번에 출간하는 강의의 내용에서도 확인할 수 있습니다. 특히 티베트본 『유마경』에 대한 상세한 번역을 낸 바 있는 에띠엔느 라모뜨(Étienne Lamotte) 교수의 제자로서, 라모뜨 교수의 업적을 참조하여 한역본 『유마경』의 보다 충실한 번역 및 해설서를 내는 작업은 선생께 의무감으로 느껴지기도 했던 것 같습니다. 그러나 열반에 드시는 순간까지 선생의 과중한 업무 때문에 그 작업은 실현되지 못하고 말았습니다. 따라서 이번에 내는 『유마경강의』는 미진하나마 선생께서 계획하셨던 번역 및 해설서를 대신하는 책이라고 할 수 있을 것입니다.

총 100시간이 넘는 이 강의의 녹음은 이순광 법사가 풀고, 조문현, 서광구, 정복선 보살이 각각 나누어 1차 정리를 했습니다. 다음에 이주형 교수가 2차 정리를 했고, 정호영 교수가 내용을 검토해 주었습니다. 다시 그 다음에 고흥순, 이수경 보살을 포함하는 모든 편집위원들이 몇 차례에 걸쳐서 최종 정리 및 교열 작업에 참여했고, 그 밖에 많은 분들이 마지막 작업을 도와주었습니다. 이 과정에서 1994년판 번역본에 있는 일부 오식을 바로잡고, 강의의 내용을 참조하여 필요한 부분은 수정했습니다.

『유마경』은 하나의 문학작품으로 읽기에도 손색이 없고 매우 매혹적인 이야기를 서술하고 있지만, 불교에 대한 초보자가 읽기에는 결코 쉽지 않은 내용을 담고 있습니다. 기본적인 불교 용어에 대한 해설이 강의 중에 제시되고 있지만, 이러한 강의에서 일일이 모든 것을 설명할 수 없음은 자명하다고 하겠습니다. 따라서 기본적인 용어나 사항에 대해서는 불연 선생의 『불교개론강의』(불연이기영전집 제24권)를 참조할 것을 권합니다.

공교롭게도 이 『유마경』에 대한 강의는 1991년 3월부터 12월까지 행해진 『불교개론』에 대한 강의(『불교개론강의』로 출간)와 1993년 6월부터 1994년 9월까지 행해진 『임제록』에 대한 강의(『임제록강의』로 출간, 불연이기영전집 제30권)의 사이에 정확히 위치합니다. 『불교개론강의』 및 『임제록강의』와 연결해 읽으면서 당시 불연 선생의 사상 경향과 추이를 음미할 수 있다는 점에서도 이 책의 의미가 있으리라 생각합니다.

이 책을 불연 선생의 4주기를 맞아 삼가 영전에 바치며, 선생이 생전에 일관되게 주창하셨던 투철한 사상이 21세기의 한국 현대불교계에서 꽃필 수 있기를 기원하는 바입니다.

2000년 11월 9일
불연전집 편집위원회 합장

1994년판 『유마힐소설경』 서문

경 읽는 것으로부터 시작한 나의 불교 공부는 이제 마음 공부, 어떻게 올바르게 사느냐 하는 공부로 바뀌었다. 그러나 나는 나 자신의 입에서 하나의 경전과 같은 말, 나의 몸에서 경전의 가르침과 같은 행동이 아직도 자유자재로 나오지 않는 상태이기 때문에 경전을 보고 확인하고, 경전을 보고 다시 생각하며 다짐하는 생활을 필요로 하고 있다. 내가 경전 강의를 넓고 깊게 반복하며 살고 있는 것은 나의 염불이요, 나의 참선이다.

나의 불교 공부는 스승 에띠엔느 라모뜨 교수를 만나면서 시작되었다. 그러나 그가 나에게 있어서 누구와도 바꿀 수 없는 커다란 은인이었다는 것을 확실히 알게 된 것은 그가 별세하고 난 뒤 그를 더 이상 가까이서 모시고 배우며 물어 볼 수 없게 된 때에 와서 그가 남긴 정확하고 풍부한 여러 대승 경론의 연구서를 다시 정독하면서부터이다.

대장경은 무궁무진한 보배가 있는 바다이다. 나는 일찍부터 그 진리의 보배들을 찾아 경전과 논서들을 읽어 왔다. 그리고 그 중에서 내 나름대로 가장 마음에 드는 뜻깊은 경과 논들을 점찍어 그것들에 대해 특별한 관심을 표해 왔다. 그것은 내가 유럽에 있으면서 아직 원효의 저술들을 면밀히 검토하기 이전부터의 일이었다. 그런데 귀국 후 원효의 저술들을 검토하고 나서 그러한 나의 선택이 원효의 선택과도 일치하고 있음을 발견하고, 나는 새삼스럽게 원효를 흠모하는 마음을 더욱 두텁게 하게 되었다. 그런데 또 놀라웠던 것은 라모뜨 선생이 연구한 저술들이 바로 원효대사가 중시한 경전 및 논서들과 일치한다는 사실이었다. 라모뜨 선생은 원효대사에 대해서 거의 아무 것도 모르는 사람이었는데도 보는 눈이 같았던 것일까? 나는 라모뜨 선생이 살아 계실 때 "선생님이 좋아하신 경전과 논서가 바로 우리 신라의 원효대사가 좋아하던 것들이었습니다" 하고 말씀드릴 기회를 갖지 못한 데 대해 아쉬움을 갖는다.

『유마힐소설경』도 바로 그런 경전 중의 하나이다. 나는 이 책을 내기까지 여러 번 이 경을 강의하고 해설했다. 최근에 한 유마경 강의는 전 14품을 남김없이 세밀하게 음미하며 읽어 가는 데 2년이나 걸렸다. 옛날 중국의 대강사(大講師)들은 한 경(經)을 일생에 100번도 넘게 강(講)한 일이 있다는데, 나처럼 2년에 겨우 한 번이라면 200세를 살아야 할 판이다. 하기야 그분들은 매일 하루에도 몇 번씩 그 일만을 했을지 모르지만, 나는 일주일에 한 번을 할 뿐이었으니 우리의 노력이 얼마나 부족한 것인가를 다시 한번 생각하지 않을 수 없다.

나는 강의 때마다 내 나름대로의 생각을 덧붙여 왔지만 이번에 책을 내면서는 그 부분을 빼고 다만 한문의 현토(懸吐)와 우리말 번역을 정확히 대조하면서 읽어 갈 수 있도록 그 부분에만 신경을 썼다. 한문만 가지고 뜻이 분명치 않은 곳이 많았으므로 라모뜨 교수가 출간한 티베트본과 그 프랑스어역 및 그의 상세하고 방대한 주와 산스크리트어로 복원한 원어를 알리는 데도 적지 않은 배려를 했다. (중략)* 한문의 현토는 될 수 있는 대로 현대어에 가깝게 하려고 했으나 경전이라는 점을 고려해 그 품위를 잃지 않도록 배려했다. 중간 중간에 표제가 붙어 있는데, 이것은 라모뜨 교수가 붙인 것으로 거의 대부분을 그대로 따랐다. 한문 원문을

---

* 이번 강의와 무관한 1994년판 번역서의 서술방식과 관련된 설명은 생략함.〔편자 주〕

문단으로 구분하고 번호를 매긴 것은 한문 원문과 우리말 번역을 대조하는 데에도 필요하겠지만 경의 문맥을 이해하는 데에도 도움이 된다고 생각되어 그대로 두었다. 이것 역시 라모뜨 교수에게 배운 방법이다.

1994년 5월
불연거사 합장

일러두기

• 구마라집 역『유마힐소설경』의 원문을 앞에 붙이고, 그 뒤에 번역과 해설을 실었습니다. 원문의 현토는 불연 선생의 1994년판 번역서의 것을 그대로 따르면서 일부 수정했습니다.

• 강의 본문에서는 원문의 어구가 처음 나올 때는 원문대로 한자를 쓰고 괄호 안에 한글을 넣었습니다. 그 밖의 경우에는 모두 한글을 위주로 하여 한자를 괄호 안에 넣었습니다.

• 각 품에서 (1), (2), (3)…으로 표시된 원문의 분단(分段)은 원래 라모뜨 교수가 티베트본『유마경』의 불어 번역본에서 한 것을 불연 선생이 거의 그대로 따른 것입니다. 라모뜨 교수의 분단에는 한문본에 적용하기에 부적절하다고 판단되는 부분들이 일부 있지만, 라모뜨 교수의 티베트본 번역서와의 대조를 쉽게 하기 위해서, 조금만 수정하고 대체로 그대로 두었습니다.

• 불연 선생이 참조하신 라모뜨 교수의 번역서는 Étienne Lamotte, *L'Enseignement de Vimalakīrti* (Louvain : Institute Orientaliste, Univrsité de Louvain, 1962)입니다. 그 밖에 선생의 서재에 있던 일본 학자들의 여러 책을 참조하신 것으로 보이지만, 강의 중에 별로 언급되지 않고 있기 때문에 그에 대한 언급은 생략하고, 그 대신에 그 책을 중심으로『유마경』에 대한 참고문헌을 하권 말미에 실었습니다.

강의를 시작하며

『유마경』 강의를 시작하겠습니다. 이 경전은 서력기원 1세기 혹은 2세기경에 성립되었다고 보는 굉장히 오래 된 경전입니다. 서력기원 전후에 인도에서는 종래 부파불교의 출가중심주의, 율법주의, 형식주의에 대한 강력한 비판으로 대승불교가 일어났습니다. 그래서 등장한 대승불교의 대표적인 경전들 가운데 『반야경』이 있습니다. 이 『유마경』은 『반야경』보다 조금 늦은 시기에 반야사상을 바탕으로 성립된 것으로, 초기 대승경전 중에서는 비교적 그 성립이 오랜 것으로 알려져 있습니다. 내용상 반야계통의 문헌에 속한다고 할 수 있지만, 보살행(菩薩行)의 강조, 새로운 불국토관(佛國土觀)의 제시 등 매우 참신한 사상을 이야기하고 있어서 대승불교권에서 일찍부터 매우 존숭받아 온 경전입니다.

이제 우리가 공부하게 될 텍스트는 구마라집(鳩摩羅什)이 번역한 『유마힐소설경(維摩詰所說經)』이라고 하는 것입니다. 이것을 포함해서 중국에서는 다음과 같이 일곱 차례 번역된 것으로 알려져 있습니다.

  1. 후한(後漢) 엄불조(嚴佛調) 역, 『고(古)유마힐경』(2권)
 *2. 오(吳) 지겸(支謙) 역, 『유마힐경』(2권)
  3. 서진(西晋) 축숙란(竺叔蘭) 역, 『이(異)유마힐경』(3권)
  4. 서진 축법호(竺法護) 역, 『유마힐경』(1권)
  5. 동진(東晋) 기다밀(祇多蜜) 역, 『유마힐경』(4권)
 *6. 요진(姚秦) 구마라집 역, 『유마힐소설경』(3권)
 *7. 당(唐) 현장(玄奘) 역, 『설무구칭경(說無垢稱經)』(6권)

이 중에 *표로 표시된, 지겸이 번역한『유마힐경』과 구마라집이 번역한『유마힐소설경』, 현장이 번역한『설무구칭경』만이 남아 있습니다. 이 밖에 훨씬 뒤 9세기 이후에 만들어진 티베트어 번역이 완전하게 남아 있고, 소그드어와 호탄어 번역의 단편(斷片)도 남아 있어서 이 경전이 광범하게 유통되었음을 알려줍니다.

현재 남아 있는 세 가지 한역본 품들의 제목은 다음과 같습니다.

지겸 역	구마라집 역	현장 역
1. 佛國品	佛國品	序品
2. 方便品	方便品	顯不思議方便善巧品
3. 弟子品	弟子品	聲聞品
4. 菩薩品	菩薩品	菩薩品
5. 諸法言品	文殊師利問疾品	問疾品
6. 不思議品	不思議品	不思議品
7. 觀人物品	觀衆生品	觀有情品
8. 如來種品	佛道品	菩提分品
9. 不二法門品	入不二法門品	不二法門品
10. 香積佛品	香積佛品	香臺佛品
11. 菩薩行品	菩薩行品	菩薩行品
12. 見阿閦佛品	見阿閦佛品	觀如來品
13. 法供養品	法供養品	法供養品
14. 囑累彌勒品	囑累品	囑累品

이 세 가지 본을 보면 14개 품의 이름들이 거의 일치하는 것을 알 수 있습니다. 이 중에 지겸의 번역에는 구마라집의 번역과 비교해서 빠진

부분들이 제법 있습니다. 지겸이 썼던 원본이 구마라집의 원본보다 더 오래된 것일 가능성이 높습니다. 지겸의 번역은 중국 남부에서 널리 읽혀졌지만, 번역용어도 분명하지 않고 통일되지 않은 것들이 많아서 구마라집의 번역이 나온 뒤에는 거의 읽혀지지 않았습니다.

구마라집의 번역은 406년 장안에서 이루어졌는데, 중국과 한국, 일본에서 가장 널리 읽혔습니다. 지금 『유마경』에 대해서는 여덟 가지 정도의 오래된 주석서들이 남아 있는데, 그 중에 일곱 가지가 이 구마라집의 번역에 대한 것입니다. 현장의 번역은 구마라집의 번역과 대체로 내용이 일치하지만, 조금씩 차이가 있습니다. 현장의 번역에 대해서는 현장의 제자인 규기(窺基)만이 주석서를 남겼습니다. 이렇게 동양에서는 현장의 번역은 별로 읽지 않고 구마라집의 번역을 많이 읽어 온 것이 지금까지의 전통입니다. 그래서 이 강의에서도 구마라집의 『유마힐소설경』을 텍스트로 하겠습니다.

그런데 한문은 원래 인도말과 언어구조가 다르기 때문에 모호하고 정확하지 않은 부분들이 많이 있습니다. 특히 구마라집의 번역에는 단순화된 표현이 많기 때문에 현장의 번역이나 티베트말 번역도 참고할 필요가 있습니다. 제 은사인 에띠엔느 라모뜨 교수가 티베트본을 불어로 번역하고 다른 한문본들과 자세하게 대조해서 낸 책이 있는데 도움이 많이 됩니다. 이 강의를 하면서 그 책도 참고로 하도록 하겠습니다.

이 경은 『유마힐소설경』, 산스크리트어로는 Vimalakīrtinirdeśa(비말라키르티니르데샤)라고 합니다. 유마힐, 즉 Vimalakīrti(비말라키르티)라는 사람이 설한 경이라는 뜻입니다.

Vimala에서 mala는 '죄', '죄구(罪垢)', '때'라는 말입니다. '때'라고 하는 것은 불교에서 '잘못'이라는 말이에요. 죄과(罪過), 여러 가지 잘못을 저지르는 것입니다. 이것은 라틴어와 꼭 같아요. vi는 '없다'는 말이에요.

그러니까 Vimala는 '무구(無垢)'가 되죠. kīrti는 '명예', '칭찬'이란 말입니다. 현장은 이 이름을 '무구칭(無垢稱)'이라고 뜻으로 옮겼는데 번역을 잘했어요.

구마라집은 이 Vimalakīrti를 그냥 음으로 옮겨서 '維摩詰(유마힐)'이라고 한 것입니다. 그러니까 '維摩詰'을 한자의 뜻으로 풀려고 하면 안 되죠. 이것은 그냥 음만 빌려 쓴 거예요. 중국 사람들은 '維摩'를 지금은 '웨이모(wéimó)'라고 읽는데, 아마 옛날에는 '위마'라고 읽었을 것 같습니다. 우리는 지금 '유마'라고 읽죠. '詰'을 요즘 중국 사람들은 '지에(jié)'라고 읽는데, 아마 옛날에는 '길'과 비슷하게 읽었을 거예요. kīrti를 음으로 비슷하게 쓰려고 하면서, '詰'이라는 글자를 쓴 겁니다. 그러니까 아마 옛날에는 '위마길' 비슷하게 발음됐겠죠.

nirdeśa의 deśa는 diś(디슈)라고 하는 동사에서 온 말인데, diś는 '가리킨다', '말한다', '보여준다'는 말이에요. deśa는 그 말에서 파생된 명사입니다. nir는 여기서는 큰 뜻 없이 그냥 강조의 의미죠. 그래서 Vimalakīrti-nirdeśa는 '유마힐이 설한 경전'이라는 뜻입니다. 이것을 『유마힐소설경(維摩詰所說經)』이라고 했고, 다시 줄여서 『유마경』이라고 부르는 것입니다.

불국품 佛國品 第一

『유마경』은 첫 품에 '불국품'이라는 제목이 붙어 있습니다. 어떤 경이든지 경에는 대개 첫머리에 '서품(序品)'이라고 하는 것이 있는 법이죠. 서론격인 품이 있는 것입니다. '품'이라고 하는 것은 요새 말로 하면, '장(章)'이라고 하는 것이죠. 오래된 경전에서는 '장'이라는 말이 잘 안 쓰이지만, 그런 경우도 있기는 합니다.『승만경(勝鬘經)』에서는 '장'이라는 용어를 쓰고 있습니다. 이 경은 아주 짧막한 경이어서 '장'자가 사용됐지만, 대부분의 큰 경들은 전부 다 '무슨 품', '무슨 품' 이렇게 되어 있어요. 그래서 '서품'이라는 것이 보통 맨 처음에 옵니다. 구마라집은 이 첫 품을 '불국품'이라고 붙였는데, 현장은 이것을 '서품'이라고 하고 있어요.

『유마경』의 첫 품인 '불국품'에서는 불국토에 대한 이야기를 하고 있습니다. 불국토에 대해서는 지난 해 원효학당 강의에서 원효의『무량수경종요(無量壽經宗要)』를 공부하면서 무량수불의 나라를 통해 생각해 보았습니다. 무량수불은 아미타불(阿彌陀佛)이라고도 하는데, 한량없는 생명의 부처, 혹은 한량없는 빛의 부처, 광명의 부처, 그렇게 번역이 되죠. 무량수(無量壽), 무량광(無量光). 무량, 한량없다, 측량할 수 없다, 우리의 생각으로는 이루 헤아릴 수도 없다. 그렇게 우리의 생각을 초월하는 빛이요, 생명이다. 그 아미타 부처님의 나라가 서쪽에 있다고도 하고, 거기에 가서 태어나는 것을 정토왕생이라고 했어요. 정토왕생의 요건이 뭐냐, 어떻게 하면 거기 가서 태어나느냐 하는 문제에 대해서, 원효 대사가『무량수경』을 해석하면서 하신 말씀을 우리가 공부한 일이 있는데, 그때 제일 중요한 것은 '발심(發心)'이라는 것이었습니다. '나는 깨달음을 얻고야 말겠다'는 발심, 그 발원(發願), 그것이 제일 중요하다고 했습니다.

『무량수경』혹은『아미타경』이라고 불려지는 경이 세 가지가 있는데, 그 경들만을 근거로 삼고 신행생활을 해 나가는 종파를 정토종이라고 하죠. 나는 종파불교를 좋아하지 않는 사람이고, 아니 좋아하지 않는 것이 아니라 종파불교를 하면 안 된다고 생각하는 사람입니다. 그것이 원효 대사의 가르침이고, 또 부처님의 가르침이기도 해요. 석가모니 부처님이 돌아가신 다음에 종파들이 만들어졌으니까, 부처님은 종파라는 게 어떻게 생긴 것인지도 몰랐다구요. 물론 법신(法身) 부처님은 알고 계시겠죠. '아, 이놈들 참 딴 짓만 하고 있구나' 하면서 잘 알고 계실 거예요. 그래서 불교를 어느 종파, 어느 특정한 경전에만 국한시켜서 생각하고, 그렇게 믿는 것은 잘못된 겁니다.

　해석을 잘하면 『아미타경』이나 『무량수경』에서 하고 있는 이야기도 『유마경』에서 하고 있는 이야기와 다 통하는 점이 있을 거예요. 『유마경』은 어느 종파의 경전이 되지는 않았습니다. 유마종이라고 하는 것은 없습니다. 그러니까 그 점에서는 안심하고 이 경을 공부하셔도 되겠어요. 『유마경』은 '종파?' 그런 것 하지 말라고 아주 강하게 강조하는 경입니다. 『유마경』을 『무량수경』이나 『아미타경』 같은 경전과 비교해 보면, 그 경전들은 사상의 깊이에서 『유마경』에 갖다 댈 수가 없어요. 그 경전들은 감상적이고 연약하고, 어디 가서 매달리지 않고서는 못 살 사람들이 가서 의지하는 경입니다. 그에 비해 『유마경』은 그런 단계를 다 넘어서서, 아무리 그런 단계에 있었더라도 다 초월하여 제 힘으로 이미 고통을 겪지 않게 된 것은 물론이고, 다른 사람들을 위해서 헌신적으로 올바로 사는 길을 가르쳐 주는 것을 가장 중요하게 생각하는 경입니다. 이제 '불국품'을 읽어 보면, 그런 것을 잘 알 수 있습니다.

　'불국품'은 크게 두 부분으로 나누어집니다. 이제 1번부터 5번까지가 전반부이고, 6번부터가 후반부가 됩니다. 여기 번호는 라모뜨 교수의 견해를 참조해서 제가 매겼는데, 글이 너무 길다 보면 암만 해도 단락을 지을 필요가 있거든요. 또 각 부분마다 제목을 붙였습니다. 맨 앞부분에는

'서설'이라는 제목이 붙어 있죠. 그럼 이 부분부터 읽어 나가도록 하겠습니다.

1. 서설

(1)
如是我聞 一時에 佛在 毗耶離 菴羅樹園하사
與大比丘衆 八千人이며, 俱菩薩 三萬二千이니.

如是我聞 이와 같이 내가 들었노라.

'여시아문(如是我聞)'이라는 말이 경의 맨 첫머리에 나오는 것은 아마 모르는 분이 별로 없을 거예요. 인도말로는 'evam mayā śrūtam'이라고 합니다. evam은 '이와 같이'라는 뜻인데, '진실 그대로'라는 말이에요. '진리 그대로 내가 들었다.' '나에게 그것이 들려 왔다.' mayā는 '나에 의하여', śrūtam은 '들려졌노라'라는 뜻입니다. '이와 같이 나에 의해서 들려졌노라.'

'내가 이와 같이 들었다', 우리는 이렇게 이야기하지만, 거기서는 '내가'가 너무 강조돼요. '내가'가 '뭐가 중요해요? '여시아문'에는 '내가'가 아니라 '들려진 것이 중요하다'는 뜻이 있습니다. 그래서 옛날 사람들은 번역할 때 '아(我)'자를 뺐어요. '문여시(聞如是)'라고 번역한 사람이 있었습니다.

이것도 자세히 설명하려면 많은 이야기들을 해야만 합니다. 어떤 때는 이것만 가지고 일주일 내내 강의한 경우도 있습니다. 여기서는 간단하게 참고로, '여시'라는 말에는 믿고 순순히 따른다는 신심의 표시도 있다는 것을 이야기하고 넘어 가겠습니다.

一時佛在 毗耶離菴羅樹園 與大比丘衆八千人 俱菩薩三萬二千 어느 때 부처님께서 비야리성의 암라팔리 동산에 비구 팔천 명과 보살 삼만 이천 명과 함께 계셨다.

'비야리(毗耶離)'는 바이살리(Vaiśāli)라고 하는 지명이죠. 베살리(Vesāli)라고도 합니다. '암라(菴羅)'는 그 교외에 있는 암라팔리(Āmrapāli)라고 하는 동산의 이름을 음으로 옮긴 것입니다. '암라'는 망고 같은 과일을 말하죠. 여기에 대비구중 팔천 명과 삼만 이천 명이나 되는 보살과 함께 부처님이 계셨다는 말입니다.

티베트본에는 한문 번역의 '與大比丘衆八千人(여대비구중팔천인)'과 '俱菩薩三萬二千(구보살삼만이천)'에 해당하는 부분 사이에 팔천 명의 대비구들이 갖춘 덕을 쫙 열거하고 있어요. 그러나 구마라집과 현장의 한문 번역에는 그 부분이 없습니다. 한문 번역에서 의도적으로 뺀 것이 아니라 티베트본과 원본이 달랐던 것 같아요.

누가 이 경을 듣느냐, 그 사람들을 '대고중(對告衆)'이라고 하죠. 對告, 부처님께서 말씀을 하신 데 대해 상대가 되는 衆, 대중입니다. 대고중이 누구냐 하는 것이 늘 문제인데, 여기는 비구도 있고, 보살도 있고, 다 있어요. '대비구중(大比丘衆)'은 비구들을 이야기하죠. '성문중(聲聞衆)'이라고 할 수도 있을 거예요. 숫자로 보아서 성문중보다 보살이 삼만 이천 명으로 훨씬 많은 것을 보면, 이것이 대승경전의 특색이구나 하는 것을 알게끔 됩니다.

(2)
衆所知識이며 大智本行을 皆悉成就하니 諸佛威神之所建立이요,
爲護法城이며 受持正法하며, 能師子吼하여 名聞十方하고,

衆人不請이로되 友而安之하며, 紹隆三寶하여 能使不絶하고,
降伏魔怨하며 制諸外道하니라.
悉已淸淨하여 永離蓋纏하며 心常安住하고,
無礙·解脫·念·定·總持·辯才가 不斷하며,
布施·持戒·忍辱·精進·禪定·智慧 及方便·力이 無不具足이니라.
逮無所得 不起法忍하고 已能隨順하며 轉不退輪하고 善解法相하며,
知衆生根하여 蓋諸大衆하고 得無所畏하며, 功德智慧로 以修其心하며,
相好嚴身하여 色像第一이나 捨諸世間所有飾好하니라.
名稱高遠함이 踰於須彌하며, 深信堅固함이 猶若金剛하며,
法寶普照하여 而雨甘露하니, 於衆言音에 微妙第一이며,
深入緣起하여 斷諸邪見하니, 有無二邊에 無復餘習하며,
演法無畏함이 猶師子吼하니라.
其所講說은 乃如雷震하여 無有量 已過量하고
集衆法寶함이 如海導師이니라.

이제 여기부터 (2)와 (3)의 부분에서는 이곳에 모인 보살의 덕행을 설
명하고 있습니다. 여기 『유마경』을 설하는 장소에 참석한 사람들이 어떤
사람들인가 설명하는 것을 보면서, 『유마경』이 생각하는 이상적인 사람
이 어떤 사람들이냐를 살필 수 있습니다. 보살은 물론 이상적인 인간인
데, 그 보살은 어떤 덕목을 갖추고 있어야 하느냐를 볼 수 있는 거예요.

衆所知識 그들은 많은 사람들로부터 잘 알려진 이들이었다.

이 모든 사람들이 다 우뚝우뚝 솟은 봉오리와 같아서 사람들에 의해
서 모두 다 알려진 그런 사람들이었다.

大智本行 皆悉成就 큰 지혜와 수행이 다 이룩되었는데.

'대지본행(大智本行)'을 다 성취했다. 누구나 지(智)와 행(行), 그것

을 갈고 닦으면 참으로 위대한 힘을 발휘할 수 있는 바탕을 가지고 있다고 보고 있는 것이죠. 그래서 그것을 특히 본행(本行)이라고 하고 있습니다.

여기서 여러분들이 생각해야 될 것이 있습니다. 아직 이 시기에는 등장하지 않았지만, 나중에 생긴 『대승기신론(大乘起信論)』과 같은 책에 나오는 소위 본각(本覺)이니 시각(始覺)이니 하는 사상을 여기서 생각해 볼 수 있어요. 모든 사람의 마음은 본래가 각(覺)이고, 깨달은 환한 마음바탕을 갖고 있다. 누구든지 다 그런 것을 갖고 있다. 이것은 『대승기신론』이라는 책에서 강조한 것이죠. 『대승기신론』은 5세기경에 만들어진 책이에요. 그러니까 『유마경』이 생겼을 무렵에는 아직 나타나지 않았지만, '일체중생이 다 본래 각이다'는 말은 『대승기신론』의 이야기거든요. 모든 살아 있는 것들은 다 본래가 각(覺) 그 자체이다. 또 그것을 다른 경전에서는 '일체중생은 다 불성(佛性)을 가지고 있다'고 하죠. '一切衆生(일체중생) 悉有佛性(실유불성)'이라는 말이 있잖아요. 일체중생은 다 부처가 될 마음바탕을 가지고 있다. 대승불교의 『열반경(涅槃經)』에서 하는 말입니다.

이런 이야기가 『열반경』이나 『대승기신론』 같은 데에서 뚜렷하게 설명되었는데, 부처님의 초기 경전에서부터 그런 사상은 다 있었던 것이라고 보아야 되겠죠. 옛날 옛적에 '모든 악은 행하지 말고 모든 선은 다 받들어 행하라. 그리고 네 마음을 깨끗하게 하라. 이것이 부처님의 가르침이니라(諸惡莫作 衆善奉行 自淨其意 是諸佛敎)'고 하는 가르침이 있었어요. 여기서 '네 마음을 깨끗이 하라'는 이야기는 네 마음은 본래 본바탕이 깨끗한 것이니까, 그 깨끗한 본바탕만 갖추게 되면 악한 일을 안 하게끔 되고 모든 선한 일을 다 하게끔 된다는 전제를 가지고 있다고 볼 수 있는 거죠. 전부 다 통하는 이야기라고 보아야 합니다.

皆悉成就(개실성취), 누구나 다 가지고 있는 이 마음을 성취했다. 여기서 '성취'라는 말이 중요합니다. '성취'라는 것이 무슨 말입니까? 우리가 구도회에서 '삼대서원(三大誓願)'[1]을 할 때 '요익중생(饒益衆生)'이란 말을 합니다. '중생들에게 이익을 준다'는 말인데, '요익'과 '이익'은 같은 이야기죠. 그런데 '성취중생'이라고 하는 말도 있거든요. 중생들을 성취하도록 한다. 중생은 아직 그 삶을 성취하지 못한 사람이니까 그 삶이 온전한 것이 되도록 성취하라는 말이죠. '성취'라는 말 말고 또 비슷한 말로 쓰이는 것으로 '성숙중생(成熟衆生)'이라는 말이 있어요. 성숙하게 해라. 그러니까 우리가 가야 하는 목표는 뻔하다구요. 우리에게 있는 아직 성취되지 않은 미완성의 것을 완성시키는 것이고, 아직은 미숙한 것을 성숙한 것으로 만들어 가는 것입니다. 이것이 불교가 우리에게 제시하는 목표이고 우리가 가야 하는 목표인 것입니다. 그것은 두 가지로 설명이 되는데, 하나는 지혜로워지고 하나는 자비로워지라는 것이죠. 지혜와 자비입니다. 대지(大智)와 대행(大行)이죠. '대지본행'이라고 했지만, 이것은 '대지대행'이라고도 할 수 있거든요. 이것을 다 성취한 사람들이 있는데, 그 다음의 이야기가 중요합니다.

諸佛威神之所建立 그것은 제불, 모든 부처의 위신력으로 말미암아 이룩되었으며.

그 사람들이 어떻게 해서 그렇게 됐느냐 하면, 제불위신력(諸佛威神力), 모든 부처님들의 위신력으로 말미암아 그렇게 된 거라는 말입니다. 불교는 결코 신비적이거나 초인간적인 능력을 무시하지는 않아요. 또

---

1) 불연 선생께서 창립하신 구도회는 다음과 같은 '삼대서원'을 가지고 있다. 첫째, 우리는 구도자, 보살의 길을 간다. 둘째, 우리는 '귀일심원 요익중생(歸一心源 饒益衆生)'의 이상을 산다. 셋째, 우리는 사무량심(四無量心), 십바라밀(十波羅蜜)을 실천한다.〔편자 주〕

'제불(諸佛)'이라고 했는데, 부처님이 딱 한 분만은 아닙니다. 만약에 기독교라면 '하나님 아버지의 은혜로 내가 성숙했다'고 할 테지만, 여기서는 '모든 부처님들의 위신력에 의해서 건립된 것이다'라고 했습니다.

그러면 부처님들의 위신력이라고 하는 것은 어디에서 나오느냐? 그것은 우선 자기 안에 있습니다. 또 자기 주위의 많은 사람들 안에 있어요. 우리는 이 세상의 모든 것으로부터 제불의 위신력을 받을 수가 있어요. 제불의 위신력이라고 하는 것은 등(燈)을 만들 때도 와서 작용해요. 이렇게 강의를 듣고 있는 시간에도 사람에 따라서 제불의 위신력을 받겠죠. 삐딱해서 안 들으려고 하는 사람은 못 받겠지만. 나는 삐딱하게 안 들으려는 사람들을 많이 만나봤거든요. 경영대학원 같은 데 가면, 돈 많고 높은 사람들 중에는 처음부터 안 들으려고 하는 사람들이 있는데, 그런 사람들은 못 받죠. 그러나 마음을 활짝 열고 받으려고 하는 사람들은 제불의 위신력을 받는다구요. 조금 연 사람들은 조금 받고, 많이 연 사람들은 많이 받고 그러는 것 아니겠습니까? 어디에서든지 제불의 위신력을 받을 수 있어요. 텔레비전을 보면서도, 신문을 보면서도 받을 수가 있습니다. 제불의 위신력은 도처에 있습니다. 반드시 거룩한 것에만 제불의 위신력이 있는 것은 아니란 말이죠.

'제불의 위신력에 의해서 건립된 것이다.' 여기서 벌써 불국토라고 하는 것이 이런 식으로 건립된다는 것을 생각할 수 있지 않습니까? 내가 불국토를 세우고 싶고, 내가 부처님의 궁전이 되고 싶으면, 스스로 가슴을 활짝 열고 부처님을 받아들이고 그 위신력을 자기 것으로 삼기만 하면, 거기에 그런 것을 지을 수가 있다는 이야기가 여기에 나오는 것이죠.

爲護法城 受持正法 能師子吼 名聞十方 법을 지키는 성곽이 되어서 정법을 간직하고, 사자가 포효하듯이 진리를 말하여, 그 이름이 시방세계에 널리 알려져 있다.

爲護法城(위호법성), 법을 지키는 성이 됐다는 말이에요. 법을 알고, 그 사람 안에 법이 있습니다. 그 사람의 생활이 그냥 그대로 법이죠. 가끔 용기 있는 사람들이 있어요. 만용이 아니라 지혜와 자비로운 원력(願力)에 입각해서 불의에 항거하며, '자, 나를 따라오라. 너희들 불의의 마구니들아!' 하고 나서는 것입니다.

호법의 성이 되어 정법을 간직하고, 그저 한번 말했다 하면 사자후란 말입니다. 이런 사람이 되고 싶지 않느냐는 말입니다. 사자후(師子吼), 사자가 한번 소리를 지르면 백수(百獸)의 뇌수(腦髓)가 그냥 다 깨져 버린다잖아요? 『증도가(證道歌)』에 그런 이야기가 나오죠? 다른 짐승들은 겁에 질려서 꼼짝달싹 못 하게 된다고 합니다.

衆人不請 友而安之　사람들이 청한 바 없었지만, 친구가 되어 마음을 편안하게 해 주며.

청하지 않았는데 갈 수가 있나? 얻어먹으러 가려면 가지 말아야 하지만, 좋은 일 해 주러 가려면 가란 말입니다. 그 사람을 편안하게 해 주기 위해서 가란 말이에요. 불교의 미셔너리(missionary) 정신이 여기에 있죠. 누구를 정복하러 가는 게 아니라, 당원을 만들러 가는 게 아니라, 교인을 만들러 가는 게 아니라, 그 사람이 편안한 마음을 갖게 하기 위해서 간단 말이에요. 그게 중요한 겁니다. 우리는 나쁜 폐를 끼치는 불청객이 되지 말고 편안하게 해 줄 수 있는 불청지우(不請之友)가 돼야죠.

紹隆三寶 能使不絶 降伏魔怨 制諸外道　불·법·승 삼보를 길이 빛나게 하여 그 맥이 끊기지 않게 하며, 마구니와 같은 원수를 항복시키며, 수많은 외도(外道)들을 제압하였다.

보살은 그런 사람들이다. 사실 여기서 할 말을 다 했어요. 우리가 바라고 있는 희망사항이 이 사람들에 의해서 다 이루어지고 있습니다.

悉已淸淨 永離蓋纏 心常安住　몸과 마음이 모두 청정하고, 번뇌망상에

서 영원히 떠나 언제나 평안하게 살며.

'永離蓋纏(영리개전)'의 '蓋纏'이라고 하는 것은 오개(五蓋)와 십전(十纏)을 말합니다. 이것은 다 번뇌를 두고 하는 이야기인데, 마음을 가리는 다섯 가지 번뇌, 사람을 묶어 두려고 하는 열 가지 번뇌입니다. 그런 것을 다 떠나서 마음이 항상 편안한 가운데 머물고 있다는 이야기죠.

無礙解脫念定總持辯才不斷 무애, 해탈, 정념, 선정, 총지와 변재가 끊임없으며.

무애는 사무애(四無礙)이고, 해탈은 팔해탈(八解脫)입니다. 그 다음의 염(念)은 삼념주(三念住), 혹은 정념(正念)이고, 정(定)은 정정(正定)으로 보아도 좋겠어요. 염은 기억력과도 관계가 있고, 정은 마음에 산란함이 없는 것이죠. 총지(總持 혹은 摠持)는 수행의 결과 여러 가지 힘이 모두 갖추어져서 언제든지 발휘될 수 있는 잠재력이 다 갖추어진 상태를 말합니다. 변재(辯才)는 변설, 말을 잘하는 재능을 갖추고 있는 것을 말하죠.

그러니까 이것도 하나하나 다 보살이 되는 데 있어서 갖추어야 하는 이상적인 목표라는 것을 알게 됩니다. 나는 과연 무애하냐? 해탈은 어느 정도냐? 과 정은 돼 있느냐? 총지는, 변재는? 이런 것들을 우리가 생각해 봐야 되겠죠.

오늘 아침 원효의 글을 읽다 보니까 '가만히 침묵을 지키고 있는 모습에만 선정이 있다고 착각하지 말라'는 이야기가 있어서 또 새삼스럽게 느꼈는데, 거기에 이런 예가 들어 있어요. 아주 말이 빠르고 걸림이 없는 것을 '속질(速疾)의 변'이라고 했습니다. 빠르고 걸림이 없는 변재, 그렇게 말이 빠르게 움직인다고 해서 그것이 선(禪)이 아닌 것이 아니다. 반대로 겉으로 보아서는 아주 느리고 과묵한 것이 선의 모습인 것처럼 보이는 경우가 있는데, 사실은 그 속에 아무 것도 없고 둔하기만 하다면 그것이 선인 줄 아느냐? 천만의 말씀이다. 원효가 그런 이야기를 하고 있습니다. 선을 착각하지 말라 이거죠. 어젯밤에 「현대인과 선」(1992년 송광사 간 『선의 세계』 기고문)이라는 원고를 30매 쓰는 데 다섯 시간이 걸렸습니다. 하루 종일 재료는 다 챙겨놓고 생각을 해 두었는데, 막상 쓰기만 하는 데도 다섯 시간이 걸리더라구요. 이렇게 일하는 삼매, 일하는 선, 이런 새로운 의미의 선이 현대 사람들이 해야 하는 선이죠. 산속에 도망가는 것은 누가 못해요? 그것은 현대 사람들이 할 필요가 없습니다.

布施持戒忍辱精進禪定智慧及方便力 無不具足 보시, 지계, 인욕, 정진, 선정, 지혜와 방편과 역을 부족함 없이 다 갖추고 있었다.

보시(布施), 지계(持戒), 인욕(忍辱), 정진(精進), 선정(禪定), 지혜(智慧)는 육바라밀다(六波羅蜜多)죠. 여기에 방편(方便)과 원(願), 역(力), 지(智)를 더하면 십바라밀다가 되는데, 여기는 방편과 역만 나와서 십바라밀다가 되다 말았어요. 대승불교가 생기면서 육바라밀다가 강조되었는데, 『반야경』과 더불어 육바라밀다 사상이 나오죠. 육바라밀다가 보살도(菩薩道)를 이루고 있는데, 『반야경』에는 육바라밀다밖에 없어요. 『반야경』보다 조금 늦게 나온 이 『유마경』에는 벌써 육바라밀다 다음에 방편과 역이 딱 붙었습니다. 방편, 원, 역, 지가 붙으면 십바라밀다가 되는데, 그것까지 이야기하는 것은 『화엄경』과 『해심밀경(解深密經)』입니다. 『화엄경』은 『유마경』과 관련이 있어요. 『해심밀경』과의 관련도 없지 않구요. 『유마경』을 '불가사의해탈경(不可思議解脫經)'이라고 하는데, 그 점에서도 『화엄경』과의 관련을 무시할 수가 없습니다.

보시, 지계, 인욕, 정진, 선정, 지혜, 방편, 역, 이것들을 다 구족(具足)하고 있다고 하는 것은 무슨 이야기냐? 이것을 갖추고 있다는 것은 이 말들을 마치 구슬처럼 여기저기 주렁주렁 매달고 있다는 것이 아니라, 어디 가서든지 보시해야 될 데 가서는 보시한다는 말입니다. 한번만 하는 것이 아니라, 보시할 데 가서는 언제든지 적절하게 보시할 수 있게끔 된 사람들이라는 말이죠. 또 보시, 지계, 인욕, 정진, 선정, 이 중에 어느 하나만 중요한 것이 아니라 전부 다 동시에 중요하다는 겁니다.

선종의 선은 육바라밀다 이야기는 안 하고 선만 강조하죠. 원효는 절대로 그런 어수룩한 소리를 안 했어요. 육바라밀다, 십바라밀다 전부 다 선과 관련되어 있는 것으로 봅니다. 선이 없는 보시는 있을 수 없어요. 지계도 인욕도 모두 마찬가지입니다. 그러니까 100점짜리 보시냐, 90점짜리 보시냐, 50점짜리 보시냐 하는 것은 선과 지혜가 같이 있느냐, 없느냐 하는 것을 보면 알 수 있거든요. 부들부들 떨면서 주거나, 주었다가 뺏으려는 표정이 나타나 있는 보시는 점수를 줄 수가 없죠. 그것은 낙제 F학점입니다. 지계도 그래요. 인욕도, 잔뜩 찡그리고 참고, 이것을 해야만 내가 점수 딴다, 이렇게 생각하고 하는 것은 소용없는 거란 말이죠. 보조(普照)국사가 『유마경』을 잘 읽었을까 싶어요. 그 글에 『유마경』이야기가 한마디도 안 나오거든요. 또 『화엄론절요(華嚴論節要)』는 읽은 것이 사실인데, 『금강삼매경론(金剛三昧經論)』은 안 읽었다구요. 『금강삼매경론』을 읽었으면 달라졌을 거라고 나는 생각하는데, 원효의 글도 많이 못 읽었습니다. 원효를 덮어놓고 막연하게 존경했죠.

逮無所得 不起法忍 무소득의 경지에 이르러 무생법인을 이루고.

무소득(無所得), 얻는 바가 없어야 된다구요. 제일 강한 사람은 아무것도 제 것이 없는 사람 아닙니까? 엊그제 신문에 보니까 김수환 추기경이 신부들에게 편지를 보내서, 사치하지 말고 큰 차 타지 말고 여가에 골프 치러 다녀서 남들 눈살 찌푸리게 하지 말라고 했더군요. 우리 절들도 지금 하고 있는 것이 똑같은 짓거리들 아닙니까? 삿된 길을 이야기하면서 '인생십이지법'이니 하고, 혹세무민하는 따위의 일이나 하다가는 큰일 나는 거죠. 그러니까 대중이 무지몽매하면 안 되는 거예요. 대중이 옳게 판단할 수 있게 가르쳐 놓는 수밖에는 없습니다.

여기서 불기법인(不起法忍)을 무생법인(無生法忍)이라고 번역했습니다. 이 세상의 모든 법은 공(空)이라고 하는 사실을 아는 거죠. 이 세상 겉에 나타나 있는 모든 것을 보면서, 그것은 생기지도 않았고 사라지지도 않는다고 하는 그 본래의 모습을 깨닫는 것을 무생법인, 불기법인이라고 합니다. '무생법인'을 '불기법인'이라고 번역한 것뿐이에요. 무생법인은 모든 법은 불생불멸(不生不滅)이라고 하는 것을 알아야 한다는 것입니다.

已能隨順 轉不退輪 이미 그 경지에 수순(隨順)하여 불퇴전의 법륜을 굴리며.

善解法相 知衆生根 법상을 잘 알고, 또 중생의 근기를 잘 알아.

蓋諸大衆 得無所畏 모든 대중들을 감싸주고 무소외를 얻었으며.

'蓋(개)'는 대중들을 감싸주는 거예요. '무소외(無所畏)'는 '사무소외(四無所畏)'도 있지만, 두려워하지 않는 것이죠. 자신(自信)입니다.

功德智慧 以修其心 공덕과 지혜로써 그 마음을 닦고.

相好嚴身 色像第一 捨諸世間所有飾好 훌륭한 상호로 몸을 아름답게 꾸며서 그 모습이 아무도 따라올 수 없을 정도로 장엄하였다. 그러나 이 세상의 온갖 장식물 따위는 다 버렸다.

飾好(식호), 소위 세간의 장식물로 좋다는 것들을 말합니다. 참 남자들은 그래도 괜찮은데 여자들은 이런 것을 버리기가 참 어려울 것 같아요. '世間所有飾好(세간소유식호)'가 사람을 버린단 말입니다.

名稱高遠 踰於須彌 그 이름이 높고 요원하여, 수미산보다 높았고.

深信堅固 猶若金剛 깊고 견고함은 금강과 같았다.

法寶普照 而雨甘露 법의 보배로 두루 온갖 것을 비추며, 감로를 비오듯 뿌리니.

於衆言音 微妙第一 이 세상의 갖가지 말과 소리 가운데 그 진리의 소리가 미묘함이 제일이었다.

'言'은 말씀이죠. '音'은 목소리, 음성이에요. 말과 목소리가 다 좋아야 되는 모양입니다. 가지가지 말과 소리 중에서 미묘함이 제일이다. '미묘'라는 것이 또 중요합니다. 목소리가 그냥 좋기만 해서도 안 되는 거거든.

부처님의 목소리에는 아마 여러 가지 특별한 것이 있을 거예요. 『대승기신론』의 맨 첫머리에 '귀명삼보게(歸命三寶偈)'가 있습니다. 여기에 부처님을 설명하는 '色無礙自在(색무애자재)'라는 말이 나옵니다. 색·수·상·행·식(色受想行識)이 무애자재해야 하거든요. 목소리(聲)가 암만 좋아도 센티멘털해서는 안 되고, 누구에게 해를 끼치는 그런 것이어도 안 되는 거죠. 그러면 무애자재가 아니란 말입니다. 색도 그래야 하고, 수·상·행·식이 전부 다 완벽하려면, 다른 사람에게 해 끼치는 일이 없고 다른 사람으로부터 손상 받는 일도 없어야 하는 거죠.

深入緣起 斷諸邪見 연기의 도리를 투철히 깨달아 온갖 종류의 사견을 다 끊어 버리니.

사견(邪見)이란 '삿된 견해', '삿된 사상'인데 연기(緣起)를 부정하는 사상이 사견입니다. 이 세상의 모든 것이 연기로 되어 있다고 하는 것을 모르거나 그것을 부정하는 사상이 사견이에요. 우리가 연기를 안다고 자처하면서도 실제 생활할 때는 잊어버리고 모르는 사람처럼 행동하는 경우가 많지만, 深入緣起(심입연기)란 연기에 깊이 들어간 것이죠. 그렇게 '산다'는 이야기입니다.

연기, 즉 인연소기(因緣所起)라는 것은 이 세상 모든 것이 전부 다 인연 따라서 된다고 하는 말입니다. 이것 하나를 잘 알면 지혜로워지는 거란 말이죠. 이것이 제일 중요한 겁니다. 자기 혼자 잘나서 잘됐다고 생각하면 절대 안 되요. 다른 사람을 희생시켜 자기만 덕 보겠다고 하면, 절대로 안 되는 거죠. 자기가 잘못 되더라도, 손해를 보더라도, 다른 사람에게 덕이 가도록 좋은 연분이 돼 주는 것이 제일 좋은 방법입니다.

有無二邊 無復餘習 유(有)다 무(無)다 하는 두 가지 극단에 치우친 견해에 젖어 있던 여습(餘習)이 없어.

'유'다 '무'다 하는 것은 변견(邊見)이에요. 유견(有見), 무견(無見)하는 것, 눈앞에 보이는 것은 있는 것이고, 있다가 없어진 것은 없는 것이고, 이렇게 단정하지 말라는 겁니다. '유' 아니면 '무'라고 생각하지 말라는 겁니다. 이 앞에 꽂혀 있는 꽃을 연기라고 보아야 한다는 말이죠. 인연 따라서 생겼고, 인연 따라서 지금 유지되고 있고, 조금 있다가 미안하지만 인연 따라서 시들게끔 될 거란 말입니다. 그때까지 어떻게 해 줘야 되겠어요? 그때까지는 애지중지해 주어야죠. 잘 살려 주어야죠. 이 세상에 태어난 보람이 있게 해 주어야 합니다. 아무도 생일 축하 안 해 주는데, 이것도 사실 사람이나 다 마찬가지라구요. 그런데도 불평을 안 하니까 인간보다 나아요. 자식들보다 낫잖아요.

지금 있다가 없어지면 '무'다, 이렇게 생각하지 말란 말입니다. 지금은 '유'이지만, 본질적으로 따지면 '무'잖아요. 그것까지 볼 줄 알아야 한단 말이죠. 진제(眞諦)로 보면 '무'잖아요. 속제(俗諦)로 말하면, 인연 따라서 잠깐 동안 가(假)로서 '유'로 있는 것입니다. 임시로 유, 그러니까 가유(假有)죠. 본질적으로는 실유(實有)가 아닌, 공(空)입니다. 그렇다고 그게 없다는 이야기는 아니란 말이죠. 그러면 이것이 어디로 가는가? 썩으면 흙이 되고, 흙이 되면 또 다른 것이 되지만, 이것 그대로의 모습은 갖고 있지 못해요. 명색(名色)을 그대로 유지하는 것은 결코 없습니다. 다 인연 따라서 다른 것이 된단 말입니다. 거름이 되기도 하고 흙이 되기도 하고, 또 거름인들 뭐 오래 거름인가요? 그것도 잠깐 동안만 거름이지. 이렇게 보아야 하는데, '유'다 '무'다 하는 변견에 사로잡혀서는 안 되는 겁니다.

유견을 다른 말로는 항상 있다고 하는 뜻에서 상견(常見)이라고 하고, 무견은 단견(斷見)이라고도 하죠. 『유마경』만 그런 것은 아니지만, 불교에서는 죽은 다음에 아무 것도 없다고 생각하면 안 된다고 합니다. 또 다른 인연으로, 다른 것으로 되어서 나와요. 반드시 꼭 같은 것이 되어서 나오는 것은 아니고, 인연 따라서 다르겠죠. 상견이라는 것은 실재론(實在論, realism)이라고 할 수 있어요. 또 단견은 허무론(虛無論, nihilism)이라고 할 수 있습니다. 그런데 그 두 가지가 다 잘못된 겁니다.

실존주의는 어떨 것 같아요? 실존주의가 현상을 이야기한 것은 좋은데, 공까지 이야기 못 하니 안 되죠. 그래서 유무 이변(二邊)을 떠난다고 하는 이야기는 공(空)·가(假)·중(中), 중도제일의제(中道第一義諦)로 이해하고 살아가라는 용수(龍樹)의 이야기와 같아요. 중도라는 것은 어느 쪽에 치우치지 않는다는 이야기가 아닙니다. 본질적으로는 공이라는 것을 투철하게 알고, 나라는 것은 없다고 탁 각오하고, 그러나 인연이 있는 동안에는 잠깐 동안이라도 있는 것이니 열심히 살아가라는 겁니다. 그러니까 열심히 살아가면서도 집착을 안 갖죠. 집착을 안 가지고 인연을 잘 맺으려고 하죠. 그것이 중도제일의제입니다.

'無復餘習(무부여습)'이라고 하는 것은 과거에 가졌던 잘못된 유견이나 무견, 상견이나 단견의 여습, 잘못된 습성 따위의 남은 찌꺼기가 없는 거예요. 부처님의 경우에는 그게 없어요. 다 버려 버렸습니다.

演法無畏 猶師子吼 법을 연설할 때는 마치 사자가 포효하듯 두려움 없이 자신만만하니.

법을 연설하는 데 무외(無畏)합니다. 두려움이 없어요. 두려움이 없음이 마치 사자가 울부짖는 것과 같다. 사자는 누가 무서워서 울부짖는 게 아니라 이거죠.

其所講說 乃如雷震 강설(講說)을 하면, 천둥번개가 치고 벼락이 치는 것 같아서.

無有量 已過量 이 세상에 그것을 재고 평가할 만한 어떤 잣대도 이미 없으며.

여기서 '量(량)'은 '잰다'는 말입니다. 無有量, 잴 만한 자가 없어요. 또 已過量, 온갖 자를 다 가지고 와도 이미 다 초월해 버렸어요. 온갖 자로써 형용할 수가 없어요.

集衆法寶 如海導師 가지가지 진리의 보배들을 모아 갖고 있는 모습이 마치 바다를 항해하면서 보배를 모으는 해도사(海導師)와도 같다.

아래에서도 보살의 덕행에 대한 설명이 계속 이어집니다.

(3)
了達諸法 深妙之義하고 善知衆生往來所趣 及心所行하고,
近無等等의 佛自在慧하여 十力과 無畏와 十八不共
關閉一切諸惡趣門하되 而生五道하여 以現其身하니라.
爲大醫王하여 善療衆病하고 應病與藥하여 令得服行하며,
無量功德을 皆成就하고, 無量佛土를 皆嚴淨하여,
其見聞者는 無不蒙益하고, 諸有所作도 亦不唐捐하니,
如是一切功德을 皆悉具足하니라.

了達諸法 深妙之義 모든 법들의 깊고 미묘한 의미를 투철하게 다 이해하고.

善知衆生往來所趣 及心所行 중생들이 오고가는 처소들을 잘 알 뿐 아니라, 그 어리석은 마음으로 저지른 행위를 잘 알고 있으며.

'衆生往來所趣(중생왕래소취)'는 중생들이 왔다 갔다 하는 악취(惡

趣)를 말합니다. 육악취(六惡趣)라는 것이 있잖아요. '육취(六趣)' 또는 '육도(六道)'라고도 하죠. 지옥(地獄), 아귀(餓鬼), 축생(畜生), 수라(修羅), 인(人), 천(天)의 여섯 가지로 보통 열거하는데, 중생들은 여기를 왔다 갔다 하는 거예요. 그러니까 중생을 육악취, 육악도와 관련시켜서 생각하면 좋겠어요. 그런데 아래를 보면 육도 중에 수라를 빼고 오도(五道)만을 이야기하고 있는데, 그렇게 이야기할 때도 있습니다. '취(趣)'는 gati라고 해서, 가는 방향을 말합니다. 중생들이 왕래하는 삶의 방식, 좋지 않은 삶의 방식을 말합니다. 그것을 잘 안다고 이야기하고 있어요.

또 중생들의 心所行(심소행), 중생들의 마음이 오고 가는 바를 압니다. 여기서 심이라는 것은 깊은 마음이 아니죠. 시시한 중생들의 마음입니다. 그 마음으로 어떤 행동들을 하는지를 잘 아는 것입니다.

近無等等 佛自在慧 비할 바 없이 평등한 부처님의 자재로운 지혜에 가까이 있어.

'無等等(무등등)'의 '無等'이라는 것은 비교할 바 없다는 말이에요. 두 번째의 '等'은 평등하다는 뜻이죠.

十力 無畏 十八不共 십력, 사무외, 십팔불공법을 지니고 있고.

십력, 사무외, 십팔불공법은 부처님에게 있는 특유한 힘입니다. 이 말들은 이렇게 연결되어서 언제든지 붙어 다녀요. 이런 힘이 있어야 한다는 거죠. 그러니까 우리가 성불을 하려면 이런 힘을 길러야 한다는 이야기입니다.

십력(十力), 열 가지 힘이라고 했는데, 무슨 힘이냐 하면 아는 힘입니다. 그중에는 옳은 것과 옳지 않은 것을 가릴 줄 아는 힘, 업보를 아는 힘, 선삼매에 통달하는 힘, 다른 중생들의 근기의 상하를 아는 힘, 다른 중생들의 욕망을 아는 힘, 중생들의 마음바탕을 아는 힘, 수도를 해 나가면서 그 업에 응해서 나타나는 세계의 모습을 아는 힘 등이 있습니다. 또 과거를 보는 힘, 미래를 아는 힘, 자기 자신을 들여다보면서 번뇌가 얼마나 남았나 하는 것을 아는 힘도 포함되죠.

사무외(四無畏)의 '무외'라고 하는 말은 불안과 공포가 없다는 말입니다. 그러니까 자신만만한 것이 무외죠. 그중에는 법무소외(法無所畏), 모든 법에 관해서 다 알고 있는 무외, 누진무소외(漏盡無所畏), 누(漏), 고통의 원인인 번뇌를 모두 다 끊어버렸다고 하는 무외, 설장도무소외(說障道無所畏), 도에 지장을 주는 것이 뭐냐 하는 것을 이야기하는 데 걸림이 없는 무외, 설진고도무소외(說盡苦道無所畏), 고통을 없애 버리는 길에 대해서 자신 있게 이야기할 수 있는 무외가 있습니다.

십팔불공법(十八不共法)은 열여덟 가지 불공법, 공유하지 않는 법이라는 말이에요. 부처님에게만 있다고 해서 불공법이라고 하는 거죠. 옛날에는 십력에다가 사무외, 삼념주(三念住)와 대비(大悲)를 합해서 말하기도 했는데, 대승불교에서는 다르게 이야기하죠. 우선 신(身)·구(口)·의(意) 삼업(三業)에 관해서 잘못이 없다는 신무실(身無失), 구무실(口無失), 의무실(意無失), 이 세 가지와 중생에 대해서 차별을 두지 않는다는 무이상(無異想), 선정에 의해 마음이 언제나 차분히 가라앉아 있다는 무부정심(無不定心), 모든 것을 포용하고 버리지 않는 무부지기사(無不知己捨), 그래서 여섯 가지까지 왔어요. 일곱 번째부터 열한 번째까지는 중생을 제도하겠다는 의욕과 정진, 염력, 선정, 지혜에 있어서 감퇴함이 없다는 다섯 가지로, 욕무감(欲無減), 정진무감(精進無減), 염무감(念無減), 정무감(定無減), 혜무감(慧無減)이라고 했습니다. 열두 번째는 해탈로부터 뒷걸음치지 않는 것, 해탈무감(解脫無減)이고, 열세 번째부터 열다섯 번째까지는 중생 제도를 위해서 지혜의 힘으로 신·구·의 삼업을 나타내는 것입니다. 마지막으로 열여섯 번째부터 열여덟 번째까지는 과거·미래·현재의 일체를 알고 걸림이 없는 것을 말합니다. 이 열여덟 가지를 합쳐서 십팔불공법이 되는 것이죠.

이와 같이 십력과 사무외와 십팔불공법을 다 갖추고 있고.

關閉一切諸惡趣門 而生五道 以現其身 중생이 왔다 갔다 하는 악취문(惡趣門)을 다 막아 버리되, 자기네들은 그 어느 악도에도 태어나 중생의 몸을 나타내었다.

재미있습니다. 악취문을 닫았습니다. 그러나 자기가 원해서 거기에 가서 태어납니다. 왜 태어납니까? 중생제도를 해야 되겠으니까. 이것이 『유마경』이 강조하는 보살도의 특수한 점이죠. 소승불교도들이 미처 못 했던 겁니다. 거기까지 들어가라는 말이에요. 『반야경』에서도 그 말까지는 못 하고 있어요. 『반야경』, 『금강경』이 좋다, 좋다 해도 『금강경』만 강의해서는 안 된단 말입니다. 밤낮 『금강경』에만 머물러 있으면, '다 없는 거야, 없는 거야' 거기서 멈춰요. 다시 태어나서, 다시 이 속에 들어와서 살아가라는 이야기를 못 하잖아요. 그러니까 어느 경만 가지고 이야기하는 것, 특히 『반야경』에만 머물러 있으면 안 된다는 것이죠. 경은 차례차례 다 공부해야 합니다. 가치의 질서가 있으니까 그것을 꿰뚫고 통일을 시켜야 한단 말입니다. 『금강경』은 『금강경』대로 가치가 있죠. 그러나 그 것이 전부 다 말해 주지는 못해요. 얼마든지 다른 경들이 많이 설해졌는데 왜 무시하냐는 말입니다. 그것이 편협한 생각이고 종파란 말이에요. 종파불교입니다.

爲大醫王 善療衆病 應病與藥 令得服行 중생들의 병을 고쳐 주는 큰 의왕이 되어서 갖가지 병들을 잘 치료해 주고, 병에 따라 약을 주어 먹게끔 하며.

無量功德 皆成就 온갖 공덕을 성취시키고.

중생들은 모든 공덕을 다 성취할 만한 가능성을 갖고 있어요. 그런 재간을 중생들은 다 갖고 있습니다. 그러니까 모든 중생들에게 무량한 공덕을 다 성취하도록 하는 것, 이것이 '성취중생(成就衆生)'이라는 거죠. 얼마나 고마운 생각입니까?

無量佛土 皆嚴淨 헤아릴 수 없이 많은 부처님의 나라를 깨끗이 장엄하여.

지금은 불국토가 아닌 것처럼 보일지 모르지만, 거기가 전부 다 불국토가 됩니다. 보살이 가는 곳은 그곳이 바로 불국토가 되거든요. 무량한 불국토를 다 장엄하고 청정하게 하여.

其見聞者 無不蒙益 그것을 보고 듣는 사람은 누구나 그 이익을 얻지 않음이 없으니.

불국토를 보고 듣고 하는 사람들은 그 광경을 보기만 해도 큰 덕을 쌓는다는 말입니다.

諸有所作 亦不唐捐 해야 할 일을 조금도 소홀히 하지 않으니.

'有所作(유소작)'이라는 것은 모든 해야 할 일을 말합니다. 여기서는 이런 일 해야 되고 저기서는 저런 일 해야 되고, 참 할 일이 많죠. '亦不唐捐(역불당연)', 어떤 일도 버리지 않고 가면서. '唐捐'은 버린다는 말이에요.

如是一切功德 皆悉具足 이와 같이 모든 공덕을 남김없이 구족하고 있었다.

이와 같은 일체공덕을 남김없이 다 갖추어 구족하고 있는 것, 이것이 바로 부처님의 모습이에요. 원래 이러한 것이 부처님의 모습인데 지금 여기서는 보살들을 나타내는 것으로 설명했습니다. 부처님에 가까워진 보살들입니다.

그래서 (2)번 시작 부분부터 여기까지 삼만 이천 보살들이 갖추고 있는 덕행을 설명한 겁니다. 그리고 이 아래에 삼만 이천 명이나 되는 보살들 가운데 52명의 이름을 열거하고 있어요.

(4)

其名曰하되,

等觀菩薩 不等觀菩薩 等不等觀菩薩 定自在王菩薩 法自在王菩薩

法相菩薩 光相菩薩 光嚴菩薩 大嚴菩薩 寶積菩薩 辯積菩薩 寶手菩薩

寶印手菩薩 常擧手菩薩 常下手菩薩 常慘菩薩 喜根菩薩 喜王菩薩

辯音菩薩 虛空藏菩薩 執寶炬菩薩 寶勇菩薩 寶見菩薩 帝網菩薩

明網菩薩 無緣觀菩薩 慧積菩薩 寶勝菩薩 天王菩薩 壞魔菩薩

電德菩薩 自在王菩薩 功德相嚴菩薩 獅子吼菩薩 雷音菩薩

山相擊音菩薩 香象菩薩 常精進菩薩 不休息菩薩 妙生菩薩 華嚴菩薩

觀世音菩薩 得大勢菩薩 梵網菩薩 寶杖菩薩 無勝菩薩 嚴土菩薩

金髻菩薩 珠髻菩薩 彌勒菩薩 文殊師利法王子菩薩

如是等 三萬二千人이니라.

等觀菩薩 등관보살에 대해서 승조(僧肇)스님이 설명하는 것을 소개하면,[2] 이 보살은 '평등하게 중생을 본다'는 뜻입니다.

不等觀菩薩 부등관보살의 '부등(不等)'이라고 하는 것은 무등(無等)이나 마찬가지예요. 무등은 비교할 바 없다는 말인데, 비교할 바 없는 지혜로 제법을 보는 것을 부등관이라고 하죠.

等不等觀菩薩 등부등관보살은 '등'과 '부등'을 같이 겸해 가지고 있는 보살이라는 뜻입니다.

定自在王菩薩 정자재왕보살은 여러 가지 정(定)들을 통해서 자재(自在)를 얻었다는 뜻입니다. 정이라는 것은 삼매이고 선정인데, 정에 한 가

---

2) 후진(後秦)의 승조스님(384-414?)이 지은 『주유마힐경(注維摩詰經)』은 『유마힐경』에 대한 가장 오래된 주석서 가운데 하나입니다. 보살들의 이름에 대한 아래의 설명은 승조의 설명을 많이 참고하고 있습니다.[편자 주]

지만 있다고 보지 않아요. 선정을 꼭 선방 안에서만 하는 것이라고 생각한다면 한 가지로 볼 수도 있지만, 그것을 응용해서 일상생활 속에서 매번 정이 돼야 합니다. 제가 여기서 하듯이 강의를 할 때는 강의삼매에 들어야 하고, 또 들을 때에는 듣는 삼매에 들어야 하고, 또 일을 할 때에는 일하는 삼매에 들어야 하고, 바느질할 때는 바느질 삼매에 들어야 하고, 음식을 만들 때는 음식 만드는 삼매에 들어야 하고, 모든 것에 다 삼매가 있어야 한다는 말이죠. 그러니까 여러 가지 정에 있어서 자재를 얻는 것을 정자재(定自在)라고 했습니다.

法自在王菩薩 법자재왕보살이라고 하는 것은 제법에서 자재를 얻었다는 거예요. 살다 보면 별의별 일들이 있을 수 있습니다. 갑자기 밀어닥치는 예기치 않은 일들도 있지 않습니까? 그럴 때마다 매번 자재를 발휘한다는 말이죠.

法相菩薩 법상보살이라고 하는 것은 공덕법상(功德法相)이 몸에 나타나는 것을 말한다고 했습니다. 공덕법상이란 공덕법의 모습이 그냥 몸에 나타나버린 거예요. 공과 덕을 어떻게 구분을 하느냐? 공(功)이 비교적 기술적인 것, 테크니컬한 것이라고 한다면, 덕(德)은 좀더 인격적인 것으로 생각하면 좋을 것 같아요. 그러니까 사람이 좋기만 해서도 안 되고, 능력이 있어서 일도 잘해야 되겠죠. 서양 사람들은 공덕을 번역할 때에 merit라고 번역하는 경우가 많아요. 요새는 메리트가 있다 없다 그러기도 하잖아요. 메리트에도 여러 가지 의미가 있는 줄 압니다. 보수가 많아지는 것도 메리트 아닙니까? 기술이 그만큼 좋아져서 보수가 올라간다, 그것도 메리트란 말이에요. 그런 것을 다 공덕이라고 하죠. 공덕법이라고 하는 것은 공덕이 있는 것들입니다. 그 모습이 몸에 구체적으로 나타난다. 불교를 오래 진짜로 공부한 사람에게는 몸에 저절로 그러한 공덕이 나타납니다.

光相菩薩 光嚴菩薩 광상보살은 광명의 상이 몸에 나타난다는 뜻이고, 광엄보살은 광명이 장엄돼 있다는 뜻이죠. 광명이라는 것은 반드시 무슨 등불이 있어서 빛이 나고 그런 것이 아닙니다. 서양 사람들도 그런 이야기 많이 했습니다만, 아름답다는 것은 균형이 잡힌 것이라는 이야기를 많이 하죠. 그런 가운데서도 제일 중요한 것이 뭐냐면 '생명력이 약동한다'는 것입니다. 죽어가는 것을 아름답다고는 안 하잖아요. 생선도 죽어 가면 벌써 비린내가 나죠. 사람도 죽어 가면 벌써 냄새가 날거란 말이에요. 썩은 것은 냄새가 난단 말입니다. 아름다운 것 중에 제일 중요한 것이 빛이라고 했어요. 빛이 좋아야 한다. 빛이 있어야 한다. 생명의 빛이 있다. 생기가 있어야 한다. 광택이 있어야 한다. 그것을 힘이라고 하는 거죠. 그런데 그것은 열심히 노력한 사람에게만 나타나는 겁니다. 열심히 공부하고 있어야만 나타납니다. 그것을 광명으로 장엄됐다고 하죠. 요새는 그것을 자꾸 물질로 꾸미려고 하는데, 그러면 안 되는 거죠. 그러니까 보살들의 이름도 뜻을 알면, 그것 자체가 공덕이 됩니다. 우리에게 도움이 돼요.

大嚴菩薩 대엄보살이라는 것은 그 신상(身相)이 대장엄(大莊嚴)한 모습을 나타내는 것을 말합니다. 대장엄의 준말이 대엄입니다. '장엄'이란 말을 불교에서는 참 좋아하죠. 베토벤의 음악 중에 〈장엄미사〉라는 곡이 있어요. 'Missa solemnis'라고 하는 것인데 웅장합니다. 그 '장엄'이라고 하는 개념에 상당히 종교적인 의미가 있죠. 그렇지 않은 장엄도 우리가 생각할 수 있지만, 진짜 장엄이라는 것의 의미는 불교에서 찾을 수 있습니다.

참회(懺悔)에 '장엄참회'라는 것이 있어요. 참회할 것이 아무 것도 없는 경지의 참회를 말합니다. 본질적으로 말하면 죄가 없다고 이야기할 수도 있겠지만, 그런 의미만이 아니라 현실적으로도 내가 이미 그런 자질구레한 죄를 안 지었다는 뜻입니다. 그래서 '무죄상(無罪相) 참회'라고도 합니다. 죄의 형상은 아무 것도 없어요. 그러니까 '장엄 참회'라는 것은 '나는 지금 부처가 됐'고 하는 이야기나 마찬가지입니다. 부처님이 '천상천하 유아독존'이라고 했을 때와 마찬가지의 대선언이라고 할 수 있어요. 장엄이라고 하는 것의 의미가 거기까지 와야 한단 말입니다.

寶積菩薩 보적보살은 지혜의 보배가 산더미처럼 쌓이고 쌓였다는 뜻입니다. 보적이라고 하는 장자의 아들 이야기가 다음에 나오는데, '보(寶)'는 지혜의 보배입니다. 지혜의 보배가 쌓이고 쌓인 것을 이렇게 이야기하고 있어요.

辯積菩薩 변적보살은 변재가 쌓이고 쌓여서 많은 능력을 가지고 있는 보살입니다. 부처님에게는 무애한 변재가 있으시죠.

寶手菩薩 보수보살은 무량하고 진귀한 보배를 손아귀 안에서 다 내보내고 있다는 뜻입니다.

寶印手菩薩 보인수보살의 '인(印)'이라고 하는 것은 '상(相)'이나 마찬가지인데, 이 보살의 수중에 보인(寶印), 보배의 상이, 그러니까 보배 자체는 아니지만 보배의 여러 가지 특징이 다 쥐어져 있다는 뜻입니다.

常擧手菩薩 상거수보살은 언제든지 손을 쳐들고 사람들에게 두려움을 갖지 말라고 하는 보살입니다.

常下手菩薩 상하수보살은 항상 손을 밑으로 내리면서 사람들에게 자비를 베푸는 보살입니다. 손을 내려서 쓰다듬으면서 위로를 하는 보살로 설명합니다.

常慘菩薩 상참보살은 중생들의 비참한 모습을 보고 슬퍼하는 보살입니다.

喜根菩薩 희근보살은 언제든지 스스로 깨닫고 그 깨달음으로 말미암아 기쁨을 누리는 보살입니다.

喜王菩薩 희왕보살. 여기서는 이런 이야기를 합니다. 기쁨 중에 두 가지가 있다고 해요. 하나는 부정(不淨)한 기쁨이고 하나는 청정(淸淨)한 기쁨인데, 여기서 말하는 것은 청정한 기쁨이죠. 세상 사람들은 옛날에도 그랬겠지만 부정한 기쁨, 부정한 쾌락을 누리면서 기뻐하는 경우도 많았어요. 기쁨을 이렇게 두 가지로 이야기하고 있는 것도 재미있다고 생각됩니다.

辯音菩薩 변음보살의 '변(辯)'은 역시 말을 잘 하는 것과 관련이 있습니다. 말씀을 잘 구사하는 보살입니다.

虛空藏菩薩 허공장보살. 실상(實相)이라고 하는 것은 지혜를 가지고 볼 때 마치 허공과 같죠. 그러나 그 허공이 아무 것도 없는 것은 아니에요. 허공은 아무 것도 붙잡히지 않지만, 거기서 모든 훌륭한 공덕들이 나올 수 있는 것입니다. 허공 속에 모든 공덕이 간직돼 있다고 볼 수 있어요. 공덕장(功德藏)이죠. 무량공덕장입니다. 그러니까 공덕장보살이라고 할 수도 있을 겁니다.

執寶炬菩薩 집보거보살의 '거(炬)'는 횃불입니다. 지혜라는 보배의 횃불을 '보거'라고 했습니다. 지혜의 횃불을 손에 쥐고 갖가지 어두움을 헤쳐 나간다는 뜻이죠.

寶勇菩薩 보용보살은 용기를 발휘해서 적극적으로 일을 하러 나서는 보살을 말합니다.

寶見菩薩 보견보살은 역시 지혜의 보배로써 제법을 바로 보는 것을 보견이라고 하죠.

帝網菩薩 제망보살은 제석천의 궁전에 있는 그물(網) 이름을 따서 이야기하고 있는 것입니다.

明網菩薩 명망보살도 역시 같은 것이지만, 이 보살은 우주 안에 가득 차 있는 광명의 그물을 이야기하는 것이라고 하기도 합니다.

無緣觀菩薩 무연관보살은 깊은 지혜로써 무슨 인연에 얽매이는 일 없이 실상을 보는 보살입니다. 실상을 보면서 또 현실을 현실대로 보기도 하죠. 무연대비(無緣大悲)라고도 했습니다. 무연대비, 조건 없는 사랑이죠.

慧積菩薩 혜적보살, 지혜가 쌓이고 쌓인 보살입니다

寶勝菩薩 보승보살, 공덕의 보배는 세상의 어떤 보배보다도 훌륭하다는 의미에서, 공덕의 보배가 훌륭한 보살입니다.

天王菩薩 천왕보살. 천왕은 천들 가운데에서도 가장 높은, 가장 현명한 성자들이 머무르는 천을 말합니다. 그런 의미에서 천왕보살이라고 했습니다.

壞魔菩薩 괴마보살, 마구니를 파괴시키는 보살이죠.

電德菩薩 전덕보살. '전덕'은 문자 그대로 번개와 벼락이죠. 번갯불처럼 번뜩이면서 일을 처리하는 보살입니다.

自在王菩薩 자재왕보살, 모든 법에 있어서 자재한 보살입니다.

功德相嚴菩薩 공덕상엄보살, 공덕의 상이 그 몸을 장엄하고 있는 보살입니다.

獅子吼菩薩 사자후보살은 대법음(大法音), 크고 큰 법의 음성으로 중생들을 항복시키는 보살이에요.

雷音菩薩 뇌음보살은 마치 천둥이 쳐서 모든 사람들을 놀라게 하듯이 중생들, 특히 잘못된 생각이나 사견을 가지고 있는 사람들을 놀라게 하고, 정견을 가지고 있는 사람들에게 도움을 주는 보살입니다.

山相擊音菩薩 산상격음보살은 항복시키기 어려운 고집쟁이, 잘못된 길을 걸어가고 있는 사도(邪道)의 무리들을 항복시키기 위해 대법음(大法音)을 발하는데, 그 음성이 마치 큰 산이 무너지면서 나는 소리와 같다고 합니다.

香象菩薩 향상보살. 아주 훌륭한 코끼리에게는 언제든지 향기로운 냄새가 난다고 합니다. 보살의 몸에서 생겨나는 향풍(香風)이 마치 그와 같다고 해서 향상보살이라고 했습니다. 항상 향내 나는 코끼리들 중에서 가장 훌륭한 코끼리는 흰 코끼리라고 생각하고 있습니다.

常精進菩薩 상정진보살은 언제나 물러섬이 없이 힘차게 정진하는 보살입니다.

不休息菩薩 불휴식보살은 잠시도 쉬지 않는 보살이죠.

妙生菩薩 묘생보살은 언제든지 아주 불가사의한 상서로운 일들을 발생시켜 가는 보살이에요.

華嚴菩薩 화엄보살은 삼매의 힘으로 갖가지 꽃을 나타내서 허공을 가득 채우고 장엄하는 보살입니다.

觀世音菩薩 관세음보살은 세상의 가지가지 위난(危難)이 있을 때 그 이름을 부르면서 귀의하는 소리를 듣기만 해도 곧 해탈할 수 있게 해 주는 보살입니다. 세상의 소리를 관(觀)하는 보살이에요. 『반야심경』에서는 관세음보살을 관자재(觀自在)보살이라고도 부르고 있습니다.

得大勢菩薩 득대세보살은 큰 세력을 가진 보살이란 말이에요. 대신력(大神力)으로써 시방세계를 마음대로 다니면서 악취(惡趣), 나쁜 방식의 삶을 살고 있는 사람들을 항복시키는 보살입니다.

보통 정토종에서는 관세음보살과 득대세보살, 이 두 보살이 아미타 부처님과 함께 삼존(三尊)을 이루죠. 관세음보살은 보통 그대로나 혹은 관음보살이라고 부르지만, 득대세보살은 세지(勢至)보살 혹은 대세지(大勢至)보살이라고 합니다. 대세지의 '지(至)'는 도달한다는 말이죠. 산스크리트어로는 대세지를 Mahāsthāmaprāpta(마하스타마프랍타)라고 해요. sthāma(스타마)는 스태미나라는 말과 어원상 관계가 있어요. '힘'이라는 뜻이죠. mahā는 '크다'는 뜻이고, mahāsthāma는 대세(大勢), 대세력이란 말입니다. 그러니까 아미타 부처님의 한쪽에 있는 대세지보살은 힘 있는 보살, 한쪽의 관세음보살은 부드럽고 인자하고, 어루만져 주고, 쓰다듬어 주는 보살이죠. 이 두 분 보살이 아미타 부처님의 양옆에 계시다고 설명이 돼 있어요. 그러나 언제든지 부처님이 이렇게만 되어 있는 것이 아니죠. 이것은 『무량수경』과 『아미타경』의 세계에서만 말하는 소위 '아미타 삼존불'입니다.

그런데 『유마경』 같은 데서는 '유마삼존' 이런 것이 없어요. 유마삼존이 있을 턱이 없죠. 『유마경』에서는 부처님이 누굴까요? 유마거사가 부처님인데, 자기가 부처님이라고 감히 그러나? 『유마경』의 부처님은 법신 부처님, 이름도 형상도 없는 부처님이 거사의 몸으로 이 세상에 중생들 속에 오셔서 중생들에게 올바로 사는 길을 가르쳐 주고 계신 거거든요. 이 『유마경』은 불상을 갖다놓고 절하면서 기도하라고 하는 경전이 아닙니다. 『유마경』은 법신으로서의 부처님, 자기 마음속에 있는 부처님, 이 맑고 깨끗한 마음이 곧 네가 모셔야 할 부처님이라는 이야기를 하는 겁니다. 여기 나오는 보살들도 전부 다 마음을 이야기하고 있는 거예요. 이 보살들 이름을 들으면서 '이 보살님은 어디 계십니까?' 그런 것 물어보지 말라구요. 또 '이 보살님은 어떻게 생겼습니까?' 하는 질문도 마찬가지죠. 마음이 맑은 사람들, 지혜로운 사람들이 나타내는 여러 가지 모습들을 예를 들어서 몇 가지로 설명해 준 것에 불과합니다.

梵網菩薩 범망보살의 '범망(梵網)'이라고 하는 것은 범행(梵行)의 그물이란 말입니다. 『범망경』이라는 경도 있어요. '범(梵)'은 범행, 즉 청정행이란 말이에요. 본래 '범'자는 인도의 브라흐만(brahman)이란 말이거든요. 불교에서는 비구·비구니 청정행을 하는 사람을 범행을 하는 사람이라고 했습니다. 일체 생활을 이렇게 이상대로 한다면 얼마나 맑고 깨끗하겠습니까? 우리나라 불교에서는 지금 비구 스님들보다 비구니 스님

들이 더 잘하죠. 천주교도 수녀들이 더 잘해요. 원불교도 남자보다 여자들이 잘하죠. 우리나라는 어떻게 보면 남자보다 여자들이 더 나은 것 같은 느낌이 들어요.

범행의 그물을 범망이라고 한다고 했습니다. 『범망경』에는 주로 뭐가 써 있냐 하면, 보살들이 이 세상에서 인간관계를 맺을 때 지켜야 하는 윤리들에 대해서 쓰고 있어요. 범행의 그물처럼 인간관계를 잘 맺어가라 이겁니다.

實杖菩薩 보장보살이라는 것은 법보(法寶)를 지팡이로 삼고 있는 보살입니다. 스님들도 주장자(拄杖子)라는 것을 갖고 있죠. 주장자는 지팡이라는 말인데, 그 지팡이 위에 고리가 세 개 있는 경우도 있고 여섯 개 있는 경우도 있습니다. 세 개 있을 때는 계(戒)·정(定)·혜(慧), 여섯 개 있을 때는 육바라밀다를 표시한다고 합니다. 방울이 달려서 움직일 때마다 소리가 나죠. 상당히 의미가 있다고 생각해요.

법보(法寶)를 지팡이로 삼는 보살입니다. 지팡이가 육바라밀다도 되고, 계·정·혜 삼학(三學)도 되고, '이 뭣고?'도 되고, '무(無)'자도 되고, '만법귀일(萬法歸一)'도 되고, 다 되는 거죠.

無勝菩薩 嚴土菩薩 무승보살과 엄토보살은 둘 다 국토를 청정하게 하고 있다는 뜻으로 청정국토를 상징합니다.

金髻菩薩 珠髻菩薩 금계보살과 주계보살. 이 두 보살은 여러 가지 장엄을 다 그대로 간직하고 있죠. 이 금계보살은 황금이 계(髻), 상투 안에 있다고 합니다. 주계보살은 구슬이 상투 안에 있다는 거예요. 여의주가 그 안에 있다는 겁니다. 황금에는 돈으로서의 가치만이 아니라, 여러 가지 의미가 있죠. 그것으로 모든 귀중한 것을 다 만들 수가 있고, 녹슬지도 않고, 빛의 원천이라고도 볼 수 있습니다. 여의주는 그 구슬 안에서 모든 힘들이 전부 나오는 겁니다.

彌勒菩薩 文殊師利法王子菩薩　미륵보살과 그 다음 마지막에 문수사리법왕자보살을 갖다 놓았습니다. 미륵보살, 문수보살 이런 분들을 맨 끝에 놓은 것이죠. 이제까지 나온 보살을 한번 계산해 보세요. 모두 52명이죠. 이것 참 멋있잖아요. 『화엄경』과의 관계가 탁 나옵니다. 『화엄경』에는 선재동자가 53선지식(善知識)을 차례로 순방하는 이야기가 나오죠. 그러면서 선재동자는 점점 지혜가 밝아지고, 자비로운 역량이 생깁니다. 그 동안에 자신이 정말 불보살의 경지에까지 올라가는데, 선재동자가 만나는 여러 사람들이 전부 다 보살이에요. 화엄경의 53선지식 가운데에는 문수보살이 두 번 나옵니다. 52번째 만나는 사람이 미륵보살이고, 53번째 만나는 사람이 문수보살이고, 54번째 만나는 사람이 보현보살이에요. 보현보살은 여기 없죠.

　『화엄경』에서 선재동자가 만나는 사람들 중에 보살이라고 이름 붙은 사람은 얼마 없습니다. 불과 다섯 명 안팎이에요. 장사하는 사람도 있고 선원, 선장도 있고, 별의별 사람들이 다 있습니다. 비구, 비구니, 외도(外道), 재가 여신도……. 그러니까 특별히 보살이란 이름은 안 붙었지만, 다 보살로 간주하는 거죠. 53선지식에서 제일 뚜렷한 보살이 문수보살과 보현보살입니다. 『화엄경』에서 가장 중요한 보살은 문수보살과 보현보살이니까요. 문수보살은 지혜의 보살, 보현보살은 행(行)의 보살입니다. 보현보살도 지혜와 관련이 있지만, 특별히 조금 더 강조한다면 문수가 지혜, 보현이 행입니다. 이렇게 두 분이 나오고 그 다음 아랫자리에 생각할 수 있는 보살이 미륵보살이죠. 반가사유상의 모습을 취하고 있는 보살이 미륵보살입니다. 장차 부처가 되실 분이라고 하는 분입니다. 관세음보살 같은 분은 한참 밑으로 내려가 있죠. 이제 구조로 봐서 상당히 비슷하죠. 52라고 하는 숫자도 그렇습니다. 여기서 여러분들이 중요한 것을 발견하고 있습니다.

문수보살을 문수사리법왕자보살이라고 했습니다. 문수사리보살이야 말로 법을 알게끔 해 주는 데 있어서 제일 으뜸가는 보살이라고 간주하는 일련의 경들이 있어요. 문수사리 계통의 경이라고 하죠. 문수 계통의 경이 있고 보현 계통의 경이 있고, 이렇게 경이 계통별로 나눕니다. 여기서는 『화엄경』과 관계가 깊다는 것을 보았습니다.

如是等 三萬二千人 이와 같이 삼만 이천 인이었다.

여기서 이 자리에 참석한 보살들에 대한 설명이 일단락되고 있습니다.

(5)
復有 万梵天王 尸棄等이 從餘四天下하여 來詣佛所而聽法하며,
復有 万二千天帝도 亦從餘四天下하여 來在會坐하고,
竝餘大威力諸天과 龍神·夜叉·乾闥婆·阿修羅·迦樓羅·緊那羅·
摩睺羅伽等이 悉來會坐하며,
諸比丘·比丘尼 優婆塞·優婆夷가 俱來會坐하니라.

復有万梵天王 尸棄等 從餘四天下 來詣佛所而聽法 또 범천왕 시킨 등 만 명의 범천왕들이 다른 사방천하로부터 부처님 계신 곳으로 와서 법을 들었고.

시기(尸棄)는 인도말로 시킨(Śikhin)이라는 이름을 음으로 옮긴 것이죠. 옛날의 과거 부처님 일곱 분 가운데에도 두 번째에 이 이름의 부처님이 계셨던 것으로 되어 있어요. 시킨은 본래 범천왕인데 색계(色界)의 왕입니다. 색계의 하늘나라로 범천(梵天)이 있거든요. 브라흐마(Brahmā)의 하늘이란 말이에요. 시킨이 만 명의 범천들과 함께 다른 사방천하로부터 여기 부처님 계신 데로 와서 법을 듣는 겁니다.

復有万二千天帝 亦從餘四天下 來在會坐 또 만 이천 명의 제석천들이

역시 다른 사방천하로부터 찾아와 같이 자리에 앉았다.

천제(天帝)라고 하는 것은 제석천(帝釋天)입니다. 제석천은 색계 아래에 있는 욕계(欲界)의 하늘나라입니다.

竝餘大威力諸天 龍神 夜叉 乾闥婆 阿修羅 迦樓羅 緊那羅 摩睺羅伽等 悉來會坐 아울러 그 밖의 위력을 갖춘 여러 천신들과 용신, 야차, 건달바, 아수라, 가루라, 긴나라, 마후라가 등이 전부 다 와서 모여 앉았다.

여기 '제천(諸天)'부터 계산하면, 용신(龍神), 야차(夜叉), 건달바(乾闥婆), 아수라(阿修羅), 가루라(迦樓羅), 긴나라(緊那羅), 마후라가(摩睺羅伽), 모두 여덟 가지죠. 이것이 소위 팔부신중(八部神衆) 혹은 팔부중이라고 하는 겁니다. 팔부중은 사실 인도에서 불교 이전부터 있던 신화적인 존재들인데, 불교에서도 이것을 그대로 갖다가 쓴 거예요. 우리 신라의 석탑들을 보면 기단부 사면이 두 부분씩 나뉘어 있는데, 여기에 팔부신중을 새긴 경우가 많습니다. 팔부신중 위의 1층 탑신부 네 면에는 대개 사천왕이나 사방불이 새겨졌죠.

여기서 제일 먼저 나오는 제천(諸天)은 인도말로 deva(데바)라고 하는데, 하늘나라에 있는 천신들입니다. 인도의 신화에 나오는 천신이 한 서른셋쯤 되죠.

그 다음의 용신(龍神)은 nāga(나가)라고 하는데, 물에 사는 커다란 뱀입니다. 중국 사람들은 이 신을 '용'이라고 번역했어요. 용은 천신들보다는 못하죠.

야차(夜叉)는 원래 yakṣa(약샤)라고 하는데, 귀신입니다. 위세가 있어서 사람을 괴롭히고 해쳤다고 합니다.

건달바(乾闥婆)는 gandharva(간다르바)라는 이름을 옮긴 것이죠. 제석천의 권속으로 음악을 관장하는 신입니다. '건달'이라는 말이 여기에서 나왔는데, 간다르바는 향을 좋아해요. 'gandha'라는 말이 향이라는 뜻이거든요. 음악과 향만 좋아하는 놈이어서 건달로 통하게 됐어요. 향기만 쫓아다니는 놈이라고 해서 '심향(尋香)'이라고도 하죠.

아수라(阿修羅)도 인도말 asura(아수라)에서 나왔습니다. 아수라는 원래 육도(六道)의 하나인데, 제석천과 싸우는 악신(惡神)으로 여겨졌어요. 이 말에서 '수라장(修羅場)', '수라의 구렁' 등의 말이 생긴 거죠. 부처님의 제자가 되고서 좋은 신이 됐습니다.

그 다음에 가루라(迦樓羅)는 garuda(가루다)를 옮긴 것인데, 새들의 왕으로 큰 날개를 갖고 있는 새입니다. 용을 삼킨다고 합니다.

긴나라(緊那羅, kiṃnara)도 새를 닮은 신인데, 노래와 춤의 신입니다.

마후라가(摩睺羅伽, mahoraga)는 사람의 몸을 하고 뱀의 머리를 하고 있다는데, 역시 음악의 신입니다.

이상 여덟 가지가 팔부신중인데, 이것들이 크게 중요하지는 않지만 이런 놈들도 다 이 자리에 왔다는 겁니다. 신중이니까 이제 다음에 나오는 비구, 비구니 같은 사람들보다 먼저 열거했습니다.

諸比丘比丘尼 優婆塞優婆夷 俱來會坐 여러 비구, 비구니, 우바새, 우바이가 다 같이 와서 앉았다.

(6)
彼時에 佛이 與無量百千之衆으로 恭敬圍繞하여 而爲說法하시니
譬如 須彌山王이 顯于大海하여
安處衆寶師子之座하여 蔽於一切諸來大衆하니라.

彼時 佛與無量百千之衆 恭敬圍繞 而爲說法 그때 부처님께서 한량없이 많은 대중들의 공경을 받으며 둘러싸여서 설법을 하셨다.

'백천(百千)'은 천 곱하기 백이니까 십만이죠. 그 앞에 또 '무량'이라

는 말이 붙었으니까, 수없이 많은 대중들과 더불어, 둘러싸여서 설법을 하셨다는 말입니다.

譬如須彌山王 顯于大海 그 모습은 마치 수미산이 큰 바다 가운데에 우뚝 솟은 것과 같았다.

수미산은 산 중의 산이기 때문에 '산왕(山王)'이라고 했습니다.

安處衆寶師子之座 蔽於一切諸來大衆 그곳에 갖가지 보배로 된 사자좌에 앉으셔서, 각처에서 온 대중들을 지혜와 광명으로 남김없이 뒤덮고 계셨다.

혼자 앉아 계시지만, 위에서 덮은 것과 같은 모습으로 설법을 하셨다는 이야기입니다.

2. 보적과 오백 명 장자의 아들들

(7)
尒時에 毗耶離城에 有長者子하니 名曰寶積이니라.
與五百長者子로 俱持七寶蓋하고 來詣佛所하여 頭面禮足하고.

尒時 毗耶離城 有長者子 名曰寶積 그때 비야리성에 장자의 아들 보적(寶積)이 있었다.

장자(長者)는 돈 많은 부유한 자산가를 말하죠. 유마거사도 장자입니다. 그런 장자의 아들로 보적이라는 청년이 있었던 겁니다.

與五百長者子 俱持七寶蓋 來詣佛所 頭面禮足 그는 오백 명의 장자의 아들들과 함께 각각 칠보로 꾸민 산개를 가지고 부처님 계신 곳으로 와서 부처님 발 밑에 예배를 드렸다.

'頭面禮足(두면예족)'이라는 것은 부처님 발밑에 이마를 대고 엎드려서 절하는 것을 말합니다.

(8)

各以其蓋로 共供養佛하니, 佛之威神으로 令諸寶蓋를 合成一蓋하여 遍覆三千大千世界하니, 而此世界廣長之相이 悉於中現하니라.

又此三千大千世界의 諸須彌山과 雪山·目眞隣多山·摩訶目眞隣多山·香山·寶山·金山·黑山·鐵圍山·大鐵圍山, 大海·江河와 川流·泉源과 及日月星辰과 天宮·龍宮 諸尊神宮이 悉現於寶蓋中하며,

又十方諸佛과 諸佛說法이 亦現於寶蓋中하니라.

各以其蓋 共供養佛 이 청년들은 그 산개로 부처님께 공양을 드렸다.

'蓋(개)'는 산개(傘蓋)를 이야기하죠. 각자가 가지고 온 산개를 다 함께 부처님께 바친 것입니다.

여기서 '공양'이라는 말은 부처님께 존경과 예배의 뜻으로 예를 드릴 때 꽃도 가지고 가고, 향도 가지고 가고, 음식도 가지고 가고 하는 거죠. 영어로 offering이라고 하는 겁니다.

佛之威神 令諸寶蓋 合成一蓋 遍覆三千大千世界 부처님은 그 위신력으로 오백 명의 청년들이 가져온 보배로운 산개 오백 개를 하나로 합쳐 삼천대천세계를 다 그 하나의 산개로 두루 덮으셨다.

여기서 오백 개의 조그마한 산개들이 탁 하나로 돼 버렸다고 하는 이 이야기를 나는 아주 중요하다고 말하고 싶어요. 이것은 『화엄경』과 통하는 이야기라고 생각합니다. 조그마한 하나들을 전체의 하나가 되게끔 하는 이치를 갖고 있어요. 따로따로 있는 것을 부처님이 탁 하나로 만들었는데, 삼천대천세계가 그 안에 다 들어와 버렸어요. 遍覆三千大千世界(변복삼천대천세계), 산개가 삼천대천세계, 즉 온 우주를 그 아래에 덮

어버린 거예요. 이 산개라는 것을 하늘이라고 생각해도 좋겠죠.

참 재미있습니다. 성전이라고 하는 것이 어떻게 생겼습니까? 우리 절은 기와집으로 생겼지만, 본래 인도의 탑이나 절들은 다 둥글었어요. 석굴암도 천장이 둥글지 않습니까? 위는 돔(dome)이에요. 돔이 하나의 산개를 상징한다고도 볼 수 있겠죠. 중국에서 이야기하는 하늘도 그렇게 생겼습니다. 하늘이 크고 광활한 돔이거든요. 그 돔 안에 삼천대천세계가 있는 겁니다.

삼천대천세계는 고대 인도의 우주관에서 우주 안에 무수한 세계가 있는 것을 말하는 거죠. 인도에서는 우주의 구조를 수미산(須彌山)을 중심으로 설합니다. 수미산을 중심으로 동그랗게 아홉 개의 산들이 둘러싸고 있고, 산과 산 사이에 여덟 개의 바다가 있습니다. 가장 바깥쪽에 있는 바다에 사주(四洲)가 있습니다. 사주라는 것은 남쪽의 염부제(閻浮提), 북쪽의 구로주(俱盧洲), 뭐 그런 것들입니다. 동서남북에 각각 대륙이 있다고 생각한 것이죠. 거기에 해와 달을 합쳐서 이것들이 한 세계를 구성한다고 생각했습니다. 한 세계마다 해와 달이 따로 있다고 생각한 거죠. 이런 것을 하나의 세계라고 합니다.

이 세계를 천 개 합한 것을 소천세계(小千世界), 소천세계를 천 개 합한 것을 중천세계(中千世界), 중천세계를 천 개 합한 것을 대천세계(大千世界)라고 하고, 이것을 대천계 혹은 대천이라고 합니다. 하나의 대천세계 속에는 소·중·대의 세 가지 천 세계가 포함되어 있기 때문에 삼천대천세계라고도 하는 거예요. 그리고 우주는 이러한 무수한 삼천대천세계로 성립되어 있다고 합니다. 더 자세한 우주론도 있지만, 넓고 넓은 세계를 상징적으로 이야기하는 겁니다. 대승불교에서는 그런 것 어디 있습니까 하고 묻는 일은 안 하죠. 부파불교에서나 그런 걸 가지고 자꾸 따집니다.

이와 같은 삼천대천세계를 하나의 커다란 산개로 덮으니.

而此世界廣長之相 悉於中現 이 세계의 깊고 넓은 온갖 모습이 그 가운데에 나타났다.

又此三千大千世界 諸須彌山 雪山 目眞隣多山 摩訶目眞隣多山 香山 寶山 金山 黑山 鐵圍山 大鐵圍山 大海 江河 川流 泉源 及 日月星辰 天宮 龍宮 諸尊神宮 悉現於寶蓋中 또 이 삼천대천세계에 있는 모든 수미산과 설산, 무칠린다산, 마하무칠린다산, 향산, 보산, 금산, 흑산, 철위산, 대철위산과 대해, 강하, 천류, 천원과 일월성신, 천궁, 용궁, 온갖 신들의 궁전이 그 속에 나타났다.

수미산과 설산, 그 다음도 다 신화적인 산들입니다. 산과 바다와 강과 내와 샘과 해와 달, 전부 다 그 산개 밑에 있어요. 그러니까 이 산개는 전부 저 푸른 하늘을 상징한다구요. 거기에 여러 신들의 궁전이 나타나 보이는 거죠.

又十方諸佛 諸佛說法 亦現於寶蓋中 또 시방의 모든 부처님과 그 부처님이 설법하시는 것도 그 칠보 산개 속에 나타났다.

(9)
尒時에 一切大衆이 覩佛神力하고 歎未曾有하며,
合掌禮佛하고 瞻仰尊顔하되 目不暫捨하니라.

尒時 一切大衆 覩佛神力 歎未曾有 合掌禮佛 瞻仰尊顔 目不暫捨 그때 모든 대중은 부처님의 위신력을 보고 일찍이 없었던 일이라고 찬탄 합장하며, 부처님 얼굴을 우러러보면서 잠시도 눈을 떼지 못하였다.

부처님의 위대한 신력을 보고 '아, 미증유(未曾有)한 일이옵니다' 하고 감탄을 하면서 합장 예불한 것입니다.

그러자 장자의 아들 보적이 대표로 부처님 앞에 나아가서 게송으로 부처님께 찬양의 노래를 올립니다.

3. 보적의 노래

(10)
於是에 長者子 寶積이 卽於佛前에 以偈頌曰하되.

於是 長者子寶積 卽於佛前 以偈頌曰 이때 장자의 아들 보적이 부처님 앞에서 게송을 읊었다.

① 目淨修廣如靑蓮　心淨已度諸禪定
　久積淨業稱無量　導衆以寂故稽首

이 게송들을 번역할 때 티베트본을 참고로 하면서 의역을 했습니다. 그래서 한문과 조금 다른 점도 있습니다.

目淨修廣如靑蓮 맑고 아름다운 큰 눈은 푸른 연꽃과 같고.

心淨已度諸禪定 그 마음 청정하사 이미 선정의 피안에 이르셨네.

'度(도)'는 넘어갔다는 말이죠. 已度諸禪定(이도제선정), 이미 선정의 피안에 이르셨네.

久積淨業稱無量 긴 세월 쌓아올린 청정한 업은 바다와 같이 무량하고.

바다라는 말은 없지만, 덧붙여 넣었습니다.

導衆以寂故稽首 지금도 우리를 이끄시는 님이시여, 머리 숙여 경배드

리나이다.

② 旣見大聖以神變　普現十方無量土
　　其中諸佛演說法　於是一切悉見聞

旣見大聖以神變　제가 이미 보았나이다. 대성인이시여, 신변력으로.
普現十方無量土　시방의 무량한 불국토에 두루 나타나시어.
其中諸佛演說法　그 안에서 제불께서 밝히시는 온갖 법문을.
於是一切悉見聞　온 누리의 중생들이 다 보고 듣나이다.

'普現(보현), 두루 나타난다. 보현(普賢)의 '현'과 한자가 다릅니다. 보현보살의 '현(賢)'은 두루 모든 곳에서 훌륭한 일을 한다는 뜻이죠. 여기서의 '현(現)'은 나타나신 겁니다. 종교학에서는, 물론 기독교를 중심으로 한 종교학이지만, 소위 '신현(神顯)'이라는 사상이 있어요. theophany, 혹은 epiphany라고 하는 것입니다. phany라는 것이 '現' 혹은 '顯'이라는 의미죠. '현현(顯現)한다'고 하잖아요. manifestation이라고도 하죠. theo는 '신(神)'이란 말이고, epi는 큰 뜻이 없는 접두어인데, '신령스러운 것의 나타남'이라는 뜻입니다. 다른 모든 종교에도 적용되는 이야기인데, 보기에 따라서는 이 세상의 모든 것이 신비스러운 것으로 보이죠. 아무렇지도 않게 받아들이는 사람도 있겠지만, 길가에 핀 하찮은 꽃 하나를 보고도 그런 것을 느낄 수 있습니다. 시인들이 그런 느낌을 전하죠. 타고르의 시를 보면 그런 게 참 많아요. 나는 시를 좋아하는데 시를 읽다 보면 서양 사람들의 시에도 그런 게 많이 나와요. 거의가 다 종교시죠. 눈뜨고 보니까, '아, 여기 계셨군!' 그러면서 절하고 싶은 것입니다. 참, 시인이라는 사람들은 이런 것을 잘 보는 것 같아요.

신변력(神變力)으로 나타났다. 우주의 생김생김에 대한 이야기가 있지 않습니까? 우주가 얼마나 넓다든지, 별이 얼마나 많다든지 엄청나죠. 강의 들으시는 분 중에 어느 분이 스티븐 호킹의 책을 읽으면서 어쩌면 불교 이야기와 꼭 같은지 모르겠다는 생각을 했다고, 와서 이야기를 했습니다. 호킹의 이야기나 블랙홀 이야기 등을 들으면서 천체물리학 자체가 하나의 시처럼 생각됐어요. 신비로운 세계의 모습을 이야기해 주고 있었습니다. 여기서도 부처님의 신변력이 나타나는 것을 볼 수 있어요.

지금 부처님이 신변력으로 무량한 불국토에 나타나셔서 법을 연설하고 계십니다. 그 모든 것을 모든 중생들이, 우리 모두가 보고 듣고 있습니다. 그냥 넘어갈 이야기가 아닙니다. 기독교와 비슷한 이야기 아닌가 그럴지도 모르지만, 상관없어요. 같은 이야기를 그 사람들이 좀 잘못 해석하고 다른 이야기를 하니까 문제인 것이죠. 창조를 했다느니, 뭐 그렇게 예수와의 관련을 잘못 해석하니까 문제인 것입니다. 우주 전체의 질서에 대한 이야기, 유명한 철학자 화이트헤드가 그런 이야기를 하잖아요. 그런 사람들이 꼭 같은 이야기를 해 주고 있어요. 조금 못 미치겠죠. 그러나 점점 가까운 이야기를 한다구요. 언제든지 그 사람들이 불경을 보면서 힌트를 얻으면 될 거란 말이에요. 이 불경 안에 영원한 이야기가 다 있습니다. 그러니까 시를 제대로 쓰려면 이런 시를 읽어야 돼요. 이 시 내용을 흉내 내라는 게 아니라, 여러분들 나름대로 시를 한번 써 보세요. 죽기 전에 시집 한 권 낸다고 결심해도 좋겠죠. 자기 나름대로의 시를 하나 써 놓고 죽는 겁니다. 꼭 내가 부탁합니다. 여러분들이 그렇게 하면, 2,000년을 앞둔 몇 년도에 우주의 조그마한 모퉁이에서 공부하던 사람들이 있었는데, 거기서 이런 것들이 나왔다, 그렇게 이야기하게 될지도 모르죠.

③ 法王法力超群生　常以法財施一切
　能善分別諸法相　於第一義而不動
　已於諸法得自在　是故稽首此法王

法王法力超群生　법의 왕이시여, 당신의 법력은 모든 중생 위에 뛰어나고.

常以法財施一切　법과 재(財)로써 모든 중생들에게 베풀어주시나이다.

이때 '법왕'은 부처님을 말합니다. 그러니까 이런 부처님 저런 부처님 얼마든지 있을 수 있는 거죠. 중생도 법을 깨달으면 법의 왕이 되는 거예요. 법의 왕이라는 게 태어날 때 따로 다른 종자가 있는 게 아니라 깨달아야 되는 것이죠. 그래서 법과 재를 모든 중생에게 베풀어줄 수 있게 되는 거예요.

能善分別諸法相　능히 모든 법상을 잘 분별하시고.

於第一義而不動　모든 법의 제일 가는 뜻을 깨달으시고 확고부동하나이다.

'무분별지(無分別智)'라야 한다고 하니까 분별하는 것은 덮어놓고 다 나쁘다 그러는 것이 아니라, 나타난 법의 상은 알아야죠. 자기가 사로잡히지 않기 위해서 분별하는 겁니다. 그러니까 일단 알아야죠. 그러면 법상(法相)에 뭐가 있습니까? 변계소집상(遍計所執相), 의타기상(依他起相), 원성실상(圓成實相), 이런 것들이 있죠. 변계소집상은 허망분별상이라고도 하는데 변계소집상을 따라가지 말아야 하고, 의타기상은 질질 끌려가는 상이니까 이것도 좋지 않은 것입니다. 원성실상이라야 하는데, 아주 무애해진 인연 관계를 맺어 가야죠.

모든 법의 제일 가는 뜻, 이것은 공(空)입니다. '다 없는 거야' 하는 것을 깨달아서 확고부동하게 되었다는 거죠.

已於諸法得自在 이미 모든 법에 대해 자재를 일으키신.

是故稽首此法王 법의 왕이시여, 당신께 경배를 드리나이다.

④ 說法不有亦不無　以因緣故諸法生
　　無我無造無受者　善惡之業亦不亡

핵심적인 가르침을 이야기하고 있는 부분입니다.

說法不有亦不無 법은 유도 아니고 또 무도 아니며.

以因緣故諸法生 인연 따라 생겨나는 것.

유견(有見)에도 떨어지지 말아야 하고, 무견(無見)에도 떨어지지 말아야 한다는 겁니다. 인연 따라서 있다가 없어졌다가, 있다지만 없는 것이요, 없다지만 있는 것이다. 간단하게 이야기하지 말라 그거죠. '일체중생 실유불성'이라고 하니까, '있는 거죠? 내게도 불성이 있는 거죠?' 자꾸 이렇게 물을 수 있거든요. 당유(當有)다. 마땅히 앞으로 있어야 하는 것이고, 있게 돼 있는 것이다. 네가 노력하면 있게 되는 것이지만, 그냥 그대로 있는 것은 아니다. 『열반경』에서는 '당유'라는 말을 했어요. 그냥 있는 것이 아니라 있게 하면 있는 거라는 말이죠. 좋은 법도 나쁜 법도 인연을 잘 맞추면 생길 수도 있고, 안 생길 수도 있는 것입니다.

無我無造無受者 아(我)도 없고, 짓는 자도 없고, 받는 자도 없다.

善惡之業亦不亡 선업과 악업은 없어지지 않는 것.

'내가 너한테 이런 것 만들어 주었다'고 하는데, 주는 사람이 없이 받는 사람이 있나? 받는 사람이 없이 주는 사람이 있나? 주고받고 하는 것은 어느 한쪽만 있어서 되는 것이 아니죠. 좋은 일은 인연이 닿을 때 있게끔 되는 것이니까, 그 어느 하나도 따로따로 있는 것은 아닙니다. 인연 따라서 좋거나 나쁘게 되는 거죠. 나쁜 인연은 맺지 말고, 좋은 인연만 맺으라는 겁니다.

선업도 악업도 없어지는 것은 아니야. '무아(無我)·무조(無造)·무수자(無受者)'라고 하니까, '선도 악도 없는 거다' 이렇게 생각할지 모르지만, 그것은 아니라는 겁니다. 선과 악 다 있죠. 인연에 따라 바로 선하고 악하게 될 수 있다는 것을 이야기하고 있는 것입니다.

⑤ 始在佛樹力降魔　得甘露滅覺道成
　　已無心意無受行　而悉摧伏諸外道

여기도 굉장히 중요한 이야기가 들어가 있습니다.

始在佛樹力降魔　처음 보리수 밑에 계시면서 마왕을 물리치시고.

티베트 번역을 참고해서, '고행의 성자 그대는 마라와 그 권속을 물리치시고'라고 번역해 보기도 했는데, 한문 직역보다 못한 것 같습니다.

得甘露滅覺道成　최고의 깨달음, 영원한 감로를 쟁취하셨나이다.

'佛樹(불수)'는 보리수죠. 그 밑에서 석가모니 부처님이 성불하셨습니다. 그러나 어떤 나무든지 상관없는 거예요. 인도에 갔던 어느 보살은 갠지스 강의 모래알이 귀중하다고 그 모래알을 싸 가지고 와서 나눠주고 그럽디다. 그러나 어느 나무든지 그 나무 밑에서 깨달으면, 그게 '불수'가 된다구요. 미루나무라도 괜찮고 소나무라도 괜찮은 거예요. 반드시 인도에 있는 나무라야만 되는 것은 아니에요. 보리수로 만든 염주라고 암만 가지고 다녀 봐도 그것으로 깨닫나? 소용없는 거죠. 나무가 있기는 있어야 되겠죠. 나무 밑에 앉을 수 있어야 힘이 생긴단 말입니다. 십력이 생기겠죠.

始在佛樹力降魔(시재불수력항마), 그 나무 밑에서 부처님이 항마(降

魔)를 했어요. 마구니를 물리쳤어요. 마구니가 뭐냐? 마구니는 인도말로는 Māra라고 합니다. 한자로는 '魔羅(마라)'입니다. 중국에 불교가 들어오기 이전부터 '魔'라는 글자는 있었어요. '악마'라는 '마'는 있었거든요. 그래서 그 글자를 갖다 붙였습니다. 그런데 중국 사람들이 생각하는 '마'와 불교에서 생각하는 '마라'가 똑같은 것은 아닙니다. 중국에서 생각한 '마'는 귀신이에요. 기괴하게 생긴 놈이에요. 불교에서는 마라, 마구니도 살아 있는 중생 중의 하나인데, 지옥에도 마가 있고, 천상에도 마가 있어요. 사실은 이 육도중생이 전부 다 마예요. 우리 안에도 마가 있습니다.

Māra라고 하는 말은 mṛ라는 동사에서 나온 말인데, mṛ는 '죽는다'는 뜻입니다. 불란서말로도 '죽는다'는 말이 mourrir인데 어원이 똑같죠. 불란서말로는 '죽음'을 mort라고 하죠. 또 영어에서 '죽음'이란 말은 death이지만, '죽게끔 돼 있는 것'은 mortal이라고 하잖아요. 그러니까 이 말들이 다 같은 어원에서 나온 겁니다. 그래서 이 Māra라고 하는 말은 '죽게끔 하는 자', '죽이는 자', '살자(殺者)'라는 뜻을 가지고 있어요. 우리를 죽이는 자, 우리를 죽게 하는 자, 우리의 목숨을 빼앗는 자, 탈명(奪命). 능탈명자(能奪命者) 장애(障礙), 능히 목숨을 빼앗는 장애. 우리가 무슨 일을 해 나가는데 순조롭게 하지 못하게끔 하는 장애가 되는 것을 전부 다 마라라고 합니다.

그러니까 별의별 마라가 다 있는 거예요. 남에게 무슨 장애가 되지 말아야죠. 남의 목숨을 빼앗는 사람이 되지 말아야죠. 순식간에 죽여 버리는 그런 놈이 우리 인간들 사이에 얼마나 많습니까? 또 서서히 말라죽게끔 하는 놈도 있잖아요. 그것도 마라죠. 남편이라는 마라, 아내라는 마라, 자식이라는 마라, 제자라는 마라, 동포라는 마라, 참 많아요.

『보요경(普曜經)』이라는 경전이 있는데, 인도말로 원명이 『랄리타비스타라(Lalitavistara)』인 부처님의 전기입니다. 부처님의 전기를 상당히 신격화해서 설명한 경이에요. 그런데 이 경에서는 마왕(魔王) 파순(波旬)이 부처님 성도하시기 전에 마지막까지 부처님을 괴롭혔다고 해요. 파순은 인도말로 Pāpīyas라고 하는데, pāpa(惡)라고 하는 말에서 나왔습니다. 악한 짓만 하는 놈이라는 뜻이에요. 이 마왕 파순이라는 놈이 딸들을 보내서 부처님을 유혹도 하고 위협도 하면서 마지막까지 괴롭혔다고 합니다. 그 마왕을 부처님이 항복시킨 겁니다. 항마(降魔)하신 거죠.

이 마왕은 욕계(欲界)에서 제일 높은 여섯 번째 하늘나라 타화자재천(他化自在天)에 살고 있어요. 아마 타화자재천과 기독교에서 이야기하는 하나님이 계신 곳이 같은 곳일 거예요. 거기 살고 있는데, 옳은 가르침을 파괴하는 신입니다. 왜냐하면 다른 데 가지 말고 내게로 오라, 여기가 제일 좋은 데다, 그러면서 사람들을 하늘나라로 자꾸 오라고 하고 미혹하게 한단 말이에요. 그렇게 사람들의 운명을 좌지우지하는, 이 하늘나라의 마구니들을 천마(天魔), 혹은 천자마(天子魔)라고 합니다. 마구니 중에서는 제일 고약한 마구니죠.

또 마의 의미를 내관적(內觀的)으로 해석해서 번뇌 등 중생을 괴롭히는 모든 것을 마라고 부르기도 합니다. 내마(內魔)와 외마(外魔)의 이마(二魔)로 나누기도 하죠. 자기의 신심(身心)에서 생기는 장애, 자기 속에서 생겨나는 마구니를 내마라고 해요. 유교에서 그런 이야기를 많이 했죠. '산중의 적은 잡기 쉽지만 심중의 적은 잡기 힘들다.' 대단한 격언인 줄 알지만 부처님은 이미 옛날에 다 이야기했습니다. 외마는 외계로부터 가해지는 장애입니다. 바깥에도 마구니, 안에도 마구니. 이런 유행가가 하나 안 나오나 몰라요. '지하철에도 마구니, 버스에도 마구니, 국회의원도 마구니, 사장님도 마구니…'. 마구니 퇴치운동을 해야 돼요.

『대지도론(大智度論)』(권5)에서는 '제법실상(諸法實相)을 제외한 다른 모든 것을 마라고 한다'라고 하고 있어요. 이것은 어떻습니까? 『대지도론』은 『대반야바라밀다경』에 대한 논으로 용수(龍樹)가 쓴 거라고 합니다. 대품반야경 2만 5천 송에 대한 논을 쓴 거란 말이에요. 제법실상을 제외한다고 했는데, 제법실상이 뭐냐 하면, 실상이란 공(空)이잖아요. 아무 것도 없는 거죠. '제법실상'이라는 말을 들으면서 여러분이 생각해야 되는 것은 『반야심경』에 나오는 '是諸法空相(시제법공상) 不生不滅(불생불멸) 不垢不淨(불구부정) 不增不減(부증불감)'이라는 이야기입니다. 그러니까 '공'이라고 하는 생각 이외에 어떤 다른 생각을 가지면 그것이 전부 다 마가 된다는 거죠.

한편 『유가사지론(瑜伽師地論)』에서는 네 가지 마를 이야기하고 있어요. 『유가사지론』은 유식(唯識)의 책이죠. 여기서는 제법실상이 아닌 마의 구체적인 예로 오음(五陰)을 들고, 번뇌(煩惱)를 이야기하고, 사(死)를 이야기하고, 천(天)을 이야기합니다. 오음마, 번뇌마, 사마, 천마죠. 오음마의 오음이라고 하는 말은 오온(五蘊)이나 마찬가지 말이에요. 색·수·상·행·식이죠. 우리의 잘못된 모습, 잘못된 생활을 오음으로 설명하지 않습니까? 색·수·상·행·식, 이게 전부 다 마구니다 이거죠.

깨닫는다는 것이 뭐냐 하면, 결국 이 마구니를 항복시키는 것입니다. 이것이 마지막에 있습니다. '정말 당신은 마구니를 항복시켰습니까?' 이렇게 자문자답해 봐야 할 것 같아요. 우리 불자들, 아니 모든 종교인들 앞에 있는 것이 이 질문이겠죠. 너는 얼마나 마구니를 항복시키고 있느냐? 마구니 앞에서 너는 얼마나 두려움을 느끼지 않고 있느냐? 마구니를 얼마나 잘 다루고 있는가? 마구니와 싸우면 마구니를 완전히 항복시켜야죠. 마구니한테 지고 돌아다니면 어떻게 해요? 마구니와 접촉을 피하고 밤낮 지고 돌아다니면 어떻게 합니까? 그러면 변두리밖에 차지할 수 없죠.

마구니에 대한 설명이 너무 길어졌습니다. 부처님께서 처음에 보리수 아래에서 마왕을 항복시킨 겁니다. 그래서 得甘露滅覺道成(득감로멸각도성), 최고의 깨달음, 영원한 감로를 얻으셨습니다

감로(甘露)는 amṛta라고 하는 것입니다. mṛta에 부정을 뜻하는 접두어 a가 붙어서 된 말인데, mṛta도 Māra처럼 '죽는다'는 동사 mṛ에 어원을 둔 말입니다. a+mṛta, 죽지 않는다는 말이죠. immortality라는 뜻입니다. 불사(不死)라는 뜻이죠.

'멸각도(滅覺道)'는 '멸'이나 '각' 하나만 써도 되는데, 글자를 맞추기 위해서 이렇게 쓴 것 같습니다. 모든 번뇌망상을 다 죽이는 거죠. 번뇌망상 가운데는 지(知)적인 것, 정(情)적인 것, 의(意)적인 것이 다 있겠죠. 우리가 볼 때는 지·정·의라고 하는 것에도 번뇌가 많아요. 잘못된 그런 생각들을 다 없애고 깨달음의 길을 이룩하는 것입니다.

已無心意無受行 이미 심의(心意)가 없고 수행(受行)이 없도다.

而悉摧伏諸外道 갖가지 외도를 굴복하신다.

재미있다 싶어요. 심의가 없고 수행이 없다고 한 것을 가만히 생각해 보면, 여기는 아직 유식의 이론이 들어올 수 없는 상태지만, 벌써 그런 싹이 있지 않나 생각하게 됩니다. 심(心), 의(意), 식(識)의 구별이 있죠. 수행(受行)이라는 것을 의식이라고 생각할 수도 있어요. 유식에 따르면 마음이 안에서부터 제8 알라야식, 제7 마나스식, 제6 의식, 그 다음에 전오식(前五識: 眼識·耳識·鼻識·舌識·身識), 이렇게 전개되죠. 已無心意無受行(이무심의무수행), 이런 것들이 없다는 거예요. 심, 의, 식이라고 하는 것이 모두 질적으로 바뀌어 더 이상 세속적 심, 의, 식이 아니게 되었다는 뜻입니다. 而悉摧伏諸外道(이실최복제외도), 정도를 가지 않고 있는 외도들을 다 분쇄하고 굴복시켰다.

⑥ 三轉法輪於大千　其輪本來常淸淨

　天人得道此爲證　三寶於是現世間

三轉法輪於大千　삼전십이상(三轉十二相)의 법륜을 대천세계에서 굴리시니.

其輪本來常淸淨　그 법의 수레바퀴는 본래 언제나 청정하나이다.

'三轉法輪(삼전법륜)'이라고 하는 것은 수레바퀴를 세 번 굴렸다는 말이죠. 사제팔정도를 설할 때 세 번 설했다는 겁니다. 사제팔정도는 고제(苦諦)·집제(集諦)·멸제(滅諦)·도제(道諦)와 팔정도 아닙니까?

맨 처음의 일전(一轉)은 '고통에 관한 진리다. 이것이 고통의 원인에 관한 진리다. 이것이 고통의 소멸에 관한 진리다. 이것이 고통의 소멸, 열반에 이르기 위한 올바른 길의 진리다' 이렇게 보여주는 거예요.

두 번째는 '이 고통의 진리를 알아야 한다(勸告). 고통의 근원은 영원히 끊어야 한다(永斷). 무엇을 끊어야 하느냐 하면 고통의 원인인 탐(貪)·진(瞋)·치(癡)를 끊어야 한다. 그렇게 함으로써 몸소 체험적으로 실현시켜야 한다(作證). 그렇게 하기 위해서는 팔정도를 닦아 가야 한다(修習)'라고 가르치는 겁니다. 그러니까 이것들은 마땅히 변지(徧知), 두루 잘 알고, 실천해 가도록 하는 권고입니다. 이것이 두 번째 전법륜입니다.

세 번째 전법륜은 '이것들이 이미 다 변지되었다. 나는 증득(證得)했다. 이미 나는 고통을 알았다. 그 고통의 원인을 나는 끊어 버렸다. 나는 고통의 소멸인 열반을 이룩했다. 그리고 고통의 소멸에 이르는 여덟 가지 올바른 길을 다 닦았다'는 것을 자랑스럽게 선포할 수 있는 것입니다.

그래서 이것을 시전(示轉), 권전(勸轉), 증전(證轉)이라고도 하는데, 이것이 삼전법륜입니다. 그러니까 삼전의 각각에 고제, 집제, 멸제, 도제가 있는 것입니다. 그래서 삼전에 모두 십이행상(十二行相)이 있다고 하는 것이죠.

대천이라고 하는 것은 삼천대천세계를 말합니다. 앞에서 설명했는데, 고대 인도의 우주관에서 우주가 무수한 세계들로 이루어져 있는 것을 상징적으로 말하는 것이라고 했습니다.

天人得道此爲證 천과 인이 이 가르침을 따르니.

三寶於是現世間 그때부터 삼보가 세간에 드러나셨다.

부처님께서 이렇게 사제팔정도를 설하시고 나니까 이렇게 세계가 달라졌다는 말입니다. 어떻게 보면 전법륜은 부처님 자신의 이야기이기도 해요. 부처님이 자신에게 보여주었고, 자신이 본 거예요. 자신의 마음 속에서 다짐한 거라구요. '그래, 고통이야 고통….' 그러니까 그런 자각 없이 그냥 낙천적으로만 사는 사람을 보면 위태위태하죠. 역시 그것을 알고 극복해야 한다고 생각해요. 부처님은 부처님 되는 과정에서 이미 다 전법륜했다고 봐야 합니다. 부처님은 다른 부처님한테 법문을 다 들었다구요. 석가모니 부처님은 연등불(燃燈佛)에게 수기(授記)를 받았다고 하죠. 연등불이 누구냐 하면 광명의 부처님이거든요. 그러니까 『화엄경』에서 하는 이야기와 전부 다 통한다고 생각합니다.

⑦ 以斯妙法濟群生　一受不退常寂然
　　度老病死大醫王　當禮法海德無邊

以斯妙法濟群生 이 고귀한 법으로써 제도된 군생(群生)들은.

一受不退常寂然 한 번의 제도로 물러남이 없고 언제나 고요하나니.

군생은 중생이나 마찬가지죠. 부처님의 미묘한 법으로 제도된 중생들은 언제나 근심과 동요가 없이 고요하다는 말입니다.

度老病死大醫王 생노병사를 다스리시는 위대한 의왕(醫王)이시여.

當禮法海德無邊 무량한 공덕과 법의 바다이신 당신께 마땅히 경배 드리나이다.

노(老)도 병(病)도 사(死)도 다 넘어섰다고 하는데, 그렇다고 육신을 가진 부처님이 늙지 않는 것도 아니고, 앓지 않는 것도 아니고, 죽지 않는 것도 아닙니다. 그런 모습, 그런 상황을 다 겪기는 하지만, 그것을 넘어섰다고 하죠. 그것은 무슨 이야기냐 하면, 그런 일 때문에 장애를 받지 않고, 자기 본래의 삶을 잊어버리지 않고 사시기 때문에 노·병·사를 다스린다고 한 것입니다.

'도(度)'는 '넘어간다', '건너간다' 그런 이야기인데, 그렇게 문자 그대로만 해석하지 않아도 되겠죠. 보릿고개를 넘긴다 그런 식으로 생각할 수도 있잖아요. 인생고개도 많습니다. 그것을 다 다스리면서 넘어가야죠. 올 테면 오라고 하면서 맞이해야죠. '내가 불교 이렇게 열심히 믿었는데, 왜 나한테 이런 병이 생겼습니까?' 그러지 말고. 병은 온다구요. 병 안 온다고 믿는 사람은 잘못 생각하는 겁니다. 오더라도 극복할 수 있겠죠. 그런 데에 제일 좋은 방법은 역시 참선이 아닌가 생각합니다.

當禮法海德無邊(당례법해덕무변), 무한한 공덕의 바다를 이루신 당신께, 當禮, 마땅히 경배 드리나이다.

'부처님이 어디 계셔? 어디 계시긴? 어디든지 계시지', 이렇게 생각하고 살아가자는 겁니다.

지금 이렇게 보적이라고 하는 소년이 노래부르고 있습니다. 중생들 속의 보배, 그 웅덩이에 빠진 이 젊은 청년이 누군지 모르지만, 참 그런 사람들이 있습니다. 저 더러운, 잘못된 일들만이 벌어지는 것 같은 세상임에도 불구하고, 이렇게 훌륭한 사람들이 많아요.

⑧ 毀譽不動如須彌 於善不善等以慈

　　心行平等如虛空 孰聞人寶不敬承

毀譽不動如須彌 칭찬과 모욕에도 동하지 않는 수미산 같은 분이시여.

於善不善等以慈 선인에게나 악인에게나 똑같이 인자한 분이시여.

心行平等如虛空 허공과 같이 모든 것을 평등하게 대하시니.

孰聞人寶不敬承 사람들 속의 귀한 보배에게 누가 경배 드리지 않겠습
니까.

⑨ 今奉世尊此微蓋 於中現我三千界

　　諸天龍神所居宮 乾闥婆等及夜叉

今奉世尊此微蓋 지금 세존께 이 작은 산개를 바침에.

於中現我三千界 그 속에 우리들 삼천대천세계가 다 나타나네.

이 산개가 무엇일까요? 양산이요? 뭐가 양산이에요? 우리들의 마음
이죠. 오백 명 장자의 아들들이 다 마음을 갖다 바쳤습니다. 그렇게 이해
해도 좋지 않겠어요? 내 마음 속에 삼천대천세계가 다 들어 있다는 말입
니다.

諸天龍神所居宮 그 속에 갖가지 천과 용과 신중들.

乾闥婆等及夜叉 건달바, 야차 등이 다 그 안에 있나이다.

천, 용, 건달바, 야차, 이것들은 팔부신중에 속한다고 했죠. 여덟 가지
가 다 나오지는 않았지만, 팔부신중도 다 그 마음 안에 있다고 이해할 수
있습니다.

⑩ 悉見世間諸所有 十力哀現是化變

　　衆覩希有皆歎佛 今我稽首三界尊

悉見世間諸所有 세간의 모든 것들을 보시며.

十力哀現是化變 십력으로 불쌍히 여기시고 이와 같은 신통변화를 나타내 주시니.

衆覩希有皆歎佛 수많은 중생들이 이것을 보고 '참으로 있기 어려운 일이다' 하고 모두 부처님께 찬탄을 올리니.

今我稽首三界尊 지금 제가 삼계의 으뜸이신 세존께 머리 숙여 경배 드리나이다.

삼계는 욕계(欲界), 색계(色界), 무색계(無色界)를 말하죠.

⑪ 大聖法王衆所歸 淨心觀佛靡不欣

　　各見世尊在其前 斯則神力不共法

大聖法王衆所歸 대성 법왕이시여, 모든 중생들이 흠모하고 돌아가는 곳.

淨心觀佛靡不欣 맑고 깨끗한 마음으로 부처님을 보고 기뻐하지 않는 사람 없나이다.

各見世尊在其前 각자가 다 눈앞에 세존을 볼 수 있으니.

斯則神力不共法 이것은 여래만이 갖추신 위신력이나이다.

여기서부터 클라이맥스로 가는 겁니다. 이제 나오는 ⑫, ⑬, ⑭번은 아주 유명한 이야기입니다.

⑫ 佛以一音演說法 衆生隨類各得解

　　皆謂世尊同其語 斯則神力不共法

佛以一音演說法 부처님은 하나의 음성으로 법을 설하시는데.

衆生隨類各得解 중생들은 자기 유를 따라 각각 달리 듣나이다.

皆謂世尊同其語 각자가 세존이 자기와 같은 말을 한다고 하니.

斯則神力不共法 이것은 여래만이 갖추신 위신력이나이다.

⑬ 佛以一音演說法　衆生各各隨所解

　　普得受行獲其利　斯則神力不共法

佛以一音演說法 부처님은 하나의 음성으로 법을 설하시는데.

衆生各各隨所解 중생들은 각각 자기 근기대로 알아듣나이다.

普得受行獲其利 두루 받아 행하고 이익을 얻사옵니다.

斯則神力不共法 이것은 여래만이 갖추신 위신력이나이다.

⑭ 佛以一音演說法　或有恐畏或歡喜

　　或生厭離或斷疑　斯則神力不共法

佛以一音演說法 부처님은 하나의 음성으로 법을 설하시는데.

或有恐畏或歡喜 어떤 이는 두려워하고, 어떤 이는 기뻐하고.

或生厭離或斷疑 어떤 이는 싫어하고, 어떤 이는 의심을 끊나이다.

斯則神力不共法 이것은 여래만이 갖추신 위신력이나이다.

⑮ 稽首十力大精進　稽首已得無所畏

　　稽首住於不共法　稽首一切大導師

稽首十力大精進 머리 숙여 경배하나이다, 십력을 지니시고 대정진하

시는 분이시여.

稽首已得無所畏 머리 숙여 경배하나이다, 이미 두려움을 남김없이 극복하신 분이시여.

稽首住於不共法 머리 숙여 경배하나이다, 갖가지 독특한 공덕을 갖추신 분이시여.

稽首一切大導師 머리 숙여 경배하나이다, 일체 대중의 대도사(大導師)이시여.

⑯ 稽首能斷衆結縛　稽首已到於彼岸
　　稽首能度諸世間　稽首永離生死道

稽首能斷衆結縛 머리 숙여 경배하나이다, 온갖 번뇌 속박을 다 끊으신 분이시여.

稽首已到於彼岸 머리 숙여 경배하나이다, 이미 피안에 가 계신 님이시여.

稽首能度諸世間 머리 숙여 경배하나이다, 이 세상 중생의 제도자시여.

稽首永離生死道 머리 숙여 경배하나이다, 영원히 생사의 운명을 벗어난 분이시여.

⑰ 悉知衆生來去相　善於諸法得解脫
　　不着世間如蓮華　常善入於空寂行

悉知衆生來去相 당신은 중생들 오고가는 모습을 다 아시고.

善於諸法得解脫 그러한 모든 법에서 해탈하셨나이다.

不着世間如蓮華 물속에서 피어나 그 물에 물들지 않는 연꽃과 같이.

常善入於空寂行 항상 공적(空寂)한 삶을 살고 계시나이다.

⑱ 達諸法相無罣礙 稽首如空無所依

達諸法相無罣礙 세상 모든 법의 실상을 깨달으시어, 그 모든 것에 걸림이 없으시고.

稽首如空無所依 저 허공과 같이 아무 것에도 의지하지 않으시는 님이시여, 머리 숙여 경배하나이다.

여기서 보적의 게송이 끝났습니다.

『유마경』은 한마디로 말해서 '부사의해탈경(不思議解脫經)'이라고 별명을 붙이기도 합니다. 그러면 '부사의해탈'이 무엇이냐? 그게 어렵거든요. 실제로 실천을 통해서 체험적으로 알아야 되는데, '체험적으로'라고 하는 것은 여러 가지로 설명이 가능하지만 역시 선을 통해서 체험하는 것일 거예요. 선삼매(禪三昧)로 체험하는 겁니다. 그런데 선삼매에 있어서 제일 중요한 것은 묵언(黙言) 속에서 그런 경지를 실천하는 것이죠. 침묵 속에서 진여(眞如)와 합치해 들어가는 겁니다. 『유마경』이 그런 목표를 내세우고 있죠.

그런 해탈을 이룩하자면 여러 가지 말들로 설명되어 있는 내용을 하나하나 음미하는 반복된 노력이 없이는 안 되거든요. 염불이라고 하는 것이 뭡니까? 염불은 부처님 이름을 자꾸 외우고, 부처님을 생각하고, 그러면서 절하는 건데, 향도 꽂고 꽃도 꽂고 '부처님, 정말 제가 무엇보다도 누구보다도 부처님을 제일 존중하고 위합니다' 그러면서 정성을 바치는 것이 결국 염불이죠. 이것이 자꾸 거듭되고 거듭되고 해서 형식이 아닌 마음속에서 완전히 몸에 밴 행위가 되지 않고서는 깨닫기가 어려운 것이 아닌가 하는 생각이 듭니다.

　의심이 나는 것은 철저하게 의심해 보고, 물어 보고 해답을 듣고, 스스로 해답을 찾고, 틀림없다는 확신이 들 때까지 탐구하는 정신이 꼭 있어야 하죠. 내가 이것을 모르면 정말 큰 죄를 짓고 있는 거라는 생각을 해야 되죠. 지식의 문제가 아니라 우리 생활의 구체적인 단편들, 작은 구석구석까지도 다 이야기할 수 있게끔 되고, 밝혀줄 수 있게끔 되어야 합니다. 우리가 옛날 고전 한 가지를 공부한다, 한문공부를 한다, 그런 식으로 공부하는 게 아니란 말이에요. 이 진리가 내 피가 되고 살이 되고 내 영양이 되어서 올바로 살아갈 수 있게끔 되는, 밥보다 더 귀중한 양식이 바로 여기에 있다고 생각하고 공부를 해 가야 합니다.

4. 불국토의 청정함

(11)
爾時에 長者子 寶積이 說此偈已하고 白佛言하되,
"世尊이시여, 是五百長者子가 皆已發阿耨多羅三藐三菩提心하니
願聞得 佛國土淸淨하나이다.
唯願하오니 世尊 說諸菩薩淨土之行하소서" 하니라.
佛言하사대,
"善哉라, 寶積아. 乃能爲諸菩薩하여 問於如來淨土之行하니,
諦聽 諦聽하여 善思念之하라. 當爲汝說하리라" 하니,
於是에 寶積 及五百長者子가 受敎而聽하니라.

爾時 長者子 寶積 說此偈已 白佛言　그때 장자의 아들 보적은 이 게송

을 설하고 난 뒤 부처님께 말씀드렸다.

世尊. 是五百長者子 皆已發阿耨多羅三藐三菩提心 세존이시여, 이 오백 명 장자의 아들들은 이미 다 아뇩다라삼먁삼보리심을 발하였나이다.

아뇩다라삼먁삼보리심(阿耨多羅三藐三菩提心)을 발했다는 것은 아뇩다라삼먁삼보리를 얻겠다는 마음을 발했다는 말입니다. 아뇩다라삼먁삼보리는 인도말로 anuttarasamyaksaṃbodhi를 한자로 옮긴 것이죠. 뜻으로 풀어서 무상정등각(無上正等覺)이라고 하죠. 무상정등각, 이보다 더 훌륭한 각은 없다는 거예요. '정등각'의 원어는 samyaksaṃbodhi입니다. 이것을 다른 말로 '정변지(正遍知)'라고 번역하기도 하는데, 정등각과 정변지는 같은 거예요. 여래십호(如來十號), 부처님의 열 가지 이름 가운데에도 정변지라고 하는 말이 있잖아요.

samyak은 '정(正)', 올바르다는 뜻입니다. saṃ은 '등(等)' 또는 '변(遍)'이라고 번역됐어요. 여기서 '등'과 '변'은 같은 뜻입니다. 모든 사람들에게 보편적으로 두루두루 통한다는 말이죠. '遍'자를 요새는 '보편적(普遍的)'이라고 할 때처럼 '편'이라고 읽지만, 불교 용어로는 '변'이라고 읽습니다. '徧(변)'이라고도 쓰죠. bodhi는 '각(覺)' 또는 '지(知)'라고 번역됐는데, 음을 따서 '보리(菩提)'라고 옮기기도 합니다. 그러니까 samyaksaṃbodhi를 음으로 옮긴 것이 삼먁삼보리(三藐三菩提)죠. 이 한자들에는 아무 뜻도 없어요. 아마 '먁' 소리가 나는 글자 찾기 어려웠을 거예요. '삼먁삼보리'라고 해서 보리가 세 개인 줄 알면 안 되죠.

anuttara의 uttara는 우리말의 '상(上)', '위'라는 말이에요. 그 앞에 부정을 뜻하는 an이 붙었는데, anuttara는 그것보다 더 높은 것은 없다는 뜻입니다. 그래서 anuttara가 '무상(無上)'으로 번역된 거죠. '위가 없는 깨달음, 무상정등각.'

보적이 부처님께 500명 장자의 아들들이 무상정등각을 얻겠다는 마음을 발했다고 말씀드린 겁니다. 그러니까 초발심을 한 거죠. 그리고 또 부처님께 청을 드리는 겁니다.

願聞得 佛國土淸淨 바라옵건대 불국토의 청정에 대해서 말씀 듣기를 원하옵나이다.

唯願 世尊 說諸菩薩淨土之行 오직 원하옵건대 세존이시여, 모든 보살들의 정토지행에 대해서 설명해 주십시오.

불국정토에 가서 태어나겠다고 하는 것이 정토왕생사상이라고 할 수 있는데, 정토사상을 이야기하면서도 우리는 『유마경』을 생각해야 합니다. 그러니까 정토를 이야기할 때 『아미타경』 계통의 정토만을 생각해서 되는 것이 아니라, 이 『유마경』의 「불국품」도 대단히 중요한 위치를 차지한다는 것을 알고 있어야 하는 거죠. 아미타불의 정토에 가서 태어나기만을 바라는 종파가 있죠. 거기서는 『무량수경』, 『아미타경』, 『관무량수경(觀無量壽經)』이라는 세 개의 경만을 중요하게 생각합니다. 다른 경에 대해서는 언급을 잘 안 해요. 다른 경을 언급하면, 자기네들 신심에 혼란이 생긴다고 생각하니까요. 그런데 그것이 불교의 전체를 다 망라한 올바른 가르침이 아니라는 것을 알아야 합니다. 그래서 제가 누차 이야기하지만, 어느 경에 의거해서 종파를 만든 그런 불교는 안 된다는 겁니다.

우리나라에는 비교적 종파를 무시하는 전통이 있어 왔어요. 그것은 주로 원효대사의 덕택이었는데, 후대에 와서 종파들이 많이 생겨 버렸습니다. 특히 일본 불교의 영향을 받은 사람들, 딱 집어서 이야기하면 해방 후 불교학의 원로인 권상로 선생 같은 분들의 영향입니다. 그런 1세대 불교학자들은 다 'Made in Japan'입니다. 그들은 주로 일본의 종파불교에 물이 들어 있어요. 일본적인 시각으로 종파를 자꾸 이야기하는 거죠. 원효도 화엄종이라고 합니다. 원효가 들었다가는 아주 질색할 만한 이야기를 하는데, 그런 식으로 불교사를 썼습니다. 그것이 지금까지 그냥 무비

판적으로 답습돼 오고 있어요. 원효를 공부해 보니까, 또 불교를 전체적으로 공부해 보니까, 안 맞는 거예요. 이치에 안 맞는단 말이에요. 그러니까 우리만이라도 잘 알고 가야겠습니다. 도처에서 불교를 가르치고 있지만, 종합적인 안목에서 이야기하는 사람들이 많지 않은 것 같아요.

정토왕생과 불국토 사상이 『유마경』에서 어떻게 설명되고 있나 하는 것을 잘 음미해야 하겠습니다. 『유마경』에서는 불국토가 이미 와 있다고 생각하죠. 불국토는 이미 다 돼 있어요. 다른 데 먼 데 있다고 생각하지 않습니다. 중생이 있는 곳에 불국토가 그대로 있다고 합니다. 깨닫고 보면 그게 벌써 불국토라는 거죠. 깨닫지 못했기 때문에 불국토가 아닌 줄 알고 자꾸 딴 데 가서 찾는 겁니다. 요의경(了義經)과 불요의경(不了義經)이라는 것이 있는데, 자기 마음에서 찾지 않고 자꾸 딴 데 가서 찾는 경전이 있으면 그것은 불요의경이라고 해요. 자기를 망각하고 다른 것에 의지하도록 하면 그것은 불요의경인 것입니다. 이것을 이제 여기서도 잘 음미해야 되겠습니다.

보적이 먼저 '불국토청정에 대해서 듣고자 합니다', 그 다음에는 '보살정토지행에 대해서 설해 주시옵소서' 그랬단 말입니다. '불국토청정'과 '보살정토'를 이야기했는데, 둘 사이에 차이가 있느냐 하면 차이가 없습니다. 같은 거예요. 보는 각도에 따라서 다를 뿐입니다. 부처님은 보살이 가서 얻는 결과 아닙니까? 또 부처님은 보살로 화신(化身)해서, 변화된 몸을 나타내서 중생제도를 하러 오신단 말이에요. 부처님 자신의 몸으로서는 나타나시지 않는다는 것은 다른 대승불교 경전들에서도 강조하고 있는 이야기입니다. 초기 불교경전들에서는 그런 구분을 명확하게 못했던 것 같아요. 석가모니 부처님은 성불하시고 나서 입적하실 때까지 45년 동안 중생제도를 하셨는데, 그 동안의 행적이라고 하는 것도 역시 보살행이라고 보아야 하는 거죠. 대승불교적인 입장에서 보면, 성불하는 과정에 있는 보살과 이미 부처가 다 된 다음에 중생제도하기 위해서 보살의 몸을 취하신 경우의 보살, 두 가지가 있을 수 있어요. 엄밀하게 따지면 보살정토는 불국토를 만들어 가는 과정에 있는 것이고, 불국토는 결과적으로 얻어진 상황을 이야기하는 것이라고 보면 되겠죠. 불국토의 청정과 보살정토지행을 여기서 이야기하려는 겁니다.

佛言 부처님께서 말씀하셨다.

그렇게 설해 주시기를 청하자 부처님께서 말씀하시는 겁니다.

善哉 寶積 乃能爲諸菩薩 問於如來淨土之行　그래 참 잘했다, 보적아. 네가 여러 보살들을 위해 여래정토지행을 물었구나.

'善哉(선재)라.' 승낙하는 대답이죠. 보적이 제보살의 정토지행(淨土之行)에 대해서 물었죠. 제보살의 정토지행이라고 하는 것은 모든 보살이 이 땅을 정토로 만들어가는 행이라고도 해석할 수 있습니다. 그러니까 부처님께서는 '네가 모든 보살들을 위해서 여래정토지행을 물었구나'라고 하셨습니다.

'정토지행'이라는 것은 국토를 청정하게 해 가는 행위로 생각하면 좋겠어요. 이것을 잘못 해석하면 안 되겠죠. 그러니까 '국토정화, 자연보호', '환경을 정화하자, 깨끗이 하자', 그런 이야기를 들을 때 『유마경』을 아는 사람이라면 '겨우 환경 정화냐? 우리가 사는 데를 환경 정도로 생각하느냐?' 이런 반문도 할 법하지 않습니까? 불교 믿는 사람은 이것을 단순히 인간이 살고 있는, 인간을 위한 환경 정도에 불과한 것이 아니라, 바로 내 몸과 다름없다고 생각하는 겁니다. 농협에 가면 '신토불이(身土不二)'라고 써 붙였는데, 원래 이 말에서 '신(身)'은 우리 몸을 이야기하고, '토(土)'는 국토(國土)를 이야기합니다. '신토가 둘이 아니다', 농협 사람들이 그것까지 아는지는 잘 모르겠어요.

여기서 보적은 원래 보살정토지행을 물었는데, 부처님은 부처님의 입장에서 '여래정토지행'이라고 했을 거라고 생각합니다. 보살들이 행해 나가야 하는 정토지행이 있고, 또 여래가 보는 정토지행이 있습니다. 여래에게 있어서의 국토와 자연은 중생의 그것과 다르지 않습니까? 여래에게는 이미 정토가 다 돼 있죠. 깨닫지 못한 사람에게 중생 세계는 언제나 보기 싫은 원수와 고약한 놈들로 가득 차 있겠지만, 깨달은 사람에게 중생 세계는 이미 원수도, 고약한 중생도 아닌 것으로 보이겠죠. 그렇게 매번 입장을 바꿔서 보면 달라지는 겁니다. 그러니까 부처님께서 이제 자기 입장에서 정토지행을 이야기하려는 겁니다. 그래 나더러 보살들을 위해 정토지행을 말하라고 하니, 그대를 위해서 설할 것이다.

諦聽 諦聽 善思念之 當爲汝說 잘 듣고 들어라. 그리고 잘 생각하여 기억하라. 내가 그대들을 위해 설하리라.

위에서 보적이 보살들을 위해서 물었다고 했는데, 보살에도 단계가 많아서 아직 걸음마를 하는 보살도 있는가 하면, 상당히 높은 수준에 가 있는 보살도 있고 그렇죠. 『불교개론』 책을 보면, 보살에 네 단계가 있다고 했습니다. 초발심(初發心)보살, 행도(行道)보살, 불퇴전(不退轉)보살, 일생보처(一生補處)보살의 네 단계입니다. 그것을 『화엄경』에서는 42위(位)다, 52위다 해서, 십신(十信), 십주(十住), 십행(十行), 십회향(十廻向), 십지(十地), 등각(等覺), 묘각(妙覺), 이렇게 올라가는 것으로 이야기하기도 하죠. 십신을 빼면 42위가 되고, 십신까지 넣었을 때는 52위가 됩니다. 신(信)에도 열 단계, 주(住)에도 열 단계, 행(行)에도 열 단계, 이런 식으로 계산한 거예요. 그것을 선에서는 번거롭다고 '한꺼번에 탁 깨닫는 것이지 뭘 그런 걸 세고 있느냐?' 이렇게 반론을 제기했었습니다.

보살이 되는 단계에 대해서는 여러 가지 설명이 있는데, 『대승기신론』에서는 깨달음의 단계에 대해서 불각(不覺), 상사각(相似覺), 수분각(隨

分覺), 구경각(究竟覺), 이런 네 단계의 위(位)가 있다고 했습니다. 불각이라는 위는 스스로 자기 잘못을 뉘우치고 부끄럽게 생각하는 단계이고, 마지막 구경각 위에 올라가면 부처님이 다 된 거예요. 본각(本覺)의 경지로 되돌아온 겁니다. 우리가 귀일심원(歸一心源)한다고 하는데, 일심의 근원으로 되돌아가 버린 거예요. 깨달아가는 과정이 보살의 과정이다, 보살의 단계들이다, 이렇게 생각하면 좋겠습니다.

대승불교의 보살은 우선 초발심을 하는데, 아뇩다라삼먁삼보리를 얻겠다는 마음을 발한 것을 초발심이라고 합니다. 아뇩다라삼먁삼보리에 대해서는 위에서 설명을 했죠. 아뇩다라삼먁삼보리라는 것, 무상정등각(無上正等覺)이라는 것이 좋다는 생각 없이는 누가 초발심 같은 것을 하겠습니까? '깨달음이라는 것이 참 좋은 거야' 하는 것을 분명히 알고 그런 마음을 먹을 때 진짜 발심이 되겠죠. 초발심, 그 마음은 참 훌륭한 마음이라고 해도 틀림없을 것 같습니다. 초발심할 때의 생각이 한 인간의 삶에 있어서 제일 맑고 귀중하대요. 전문가가 되면 똑같은 말만 밤낮 되풀이하고, 자기도 뭘 이야기했는지 모르는 때가 있습니다. 그래서 매번 자기 자신에게 쥐어박듯이 다짐을 해 가면서 이야기를 해야 된다고 생각해요. 그렇게 안 하면 그냥 흘러가고, 매끄러울지는 몰라도 남는 게 없습니다. 그래 언제든지 초발심의 상태로 되돌아가라고 하거든요.

이 초발심 상태의 순수한 마음에다 보태서, 행도, 불퇴전, 이렇게 돼야 하는 거죠. 행도(行道)는 육바라밀다를 실천하는 것이에요. 실천을 안 하면 안 된다는 것이죠. 그런데 그것을 하더라도 불퇴전(不退轉)은 쉽게 되는 것이 아니에요. 뒷걸음치지 않게 되는 것은 어렵단 말입니다. 자꾸 이것을 되풀이하고 있지 않으면 불퇴전이 안 되는 겁니다.

일생보처(一生補處)라고 하는 것은 한 번만 더 살면 부처가 되게 되어 있는 단계입니다. 부처님을 향해서 가는데 한 번은 더 열심히 살아야 되겠다, 보충하는 것으로 일생을 더 열심히 살아야 되겠다, 이것이 일생 보처예요.

모든 사람들이 이 보살의 네 단계를 이야기하고 있는 것은 아니지만, 내가 볼 때는 이것이 탁 눈에 띄더라구요. 참 중요한 거라고 생각합니다. 이것이 보살의 네 단계 길인데, 위로 향해 올라가는 과정에서도 부처님이 중생들 사이에서 제도를 하기 위해서 오실 때는 언제든지 동사하시거든요. 사섭(四攝), 즉 보시(布施), 애어(愛語), 이행(利行), 동사(同事) 중에 동사라는 게 있잖아요. 권위적인 높은 자리에서 불쌍한 사람들에게 나누어주는 식으로만 가르쳐 주신 게 아니라 동사를 하신단 말입니다. 언제든지 밑에서 그 사람과 같은 처지에서 가르쳐 주시는 경우가 많거든요. 그런 식으로 몸을 바꾸어서 상대방의 마음을 바꾸어 주십니다. 이렇게 상대방의 마음을 바꾸고 그 사람의 인간됨이 바뀌게끔 하는 것이 화신인데, 그렇기 때문에 동사를 하실 때는 어떤 모습으로든지 바뀔 수 있어요. 반드시 훌륭한 모습으로만 나타나시지는 않죠.

물론 일생보처의 단계에서도 비슷한 일을 하긴 하지만, 부처님처럼 완벽하게 하지는 못하겠죠. 초발심, 행도, 불퇴전, 일생보처라고 하는 단계들은 부처님 쪽을 향해서 가는 입장에서 보살을 열거한 것이라고 하면 좋겠습니다. 이야기가 조금 길어졌습니다.

부처님이 이제 설법을 하시겠다고 말씀하시자.

於是 寶積及五百長者子 受敎而聽 이에 보적과 오백 명 장자의 아들들은 그 가르침을 받고자 열심히 들었다.

(12)
佛言하사대,
"寶積아, 衆生之類가 是菩薩佛土이니라.

所以者何뇨 하니, 菩薩은 隨所化衆生하여 而取佛土하며,
隨所調伏衆生하여 而取佛土하며,
隨諸衆生 應以何國 入佛智慧하여 而取佛土하며,
隨諸衆生 應以何國 起菩薩根하여 而取佛土하느니라.
所以者何뇨 하니, 菩薩이 取於淨國은 皆爲饒益諸衆生故니
譬如 有人이 欲於空地에 造立宮室이면 隨意無礙어니와,
若於虛空이면 終不能成하나니,
菩薩이 如是하여 爲成就衆生故로 願取佛國하니,
願取佛國者는 非於空也이니라."

중요한 대목입니다. 이런 글을 처음 만나는 사람들은 아마 '아!' 하고
눈을 부릅뜰 거라고 생각해요.

佛言 寶積 衆生之類 是菩薩佛土 부처님이 말씀하셨다. 보적아, 중생
의 유(類)가 곧 보살의 불토니라.

이런 구절은 성경에서는 찾아볼 수가 없어요. 아마 『유마경』에만 이
런 구절이 있는 것 같아요. '중생지류(衆生之類)'가 뭐예요? 중생이라고
하는 것에 여섯 가지 부류가 있지 않습니까? 지옥, 아귀, 축생, 수라, 인,
천. 거기에도 뭐 상중하가 다 있을 거예요. 지옥에도 팔한지옥(八寒地
獄), 팔열지옥(八熱地獄) 등 여러 가지가 있습니다. 또 산업사회 지옥 따
로 있고, 옛날 봉건사회 지옥 따로 있고 그럴지도 몰라요. 그러니까 중생
에도 가지가지의 부류가 있단 말입니다.

그 광범위한 것을 다 망라해서 중생지류가 곧 보살의 불토라고 했습
니다. 보살의 불토라는 것은 지금 보살이 일해야 하는, 보살이 만들어야
하는, 보살이 성취시켜야 하는 불국토라는 뜻이죠. 보살의 일터라는 말
입니다. 불국토라는 개념이 물론 진제(眞諦)로 말하면 다 돼 있다고 볼

수 있습니다. 그러나 속제(俗諦)로 말하면 어렵도 없어요. 이 세속에 있는 인간이 진제를 깨닫고 세속에까지 진실된 그 모습을 가지고 오기 전에는, 중생이 있는 땅이 그대로 불국토가 되는 것은 아니죠. 그러니까 불국토라고 하는 것은 어디까지나 보살의 일터요, 작업장입니다. 중생지류가 이제 보살이 건설해야 하는 정토라는 말입니다.

피동적으로 어떤 다른 사람의 힘으로 기도를 잘해서 죽은 다음에 거기 간다고 하는 그러한 정토가 아니라, 그 사람 자신이 만들어야 하는 곳이에요. 자기 자신도 불국토로 만들어야 하고, 자신이 몸담고 있는 가정도 불국토로 만들어야죠. 그러니까 그 보살이 어디서 어떻게 일하게 되느냐 하는 데 따라서 그 사람의 불국토는 정해진다는 말입니다. 그 보살이 일해야 하는 곳이 국회라면, 거기가 그 보살에게 있어서는 불국토를 만드는 작업장이 돼야 합니다. 그런데 국회라는 것이 나라 전체와 관련돼 있기 때문에, 그 보살은 나라 전체를 불국토로 만들어야 하는 엄청난 책임과 의무를 가지고 있는 거라고 할 수 있겠죠. 탐·진·치가 많은, 아주 더러운 마음을 가진 사람이 국회의원을 제대로 할 수가 없겠죠.

이것을 여러분이 가서 알려줘야 한단 말입니다. 여러분이 소크라테스 노릇을 해야 한다는 말이에요. 당신이 국민의 대표라면, 정말 그런 일을 할 수 있을 만큼 지혜로운가? 정말 모른다고 하는 것을 깨달을 수 있을 때까지 추궁을 해 가야 합니다. 국민이 그 정도의 실력을 가지고 추궁을 해야 한다고 나는 생각합니다. 민주주의라고 하는 것이 좋다면, 국민이 그만큼 성장했을 때 좋은 것이지, 바보 노릇만 하면서 그냥 질질 끌려 다니는 민주주의는 좋을 것이 하나도 없죠. 그것은 민주주의도 아닙니다. 이름뿐이죠.

중생지류가 왜 보살의 불국토인지 이제 부처님이 설명을 하십니다.

所以者何 菩薩 隨所化衆生 而取佛土 왜냐하면 보살은 그 중생을 교화

하는 바에 따라서 불국토를 취하기 때문이니라.

'所化(소화)'라고 하는 것은 '제도해야 할', '제도의 대상이 되는' 그런 뜻입니다.

隨所調伏衆生 而取佛土 보살은 그 중생을 조복하는 바에 따라서 불국토를 취하기 때문이니라.

조복(調伏)이라는 것은 좀 거친 거예요. 그러니까 쉽게 교화할 수 있는 중생이 있는가 하면, 영 안 되는, 조복 받아야 될 중생이 있잖아요. 사나운 말도 있고, 사나운 소도 있습니다. 사람도 때로는 조복 받아야 하는 사람이 있어요. 조복이라고 하는 것은 채찍질로 맞고, 종아리도 맞고, 야단을 맞아야 되는 거예요. 우리는 지금 그게 없어져서 야단이죠. 두들겨 팰 것은 패야 된단 말입니다.

그런 정신이 대승불교에는 있지 않습니까? 무(武)를 무시하는 사고방식이 문제예요. 문무가 반드시 함께 있어야 하는 거죠. 문무겸전(文武兼全)입니다. 문무대왕(文武大王)의 문무처럼, 섭수(攝受)의 정신인 문(文)과 절복(折伏)의 정신인 무(武)가 언제든지 같이 가야 해요. 힘이 없는 인간이 무슨 일을 해냅니까? 조복할 수 있는 능력이 있어야죠. 조복할 수 있는 상대, 그런 중생이 어디 있느냐 하는 데 따라서 내가 거기 들어간다는 말입니다

1950년대에 불란서에서 공산당들이 르노 자동차 공장에 우굴씨굴하니까, 가톨릭 신부들이 로만칼라를 떼어 버리고 그 공장에 노동자로 들어갔습니다. 그래서 의무사항으로 되어 있는 미사 드리는 것까지 다 집어치우고, '하나님', '예수님' 그런 소리 한마디도 안 하면서 오직 행동으로, 표정으로, 말로, 사랑만 실천하면서 감화시키려고 했습니다. 노동사제들이죠. 파리에서 그 사람들과 한 겨울을 같이 보냈는데, 정말 훌륭하더라구요. 나는 그 사람들을 생각할 적마다 그 사람들이 진짜 보살이었

다는 생각을 합니다.

우리 스님네들은 뭐 가족도 없는데 그런 보살도를 왜 실천 못 하느냐는 말입니다. 쓸데없이 큰 절 짓고 기도나 하고, 그런 것만 하려고 하느냐 이 말이에요. 집이라도 좋아요. 집이라도 지으면, 다른 것을 할 수 있잖아요. 사회사업을 하든지……. 그런데 사회사업도 중요하지만 지금 뭐가 더 중요하냐 하면, 지도자 계층 사람들의 의식을 바꿔 놓는 것이 제일 중요합니다. 이 사회, 이 시대의 지도적인 정신이 보살의 정신으로 돌아가게끔 백방으로 노력을 해야 되잖아요. 돈을 써 가면서 그런 세미나를 한다든지, 그런 책을 자꾸 발간한다든지. 그런 데는 돈을 안 쓰고 지금 이게 뭐냐 말이에요.

여기 隨所化衆生(수소화중생)', 隨所調伏衆生(수소조복중생)', 아래에도 隨諸衆生(수제중생)'이 두 번 나옵니다. 隨 는 '……에 따라서'라는 말이죠. 隨 자가 불교에서 많이 쓰이는데, '수순중생(隨順衆生)'이라는 말도 있죠. 불교에서는 아주 중요한 말입니다. 수순중생, 제 마음 하나 믿고 제 생각대로 그냥 막 밀고 나가는 게 아니라, 중생의 뜻을 따라가고 중생의 근기에 맞추어 가라는 거죠. 중생이 매번 똑같지 않으니까, 시아버지를 대할 때는 시아버지를 대하는 것처럼, 남편 대할 때는 남편 대하는 것처럼, 아이들을 대할 때는 아이들을 대하는 것처럼, 형제자매들을 대할 때는 형제자매들을 대하는 것처럼, 이웃사람 대할 때도, 길거리에서 만나는 사람 대할 때도, 거기에 맞추어 대하라는 겁니다. 그래서 여기 네 가지에 다 隨 자가 들어 있는 거예요.

불국토가 되려면, 중생들에 따라 교화 받아야 하는 중생도 있고, 조복 받아야 하는 중생도 있어요.

隨諸衆生 應以何國 入佛智慧 而取佛土 보살은 모든 중생들이 어떤 나라를 통해서 부처님의 지혜에 들어가려고 하는지, 거기에 따라서 불국토

를 취하느니라.

여기서는 '隨' 가 '諸衆生(제중생)'부터 '入佛智慧(입불지혜)'까지 걸립니다. 중생이 부처님처럼 지혜로워지고자 하면, 그 사람이 현실적인 생활을 떠나서 지혜로워질 수는 없죠. '何國(하국)'이라는 것은 그가 사는 생활의 영역, 생활의 분야를 이야기한다고 해도 좋을 거예요. 자기가 특히 좋아하는 분야나 영역이 있을 겁니다. 그것을 통해서 이제 한 사람 몫을 하면서 부처님 지혜에 들어갈 수 있게 된다는 말입니다. 음악을 통해서, 기술을 통해서, 혹은 무슨 예술을 통해서, 그 밖에 여러 가지 지혜가 있을 수 있겠죠.

중생들 중에는 이렇게 부처님의 지혜에 들어가고자 하는 사람들이 많습니다. 나는 〈달마가 동쪽으로 간 까닭은〉이라는 영화를 만든 사람도 불지혜에 들어오고 싶었던 사람이라고 생각해요. 불란서에서 미학을 공부했다죠. 좀 서투른 점도 드러나긴 했지만 그래도 참 진지하게 만들었어요. 아, 또 그 늙은 스님 역을 맡은 사람이 장로였다고 하죠. 장로면서 그 역할을 참 잘 해냈습니다. 이렇게 그 어떤 나라에 의해서든, 여러 분야에 걸쳐서 우리가 중생들을 부처님의 지혜로 들어올 수 있도록 해야 하는 겁니다.

隨諸衆生 應以何國 起菩薩根 而取佛土 보살은 모든 중생들이 어떤 나라를 통해서 보살의 뿌리를 일으키는지, 거기에 따라서 불국토를 취하느니라.

기보살근(起菩薩根), 보살의 뿌리는 보살의 마음씨를 일으킨다고 해도 되겠죠. 불지혜에 들어가는 것은 아직 소극적일 수 있어요. 보살근을 일으킨다고 하는 것은 이타행(利他行)을 하겠다는 마음가짐을 일으킨 것으로 보아야 하겠죠. 보살의 제일 특징은 이타행이거든요. 그러니까 여기서는 '何國'이 제일 중요합니다. 보살의 마음씨를 일으키는 영역이 어떤 것이냐 하는 데 따라서, 그곳을 자기의 일터로 삼고 보살은 중생들 가까이 가는 거죠.

所以者何 菩薩 取於淨國 皆爲饒益諸衆生故　왜냐하면 보살이 정국(淨國)을 취하는 것은 다 중생들을 요익(饒益)하기 위한 까닭이니라.

'정국'은 정토나 불국과 같은 말입니다. 불국과 마찬가지로 보살이 정국을 취한다고 하는 것은 이미 되어 있는 것을 취하는 것이 아니라, 그것을 내 일터로, 내 목표로 삼고 살아가는 것이죠. 그러한 행위는 그 땅에 살고 있는 중생들에게 이익을 주겠다고 하는 오직 한 가지 목적 때문인 것입니다. 참된 이익을 주고 있을 때, 요익중생(饒益衆生)하고 있을 때 우리는 비로소 그 불국토 실현에 한 발자국 더 가까이 가게 됩니다.

譬如 有人欲於空地 造立宮室 隨意無礙 若於虛空 終不能成　비유컨대 어떤 사람이 빈 땅에 궁전을 지으려고 하면 뜻대로 아무런 장애 없이 지을 것이다. 그러나 만약 허공에 지으려고 하면, 끝내 성공하지 못할 것이다.

菩薩 如是 爲成就衆生故 願取佛國 願取佛國者 非於空也　보살은 이와 같이 중생을 성취시키기 위해서 불국토를 취하려고 하는 것이지, 저 허공에서가 아닌 것이다.

공지(空地), 빈 땅, 그러니까 중생들이 있는 곳, 아직 중생들이 받아들일 수 있는 마음가짐을 가지고 있을 때 중생들 마음속에 씨를 뿌리는 것이 요익중생의 참된 뜻이고, 불국정토를 만드는 참된 뜻이라는 것을 알 수 있습니다.

(13)
寶積아, 當知하라.
① 直心이 是菩薩淨土니 菩薩成佛時에 不諂衆生이 來生其國하며

② 深心이 是菩薩淨土니 菩薩成佛時에 具足功德衆生이 來生其國하며

③ 菩提心이 是菩薩淨土니 菩薩成佛時에 大乘衆生이 來生其國하며

④ 布施가 是菩薩淨土니 菩薩成佛時에 一切能捨衆生이 來生其國하며

⑤ 持戒가 是菩薩淨土니 菩薩成佛時에 行十善道滿願衆生이
　 來生其國하며

⑥ 忍辱이 是菩薩淨土니 菩薩成佛時에 三十二相莊嚴衆生이
　 來生其國하며

⑦ 精進이 是菩薩淨土니 菩薩成佛時에 勤修一切功德衆生이
　 來生其國하며

⑧ 禪定이 是菩薩淨土니 菩薩成佛時에 攝心不亂衆生이 來生其國하며

⑨ 智慧가 是菩薩淨土니 菩薩成佛時에 正定衆生이 來生其國하며

⑩ 四無量心이 是菩薩淨土니 菩薩成佛時에 成就慈悲喜捨衆生이
　 來生其國하며

⑪ 四攝法이 是菩薩淨土니 菩薩成佛時에 解脫所攝衆生이 來生其國
　 하며

⑫ 方便이 是菩薩淨土니 菩薩成佛時에 於一切法 方便無礙衆生이
　 來生其國하며

⑬ 三十七道品이 是菩薩淨土니 菩薩成佛時에 念處·正勤·神足·根·
　 力·覺·道衆生이 來生其國하며

⑭ 廻向心이 是菩薩淨土니 菩薩成佛時에 得一切具足功德國土하며

⑮ 說除八難이 是菩薩淨土니 菩薩成佛時에 國土에 無有三惡八難하며

⑯ 自守戒行하고 不譏彼闕이 是菩薩淨土니 菩薩成佛時에 國土에
　 無有犯禁之名하며

⑰ 十善이 是菩薩淨土니 菩薩成佛時에 命不中夭하고 大富梵行하며,
　 所言誠諦하고 常以軟語하며, 眷屬不離하고 善和諍訟하며

言必饒益하고 不嫉不悲하는 正見衆生이 來生其國하니라.

(13)번에는 ①번부터 ⑰번까지 번호를 매겼습니다. ①, ②, ③번에는 직심(直心), 심심(深心), 보리심(菩提心)에 대한 이야기가 있습니다. 이와 비슷한 이야기가 『대승기신론』에도 나오죠. 『대승기신론』에서는 직심, 심심, 그리고 보리심 대신에 대비심(大悲心), 이 세 가지 마음을 강조하고 있습니다. 하나하나 보도록 하겠습니다.

① 直心是菩薩淨土 菩薩成佛時 不諂衆生 來生其國 직심이 곧 보살정토이다. 보살이 성불할 때 아첨하지 않는 소박한 중생이 그 나라에 와서 태어난다.

직심(直心)이란 곧은 마음입니다. 정직하다고 이야기할 수도 있겠지만, 이 '정직하다'는 말만 가지고는 그 뜻이 잘 드러나지 않는 것 같아요. '소박하다'는 말이 더 좋을 거예요. 제가 언젠가 바가지 이야기를 하면서, 우리나라 사람들의 본래 물들지 않은 깨끗한 마음은 바가지의 빛깔과 같은 마음이지 않았겠나 하는 이야기를 한 적이 있습니다. 그와 같이 순수하고, 사람을 의심하지 않고, 잘 속기도 하겠지만 속아도 원망하지 않는 그런 마음입니다.

일본말에는 '스나오(すなお)'라는 말이 있죠. 素直(소직)'이라는 말을 그렇게 쓰는데, 우리에게는 그런 말이 없습니다. 불교가 생활 속에 뿌리박지 못했기 때문에 그런 말이 안 생긴 것 같아요. 정직(正直), 이것은 기독교 선교사들이 와서 가르쳐 준 덕인 것 같은데, 사과를 훔쳤으면 훔쳤다고 이야기하라 그 정도의 이야기 아닙니까? 그런 이야기와는 다른 거죠. 직심, 이 소박한 마음이 보살정토다. 그런 마음이 있을 때 그 사람은 보살정토에 있는 거예요. 이 사람이 성불을 하게 되면 그 사람 있는 곳이 바로 불국토인데, 거기에 누가 오느냐 하면 '不諂衆生(불첨중생)',

아첨할 줄 모르는 중생들이 그 나라에 와서 태어난다는 겁니다. 아첨이라고 하는 것은 자기 있는 것을 있는 그대로 인정하는 게 아니라 더 많이 있는 것처럼 보이려고 하는 마음가짐이죠. 諂, 이것은 아비달마 불교에서도 아주 고약한 번뇌 가운데 하나로 꼽고 있습니다. 不諂, 자기 마음을 속이지 않는 것, 양심을 속이지 않는 겁니다. 그러니까 윗사람에게 아첨하지 않는 것만 말하는 것이 아닙니다.

② 深心是菩薩淨土 菩薩成佛時 具足功德衆生 來生其國 심심이 곧 보살정토이다. 보살이 성불할 때 공덕을 갖춘 중생이 그 나라에 와서 태어난다.

직심의 설명이 '不諂(불첨)'이라는 데 있다면, 심심(深心)의 설명은 '具足功德(구족공덕)'이라고 하는 데 있다고 할 수 있습니다. 심심, 깊은 마음, 사려 깊은 마음이에요. 참선할 때 사려(思慮)라고 하는 말은 좋지 않은 의미로 쓰이기도 하지만, 여기서 사려라고 하는 말은 그런 의미가 아니에요. 사려 깊다, 생각이 깊다, 그 깊은 마음에 구족공덕, 여러 가지 공덕이 다 갖추어져 있다. 여러 가지 공덕이 다 그 속에 간직되어 있다가 언제든지 필요할 때 나온다. 깊은 마음, 이런 마음가짐으로 인생을 살아가면서 사람들과 인연을 맺고 그렇게 되풀이하다 보면, 그 사람의 마음은 더 깊어지겠죠. 그러다 보면 저절로 모든 것을 처리해 나가는 능력이 생길 겁니다.

③ 菩提心是菩薩淨土 菩薩成佛時 大乘衆生 來生其國 보리심이 곧 보살정토이다. 보살이 성불할 때 대승의 중생이 그 나라에 와서 태어난다.

보리(菩提)와 대승(大乘)이 연결되어 있습니다. 여기서 말하는 보리는 아뇩다라삼먁삼보리를 이야기한다고 생각하면 좋겠어요. 아까 아뇩다라삼먁삼보리에 대해 설명하면서 한 가지 미처 이야기하지 못하고 간 것이 있는데, samyaksaṃbodhi라는 말은 소승불교에서도 나옵니다. 소승불교에서도 많이 썼어요. 그런데 anuttara가 붙은 것은 대승에 와서입니다. 그래서 anuttara가 붙은 것은 소승시대의 samyaksaṃbodhi와 다르다는 것을 알 수 있죠. 아함경 같은 원시경전에 anuttara라는 말이 나오나 찾아보세요. 없습니다. anuttarasamyaksaṃbodhi라는 말도 없습니다.

anuttarasamyaksaṃbodhi, 이 보리, 깨달음은 그야말로 대승의 깨달음이거든요. 이 말은『반야심경』에도 나오잖아요. '三世諸佛(삼세제불) 依般若波羅蜜多故(의반야바라밀다고) 得阿耨多羅三藐三菩提(득아뇩다라삼먁삼보리)'라는 구절이 있습니다. 아뇩다라삼먁삼보리는 그냥 공(空)도리만 깨달았다는 이야기는 아니죠. 현실의 이치도 잘 알고, 진(眞)과 속(俗)이 떼려야 뗄 수 없는 관계에 있다는 것, 진·속이 불이(不二)라는 것을 이치로만 아는 것이 아니라 실천을 통해서 체험적으로 아는 것입니다. 머릿속에서 관념으로만 이해하고 있는 것은 소용이 없어요. 세속 생활 속에 그게 드러나야 한다는 말이죠. 세속 생활 속에 드러내는 것이 중요하단 말이에요. 그러니까 내가 다시 한 번 강조하는데, 산속에 도피해서는 안 된다는 겁니다. 세상 속에서 살아야죠. 이 진흙 속에 뿌리박고 자라나야 합니다. 연꽃이 그런 의미를 갖고 있죠. 그러니까 연꽃이 어디 고원에서 피는 법이 있냐고 하는 거예요. 보송보송한 고원에 아무리 연꽃을 갖다 심어도 연꽃은 말라 죽습니다. 거기서 살지 못합니다. 아름다운 꽃을 피우려면, 연꽃은 꼭 진흙 속에 뿌리를 박아야만 합니다. 그 진흙 속이 뭐냐? 얼핏 생각할 때는 복잡하고 더러워 보이는 인연입니다. 이 세속적인 인연, 그것을 무시하고, 그것을 떠나서, '나는 도통했다' 그러는 것은 있을 수 없는 이야기입니다. 세상에 나와서 걸림이 없어야 한다, 무애(無礙)가 되어야 한다. 이것이 중요합니다.

얼마 전 외국 잡지에서 아일랜드 가톨릭 주교의 스캔들에 대한 기사를 읽었습니다. 그 사람과 거의 나이가 비슷한 사람의 말이 그 잡지에 실렸는데, 이 사람은 일찌감치 결혼해서 살고 있는 사람이에요. 이 사람은 '억지로 그렇게 살라고 그러지 마라. 뭘 그렇게 죄악이라고 생각하느냐. 이 세상 속에서 사는 것이 더 힘들고, 행복한 가정을 꾸려가며 사는 것이 얼마나 중요하고 가치 있는 일인지 모른다' 이렇게 이야기하고 있습니다. 내가 아는 불란서의 신부들도 그런 사람들이 많아요. 볼테르가 그랬죠. 'Honest to God!' 그러니까 하나님에게 솔직해야지, 감추고 애쓰면서 그럴 필요 없다는 겁니다. 물론 그렇게 결혼했으면 비구라는 소리는 못해요. 태고종의 모순이 거기 있는 거죠. 대처를 했으면 비구와 같은 복장, 특권, 그런 것을 요구하면 안 되죠. 그런 사람도 우리한테 절 받으려고 하는 것은 우스꽝스러운 이야기입니다.

직심, 심심, 보리심을 이야기했습니다. 이제 아래에는 육바라밀다(④-⑨)가 나옵니다. 육바라밀다가 대승불교에서 얼마나 중요한 위치를 차지하느냐 하는 것, 특히 『유마경』에서 얼마나 중요한 위치를 차지하느냐 하는 것이 잘 드러나 있습니다. 그 다음에는 사무량심(⑩), 사섭법(⑪)이 있고 방편(⑫)이 하나 뚝 떨어져서 나와 있어요. 아직 육바라밀다가 십바라밀다까지는 안 된 거죠. 십바라밀다라는 생각은 아직 싹이 돋아날까 말까 하는 상태예요. 다음에 37도품(⑬), 회향심(⑭), 팔난을 제거하는 것(⑮), 계행(⑯), 십선(⑰)의 순서로 되어 있습니다. 여기는 상당히 다양한 것들이 뒤섞여 있습니다.

(14)번의 맨 마지막 구절에 가면, '마음이 맑아야 한다'는 말이 있는데, 마음을 어떻게 맑게 하느냐 하는 내용이 지금 (13), (14)번에 나와 있는 것입니다. 육바라밀다를 실천하는 것도 마음을 맑게 하는 것 중에 하나죠. 그런데 그것에 앞서서 직심, 심심, 보리심, 이 세 가지를 먼저 언급했습니다. 이 바탕이 먼저 있어야 한다는 것을 강조하고 있는 것이죠.

이제 ④번부터 ⑨번까지는 보시, 지계, 인욕, 정진, 선정, 지혜의 순서로 육바라밀다가 쭉 나옵니다.

④ 布施是菩薩淨土 菩薩成佛時 一切能捨衆生 來生其國 보시가 곧 보살정토이다. 보살이 성불할 때, 모든 것을 버릴 줄 아는 중생이 그 나라에 와서 태어난다.

보시의 정신은 一切能捨(일체능사), 일체를 능히 버릴 수 있는 것이라고 하고 있습니다.

⑤ 持戒是菩薩淨土 菩薩成佛時 行十善道滿願衆生 來生其國 지계가 곧 보살정토이다. 보살이 성불할 때, 십선도를 닦겠다는 소원을 만족시킨 중생이 그 나라에 와서 태어난다.

지계(持戒)라는 것은 십선도(十善道)를 행하겠다는 소원을 만족시킨 것과 연결돼 있습니다. 십악(十惡)을 하지 않는 것을 십선도라고 하죠. 십악은 살(殺), 도(盜), 음(淫), 망어(妄語), 기어(綺語), 양설(兩舌), 악구(惡口), 탐(貪), 진(瞋), 치(癡)입니다. 그 반대로 앞에 '아니 不'자를 쓰면 십선도가 됩니다. 불살(不殺), 부도(不盜), 불음(不淫), 불망어(不妄語)……. 이것이 다 십선도죠. 열 가지 선한 일. 그런데 아직도 '不'자를 썼다고 하는 점에서 소극적이에요. 더 적극적으로 좋은 일 한다는 이야기가 없습니다.

⑥ 忍辱是菩薩淨土 菩薩成佛時 三十二相莊嚴衆生 來生其國 인욕이 곧 보살정토이다. 보살이 성불할 때, 삼십이상으로 장엄한 중생이 그 나라에 와서 태어난다.

인욕은 삼십이상장엄(三十二相莊嚴)이라고 했습니다. 인욕을 하면 그렇게 아름답다는 것을 이야기한 것이죠.

⑦ 精進是菩薩淨土 菩薩成佛時 勤修一切功德衆生 來生其國 정진이 곧 보살정토이다. 보살이 성불할 때, 부지런히 일체 공덕을 닦는 중생들이 그 나라에 와서 태어난다.

⑧ 禪定是菩薩淨土 菩薩成佛時 攝心不亂衆生 來生其國 선정이 곧 보살정토이다. 보살이 성불할 때, 마음을 한군데 모아 어지럽지 않은 중생이 그 나라에 와서 태어난다.

'攝心不亂(섭심불란)'은 마음을 한데 모아서 흩어지지 않게 하는 것입니다.

⑨ 智慧是菩薩淨土 菩薩成佛時 正定衆生 來生其國 지혜가 보살정토이다. 보살이 성불할 때, 올바로 마음을 가다듬은 중생이 그 나라에 와서 태어난다.

지혜와 정정(正定)을 관련시키고 있습니다.

⑩ 四無量心是菩薩淨土 菩薩成佛時 成就慈悲喜捨衆生 來生其國 사무량심이 곧 보살정토이다. 보살이 성불할 때, 자·비·희·사를 성취한 중생이 그 나라에 와서 태어난다.

자(慈)·비(悲)·희(喜)·사(捨)의 사무량심(四無量心)이 강조되어 있습니다. 앞에서 대승의 덕목인 육바라밀이 나오고, 그 다음에 사무량심과 아래에 사섭법이 나왔습니다. 이것은 원래 소승불교에서 나온 가르침이지만, 대승에서도 얼마나 중요시하느냐 하는 것을 알 수 있어요.

⑪ 四攝法是菩薩淨土 菩薩成佛時 解脫所攝衆生 來生其國 사섭법이 곧 보살정토이다. 보살이 성불할 때, 해탈을 얻은 중생이 그 나라에 와서 태어난다.

사섭(四攝)이 뭐죠? 보시(布施), 애어(愛語), 이행(利行), 동사(同事)입니다. 이것을 함으로써 해탈을 이룩한다고 보고 있습니다. 계·정·혜·해탈·해탈지견, 이런 말이 있는데, 해탈이라는 것을 이런 각도에서도 생각할 수 있겠죠. 보시를 마음대로 해 줄 수 있는 사람, 애어를 마음대로 해 줄 수 있는 사람, 이행과 동사를 해 줄 수 있는 사람, 이런 사람이 해탈을 이룩한 사람이란 말입니다. 소승에서 해탈을 이 세상의 온갖 종류의 고통을 벗어나는 것이라고 하는 것과 조금 다르죠. 보시, 애어, 이행, 동사를 해 줄 수 있는 사람이 해탈을 이룬 중생이다.

⑫ 方便是菩薩淨土 菩薩成佛時 於一切法 方便無礙衆生 來生其國 방편이 곧 보살정토이다. 보살이 성불할 때, 방편이 무애하게 된 중생이 그 나라에 와서 태어난다.

방편(方便)이란 구체적인 것입니다. 그때그때 구체적인 연기(緣起), 인연관계가 있죠. 앞에서 부모, 배우자, 아이들, 이웃 사람들, 이런 사람들과의 관계가 늘 꼭 같지 않다고 했습니다. 순간순간 다를 수 있는데 그때그때 상황에 알맞은 방편이 필요합니다. 그 방편이 무애해야 한다. 걸리지 않아야 한다는 말이에요. 방편무애중생!

그런 중생들이 모두 그 나라에 와서 태어난다. 그러니까 자기만 그렇게 되는 것이 아니라, 다른 사람들까지 전부 다 그렇게 되게끔 하는 것, 그것이 '來生其國(내생기국)'이라는 말입니다. 이것도 좀 생각해 볼 만한 문제 아니겠어요? '네가 육바라밀다를 잘 닦으면 정토에 들어간다', '우리가 성불을 해서 정토에 들어간다. 얼마나 좋으냐?' 이렇게만 표현할 수도 있을 텐데, 여기서는 '네가 성불할 때 이러이러한 중생들이 그 나라에 와서 태어난다'라고 하고 있어요. 이게 의미심장하지 않느냐는 겁니다.

어떤 의미에서 의미심장하냐? '너희들 열심히 이렇게 살라. 그러면 성불하고 정토에 들어간다'는 이야기가 아니라, '너희들 보살이 성불할 때 그 나라에 이런 중생들이 와서 태어난다. 네가 그렇게 하면 다른 많은 사람들이 다 그런 공덕을 갖추고 같이 와서 태어난다'라고 했습니다. 그러니까 우리가 잘하면 다른 사람도 다 따라온다고 하는 것이 강조되어 있는 것이죠. 그러니까 한 집안에서 누구더러 뭐 이렇게 해라, 저렇게 해라 하는 것보다도, 자기가 열심히 앞에 열거되어 있는 덕목을 실천하고 있노라면, 다른 사람들도 다 따라서 달라진다고 해석하면 되겠어요. '來生其國' 한단 말입니다.

⑬ 三十七道品是菩薩淨土 菩薩成佛時 念處 正勤 神足 根 力 覺 道衆生 來生其國 삼십칠도품이 곧 보살정토이다. 보살이 성불할 때, 사념처, 사정근, 사신족, 오근, 오력, 칠각지, 팔정도를 닦은 중생이 그 나라에 와서 태어난다.

'37도품(道品)'은 『불교개론강의』에 설명되어 있는데, '37각지(覺支)'라고도 하는 거죠. 사념처, 사정근, 사신족, 오근, 오력, 칠각지, 팔정도, 이렇게 합해서 37입니다. 위에는 '염처(念處), 정근(正勤), 신족(神足), 근(根), 역(力), 각(覺), 도(道)' 이렇게 표현되어 있습니다.

사념처라는 것은 네 가지 것에 대해서 항상 기억하라, 생각하라는 말입니다. 신념처(身念處), 수념처(受念處), 심념처(心念處), 법념처(法念處)입니다. 이것은 소승불교의 가르침이죠. 몸은 더럽다고 생각하라. 수(受)는 색·수·상·행·식의 수죠. 감각은 괴롭다고 생각하라. 심(心)은 상·행·식과 같은 것인데, 생각은 무상(無常)하다고 생각하라. 법(法), 모든 것은 무아(無我)하다고 생각하라. 항상 그런 것을 생각하라. 소승불교의 이러한 덕목도 받아들이고 있습니다. 기본적으로는 그것이 맞는 이야기니까 소승의 생각을 전부 부정하고 무시할 필요는 없어요.

사정근은 '未生惡令不生(미생악영불생)', 아직 악한 일을 하지 않았다면 하지 말고, '已生令永斷(이생영영단)', 이미 한 악은 영원히 끊어 버리고, '未生善令生(미생선영생)', 아직 하지 않은 선한 일은 반드시 하도록 하고, '已生善令增長(이생선영증장)', 이미 선한 일을 했거든 그것을 더욱 더 증장시키도록 하라는 것입니다. 이것이 네 가지 정근(正勤), 부지런히 노력하라는 것이죠.

사신족은 여의족(如意足)이나 마찬가지인데, 선정을 올바로 하기 위한 마음가짐입니다. 욕신족(欲神足), 마음의 선정을 얻고자 하는 의욕이 왕성해야 돼요. 근신족(勤神足), 부지런해야 돼요. 심신족(心神足), 마음이 반듯해야 하고, 관신족(觀神足), 지혜롭게 잘 보아 나가는 것이 필요하다는 겁니다.

오근·오력은 신(信), 정진(精進), 염(念), 정(定), 혜(慧)입니다. 이것이 뿌리일 경우 오근이고, 뿌리가 힘을 발휘할 때 오력이 되는 거죠. 그래서 열 개입니다.

칠각지(七覺支)라고 하는 것은 첫째, 택법(擇法), 이 법이 참된 것이냐, 거짓된 것이냐 하는 것을 잘 간택하는 것을 말하죠. 그 다음에 정진, 또 정진입니다. 세 번째는 희(喜), 언제나 기쁜 마음을 잃지 말라고 하는 것이죠. 그 다음에 경안(輕安), 가볍고 편안한 마음, 사(捨), 미련을 안 가지고 집착을 버린 마음, 그 다음에 정(定), 염(念), 이런 것들이 칠각지에 들어와 있습니다.

그 다음에 도, 팔정도(八正道)가 있습니다. 팔정도는 다 아시죠. 정견(正見), 올바로 보고, 정사(正思), 올바로 생각하고, 정어(正語), 올바로 말하고, 정업(正業), 올바로 행동하고, 정명(正命), 올바로 목숨을 유지하고, 정정진(正精進), 올바로 정진하고, 정념(正念), 올바로 염하며, 정정(正定), 올바로 선정하는 것입니다.

37도품, 37각지에 대해서 더 자세한 것은 『불교개론강의』를 참조하기 바랍니다.

⑭ 廻向心是菩薩淨土 菩薩成佛時 得一切具足功德國土　회향심이 곧 보살정토이다. 보살이 성불할 때 온갖 공덕이 구족된 나라를 갖게 된다.

회향심(廻向心)의 회향은 자기에게 이미 이룩된 공덕을 돌려서 다른 사람에게로 준다는 의미입니다. 여러분이 공부를 하지 않습니까? 불교 공부를 해서 알게 된 것도 공덕이거든요. 그것을 다른 사람에게 가르쳐 주는 것이 회향이죠. 또 지식으로만 알게 되는 것이 아니라 불도를 배워서 기쁜 마음을 다른 사람들에게 전해주는 것도 회향입니다.

⑮ 說除八難是菩薩淨土 菩薩成佛時 國土無有三惡八難 팔난을 말하여 제거하는 것이 곧 보살정토이다. 보살이 성불할 때, 그 나라에는 삼악도와 여덟 가지 어려움이 없어지게 된다.

팔난(八難)에 대해서 이야기해 주라는 겁니다. 여덟 가지 어려운 것이 있다는 거예요.

첫 번째는 지옥(地獄)입니다. 지옥에서는 부처님도 보기 힘들고 불법도 듣기 힘들죠. 나는 지옥과 관계없다고 할지 모르지만, 밤낮 나쁜 짓하고 카바레에나 틀어박혀 있는 것이 지옥이죠.

두 번째는 아귀(餓鬼). 밤낮 불고기 지지고 볶고 그런 데만 있는 사람은 부처님 보기 힘들 거예요. 마장동에 가니까 소 잡아서 피가 줄줄 흐르는데, 거기 있는 사람들이 그래도 불교 믿을까요? 돈이 유죄지. 그런 데서는 부처님 보기 힘들고 법 듣기 어려울 거예요.

세 번째는 축생(畜生)입니다. 개·돼지우리에서 부처님 보기 힘들겠죠. 우선 이 세 가지를 열거합니다.

그 다음 네 번째는 울단월(鬱單越)이라고 합니다. 인도말로 Uttara-kuru라고 하는데, uttara는 북쪽이란 말이에요. kuru는 '구로', '구로주(俱盧洲)'라고 번역하는데, 수미산의 북쪽에 있는 대륙입니다. 북쪽에 있다고 해서 북울단월, 북구로주라고도 하죠. 거기서는 부처님 보기 힘들다고 했어요. 그러니까 살기 힘든 데죠. 참 말 잘했습니다.

다섯 번째는 장수천(長壽天)입니다. 장수는 오래 산다는 말이죠. 하늘나라들, 천상계가 대개 다 장수천입니다. 여기서도 부처님 보기 힘들대요. 그러니까 현대화가 잘 되고 부자가 돼서 오래 살기도 하는 강남 같은 데서는 부처님 보기가 좀 힘들겠죠. 돈이 많아지면 부처님 보기가 좀 힘들겠죠. 그러니까 하늘나라에 들어가는 것도 그렇게 좋은 것은 아니라는 것이죠.

여섯 번째는 농맹음아(聾盲瘖瘂)라고 합니다. 장님, 귀머거리, 벙어리, 이런 사람들이 부처님 볼 수 없다는 겁니다. 뭐 옛날에 그렇게 이야기해 온 것이죠. 뭔가 상징하고 있긴 합니다. 장애인에게는 미안한 표현이지만, 이것도 물론 해석하기 나름이죠. 눈이 뭐 이 눈만이 눈이냐, 귀가 이 귀만이 귀냐 이렇게 이야기할 수도 있죠. 그러나 대체로 안 보이면 보기 힘들어요. 못 들으면 듣기 힘듭니다. 전부 보고 들을 수 있는 것을 고맙게 생각해야 합니다.

일곱 번째가 재미있어요. 세지변총(世智辯聰), 세상에서 지혜가 똑똑한 놈들은 부처님 보기가 힘들다고 했어요. 그것도 좀 사실이긴 하죠. 세상에 대한 지식이 많고 계산이 빠르고 타산적인 사람들은 부처님을 못 보고, 법을 듣기도 어렵다는 겁니다.

여덟 번째가 불전불후(佛前佛後)입니다. 불전, 석가모니 부처님이 태어나시기 전에 태어났던 사람들은 부처님을 못 보았겠죠. 불후, 석가모니 부처님이 돌아가신 후에 태어난 사람들도 부처님 못 보았습니다. 그런데 불전불후, 이 따위 이야기만 하는 경전은 요의경(了義經)입니까, 불요의경(不了義經)입니까? 불요의경이죠. 그래도 재미있잖아요. 좀 우스꽝스러운 이야기이기는 하지만, 일리는 있습니다.

이렇게 팔난을 설해 주는 가운데 중생을 깨닫게 하고 정토를 만들 수가 있다고 보는 것입니다.

⑯ 自守戒行 不譏彼闕 是菩薩淨土 菩薩成佛時 國土無有犯禁之名 스스로 계행을 간직하고, 다른 사람의 잘못을 비방하지 않는 것이 곧 보살정토이다. 보살이 성불할 때, 그 나라에 범죄를 저지르는 사람이 없다.

⑰ 十善是菩薩淨土 菩薩成佛時 命不中夭 大富梵行 所言誠諦 常以軟語

眷屬不離 善和諍訟 言必饒益 不嫉不恚 正見衆生 來生其國   십선을 닦는
것이 곧 보살정토이다. 보살이 성불할 때, 단명하거나 횡사하지 않으며,
큰 부자가 되며, 행실이 청정하고, 말은 언제나 정성스럽고 부드러운 말
만 하며, 권속이 헤어지지 않고, 다툼을 화해시키며, 반드시 유익한 말만
하고, 시기와 질투하는 일이 없으며, 화내지 않는 정견의 중생이 그 나라
에 와서 태어난다.

앞에서 십선을 이야기했습니다. 십악, 즉 살생(殺生), 투도(偸盜), 사
음(邪淫), 망어(妄語), 양설(兩舌), 악구(惡口), 기어(綺語), 탐욕(貪欲),
진에(瞋恚), 사견(邪見)의 반대라고 했습니다. 그것을 잘 간추려서 설명
하고 있습니다.

(14)
如是 寶積아, 菩薩이 隨其直心하여 則能發行하고,
隨其發行하여 則得深心하고,　　隨其深心하여 則意調伏하고,
隨意調伏하여 則如說行하며,　　隨如說行하여 則能廻向하고,
隨其廻向하여 則有方便하며,　　隨其方便하여 則成就衆生하며,
隨成就衆生하여 則佛土淨하고,　隨佛土淨하여 則說法淨하고,
隨說法淨하여 則智慧淨하며,　　隨智慧淨하여 則其心淨하며,
隨其心淨하여 則一切功德淨하나니
是故로 寶積아, 若菩薩이 欲得淨土하면 當淨其心하라.
隨其心淨하여 則佛土淨이니라.

쉬운 대목이죠. 한문도 쉽습니다. 그러나 뜻은 깊이 생각할 필요가 있
어요.

如是 寶積 菩薩隨其直心 則能發行 이와 같이, 보적아, 보살은 그 직심

에 따라서 능히 발심한다.

마음을 맑게 하는 것은 '나는 깨끗하다. 나는 조금도 더럽지 않다' 그렇게 우긴다고 되는 게 아니라, 지혜로워져야, 직심이 있어야 되는 겁니다. 그 다음에 발심을 해야 돼요. 발심을 해야 마음이 깨끗해집니다. '갓난애가 마음이 깨끗하다. 갓난애처럼 되지 않으면 천국에 못 가리라. 나는 갓난애처럼 될 것이다' 그러는데, 그렇게 해서 되나요? 갓난애의 일면만 이야기하면 안 되잖아요. 발심을 해야죠. 발심이란 행(行)으로 나타내는 마음을 말합니다. 그래서 발행심(發行心)이라고 하는 거예요. 여기서 발행이라고 한 것은 발행심입니다.

隨其發行 則得深心 발심하는 만큼 심심을 얻게 되고.

발행심하는 만큼 심심(深心)을 얻게끔 됩니다. 행하다가 보면 마음이 더 깊어진다 말입니다.

隨其深心 則意調伏 심심의 정도에 따라 마음이 조복되고.

隨意調伏 則如說行 마음이 조복되는 만큼 설한 대로 행동하게 되고.

隨如說行 則能廻向 설한 대로 행동함에 따라 능히 회향할 수 있고.

隨其廻向 則有方便 회향하는 만큼 방편이 있게 되고.

심심의 정도에 따라서 마음이 조복되고, 마음이 조복되는 만큼 설한 대로 행동하게 되고, 설한 대로 행동함에 따라서 능히 중생들을 향해 회향할 수 있고, 회향을 자꾸 하다 보면 이런 방편 저런 방편이 생겨나게 되겠죠.

隨其方便 則成就衆生 방편만큼 중생들을 성취시키고.

隨成就衆生 則佛土淨 중생들을 성취시키는 만큼 불국토가 청정해지고.

隨佛土淨 則說法淨 불국토가 청정해짐에 따라 설법이 청정해지고.

隨說法淨 則智慧淨 설법이 청정해짐에 따라 지혜가 청정해지고.

隨智慧淨 則其心淨 지혜가 청정해짐에 따라 그 마음이 청정해진다.

隨其心淨 則一切功德淨 그 마음이 청정해짐에 따라 일체공덕이 청정해진다.

방편을 자꾸 생각해내면 방편만큼이나 중생을 성취시킬 수 있고, 중생들을 성취시키는 만큼 불국토가 청정해지고, 그만큼 자꾸 넓어지면 그만큼 이룩되는 것 아니겠어요? 자꾸 나아가면 그만큼 불국토가 넓어지고, 점점 번져 가면 달라지지 않겠냐는 말입니다. 지도가 바뀌지 않겠어요? 설법이 청정해지면 거기에 따라서 지혜가 청정해지고, 지혜가 청정해짐에 따라서 마음이 청정해지고, 마음이 청정해짐에 따라서 일체공덕이 청정해집니다.

是故 寶積 若菩薩欲得淨土 當淨其心 그러므로 보적아, 만약에 보살이 정토를 얻고자 하면, 마땅히 마음을 맑고 깨끗하게 하라.

隨其心淨 則佛土淨 그 마음이 맑아지면 불국토가 맑아지는 것이다.

이 마지막 말에 결론이 있습니다. 또 불교의 핵심을 말하고 있는 것이죠. '마음을 맑고 깨끗하게 하라. 그 마음이 맑아짐에 따라서 불국토가 맑아지는 것이다.' 여기가 다 불국토지만 지금 더러운 상태에 있다는 말입니다. 그것은 『화엄경』에서 이야기하는 것이나 마찬가지 아닙니까? 기세간(器世間), 중생세간(衆生世間), 정각세간(正覺世間), 이렇게 『화엄경』에서는 세 가지로 이야기하죠.

오늘 아침에 신문을 보니까 서강대학교의 석좌교수라는 사람이 우주는 하나님께서 인간을 위해 주신 것이라고 했더라구요. 그러나 우주는 하나님께서 인간을 위해서 주신 것이 아니라, 바로 우주가 하나님이죠. 자연의 품이란 인간들이 태어나 자라서, 나름대로의 일을 하다가 돌아가는 바로 그 시작이자 끝입니다. 이렇게 생각해야 되는데, 하나님이 우리에게 준 거라고 하는 것은 좀 맞지 않는 소리란 말이에요.

5. 사바세계의 부정(不淨)함

(15)

介時에 舍利弗이 承佛威神하여 作是念하되,

"若菩薩心淨이 則佛土淨者라면,

我世尊本爲菩薩時에 意豈不淨이리오. 而是佛土不淨이 若此뇨" 하니,

佛知其念하시고 卽告之言하사대,

"於意云何뇨. 日月이 豈不淨耶아. 而盲者不見인고" 하니라.

對曰하되,

"不也나이다. 世尊이시여, 是盲者過이며 非日月咎이나이다" 하니,

"舍利弗아, 衆生罪故로 不見如來 佛土嚴淨이니 非如來咎이니라.

舍利弗아, 我此土淨이나 而汝不見이니라" 하니라.

介時 舍利弗 承佛威神 作是念 그때 사리불이 부처님의 위신력을 받아서 이와 같이 생각했다.

우리가 생각을 하는 것도 부처님의 위신력을 받아서 생각한다고 그럴 때가 있습니다. 여기서는 사리불이 잘못된 생각을 하고 있는데도, 그렇게 표현했습니다.

若菩薩心淨則佛土淨者 我世尊本爲菩薩時 意豈不淨 만약 보살의 마음이 맑으면 불국토도 맑다고 한다면, 석가 세존께서 본래 보살이었을 때 그 마음이 어찌 부정했겠는가?

而是佛土不淨若此 그런데 이 불국토가 이와 같이 부정한 것은 어찌된 일인가?

그러니까 사리불에게 한 가지 의문이 생겼단 말입니다. 석가모니 부처님이 옛날에 보살일 때 이미 그 마음은 맑고 깨끗하지 않았냐, 지금은

부처님이 다 되셨는데, 어째서 부처님이 계신 이 땅이 이렇게 더러운가, 마음이 깨끗하면 불국토가 깨끗해진다고 하는 말, 보살의 마음이 맑으면 불국토가 맑아진다고 하는 말이 잘못된 것이 아니냐, 이런 생각이 들었단 말입니다.

佛知其念 卽告之言 부처님께서 그 생각을 알아차리시고 말씀하셨다.

於意云何 日月豈不淨耶 而盲者不見 네 생각이 어떠하냐? 여기 해와 달이 있다고 하자. 해와 달이 어찌 깨끗하지 않다고 할 것인가? 그런데 장님은 왜 그것을 보지 못하는가?

對日 不也 世尊 是盲者過 非日月咎 사리불이 대답했다. 아닙니다. 세존이시여, 그것은 장님의 허물이지 해와 달의 잘못이 아닙니다.

舍利弗 衆生罪故 不見如來 佛土嚴淨 非如來咎 (부처님이 말씀하셨다.) 사리불아, 그와 마찬가지로 여래가 잘못해서가 아니라, 중생의 죄 때문에 여래의 장엄하고 청정한 불국토를 못 보는 것이다.

舍利弗 我此土淨 而汝不見 사리불아, 내 이 나라는 청정하기 이를 데 없는데, 그대가 이를 못 보는 것이다.

(16)

尒時에 螺髻梵王이 語舍利弗하되,

"勿作是意하고 謂此佛土를 以爲不淨이니라. 所以者何뇨 하니,

我見 釋迦牟尼佛土淸淨하니 譬如 自在天宮이니라" 하니라.

舍利弗이 言하되,

"我見此土하니 丘陵坑坎과 荊棘沙礫과 土石諸山에 穢惡充滿이로다"

하니라.

螺髻梵이 言하되,

"仁者의 心有高下하여 不依佛慧故로 見此土하여 爲不淨耳이니라.

舍利弗아, 菩薩은 於一切衆生에 悉皆平等하며

深心淸淨하여 依佛智慧하므로 則能見此佛土淸淨하리라" 하니라.

尒時 螺髻梵王 語舍利弗 그때 나계범왕이 사리불에게 말했다.

나계범왕은 이 법회에 모인 회중(會衆) 가운데 하나로 앞에서 '범천왕 시기(尸棄)'라고 나왔습니다. 산스크리트어로는 '시킨'이라고 한다고 했죠. 시킨을 음으로 옮긴 것이 시기이고, 나계는 뜻으로 옮긴 겁니다. 나계는 소라 모양의 상투라는 말이에요. 범왕(梵王)이라는 것은 브라흐마(brahmā)를 번역한 것인데, 시킨은 범천 가운데 한 사람입니다. 머리가 나계 모양으로 된 범천이죠. 그 시킨 범왕이 사리불에게 말한 겁니다.

勿作是意 謂此佛土 以爲不淨 그런 생각하지 마시오. 이 불국토를 부정하다고 하는 그 따위 말은 하지 마시오.

그러니까 우리가 살고 있는 이곳이 그냥 그대로 불국토라고 하는 것이 여기 전제가 돼 있어요. 그것을 확실히 알고 가야 할 것 같아요. 여기가 불국토입니다.

所以者何 我見釋迦牟尼佛土淸淨 譬如自在天宮 왜냐하면 내가 석가모니 부처님의 불국토를 보건대, 그것은 청정하기가 타화자재천의 천궁과 같기 때문입니다.

나계범왕이 사리불보다 나아요. 사리불에게 불국토가 부정하다고 생각하지 말라고 했죠. 그리고 자기는 석가모니 부처님의 불국토가 청정한 것을 본다고 했습니다. 어떻게 청정한고 하니 자재천궁처럼 청정하더라고 해요. 자재천(自在天)은 타화자재천이라고 하는 하늘나라입니다. 하늘이 여섯 겹으로 돼 있거든요. 이것을 욕계의 여섯 하늘이라고 해서 육욕천(六欲天)이라고 합니다. 사왕천(四王天), 도리천(忉利天, 혹은 三十三天), 야마천(夜摩天), 도솔천(兜率天), 화락천(化樂天), 타화자재천(他化自在天)으로 되어 있어요. 타화자재천이 제일 높은 하늘로 되어 있는데, 거기 사는 타화자재천은 다른 사람 변화시키기를 자유자재로 한다고 해서 이런 이름이 생겼습니다. 간단하게 이야기할 때는 자재천이라고 하는데, 유신론적인 종교의 하나님을 이야기합니다. 전지전능한 하나님이죠. 불교의 타화자재천은 천마(天魔)라고 해서 마구니 가운데 하나로 꼽히는데, 그 이유는 사람들을 하늘나라에 사는 신의 힘에 완전히 매혹되게 해서 제대로 사는 길을 잃어 버리게 하기 때문입니다. 일반 중생들은 겁이 많으니까, 오로지 빌게만 하는 거죠.

이 타화자재천의 궁전이 보통 사람들, 그러니까 아직 깨닫지 못한 사람들이 보기에는 청정해 보이는 것이죠. 또 아름다워 보이는 거예요. 그래서 자재천의 궁전과 같이 그 불국토가 청정한 것을 나는 보았다고 나계범왕이 말했습니다.

舍利弗言 我見此土 丘陵坑坎 荊棘沙礫 土石諸山 穢惡充滿 사리불이 말했다. 내가 이 나라를 보건대 험하고 높은 등성이와 깊은 구덩이가 있고, 가시덤불, 모래밭, 자갈밭, 흙과 돌로만 덮인 산들, 그런 더러운 것들로 가득 차 있소.

사리불이 말하는 나라는 사바세계입니다. 사바세계의 사바(娑婆)라는 말은 원래 인도말로 sahā(혹은 sabhā)라고 합니다. 깨지기 쉬운, 참고 견디어야 하는 loka, 세계라는 뜻이 들어 있습니다. 석가모니 부처님은 이렇게 어려운 세계에 태어나기를 자청하고 이리로 왔다고도 합니다. 옛날 내력을 보면 그런 이야기도 있었어요. 물론 소승불교에서 하는 이야기이죠. 그것은 다 불요의경의 이야기입니다. 방편으로서 하고 있는 이야기들이죠.

구릉(丘陵, 언덕), 갱(坑, 구덩이), 감(坎), 이것도 움푹 파인 곳이죠, 형극(荊棘, 가시덤불)과 사력(沙礫, 모래 자갈밭)과 토석제산(土石諸山,

흙과 돌로 덮인 나무도 얼마 없는 산), 예악충만(穢惡充滿, 더럽고 좋지 않은 것들로 꽉 차 있다). 같은 것도 사람에 따라 이렇게 달리 봤습니다. 그러자 나계범왕이 그 까닭을 이야기합니다.

螺髻梵言 仁者心有高下 不依佛慧故 見此土 爲不淨耳 나계범왕이 말했다. 당신의 마음에 높고 낮음이 있고, 당신이 부처님의 지혜에 의지하지 못하기 때문에 부정하다고 볼 따름입니다.

心有高下(심유고하), 돈 많은 사람들, 더 많이 배웠다는 사람들이 이런 일을 더 많이 저지를 거예요. 마음속에 고하를 두는 생각이 있을 겁니다.

舍利弗 菩薩 於一切衆生 悉皆平等 深心淸淨 依佛智慧 則能見此佛土淸淨 사리불이여, 보살은 모든 중생을 볼 때 다 평등하다는 생각으로 깊고 맑고 깨끗한 마음으로 보며, 부처님의 지혜에 의하는 까닭에 능히 이 불국토가 청정한 것을 볼 수 있는 것입니다.

'사리불아, 너는 아직 보살이 아니기 때문에 그것을 못 보는구나'라고 한 것입니다.

(17)
於是에 佛이 以足指로 接地하시니,
卽時에 三千大千世界가 若千百千珍寶嚴飾하고
譬如 寶莊嚴佛의 無量功德 寶莊嚴土하고
一切大衆이 歎未曾有하고 而皆自見 坐寶蓮華하니라.

於是 佛以足指接地 그때 부처님께서 발가락을 땅에 갖다 대었다.
卽時 三千大千世界 若千百千珍寶嚴飾 譬如 寶莊嚴佛 無量功德 寶莊嚴土 그러자 삼천대천세계가 천, 백천의 아름다운 진귀한 보배로 장식되

어, 마치 보장엄불의 무량공덕 보장엄 나라처럼 되었다.

보장엄(寶莊嚴)은 산스크리트어로 Ratnavyūha라고 합니다. 진귀한 보배로 장엄된 훌륭한 불국토의 모습을 보장엄불이라는 부처님의 불국토에 비유하고 있습니다.

一切大衆 歎未曾有 而皆自見 坐寶蓮華 일체 대중이 일찍이 없던 일이라고 찬탄하고, 각자가 보배로운 연화꽃 위에 앉아 있는 것을 보았다.

歎未曾有(탄미증유), 일찍이 없던 일이라고 경탄한 것입니다. 그리고 자기네들 스스로가 坐寶蓮華(좌보연화), 보배로운 연꽃 위에 앉아 있는 것을 보았단 말이에요. 이런 것이 그림에 그려지는 거죠. 부처님이 발가락 하나로 탁 땅을 짚으니까, 본래 다 부처였지만 깨닫지 못하고 있던 사람들이 깨닫게 됐습니다. 그래서 다들 부처가 됐어요. 그리고 어디 앉아 있느냐? 연꽃 위에 앉아 있습니다. 연화좌(蓮華坐), 부처는 연꽃 위에 앉는 법이죠. 연화생(蓮華生), 부처님은 연꽃 위에 태어난다고 합니다. 불국사에 가면 석가탑 주변에 연꽃이 새겨진 돌이 쭉 돌려져 있습니다. 아주 아름다운 연꽃이 깔려 있어요.

장엄불국토, 『화엄경』과 또 관계있네요. 『화엄경』에서는 여러 가지 꽃으로 장엄된 세계가 바로 우리가 살고 있는 세계라고 했거든요. 장엄(莊嚴)이라고 하는 말이 참 좋은데, 베토벤의 〈장엄미사〉라는 곡이 있죠. 참 훌륭한 음악입니다. 미사라는 게 참회의식이죠. 불교의 오회(五悔) 사상입니다. 찬탄(讚嘆), 참회(懺悔), 권청(勸請), 수희(隨喜), 회향(廻向), 이 다섯 가지 요소가 다 들어가 있다구요. 불교적인 관점에서 이 미사곡을 듣고 있노라면 그게 전부 다 불교 것이 돼요. 베토벤이 참 잘했다 잘했다, 이런 생각이 든다구요. 어디서 이런 곡조들을 끄집어내서 세계를 이렇게 아름답게 꾸몄는지, 아름다운 음악이 없었더라면 어떡할 뻔했어요? 베토벤은 성당에도 잘 안 갔죠. 그래도 그 곡은 참 좋습니다. 저 혼자서, 제 식으로 믿었죠. 그것이 좋은 거예요.

(18)

佛告 舍利弗하사대 "汝且觀是佛土嚴淨이뇨" 하니

舍利弗이 言하되, "唯然이니이다, 世尊이시여.

本所不見이며 本所不聞이나 今佛國土에 嚴淨이 悉現하나이다" 하니라.

佛語 舍利弗하사대,

"我佛國土는 常淨하기 若此하나,

爲欲度斯下劣人故로 示是衆惡不淨土耳이니라.

譬如 諸天이 共寶器食하되 隨其福德하여 飯色有異함이니,

如是 舍利弗아, 若人心淨하면 便見此土의 功德莊嚴하리라" 하니라.

佛告舍利弗 汝且觀是佛土嚴淨 부처님이 사리불에게 말씀하셨다. 그대도 이 불국토의 장엄함을 보았는가?

부처님이 가만히 옆에서 지켜보시다가 사리불에게 말씀하신 거죠. 『유마경』에서는 부처님이 직접 나오시는 때가 많지 않습니다. 이렇게 다른 사람들에게 다 이야기시키고, 가끔 중요한 때만 나와서 말씀하십니다.

舍利弗言 唯然 世尊 本所不見 本所不聞 今佛國土 嚴淨悉現 사리불이 말했다. 예, 그렇습니다, 부처님이시여. 일찍이 보지 못한 것을, 일찍이 듣지 못한 것을, 지금 보고 듣나이다. 지금 이 불국토의 장엄하고 청정한 모습이 다 나타났나이다.

그때 사리불이 이렇게 본 거죠. 일순간에 그런 일이 벌어진 겁니다. 『화엄경』 「입법계품」에서 미륵보살이 彈指(탄지), 손가락을 퉁겨서 선재동자에게 미륵보살의 천궁을 보여주듯이 한 순간에 바뀐 거죠. 생각이

싹 달라진 거예요. 그것은 의식의 혁명, 정신의 혁명이라고 할 수 있어요. 다른 세상을 볼 수 있게 된 거죠.

佛語舍利弗 我佛國土 常淨若此 爲欲度斯下劣人故 示是衆惡不淨土耳 부처님께서 사리불에게 말씀하셨다. 내 불국토는 항상 청정하기가 이와 같으나, 못난 사람들을 제도하기 위해서 가지가지 악들과 부정한 땅의 모습을 보여줄 따름이니라.

斯下劣人(사하열인)은 하근기의 사람들, 아직 근기가 훌륭하지 못한 사람들을 말합니다.

譬如 諸天共寶器食 隨其福德 飯色有異 비유컨대 마치 저 하늘나라의 모든 신들은 똑같이 보배로운 그릇으로 음식을 취하지만, 그들의 복덕이 어떠한가에 따라 음식의 빛깔이 다름과 같은 것이니라.

신들이 먹는 음식이 그들이 쌓은 복덕에 따라 어떤 것은 더 향기롭고, 어떤 것은 그렇지 못함과 같은 것이라는 이야기를 하고 있습니다.

如是 舍利弗 若人心淨 便見此土 功德莊嚴 이와 같이 사리불아, 사람의 마음이 맑으면, 이 나라의 공덕의 장엄함을 볼 수 있느니라.

(19)
當佛現此國土 嚴淨之時에 寶積所將 五百長者子가 皆得無生法忍하고,
八萬四千人은 皆發阿耨多羅三藐三菩提心하니라.

當佛現此國土嚴淨之時 寶積所將 五百長者子 皆得無生法忍 이와 같이 부처님이 이 국토의 장엄함과 청정함을 나타내시자, 보적이 이끌고 온 500명의 장자의 아들들은 모두 다 무생법인을 얻었고.

八萬四千人 皆發阿耨多羅三藐三菩提心 팔만 사천 명의 사람은 모두 아뇩다라삼먁삼보리심을 발하였다.

(20)

佛이 攝神足하시자 於是世界 還復如故하시니

求聲聞乘하는 三萬二千天과 及人이 知有爲法皆悉無常하고

遠塵離垢하여 得法眼淨하며,

八千比丘는 不受諸法하나 漏盡意解하니라.

佛攝神足 於是世界 還復如故 부처님께서 그 신족을 이 세계에서 거두어들이시자, 세계가 원래의 모습으로 되돌아갔다.

신족은 신통과 같은 말입니다.

求聲聞乘 三萬二千天 及人 知有爲法皆悉無常 遠塵離垢 得法眼淨 그러자 성문승을 구하는 삼만 이천 명의 신들과 인간들이 유위법이 다 무상(無常)함을 알고, 멀리 번뇌망상을 떠나, 법안의 청정함을 얻었다.

성문승(聲聞乘)은 부처님의 목소리를, 가르침을 듣고, 그것만이 제일이라고 생각하며 충실하게 따라가는 사람들입니다. 독각승(獨覺乘)과 함께 소승으로 간주되었죠. 그 사람들에게도 다 깨닫는 바가 있었던 겁니다. 유위법(有爲法)은 무위법(無爲法)과 대비되는 것인데, 무위법이 시간을 넘어선 열반과 같은 것이라면, 유위법은 욕망과 같이 무상한 것을 말하죠. 진구(塵垢)는 더러운 먼지, 때라는 말입니다.

八千比丘 不受諸法 漏盡意解 팔천 비구는 이 법을 다 받지 못했으나, 누진(漏盡)의 경지에 달했고 깨달은 바가 있었다.

不受諸法(불수제법), 법의 뜻을 제대로 이해하지는 못했다는 말이죠. 누진(漏盡)은 신(身)·구(口)·의(意) 삼업(三業)에 새는 것이 하나도 없게 온전하게 됐다는 뜻입니다.

여기 위에서 보면 보적이 이끌고 온 오백 명 장자의 아들들이 제일 좋은 결과를 얻었습니다. 무생법인(無生法忍)을 얻었다고 했죠. 무생법인은 '무생법이라는 인'인데 인(忍)은 kṣānti, 본래 인욕(忍辱)이란 말이지만, 이 말을 더 깊은 의미로 이야기하면 깨달음이 됩니다. 이 '忍'자의 깊은 뜻은 깨닫는 거예요.

『해심밀경』 같은 데에서도 설명하듯이, 그러면 뭘 깨달았느냐? '무생법'이라는 것을 깨달았다. 무생법, 이것을 잘 생각해야 돼요. 이 세상 모든 법이란 법은 생(生)함이 없다는 사실을 깨닫는 것입니다. '생함이 없다'는 것은 무슨 소리냐? 여기 아름다운 꽃이 있는데, 이것도 법인데, 생기지 않았다는 말이에요. 생함이 없다? 생했으니까 이제 또 사(死)하겠죠. 생한 것은 다 사하게 돼 있어요. 그런데 생사(生死)하는 것은 인연의 세상, 세속이라고 하는 인과관계 속에서 연결됐다 흩어졌다 함에 따라서 나타나는 현상일 따름이죠. 자꾸 변하고 있어요. 한시도 영원히 머물러 있는 법은 없습니다. 변하고 변하고 변하고 무상(無常)하다. 변하고 변하고 무아(無我)하다. 물만 안 주면, 당장 죽는단 말이에요. 햇빛을 못 보게 하고, 바람을 차단해 버리면, 못 살죠. 그런 인연이 있는 동안에만 살고 있는 것이거든요. 그런 것을 존재한다고 할 수 있나요? 우리는 생기는 것이 대단한 것처럼 생각하지만, 풍선이 커졌다가 이내 푹 하고 꺼지는 것과 마찬가지라구요.

그러나 본질적으로 따지면 생멸하지 않는단 말입니다. 불생불멸하는 겁니다. 진제(眞諦)를 이야기하는 거예요. 진짜 그 본질의 모습, 진실된 모습, 영원한 모습을 이야기하면, 그것은 본질적으로 불생불멸입니다. 불생불멸이란 무생무멸(無生無滅)이죠. 무생(無生)이니까 무사(無死)죠. 이 현실의 사실만 보는 것이 아니라, 이 현상 이면의 이치를 깨닫는 것이 무생법인입니다. 모든 법은 무생이라고 하는 것을 깨닫는 것을 무생법인이라고 한 것입니다. anutpattika-dharma-kṣānti라고 하는 것입니다. 모든 법은 일어나지 않았다는 것을 깨달았다.

그러니까 이 오백 장자의 아들들이 무생법인을 깨달았다고 했는데, 이 사람들은 불국토의 청정한 모습, 장엄한 모습을 보았습니다. 불국토를 장엄한다는 것은 어떤 것일까요? 불교미술전람회에서는 아무 것도 그리지 않은 것이 상을 받아야 한다는 이야기도 있어요. 두 사람을 시켰는데, 한 사람은 온갖 색깔을 다 써서 예쁘게 그렸고, 다른 한 사람은 바람벽을 열심히 깨끗하게 닦기만 했다고 합시다. 누가 잘했을까요? 화려하다고만 해서 불국토의 장엄한 모습, 청정한 모습은 아니죠. 미술 보는 안목이 그런 데에서 생겨야 하거든요. 꽃을 꽂는 것도 아무 꽃이나 많이 갖다 꽂는다고 좋은 것은 아니란 말이에요. 불교를 잘 아는 사람이 더 잘 할 거 라구요. 그러나 장엄을 잘못하면, 진구(塵垢)가 돼 버리죠.

방편품 方便品 第二

1. 유마힐의 사람됨

(1)

尒時에 毗耶離大城中에 有長者하니 名維摩詰이라.

已曾供養無量諸佛하고 深植善本하며 得無生忍하여

辯才無礙하고 遊戲神通하며 逮諸摠持하고 獲無所畏하고

降魔勞怨하고 入深法門하여 善於智度하고 通達方便하니라.

大願成就하고 明了衆生心之所趣하며 又能分別 諸根利鈍하여

久於佛道에 心已純淑하니라.

決定大乘하고 諸有所作에 能善思量하여 住佛威儀하고 心大如海니라.

諸佛咨嗟하고 弟子·釋·梵·世主가 所敬하니라.

欲度人故로 以善方便으로 居毗耶離하니라.

尒時 毗耶離大城中 有長者 名維摩詰 그때 비야리성에 유마힐이라는
장자가 있었다.

장자(長者)라는 것은 돈 많은 자산가라고 했습니다. 대승불교에서는
돈 많은 것이 결코 나쁜 것이 아니에요. 돈 많은 사람은 『유마경』을 많
이 읽어야 합니다. 또 우리 같은 재가자들도 『유마경』을 많이 읽어야 해
요. 기독교에서는 평신도운동이라는 것을 하지만, 재가불교운동은 재가
만 해서 되는 게 아니에요. 대승불교에서는 현실생활과 유리된 종교활동
이라는 것이 있을 수 없거든요. 제일 모범이 될 만한 것이 여기 제시되고
있습니다. 기독교 사람들도 배우면 좋겠죠. 또 반대로 여러분들도 앞으
로는 기독교를 꼭 알아야 해요. 원효학당이라는 데가 그런 것 하자고 있
는 거죠. 그런 넓은 관점에서 공부해 나가야 합니다. 여기에 새로운 종교
의 모든 지침이 있습니다.

已曾供養無量諸佛 深植善本 得無生忍 일찍이 헤아릴 수 없이 많은 부처님께 공양을 드렸고, 깊이 선한 뿌리를 심어 무생법인을 얻었다.

공양(供養)이란 말이 참 많이 나오죠. 공양이 뭐하는 거예요? 밥 먹는 것도 공양이고, 부처님께 꽃이나 향 같은 것을 바치는 것도 다 공양입니다. 장양(長養)이라는 말이 있어요. 長, 성장시키고, 養, 기른다는 말입니다. 이렇게 공부하는 것도 다 우리의 성장과 양육을 의미하는데, 그것을 위해서 바치는 것은 전부 다 공양이에요. 우리가 성장·발전하기 위해서 우리 자신에게 바치는 것도 다 공양입니다. 지금 내가 여러분들에게 공양을 드리고 있는 것입니다. 여러분들이 무량제불(無量諸佛)에 속해요. 각자 무량제불 가운데 한 분이라고 생각하십시오.

유마거사가 일찍이 무량제불께 공양을 드렸다고 합니다. 이 세상 모든 것, 이 우주자연이 부처님 아님이 없고, 이 자연 속의 모든 중생 또한 부처님 아님이 없다고 하는 『화엄경』의 도리에 의거해서 넓게 해석한다면, 이 자연을 존중하고 사랑하고, 자연 속의 모든 중생들 또한 존중하고 사랑하는 것이 공양이라고 할 수 있습니다. 해를 끼치지 않고 이익을 주는 그런 것들이 전부 무량제불을 공양하는 것이죠.

深植善本(심식선본), 깊이 선한 뿌리를 많이 심었습니다. 이래야 지혜로워지고 자비로워지고 복을 많이 받게끔 되죠. 받을 조건도 안 되면서, '복 주세요, 복 주세요' 하고 있으면 안 될 거예요.

得無生忍(득무생인), 무생인을 얻었다고 하는데, 아까 이야기한 무생법인의 준말입니다. 아주 중요한 말이죠.

辯才無礙 遊戲神通 逮諸摠持 獲無所畏 말에 걸림이 없었고 신통력을 마음껏 향유하며, 여러 가지 다라니를 지니고 무소외를 얻고 있었다.

辯才無礙(변재무애), 변재에 걸림이 없었고, 遊戲神通(유희신통)하며, '유희'라는 말이 참 중요합니다. 이것은 노는 것이 아니고, 자유자재로 무애하게 생활하는 것을 말합니다.

逮諸摠持(체제총지), '逮'는 도달한다는 뜻이니, 가지가지 총지(摠持)에 도달한다는 말이죠. 총지는 인도말로 dhāraṇī입니다. '주문'이라는 뜻도 있지만, 여기서는 그때그때 필요한 모든 능력을 총지, 다 가지고 있다, 간직하고 있다는 말입니다. 그러한 능력이 전부 다 생겨난다는 말이에요. 마음이 응결되어 확고부동해지면 거기서 뭐든지 다 할 수 있는 능력이 생긴다구요. 그런 응결된 힘입니다. 아, 그것 굉장한 것이죠.

獲無所畏(획무소외), 무소외라는 것은 앞에서도 여러 번 나왔는데, 문자 그대로 이야기하면 두려움이 없는 것입니다. 자신(自信)이죠. 자신만만하려면 언제나 공부하고 있어야 합니다. 무슨 공부? 지식이 많은 게 중요한 것이 아니라 확고부동한 자기 생활의 목표, 이상이 있어야 하는 거예요. 누구에게 화두를 받은 것이 없더라도, 여러분이 이렇게 공부하면서 더 철저하게 알았으면 좋겠다 싶은 것이 있으면 그것을 자꾸 추구해 가는 겁니다. 옛날에 「독서신문」인가 하는 데에서 여러 사람들에게 '당신의 중심개념이 뭐요?' 이렇게 물어 본 적이 있었어요. 나는 그때 '하나'라는 것을 강조했습니다. '일심(一心)'이 뭐냐, '귀일심원(歸一心源)'은 어떻게 하라는 거냐, 그런 이야기를 했습니다. '귀일심원' 하다 보니까 '삼귀의'로 또 통한단 말이에요. 요새는 관심 갖는 것이 삼귀의인데, 이 삼귀의는 어떻게 하라는 거냐, 지금 관심은 거기 있습니다.

경·율·논을 읽을 때도, 논문을 쓸 때도 자꾸 생각해 본단 말이에요. 이것이 獲(획), 쥐는 거죠. 그것을 언제든지 놓지 않는 거예요. 언제든지 그 놈을 의문으로 삼고 그것을 가지고 가란 말입니다. 이게 뭐냐? 예수 믿는 사람들도 화두를 가져야 해요. 절대 복종하라는 것은 자기의 자각을 중요시하지 않는 건데, 그래 가지고서는 뭐 하나도 얻는 게 없죠. 그러니까 화두를 쥐라고 하는 것은 자기 자신의 인생관을 확립하는 데 있어서 풀어야 할 의문을 가지라는 겁니다. 언제든지 누구한테든지 물어보려고 하는 결심이죠. 신문을 보면서도, 텔레비전을 보면서도, 저것이 무엇을 이야기해 주나 의문을 갖다 보면, 해답을 찾는 경우가 많아요. 반드시 경전이 아니더라도 해결해 준다구요. 하나하나 해결이 되면, 무소외가 된단 말입니다. 두려움이 없어요. 확고부동한 신념이 생긴단 말이죠.

여기서 이야기하고 있는 변재무애, 유희신통, 체제총지, 획무소외, 이런 것들은 다 유마거사에게만 해당되고 우리에게는 해당되지 않는 덕목이 아니에요. 우리도 이렇게 되어야 한다는 말입니다.

降魔勞怨 入深法門 善於智度 通達方便 마구니와 원수들을 항복시키고, 깊은 법문에 들어가 있었으며, 반야바라밀다를 터득하고, 방편에 통달해 있었다.

善於智度(선어지도)의 '智度'는 반야바라밀다입니다. '智'는 반야, '度'는 바라밀다예요. 『대지도론(大智度論)』이 마하반야바라밀다에 대한 논이라고 앞에서 이야기했습니다.

通達方便(통달방편), 방편은 구체적으로 이 세상에서 다른 사람들과 인연 맺는 문제입니다. 유마거사는 방편에 통달한 사람이죠. 천당에 사는 것이 아니라 이 현실 세상에서 중생들과 부딪쳐 가며 삽니다. 이에 비해 미륵보살은 어떤 의미에서 보면 너무나 이상적이고 좋은 환경에 태어난 사람이라 본인을 위해서는 좋을지 모르지만, 우리들로서는 흉내를 내서는 안 된다고 생각해요. 우리는 석가모니 부처님 흉내를 내야죠. 이 험한 세상에서 살아가야 합니다. 유마거사는 이 험한 세상, 사바세계 속에서 무애해졌습니다. 방편을 마음대로 쓸 수 있게끔 통달방편했단 말입니다. 사람들을 다 잘 다스릴 수 있게 됐어요. 통달방편, 이것이 제일 어려운 것 아니겠습니까?

大願成就 明了衆生心之所趣 又能分別 諸根利鈍 久於佛道 心已純淑 대

원(大願)을 성취하고, 중생들의 마음이 어디로 향하고 있는가를 분명히 깨달았으며, 또 중생들의 근기의 이(利)·둔(鈍)을 잘 분별하고, 오랜 세월 불도를 걸어오니 마음이 이미 순숙(純淑)해졌다.

決定大乘 諸有所作 能善思量 住佛威儀 心大如海 대승에 완전히 자신을 바치고, 해야 할 일을 잘 헤아리고 있었으며, 부처님과 다름없는 위의를 갖추고 있었으니, 그 마음은 바다와 같이 넓었다.

중국의 승조(僧肇)스님은 '心大如海(심대여해)'라는 대목에 대해 주석을 하면서, 바다에는 다섯 가지 덕이 있다고 했습니다.

첫째, 바다는 맑고 깨끗해서 죽은 시체가 썩지 않는다. 그와 같이 보살의 마음은 맑고 깨끗해서 파계한 송장과 같은 상태를 조금도 용납하지 않는다.

둘째, 바다에는 가지가지 아름다운 보배가 많이 있다. 그와 마찬가지로 보살에게는 지혜에서 생겨나는 무궁무진한 보배가 있다.

셋째, 바다를 덮고 있는 하늘에는 큰 용이 있어서 장대비를 쏟아 부어도 바닷물이 조금도 넘치는 법이 없다. 그와 같이 보살들에게는 부처님의 법우(法雨)가 억수같이 쏟아져도 조금도 남김없이 다 받아들이며 넘쳐흐르는 법이 없다.

넷째, 어떤 모진 바람이나 햇빛도 바닷물을 고갈시키지 못한다. 그와 마찬가지로 보살들의 마음은 어떤 마구니가 삿된 바람과 열기를 다 해서 흔들어 놓으려 해도 상처 입히고 손상시키지 못한다.

다섯째, 바다는 너무 깊어서 그 깊이를 알 수 없을 정도이다. 그와 마찬가지로 보살의 지혜도 너무 깊어서 측량할 수가 없다.

諸佛咨嗟 弟子釋梵世主所敬 모든 부처님들의 찬탄과 제자들, 제석천, 대범천과 사천왕의 경배를 받았다.

'咨嗟(자차)'라고 하는 말은 '탄식한다', '찬탄한다'는 말입니다. 모든

부처님들조차도 찬탄했다. '야, 저 유마거사 굉장한 사람!'

'弟子(제자)'는 부처님의 제자들입니다. 십대제자라고 할 수도 있겠죠. '釋(석)'은 제석천, '梵(범)'은 대범천, '世主(세주)'는 사천왕입니다. 이들 모두가 다 경배하는 바가 되었다는 것입니다.

欲度人故 以善方便 居毗耶離 사람들을 제도하고자 하는 까닭에, 선교방편으로 비야리성에서 살고 있었다.

여기서 우리가 생각해야 하는 것은 유마거사라는 분이 부처님과 거의 다름없이 훌륭한 분이라는 거죠. 능력도 지혜도 다 그러한데, 비야리성 안에서 장자의 몸으로 살고 있었습니다. 유마거사라는 존재의 의미는 이 문장에서도 중요하게 드러나 있습니다.

欲度人故(욕도인고)로 以善方便(이선방편)으로 居毘耶離(거비야리) 하니라. 선방편이라는 말이 나오는데, 악방편(惡方便)은 방편이 아닙니다. 선방편, 선교방편(善巧方便)이라야 합니다. 선방편을 다른 표현으로 선교방편이라고 하죠.

방편은 산스크리트어로 upāya(우파야)죠. 이 말은 upa+i라는 동사에서 온 말인데, upa는 '가까이'라는 뜻이고, i는 '간다'는 동사입니다. 그래서 '가까이 가져간다', '가까이 간다'라는 뜻이 됐어요. 명사인 upāya는 '가까이 가는 행위', '가까이 갈 수 있는 수단'이라는 의미입니다. 이 말이 방편이라고 번역된 거죠. 영어로 말하면 means입니다. 그러니까 우리가 흔히 쓰는 수단방편 그럴 때의 방편과는 뜻이 조금 달라요.

'불청지우(不請之友)가 되어서 고통 받고 있는 사람들에게 가까이 가라'는 말이 『법화경』에 있습니다. 불청지우, 청함을 받은 것이 아니지만, 그렇게 안 하려고 해도 안 할 수 없는 마음에서 가까이 가는 거예요. 그저 자비심이 넘쳐흘러서 가는 거죠. 그러니까 이해타산 같은 것은 없습니다. 요새 같으면 누구에게 접근한다고 하면, 계산해 보고 수지가 맞으면 간다고 하겠지만, 가까이 간다는 말을 이렇게 해석하는 옛날 사람들의 생각은 훨씬 더 선량했다고 할 수 있을 것 같아요. 모든 사람들에게 가까이 가라. 가까이 가라는 이야기는 멀리하지 말라는 이야기도 되는 것이죠.

upāya, 방편이라고 하는 것은 소승불교에서 무시됐던 거예요. 소승불교는 '가까이 하는 종교'가 아니라 '멀리하는 종교' 아닙니까? 자꾸 멀리 가는 종교입니다. 가까이 가는 것은 괴롭고 하기 힘듭니다. 사실은 멀리 가는 게 제일 편해요. 혼자 사는 게 제일 편하긴 하지만, 가까이 가야 정말 참된 이익이 있을 수 있단 말이죠. 그럴 것 같아요. 헌신적으로 무슨 좋은 일을 하고 있으면.

居毘耶離(거비야리)하니라. '居', 그러니까 '거사(居士)'라고 할 때도 이 '거'자를 쓰죠. 한산(寒山)이 자기의 시 가운데 '居'란 글자를 많이 썼어요. 어디에 거하고 있었느냐? 어디에 거하기를 원하느냐? 우리말에서는 이 거한다고 하는 것을 '주거지(住居地)', '거주지' 정도밖에는 안 쓰는데, 일본말에서는 '있다', '내가 여기에 있다'고 할 때 이 '居'자를 씁니다. 사람은 이렇게 살아야 된다, 그런 의미도 있다고 말할 수 있습니다. 그래서 이 품 전체가 「방편품」입니다. 이 짤막한 「방편품」을 짧은 시간 안에 여러분들이 꽉 쥘 수 있도록 해 드렸으면 좋겠는데, 글자 하나하나에 사로잡혀서 읽어 가다 보면 까마득하죠. 하나하나 차근차근 가야 될 때도 있지만, 제가 무슨 이야기를 하고 있나 하는 것을 파악할 필요가 있습니다. 그래서 이 '방편품' 하나는 손아귀 안에 완전히 넣도록 했으면 좋겠어요.

2. 육바라밀다의 실천

(2)

① 資財無量하여 攝諸貧民하고
② 奉戒淸淨하여 攝諸毀禁하고
③ 以忍調行하여 攝諸恚怒하고
④ 以大精進으로 攝諸懈怠하고
⑤ 一心禪寂하여 攝諸亂意하며
⑥ 以決定慧로 攝諸無智하니라.

이런 한문을 읽으면서 시적이구나 하는 것을 느끼실 겁니다. 멜로디가 있고 리듬이 있죠. '攝(섭)'으로 전부 다 통일했는데, 이 '攝'이라는 글자가 특별한 의미가 있다는 것을 아마 느끼셨을 거예요. '攝'자가 그렇게 중요합니다.

'攝'은 산스크리트어로 saṃgrahā입니다. sam은 '온전히', '함께', '남김없이'라는 뜻의 접두어이고, grahā는 영어의 grasp(쥔다)과 같은 뜻입니다. 그러니까 전부 다 가슴에 안는다, 자기 품안에 안아 버린다, 이런 말이 되죠. 이것이 대승불교의 이상입니다. integration이에요. 아무 것도 소외시키지 않는다. 다 포섭(包攝)한다. 이 포섭이라는 말이 요새는 이상한 의미로 쓰이지만, 원래 '攝'이라는 글자에는 이렇게 좋은 의미가 있습니다. 『섭대승론(攝大乘論)』이라는 책의 이름도 그렇죠. '섭대승론'은 무슨 뜻이냐 하면, 대승불교의 모든 것을 전부 다 망라해서 이야기한다는 뜻이거든요. saṃgrahā, 언젠가 야스퍼스의 'das Umgreifende(다스 움그라이펜데)'와 관련지어서 제가 이야기를 한 적이 있습니다.

여기서는 여섯 가지를 '攝'하고 있는데, 이 여섯 가지 '攝'이 각각 육바라밀다와 연결되어 있습니다. ①번부터 보시(布施), 지계(持戒), 인욕(忍辱), 정진(精進), 선정(禪定), 지혜(智慧)의 순서로 되어 있어요. 말만 조금 바꾸어 표현했습니다. 이것을 보면서 불교의 가르침에서 육바라밀다가 얼마나 중요한 위치를 차지하고 있는가 하는 것을 충분히 알 수 있어요.

'攝'은 다른 말로 '하나로 감싸 안는다', '하나가 된다'라고 할 수 있는데, 어떤 사람들이 하나가 되지 못하냐 하면, 가난한 백성들이 세상에서 소외당하죠. 그 사람들을 소외당하지 않게끔 하는 방법으로 돈 있는 사람은 섭제빈민(攝諸貧民)해야 된단 말이에요. 그 이야기가 먼저 아래에 나옵니다.

① **資財無量 攝諸貧民** 그에게는 자재가 한량없이 많아서 가난한 사람들을 다 감싸주었다.

資財無量(자재무량), 이것은 유마거사가 그랬다는 거죠. 돈 많은 사람, 그것을 내 것이라 생각하지 않고 내 놓을 수 있는 사람, 가난한 사람들을 위해서 꼭 필요한 일을 해 줄 수 있는 사람, 그런 사람이 얼마나 멋있는 사람이겠나 하는 것을 생각하게 됩니다. 이것은 보시바라밀과 관련된 이야기였습니다.

② **奉戒淸淨 攝諸毁禁** 그는 계를 받들어 잘 지켜서 갖가지 부도덕한 일을 하는 사람들을 내버려두지 않았다.

'奉戒淸淨(봉계청정)'하다는 것은 '계를 잘 받들고 청정하게 산다'는 이야기인데, 이 계라고 하는 글자는 보통 자기 자신이 다른 사람에게 좋지 않은 일을 저지르지 않는다는 뜻으로 많이 쓰이죠. 그런 소극적인 의미의 계도 있지만, 우리는 여기서 한 걸음 더 나아가서 다른 사람들에게 이익 주는 일을 적극적으로 행하는 것이야말로 진짜 최고 수준의 봉계(奉戒)라는 것을 생각해야 합니다.

'모든 악은 저지르지 말고 모든 선은 받들어 행하라'고 했죠. 여기서 선한 일이라고 하는 것은 다른 사람들에게 이익 되는 일을 해 주는 것이 선입니다. 그러니까 이해타산으로 따져 보면, 혹 자기에게 손해가 될 수 있을지도 모르죠. 세상의 비판을 받을 수 있는 일이라 할지라도, 자기의 맑고 깨끗한 마음으로 이 일은 꼭 해야 하고, 그래서 이 세상 모든 사람들에게 참으로 이익을 주겠다는 자신을 갖고 살아가는 것까지 포함하는 것이 봉계청정(奉戒淸淨)입니다.

攝諸毁禁(섭제훼금)의 '諸毁禁'이라는 것은 하지 말아야 할 것을 자꾸 하고, 금계(禁戒), 금지 조항을 범하는 것입니다. 이런 사람들은 사회에서 소외당하죠. 그런 사람들은 어디로 가느냐 하면, 지옥에 가는 거예요. 그 사람들도 '攝'하는 겁니다. 이것은 지계바라밀에 해당하는 이야기입니다.

그런데 계에도 여러 가지가 있지 않습니까? 섭율의계(攝律儀戒), 섭선법계(攝善法戒), 섭중생계(攝衆生戒), 이런 것들을 다 생각해야죠. 율의를 지켜서 다했다, 그것으로 끝나는 것이 아니란 말이에요. 선법을 닦고, 모든 중생들에게 이익이 되도록 하는 계가 중요한 것이죠. 우리에게만 유리한 것 말고 말입니다.

③ **以忍調行 攝諸恚怒** 그는 인욕조복행으로 항상 화내고 불평불만에 가득 차 있는 사람들을 다 감싸 안았다.

'恚怒(에노)'의 '恚'는 탐·진·치의 '진(瞋)'과 붙어서 '진에(瞋恚)'라는 말이 되죠. 이 글자는 '시기한다', '화낸다'는 뜻입니다. 시기, 질투, 분노, 증오입니다. 불평불만에 가득 차 있는 사람들이 세상을 시끄럽게 만들거든요. 불평불만을 없애 주는 것도 중요하죠. 그러나 우리는 우선 참고, 용서해 주고, 너그럽게 받아 주고 그래야 되는 겁니다. 인조행(忍調行), 인욕과 조복으로 감싸 안아야죠. 이것이 인욕바라밀입니다.

④ **以大精進 攝諸懈怠**   그는 대정진으로 게으른 사람을 다 깨우쳐 주었다.

'懈怠(해태)'의 '懈'도 '怠'도 다 게으르다는 이야기죠. 그런 사람들 옆에서 그 사람들이 게으르면 게으를수록 더욱더 부지런히 정진한다는 겁니다. 준비가 안 되어 있으면 그런 사람들 속에 들어가서 생활하다가 오히려 물들어 가지고 나오는 경우도 있을 거예요. 고쳐 주라고 했더니, 똑같이 게으름뱅이가 돼서 나온단 말이에요. 내가 불란서에서 공산당이 돼 버린 노동자들 속에 들어간 신부들과 같이 산 적이 있다고 했죠. 가난뱅이 유학생의 신분으로 그 사람들이 묶고 있는 숙소에 방을 하나 얻어 들어가서 옆에서 생활하면서 자주 만나고 이야기도 나눌 수 있었습니다. 그런데 그 사람들이 제일 어려운 것이 그건가 보대요. 우정을 나누려면 같이 적당히 게으르기도 해야 되는 모양이에요. 또 적당히 그들과 똑같이 화도 내고 야단도 치고 그래야 되는 모양이더라구요. 그런데 그것을 안 하면서 이 사람들을 끌고 와야 한단 말이죠. 술·담배 막 하는 사람들 속에 들어가서, '아, 난 술 안 먹어. 난 담배 안 피워' 이것만 자꾸 내세우기도 참 힘들겠죠. 그런 속에서 대정진, 대정진입니다.

고려 때 해원(海圓)이라는 스님이 계셨는데, 그 스님은 유가종(瑜伽宗)의 스님이었다고 해요. 유식의 이론에 굉장히 밝았는데, 계율을 지키는 데 있어서 엄격하기로 아주 이름이 났었다고 합니다. 원나라 황제에게까지 그 소문이 들려서, 원나라에서도 고려의 해원스님이 대단한 스님이라고 그랬답니다. 그 이야기를 듣고 지금 감숙성(甘肅省)의 안서(安西)라는 데에서 왕이 그 스님을 우리 고장으로 좀 모셔 왔으면 좋겠다고 했습니다. 그래서 초청을 받아서 갔습니다. 그 나라 사람들은 몽고나 티베트 사람들 같은 유목민족이어서 밤낮 양고기, 말고기를 굽거나 말려서 먹고, 또 고기국물을 먹고, 그런 것밖에는 안 먹었어요. 또 그 가죽을 벗겨서 옷을 만들어 입고 다녔어요. 살생을 범하고, 계율을 지키지 않고, 그뿐만 아니었겠죠. 도둑질도 많이 하고, 음행(淫行)도 많이 했겠죠. 이제 그런 속에 해원스님이 가서 2년 동안을 살았다고 합니다. 여름에는 무지무지하게 덥고 겨울에는 무지무지하게 추운 곳인데, 그 속에서 까딱없이 계율을 지키는 바람에 해원스님의 명성이 더욱더 높아졌다고 합니다. 그런 일화가 있는데, 이 양반은 그 명성 때문에 원나라에 그냥 눌러앉아서 큰 대접을 받고, 황제가 절을 지어 주기도 했답니다. 그래서 거기서 이십 몇 년을 사시다가 세상을 뜨셨다고 하는데, 대정진으로 모든 나태한 사람들을 섭(攝)한 겁니다.

유식에서는 정진(精進)바라밀에도 세 가지가 있다고 하는데, 피갑정진(被甲精進), 전생선법가행정진(轉生善法加行精進), 요익유정가행정진(饒益有情加行精進)의 세 가지입니다. 이 중에 피갑정진은 갑옷을 두른 듯 바깥에서 들어오는 모든 유혹과 위협을 막는 데 필요한 거죠. 전생선법가행정진은 한 걸음 더 나아가서 가행을 하는 것이고, 요익유정가행정진은 중생에게 이익을 주는 일을 더 적극적으로 하라는 겁니다. 결국 그러한 정진이 되도록 해 나가야 하는 거예요.

⑤ 一心禪寂 攝諸亂意 그는 한결같이 선정을 닦음으로써 마음이 흐트러진 사람들을 다 교화하였다.

선정을 해 나가면서, 흐트러진 생각을 가지고 있는 사람들의 마음을 고요하게 만드는 겁니다. 亂意(난의), 마음이 착란을 일으키는 사람들이 많죠. 어떻게 고쳐 주어야 하느냐? 여기 『유마경』의 가르침은 육바라밀 다로 고치는 것인데, '一心禪寂(일심선적)'으로 고칠 수 있다는 이야기죠. 고요한 마음가짐이 되도록 해 주는 겁니다.

선정(禪定)바라밀에도 무분별정려(無分別靜慮), 인발공덕정려(引發功德靜慮), 인발요익유정정려(引發饒益有情靜慮)의 세 가지가 있습니다. 분별하지 않는 선정으로 시작해서, 자기 안의 공덕을 끌어내고, 그래서 요익중생하는 힘을 끌어내는 선정에까지 가야 하는 거예요.

⑥ 以決定慧 攝諸無智 그는 지혜를 확고하게 닦음으로써 무지한 사람들을 다 포용하였다.

決定慧(결정혜), 이것을 여러분들이 갖추도록 해야 되겠죠. 諸無智(제무지), 유식한 척하면서도 무지한 사람들이 주위에 많습니다. 지혜바라밀도 다른 바라밀들과 마찬가지입니다. 맨 처음에는 세속에 관한 인과관계를 잘 아는 지혜를 닦기 시작해서, 점차 보이지 않는 본질적인 실상에 대한 지혜, 공에 대한 지혜를 알고, 그것을 동시에 결합시켜서 이 세상에서 요익중생하는 지혜로 발전해 가야 하는 겁니다.

이 육바라밀다에 네 가지가 더 첨가돼서 십바라밀다가 된다고 했잖아요. 방편(方便), 원(願), 역(力), 지(智)가 포함되죠. 방편은 시(施), 계(戒), 인(忍), 그러니까 보시, 지계, 인욕, 이 세 가지를 더 온전하게 해나가는 데 있어서 반드시 필요한 것이라고 했고, 근(勤), 그러니까 정진을 위해서는 원이 있어야 한다고 했습니다. 원력(願力)이 있어야 하죠. 내가 이것은 해내고야 말겠다는 원력이 있어야 정진할 수 있어요. 정진이라는 것이 꼭 무슨 부처님의 이름을 외운다거나, 불보살의 이름을 외운다거나, 참선을 한다거나, 그것만이 정진은 아니죠. 여러 가지 종류의 정진이 있습니다. 내용은 여러 가지가 될 수 있습니다. 집안에서 하는 일도 정진이 될 수 있다고 생각합니다. 음식 만드는 정진도 있고, 빨래하는 정진도 있고, 청소하는 정진도 있고…… 남들이 알아주지 않는 것을 아무 말 없이 해낼 수 있는 것이 보살이죠. 그런 면에서 남자보다는 역시 여자들이 더 보살이에요.

(3)

雖爲白衣라도 奉持沙門清淨律行하고,

雖處居家이나 不着三界하고,

示有妻子이나 常修梵行하고,

現有眷屬이나 常樂遠離하니라.

雖服寶飾이라도 而以相好嚴身하고,

雖服飮食이나 而以禪悅爲味하니라.

若至博奕戲處라도 輒以度人하고,

受諸異道라도 不毀正信하고,

雖明世典이라도 常樂佛法하며,

一切見敬하여 爲供養中最하니라.

雖爲白衣 奉持沙門清淨律行 비록 속인의 옷을 입었을지라도 사문의 청정한 율행을 받들어가지고 있으며.

'白衣(백의)'라고 하는 것은 재가신도를 말하는 거죠. 흰옷을 입었다고 하면, 출가자가 아니라는 말입니다. 출가자는 인도에서 어떤 옷을 입었느냐 하면, 노란 감색 같은 빛깔의 옷을 입고 있었어요. 회색은 아니었던 것 같아요. 인도 사람들은 거의 다 흰옷을 입지 않습디까?

'사문(沙門)'은 출가한 승려들을 말하죠. 沙門律行(사문율행), 사문이 지키는 청정한 율행입니다. 이 말을 들으면 율장(律藏)에 정해진 사문의 율행을 생각하게 되는데, 지금 여기서는 그 조항을 따지는 것이 아닙니다. 사문에게 제일 중요한 것이 뭐냐 하면 범행(梵行)을 한다는 것이죠. 청정행(淸淨行)입니다. 일체 감각적인, 본능적인, 방자한 생각을 안 하는 겁니다. '청정비구'라고 할 때 제일 중요한 것이 뭐라고 했습니까? 십선(十善)을 하는 것이라고 했죠. 십악(十惡)을 하지 않는 것이 그 기본으로 되어 있습니다. 그런 것들을 지키는 것이 청정율행입니다. 그러나 여기서는 그 계율 하나하나의 조목을 전부 다 이야기하고 있는 것은 아닙니다.

雖處居家 不着三界 세상에서 가정을 갖고 살고 있으나 삼계에 집착하지 않고.

이제 위의 백의(白衣)에서부터 아래로 열거되고 있는 거가(居家), 처자(妻子), 권속(眷屬), 보식(寶飾), 음식(飮食), 이런 것들은 다 서로 관련되어 있습니다. 세상에서 살고 있는 거예요. 居家, 가정을 이루며 살고 있어요. 처자가 있어요. 또 처자만이 아니라 권속도 있어요. 권속은 조금 더 넓은 의미죠. 그러다 보니까 좀 꾸미기도 하죠. 寶飾, 그렇다고 해서 화려하게 꾸미는 것을 이야기하는 것은 아니죠. 또 음식을 먹고 마시는 것도 스님들과는 좀 다릅니다. 여기서는 유마거사에 대한 설명을 통해 재가신도로서 보살행을 할 때 어떻게 해야 하느냐 하는 것을 설명하면서 하나의 기준을 제시해 주고 있는 것입니다.

집안에 거하더라도 삼계에 집착하지 않는다. 삼계(三界)는 욕계(欲界), 색계(色界), 무색계(無色界)죠. 욕계는 욕심의 세계, 색계는 욕심은 없어졌지만 아직 형상은 남아 있는 세계, 무색계는 형상마저 없어진 세계입니다. 이 중에 색계와 무색계는 참선하는 사람이 경험하는 세계라고 해요. 그러니까 명예를 얻겠다든가, 돈을 벌겠다든가, 좋은 곳에 가서 태어나겠다든가, 이런 생각이 전부 다 삼계에 집착하는 겁니다. 이 현실에 집착한다거나, 미래세계에 집착한다거나, 저 서쪽에 있는 다른 세계에 집착한다거나, 이렇게 집착하면 안 된다는 거죠. 정토? 서방정토? 왜 서쪽에만 있냐? 여기에도 있단 말이죠. 서쪽에만 있고, 또 먼 훗날에만 있다고 생각하면 안 되는 거예요. 잘 알아야만 합니다. 삼계에 집착하면 안 돼요.

示有妻子 常修梵行 처자 있음을 보일지라도 항상 범행을 닦고.

常修梵行(상수범행), 항상 범행하라, 이것을 잘 음미하십시오. 인간 관계 중에 부부라고 하는 관계가 있지 않습니까? 그것도 여기서는 좀 다른 거예요. 그냥 부부가 아니라 한 차원 더 높아요. 그냥 한 사람은 남편이고 한 사람은 아내다 하는 것이 아니고, 둘 다 보살이다, 그런 관계가 돼야 한다구요. 『화엄경』에 '주반(主伴)'이라는 말이 있습니다. 하나가 '주'가 되면 하나는 '반'이 되는 관계죠. 그래야 평화가 있지, 둘 다 '주'가 되려고 하면 밤낮 싸운다구요. 하나가 '주'가 되려고 하면 '반'이 돼 주고, 또 내가 '주'가 될 때는 저 사람이 '반'이 돼 주는 그런 관계라야 합니다.

자식과의 관계도 그렇죠. 덮어놓고 내가 너희들을 낳아 주고 길러 주었다고 그것만 자꾸 내세워서는 아이들이 말 안 들어요. 뭔가 그래도 아이들이 마음으로 머리 숙이고 싶은 훌륭한 점이 부모에게 있어야죠. 아버지에게 없으면 어머니에게라도 있어야 한단 말입니다. 그것을 위해서 여러분들이 공부하는 겁니다.

現有眷屬 常樂遠離 권속 있음을 보이고 있으나, 항상 세상을 멀리 떠나 있기를 좋아하고.

그저 덤덤하게 사는 연습을 해 두라는 겁니다.

雖服寶飾 而以相好嚴身 여러 가지 보배 장신구를 걸치고 있으나, 그보다 삼십이상 팔십종호로써 몸을 장엄하고.

귀한 물건들, 보석 같은 것으로 치장할 때가 있지만, 그것보다 더 중요한 것이 뭐냐 하면, 상호(相好)로써 몸을 장엄하는 것이라는 겁니다. 상호는 삼십이상(三十二相) 팔십종호(八十種好)의 준말이죠. 삼십이상 팔십종호는 신체의 서른두 가지 큰 특징과 여든 가지 작은 특징들을 말하는데, 부처님의 신체 특징을 묘사할 때 나오는 말입니다. 그와 같이 훌륭한 특징을 갖추는 것이 더 중요하다는 말을 하고 있는 거죠. 내 얼굴에 미련함이 나타나 있지 않나? 내 얼굴에 성나고 우울한 자국이 남아 있지 않나? 보석으로 치장하는 것보다 이게 제일 중요하죠. 누가 거울 자꾸 보라는 이야기를 하는데, 거울 보기 싫어지는 것도 좀 곤란할 것 같아요. 아이구, 내가 왜 이렇게밖에 못생겼나? 내가 왜 이렇게 미련해 보이나? 여러 가지 것들을 느끼게 되죠. 질투 많게 생긴 얼굴도 있고, 욕심 많게 생긴 얼굴도 있고, 심술 많게 생긴 얼굴도 있고, 여러 가지가 다 있을 거예요. 그 얼굴에 직심(直心), 심심(深心), 보리심(菩提心), 대비심(大悲心), 이런 자(慈)·비(悲)·희(喜)·사(捨)의 마음가짐들이 있어야 하겠죠.

雖服飮食 而以禪悅爲味 먹고 마시기는 하지만, 그보다 선(禪)의 기쁨을 맛보는 것을 더 좋아하고.

음식을 먹고 마시지만, 언제든지 더 좋은 음식이 선열(禪悅), 참선의 맛, 참선의 기쁨이라는 것을 생각하라. 그 맛이 최고의 맛이라고 생각하라. 그러니까 여기서는 음식의 종류 이야기도 나오는 거예요. '사람은 빵으로만 살지 않는다'는 이야기가 있는데, 그것은 너무 거친 이야기예요. 불교에서는 다섯 가지 음식을 이야기하거든요. 주먹밥처럼 덩어리로 된 음식도 있고, 국물로 된 음식도 있고, 여러 가지가 있지만, 그런 물질적인 음식 말고, 선의 음식, 선열, 법열(法悅)을 최고의 맛이라고 하는 겁니다.

若至博奕戲處 輒以度人 도박하는 곳, 놀이하는 곳에 가게 되더라도 그 사람들을 올바른 길로 인도하고.

'博奕(박혁)'은 도박이에요. '戲處(희처)'는 노는 곳이죠. 화투치고 노는 곳 같은 데입니다.

受諸異道 不毁正信 여러 다른 종교의 가르침을 듣더라도 올바른 믿음을 깨뜨리지 않으며.

'異道(이도)'는 '외도'나 마찬가지예요. 잘못 믿고 있는 사람들을 맞이하더라도 자기 자신의 올바른 믿음을 훼손시키지 말라.

雖明世典 常樂佛法 세속의 책에 밝다고 하지만, 항상 불법을 좋아하며.

'世典(세전)'이라는 것은 세속의 여러 가지 유명한 책들이죠. 세상의 법전이나 외도들의 경전 같은 것을 말합니다.

一切見敬 爲供養中最 모든 사람들의 존경을 받았으며, 공양 받는 사람들 가운데 가장 으뜸이었다.

이것이 유마거사였던 것입니다. 유마거사가 어떤 사람이냐 하는 설명이 계속 이어집니다.

(4)
① 執持正法하고 攝諸長幼하며 一切治生하여 諧偶하니라.
② 雖獲俗利하나 不以喜悅하고
③ 遊諸四衢하여 饒益衆生하며
④ 入治政法하여 救護一切하며
⑤ 入講論處하여 導以大乘하며
⑥ 入諸學堂하여 誘開童蒙하며
⑦ 入諸婬舍하여 示欲之過하며
⑧ 入諸酒肆하여 能立其志하니라.

① **執持正法 攝諸長幼 一切治生諧偶** 그는 정법을 간직하고, 어른을 잘 모시고 어린 사람들을 포용하며, 모든 생활을 화목하게 하였다.

정법을 지킨다고 하는 것이 중요하죠. 『승만경』을 보면 섭수정법(攝受正法) 이야기가 제일 많이 나오는데, 정법이 무엇이냐 하는 것을 알고 그대로 사는 겁니다.

② 雖獲俗利 不以喜悅　세속의 이익을 얻을지라도 기뻐하지 않았다.

③ 遊諸四衢 饒益衆生　구석구석 거리마다 돌아다니며 항상 요익중생하였고.

④ 入治政法 救護一切　정법을 펴면, 일체 중생을 구호하였고.

⑤ 入講論處 導以大乘　논처(論處)에 가면, 대승으로 인도하였고.

⑥ 入諸學堂 誘開童蒙　학당에 들어가면, 어리고 몽매한 사람들을 이끌어 지혜를 열어 주었고.

⑦ 入諸婬舍 示欲之過　음사(婬舍)에 가면, 욕망의 잘못됨을 가르쳐 주었고.

⑧ 入諸酒肆 能立其志　술집에 가면, 정신을 차려 뜻을 세우도록 했다.

(5)-(6)

① 若在長者하면 長者中尊으로 爲說勝法하고

② 若在居士하면 居士中尊으로 斷其貪着하고

③ 若在刹利하면 刹利中尊으로 敎以忍辱하고

④ 若在婆羅門하면 婆羅門中尊으로 除其我慢하고

⑤ 若在大臣하면 大臣中尊으로 敎以正法하고

⑥ 若在王子하면 王子中尊으로 示以忠孝하고

⑦ 若在內官하면 內官中尊으로 化政宮女하고

⑧ 若在庶民하면 庶民中尊으로 令興福力하고

⑨ 若在梵天하면 梵天中尊으로 誨以勝慧하고

⑩ 若在帝釋하면 帝釋中尊으로 示現無常하고

⑪ 若在護世하면 護世中尊으로 護諸衆生하니라.

長者 維摩詰은 以如是等 無量方便으로 饒益衆生하니라.

① 若在長者 長者中尊 爲說勝法　장자들 속에 있으면 그중에 으뜸이
되어 훌륭한 법을 설하였고.

② 若在居士 居士中尊 斷其貪着　거사들 속에 있으면 그중에 으뜸이
되어 탐착심(貪着心)을 끊도록 가르쳤고.

③ 若在刹利 刹利中尊 敎以忍辱　왕족들 속에 있으면 그중에 으뜸이
되어 인욕을 가르쳤고.

'刹利(찰리)'라고 하는 것은 크샤트리아입니다. 인도 사회에는 카스트
라는 계급제도가 있지 않습니까? 그중에 왕족, 혹은 전쟁을 담당하는 전
사 계급이 크샤트리아예요. 석가모니 부처님도 그런 왕족 출신이죠. 전
사들이기 때문에 이 사람들은 성질이 급하고, 쉽게 화를 내고 칼을 빼서
누구를 죽이기도 하니까, 그들에게 인욕하라고 가르치는 겁니다.

④ 若在婆羅門 婆羅門中尊 除其我慢　바라문들 속에 있으면 그중에 으
뜸이 되어 아만(我慢)을 없애도록 가르쳤고.

바라문들은 인도의 바라문교 승려들이죠. 제사가 중시되면서 이 사람
들이 제일 높은 계급이 되었어요. 그래서 자신의 지위에 대한 우월감이
대단하죠. 그 아만을 제거하라고 가르치는 겁니다.

⑤ 若在大臣 大臣中尊 敎以正法　대신들 속에 있으면 그중에 으뜸이
되어 정법을 가르쳤고.

⑥ 若在王子 王子中尊 示以忠孝　왕자들 속에 있으면 그중에 으뜸이
되어 충효를 가르쳤고.

왕자라는 놈들은 자기 아버지, 형님 배반하는 것이 아마 인도에서도
예사였던가 보죠. 그러니까 충효를 가르쳤다고 했습니다.

⑦ 若在內官 內官中尊 化政宮女　내관들 속에 있으면 그중에 으뜸이
되어 궁녀들 다스리는 법을 가르쳤고.

⑧ 若在庶民 庶民中尊 令興福力 서민들 속에 있으면 그중에 으뜸이 되어 복 받는 힘을 기르도록 가르쳤고.

⑨ 若在梵天 梵天中尊 誨以勝慧 범천들 속에 있으면 그중에 으뜸이 되어 훌륭한 지혜를 가르쳤고.

⑩ 若在帝釋 帝釋中尊 示現無常 제석천들 속에 있으면 그중에 으뜸이 되어 무상(無常)을 가르쳤고.

⑪ 若在護世 護世中尊 護諸衆生 사천왕들 속에 있으면 그중에 으뜸이 되어 중생을 지키는 본분을 가르쳤다.

범천들, 제석천들, 사천왕들, 이런 천상계에 있는 존재들은 다 좀 거만하고 그렇죠. 아직도 지혜가 모자라거든요. 그러니까 훌륭한 지혜를 기르도록 한 겁니다. 제석천도 교만하거든요. 제 힘이 아주 대단한 줄 알죠. 그래서 무상(無常)을 가르쳐 준단 말이에요. 사천왕들에게는 너희들 본분이 뭐냐 하면 동서남북을 지키면서 중생을 잘 보호하는 것이라는 것을 가르쳐 줍니다.

長者 維摩詰 以如是等無量方便 饒益衆生 장자 유마힐은 이와 같이 무량한 방편으로 요익중생하였다.

여기까지 유마거사 이야기를 했습니다. 유마거사가 이런 방편을 쓰고 있다는 이야기를 한 거예요.

「방편품」은 크게 둘로 나눠 볼 수 있지 않을까 생각합니다. 맨 처음에 '유마힐의 사람됨'에 대한 이야기가 있고, 다음에 '육바라밀다를 실천함'이 있었습니다. 여기까지가 유마힐이란 사람에 대한 이야기였다고 볼 수 있습니다. 이제 다음에는 새로운 이야기가 나옵니다. '방편으로 몸에 질병 있음을 나타냄'이라고 제목을 붙인 부분이에요. 그 제목으로 쭉 끝까지 내려갔습니다.

그런데 이 방편의 이야기에서 유마거사가 비야리성에서 이렇게 장자의 몸으로 살고 있는 것도 하나의 선방편으로 하는 일이죠. 그가 육바라밀다를 실천할 수 있는 능력자였다고 하는 것도 방편의 일이었다고 할수 있습니다.

육바라밀다라는 교훈은 방편의 가르침이라고 볼 수 있어요. 육바라밀다는 이 세상에서 많은 사람들과 인연을 맺고 살아갈 때 실천해야 하는덕목들입니다. 방편이라는 말이 upāya, 중생들 가까이로 가는 것이라고했어요. 보시, 지계, 인욕, 이런 것들이 전부 다 중생들과의 관계 속에서이루어지는 것입니다. 육바라밀다를 대개 둘로 나눌 수 있는데, 보시, 지계, 인욕, 여기까지는 다른 사람들과의 관계를 이야기하고 있단 말이에요. 베풀어주는 것, 해야 할 일, 하지 말아야 할 일, 그것은 다른 사람들과의 관계에서 제기되는 문제죠.

육바라밀다가 나오기 전에는 삼학(三學)이 중시되었습니다. 계(戒)·정(定)·혜(慧), 삼학밖에 이야기하지 않았어요. 그것이 대승불교가 되면서, 세 가지가 더 첨가된 것이죠. 또 순서가 달라졌어요. 계 앞에 시(施)가 왔습니다. 시, 보시라고 하는 것은 사실 계나 다를 바 없는, 계에 속하는 덕목이라고 할 수 있는데, 과거에 소승불교도들에 의해서 무시되고있던 것을 끄집어내서 더 강조를 한 것이죠. 보시, 베풀어주라. 그러니까오늘날 출가한 승려들이 생각해야 되는 것이 뭐냐 하면 바로 보시하는거예요. 내가 어느 정도로 많이 주고 있는가 하는 것을 더 많이 생각해야하는 겁니다.

보시에 법시(法施), 재시(財施), 무외시(無畏施)의 세 가지가 있다는것을 잘 알고 있어야 합니다. 법시는 누가 하는 거죠? 소승불교도들은옛날에 뭐라고 했냐 하면, 법시는 스님들이 하는 것이고, 재시는 재가자들이 하는 것이라는 식으로 구분을 했었어요. 지금 예배당에서도 그러잖아요. 법시에 해당하는 설교는 성직자들이 하고, 신도들은 재시만 하면 된다고 하죠. 너희들은 진리에 대해서 이야기할 자격이 없고 지식도 없지 않느냐, 이런 따위의 이야기를 합니다. 그것은 잘못된 거예요. 누구나 다 그것을 할 수 있어야 합니다. 우리가 법시, 재시, 무외시를 다 할 수 있어야 하죠.

계를 지킨다고 하면, 언제든지 뭘 생각하느냐 하면, '하지 말아야 할 것을 안 한다', '하지 말라, 하지 말라' 그런 것만 자꾸 생각하죠. 그런데 해야 할 것을 안 한 것, 그것도 큰 죄란 말입니다. 이것을 소승불교도들은 몰랐어요. 아직도 잘 모릅니다. 저 스리랑카 가면 모르고 있단 말이죠. 다 자기네만 거룩하다고 해요. 그래, 당신 한 게 뭐 있어? 당신 이것도 해야 되고, 저것도 해야 되는데, 한 게 뭐 있느냐? 이렇게 물어 볼 수 있죠.

계라고 하는 것, 율의(律儀)는 국지적인, 어떤 소집단적인 율의 이해관계에 머무는 경우가 많습니다. 유교의 윤리 같은 것이 그래요. 유교의 윤리는 조그만 양반사회의 윤리입니다. 모든 사람들의 윤리가 있어야 할 것 아니에요? 다른 사람들의 권리도 다 똑같이 존중해 주어야 할 것 아니겠어요? 다른 사람들의 자유도 다 똑같이 인정해 주어야 할 것 아니냐는 말이죠. 율의보다 더 중요한 것이 선(善)입니다. 그런데 선도 자의적으로 해석할 수가 있어요. 무엇보다 중요한 것은 중생들이 중생 노릇을 안 하게끔 해 주는 일이라고 할 수 있습니다. 그것이 최고의 선이라고 할 수 있어요.

요새 다른 강의에서 지공(指空)스님 이야기를 좀 하고 있는데, 지공이라는 인도 스님은 고려시대에 우리나라에도 한 1년 정도 와 있었는데, 금강산이 보고 싶어서 금강산에 왔다가 거기서 법회를 몇 번 했습니다. 그리고 다시 원나라의 서울로 가서 거기서 살았습니다. 그래서 고려에 얼마나 많은 영향을 주었는지는 알 수 없어요. 그런데 원나라의 왕비나 대신 부인들 중에는 고려 사람들이 많이 있었는데, 그 사람들이 외로우니까 고려를 다녀온 지공스님이 계신 절에 모여서 지공스님을 뵙곤 했습니다. 지공스님은 참 훌륭한 분이었어요. 잘 알려져 있지 않은 신비로운 면도 조금은 있죠. 그분이 이런 이야기를 했습니다. '무엇이 올바른 계를 지키는 일이 됩니까, 계라고 하는 것이 뭡니까?' 하고 물으니까, 율의 따위를 지키는 것이 문제가 아니라고 대답합니다. 보통사람들이 이야기하는 사회에 있어서의 시비, 선악, 진망(眞妄), 이런 세속적인 카테고리에 의거해서 판단을 할 것이 아니라, 정말 맑고 깨끗한, 지혜로운 마음가짐이 되어서 판단을 해야 한다는 것이죠. 남들이 선(善)이라고 할지라도 잘못된 선을 가려낼 줄 알아야 한다는 겁니다.

그러니까 계가 완전해지려면, 지혜가 생겨나야 돼요. 반야(般若)바라밀다가 최고란 말이죠. 육바라밀다에 있어서 제일 중요한 것은 역시 지혜입니다. 그 지혜가 되려면, 무엇이 필요하냐 하면 역시 선정을 해야 하는 거죠. 정(定)과 혜(慧), 이것 없이는 안 된다는 거예요.

그러니까 옛날에는 지혜롭지 못한 판단력으로 계(戒)를 이야기하다 보니까 시(施)의 중요성은 잊어 버렸어요. 보시의 중요성을 잊어 버렸단 말이에요. 줄 줄을 몰랐다구요. 이것은 내 것인데, 내 것은 잘 지켜야 될 것 아닌가, 이렇게만 생각한 것이죠. 그런데 내 것이 어디 있어? 여기까지 가야 됩니다. 내 것이 어디 있어? '나'라는 것이 어디 있어? 그렇게 이야기하면, 불교 처음 듣는 사람들은 당황해요. '이것은 내 것인데, 내 것인데……' 우리 사회가 아직도 그런 통념을 자꾸 조장하고 그 속에서 살고 있는 거죠. 근본적으로, 본질적으로는 이것이 내 것이 아니라는 것을 알면서도, 잠정적으로, 임시로 이 세상에서 사는 동안에는 그러한 관습도 무시하지 않는 것이 필요하기는 합니다. 그러나 그 가운데에서 우리들만이라도 내 것을 자꾸 챙기겠다는 생각을 버리려는 노력을 하면서 살아가다 보면 그래도 무언가 달라지지 않겠나 생각합니다.

지공스님은 나중에 승복을 벗어 버렸어요. 승복을 벗어 버리고 수염도 길렀죠. 그렇게 백 몇 살까지 사셨는데, 아마 원효대사와, 또 여기 나오는 유마거사와 비슷한 생활을 한 거죠. 이 세상을 사는 방법이 어때야 하겠습니까? 특별한 모습을 하고 살기는 힘든 겁니다. 그러니까 나는 승려들의 복장, 두발, 음식 제도 등을 전부 다 바꾸어야 한다고 생각해요. 섣불리 승복 입고 재면서 잘못하는 사람들은 불교를 몸뚱어리 안에서 갉아먹는 '사자신중지충(獅子身中之蟲)'이죠. 사자의 몸뚱어리 안에서 그 몸을 갉아 먹으면서 죽이고 있는 버러지 같은 거예요. 불교를 죽이고 망가뜨리고 있는 사람들입니다.

계, 정, 혜, 거기에 보시, 또 그 다음에 인욕, 정진, 선정이 들어왔죠. 보시가 이렇게 큰 소리를 내면서 들어온 겁니다.

육바라밀다보다는 십바라밀다가 몇 갑절 더 발전한 이론이죠. 육바라밀다만 제일이라고 누가 이야기해요? 그것은 말도 안 되죠. 그 위에 방편이 있어야 합니다. 원(願)이 있어야 해요. 역(力)과 지(智)도 있어야 합니다. 나중에 들어온 이 네 가지가 더 구체적이고 우리에게는 더 절실합니다. 보시하는 방편, 계 잘 지키는 방편, 인욕하는 방편…… 이 방편을 잘 알아야 한단 말이에요. 또 원이 있어야 정진을 하죠. 힘이 있어야 선정을 하죠. 지식이 있어야, 경전에 대한 지식이 있어야 지혜로워지죠. 아무 것도 모르는데 어떻게 지혜로워져요?

화두만 가지고서 어떻게 지혜로워집니까? 안 돼요. 더뎌요. 물론 스승이 있어서 매번 깨우쳐 주면 다르겠지만, 밤낮 스승 옆에서 살 수 있나요? 아, 이 살아 있는, 엄청난 스승이 대장경 속에 있지 않습니까? 이 대장경을 직접 못 읽더라도, 법회시간 같은 때를 이용해서, 이렇게 잘 요리해서 음식으로 제공하는 것을 잘 받아서 소화해야죠. 그것조차 못 한다면 말도 안 되잖아요. 그런데 또 밤낮 똑같은 것만 먹어도 식상해요. 하나만 먹으면 편식이 되죠. 『금강경』만 한다든가 하면 그것도 잘못된 거란 말입니다. 그러니까 전부 다를 골고루 잘 섭취하도록 해야 되겠습니다.

자 조금 숨을 돌리고, (7)번으로 넘어가기로 하겠습니다. 유마거사가 방편으로 몸에 질병을 나타내는 이야기가 전개되고 있습니다.

3. 방편으로 질병을 나타냄

(7)

其以方便으로 現身有疾하고 以其疾故로 國王·大臣·長者·居士·婆羅門等 及諸王子와 竝餘官屬無數千人이 皆往問疾하니라.

유마거사가 방편으로 병 있음을 나타내 보인 이야기입니다. 참 재미있어요. 『열반경』에 그런 말이 나오는데, 보살이나 부처님은 중생들과 접하면서 중생들이 경원(敬遠)하지 않도록 해야 한다고 합니다. 아주 훌륭한 성인이면, 저 사람은 앓지도 않고 나쁜 짓도 안 하고, 도덕적으로도 맑고 깨끗하기만 하고, 우리와 전연 상종할 수 없다고 생각하게 되죠. 그렇게 되면 교화할 수가 없다는 거예요. 그래서 오행(五行)이라고 해서 다섯 가지 행을 강조하는데, 그중에 일부러 앓는 병행(病行)이라는 행위를 한다고 했어요. 불보살은 일부러 앓는 모습을 나타낸다는 거죠. 또 영아행(嬰兒行)이라는 게 있어요. 중생들이 어린애 같이 지적 수준이 얕을 경우에는 그 사람들 수준에까지 내려와서 완전히 그 사람들과 동화하여

섞여서 노는 행위입니다. 그러니까 병행, 영아행이 하나의 방편으로 쓰이는 겁니다. 일부러 아픈 모습을 취해야 문병도 올 것이고, '아, 저 분도 역시 앓는구나' 하는 것을 안다는 거죠. 그래서 석가모니 부처님도 앓았잖아요. 또 석가모니 부처님도 죽었죠. 그런데 석가모니 부처님이 왜 멋있게 극적으로 죽지 않고 배탈이 나서 죽었느냐? 사람은 다 마찬가지라는 것을 보여주는 것이라고 하죠.

其以方便 現身有疾 유마힐이 방편으로써 질병이 있음을 나타내 보이니.

以其疾故 國王大臣長者居士婆羅門等及諸王子 竝餘官屬 無數千人 皆往問疾 그 질병 때문에 국왕, 대신, 장자, 거사, 바라문, 왕자들과 그 밖의 관리 등 수없이 많은 사람들이 모두 문병을 갔다.

(8)

其往者에 維摩詰은 因以身疾로 廣爲說法하니라.

"諸仁者여, 是身은 無常 無强하며 無力 無堅하며 速朽之法이고

不可信也이니라. 爲苦 爲惱요, 衆病所集이로다.

諸仁者여, 如此身은 明智者가 所不怙로다."

其往者 維摩詰 因以身疾 廣爲說法 유마힐은 그곳에 온 사람들에게 자기 몸의 병과 관련하여 널리 설법을 했다.

諸仁者 是身無常無强 無力無堅 速朽之法 不可信也 여러분, 이 몸은 무상(無常), 무강(無强)한 것이며, 무력(無力)한 것이고, 무견(無堅)한 것이며, 빨리 썩게 되어 있고, 믿을 것이 못 됩니다.

爲苦 爲惱 衆病所集 고(苦)이고, 뇌(惱)이고, 갖가지 병이 모이는 바입니다.

諸仁者 如此身 明智者 所不怙 여러분, 이와 같은 몸에 지혜가 밝은 사

람은 믿고 의지하지 않습니다.

다음에는 이 몸이 뭐와 같고, 뭐와 같다는 것이 24개 항목으로 쭉 나열돼 있습니다.

(9)
① 是身은 如聚沫이라 不可撮摩요
② 是身은 如泡라 不得久立이며
③ 是身은 如炎이라 從渴愛生이라.
④ 是身은 如芭蕉라 中無有堅이요
⑤ 是身은 如幻이라 從顚倒起요
⑥ 是身은 如夢이라 爲虛妄見이요
⑦ 是身은 如影이라 從業緣現이요
⑧ 是身은 如響이라 屬諸因緣이요
⑨ 是身은 如浮雲이라 須臾變滅이요
⑩ 是身은 如電이라 念念不住이요

① **是身如聚沫 不可撮摩** 이 몸은 부딪히는 물방울 같아서 쥐고 만질 수 없고.

② **是身如泡 不得久立** 이 몸은 물거품과 같아서 오래 서 있지 못하며.

③ **是身如炎 從渴愛生** 이 몸은 불길 같아서 갈애로부터 생겨난 것입니다.

티베트본에는 아지랑이 같다고 되어 있습니다.

④ **是身如芭蕉 中無有堅** 이 몸은 파초와 같아서 안에 견고한 것이 없고. 파초처럼 벗기고 벗기면 남는 것이 없다는 말이죠.

⑤ **是身如幻 從顚倒起** 이 몸은 허깨비 같아서 잘못된 생각 때문에 생

겨난 것이고.

⑥ 是身如夢 爲虛妄見 이 몸은 꿈과 같이 허망한 것입니다.

⑦ 是身如影 從業緣現 이 몸은 그림자 같아서 업의 인연 따라 나타난 것이고.

⑧ 是身如響 屬諸因緣 이 몸은 메아리 같아서 여러 인연에 따라 생기는 것입니다.

⑨ 是身如浮雲 須臾變滅 이 몸은 뜬구름입니다. 순식간에 변하고 없어지는 것입니다.

⑩ 是身如電 念念不住 이 몸은 번개와 같은 것, 생각 생각마다 바뀌고 한 군데 머물지 않습니다.

이상 열 가지를 육신의 덧없음을 나타내는 『유마경』의 십유(十喩)라고 합니다. 또 이야기가 이어집니다.

(10)

⑪ 是身은 無住라 爲如地요

⑫ 是身은 無我라 爲如火요

⑬ 是身은 無壽라 爲如風이요

⑭ 是身은 無人이라 爲如水요

⑪ 是身無住 爲如地 이 몸에는 주(住)함이 없으니 대지와 같습니다.

⑫ 是身無我 爲如火 이 몸에는 아(我)가 없으니 불과 같습니다.

⑬ 是身無壽 爲如風 이 몸에는 영원한 수명이 없으니 바람과 같습니다. 바람이 이리 불고, 저리 불고 하듯이 소멸한다는 말입니다.

⑭ 是身無人 爲如水 이 몸에는 변하지 않는 개체란 없으니 물과 같습니다.

어제의 나와 오늘의 내가 같을 수 없다는 이야기입니다.

여기서 이야기하는 '무주(無住)', '무아(無我)', '무수(無壽)', '무인(無人)'은 바로 『금강경』에 나오는 아상(我相), 인상(人相), 중생상(衆生相), 수자상(壽者相)이라고 하는 겁니다. 첫 번째 '무주'가 중생상, 두 번째 '무아'가 아상, 세 번째 '무수'가 수자상, 네 번째 '무인'이 인상과 관련됩니다. 아상, 인상, 중생상, 수자상을 사상(四相)이라고 하죠. 『금강경』에서 제일 많이 강조되고 있지만, 다른 경에서도 다 나오는 거예요. 모든 상이 다 나쁜데, 특히 이 네 가지를 들어서 여기에 현혹되지 말라고 했습니다.

이 사상(四相)의 '상'은 산스크리트어로 saṃjñā입니다. 이 말은 분명한 생각이나 개념을 이야기합니다. 영어로는 'clear knowledge', 'clear notion' 같은 말이에요. 아상은 ātman-saṃjñā라고 하는데, '나'라는 것이 있다고 생각하는 것, 내 것이라는 것이 있다고 생각하는 것이죠. '나'라는 불변의 실체가 있다고 생각하는 거예요. 인상은 pudgala-saṃjñā라고 하는데, 이 말은 개체, individual이라고 번역될 수 있어요. 중생상은 sattva-saṃjñā입니다. 살아 있는 존재들, 중생들에 대한 생각입니다. 중생들은 여러 가지가 있지 않습니까? 지옥, 아귀, 축생, 수라, 인, 천 같은 여러 가지의 중생들이 있는데, 그런 것들이 따로따로 딱 정해져서 진짜 있는 것처럼 생각하는 겁니다. 수자상은 jīva-saṃjñā인데, 壽, 내 나이가 몇인데 하는 것을 자꾸 생각하는 거죠. 여기서는 그런 것을 말하고 있습니다.

(11)

⑮ 是身은 不實이라 四大爲家요

⑯ 是身은 爲空이라 離我我所요

⑰ 是身은 無知라 如草木瓦礫이요

⑱ 是身은 無作이라 風力所轉이요

⑲ 是身은 不淨이라 穢惡充滿하며

⑳ 是身은 爲虛僞라 雖假以浴衣食이나 必歸磨滅이며

㉑ 是身은 爲災라 百一病惱며

㉒ 是身은 如丘井이라 爲老所逼이며

㉓ 是身은 無定이라 爲要當死며

㉔ 是身은 如毒蛇이고 如怨賊이며 如空聚라.

　　陰·界·諸入의 所共合成이니라.

⑮ **是身不實 四大爲家**　이 몸은 부실합니다. 지·수·화·풍을 집으로 삼고 있기 때문입니다.

사대(四大)는 지·수·화·풍을 말합니다.

⑯ **是身爲空 離我我所**　이 몸은 텅 빈 것입니다. 나라는 것도 내 것이라는 것도 없기 때문입니다.

⑰ **是身無知 如草木瓦礫**　이 몸은 무지(無知)입니다. 초목이나 와력(瓦礫)과 다를 바 없습니다.

와력은 기왓장과 돌조각이죠.

⑱ **是身無作 風力所轉**　이 몸은 무작(無作)입니다. 바람의 힘으로 움직이는 것이기 때문입니다.

바람의 힘으로 움직이는 것처럼 인연 따라 가는 거라는 의미입니다.

⑲ **是身不淨 穢惡充滿**　이 몸은 부정(不淨)합니다. 더러움으로 가득차 있기 때문입니다.

⑳ **是身爲虛僞 雖假以浴衣食 必歸磨滅**　이 몸은 허위입니다. 비록 방편으로 목욕하고 옷 입히고 음식을 먹인다 할지라도, 반드시 마침내 마멸하고 말기 때문입니다.

㉑ **是身爲災 百一病惱**　이 몸은 재난 덩어리입니다. 백한 가지 병에 시

달리고 있습니다.

㉒ 是身如丘井 爲老所逼 이 몸은 저 언덕 위의 물 마른 우물입니다.
늙어 죽을 날이 가까이 와 있습니다.

㉓ 是身無定 爲要當死 이 몸은 무정(無定)입니다. 죽음만 기다릴 수
밖에 없습니다.

무정, 안정된 것이 없으며 불안정하기 이를 데 없다는 말입니다.

㉔ 是身如毒蛇 如怨賊 如空聚 陰界諸入 所共合成 이 몸은 독사와 같
고, 원망스러운 도둑과 같고, 텅 빈 마을과 같습니다. 오음과 십팔계와
십이입이 함께 만들어내고 있을 뿐입니다.

'陰界諸入(음계제입)'에서 '陰'은 오음(五陰), 색·수·상·행·식을 말
합니다. '界'는 '십팔계(十八界)', 즉 육근(六根)과 육식(六識), 육경(六
境)을 합한 것이죠. '諸入'은 십이입(十二入), 즉 육근과 육식으로, 계가
움직이는 자리가 된다고 해서 십이처(十二處)라고도 합니다.

여기서는 무엇을 이야기하고 있느냐 하면, 방편으로 먼저 이 몸이 무
상(無常)하다는 것, 무아(無我)하다는 것을 깨우쳐 주는 것이죠. 이것은
반야사상을 강조하고 있는 것입니다.

(12)
"諸仁者여, 此可患厭이니 當樂佛身할지어다.
所以者何뇨 하니, 佛身者는 卽法身也이니라.
① 從無量功德·智慧生이요
② 從戒·定·慧·解脫·解脫知見生이요
③ 從慈·悲·喜·捨生이요
④ 從布施·持戒·忍辱柔和·勤行精進·禪定解脫三昧·多聞智慧
　　諸波羅蜜生이요

⑤ 從方便生이요

⑥ 從六通生이요, 從三明生이요, 從三十七道品生이요,

　　從止觀生이요, 從十力·四無所畏·十八不共法生이요

⑦ 從斷一切不善法하고 集一切善法生이요

⑧ 從眞實生이요

⑨ 從不放逸生이요

⑩ 從如是無量淸淨法하여 生如來身하도다.

諸仁者여, 欲得佛身하고 斷一切衆生病者하면

當發阿耨多羅三藐三菩提心할지니라."

如是 長者 維摩詰 爲諸問疾者하여 如應說法하니

令無數千人을 皆發阿耨多羅三藐三菩提心하니라.

諸仁者 此可患厭 當樂佛身 여러분, 이런 허망한 몸은 좋아할 것이 못
되니 마땅히 불신(佛身)을 존귀하게 생각해야 합니다.

所以者何 佛身者 卽法身也 왜냐하면 불신이 곧 법신(法身)이기 때문
입니다.

① **從無量功德智慧生** 법신은 무량한 공덕과 지혜로부터 생깁니다.

② **從戒定慧解脫解脫知見生** 계·정·혜·해탈·해탈지견으로부터 생
깁니다.

계·정·혜·해탈·해탈지견은 오분법신(五分法身)이라는 거죠.

③ **從慈悲喜捨生** 자·비·희·사로부터 생깁니다.

자·비·희·사는 사무량심이죠.

④ **從布施 持戒 忍辱柔和 勤行精進 禪定解脫三昧 多聞智慧 諸波羅蜜生**
보시, 지계, 인욕유화, 근행정진, 선정해탈삼매, 다문지혜로부터 생깁니다.

여기 열거된 것들은 육바라밀다입니다. 인욕에 '유화(柔和)'라는 말을

하나 더 붙였고, 정진을 '근행(勤行)정진'이라고 했죠. 그리고 선정에는 '해탈삼매'라는 말을 붙였습니다. 지혜에는 '다문(多聞)'이라는 말을 앞에 붙였습니다. 이렇게 해서 더 알기 쉽게 해 주었습니다.

⑤ 從方便生 방편으로부터 생깁니다.

방편이 나왔으니까 이제 육바라밀다가 칠바라밀다쯤 됐죠. 아직 원(願), 역(力), 지(智)는 안 나왔습니다.

⑥ 從六通生 從三明生 從三十七道品生 從止觀生 從十力 四無所畏 十八不共法生 육통, 삼명, 삼십칠도품, 지관, 십력, 사무소외, 십팔불공법에서 생깁니다.

육통(六通)은 육신통을 말하죠. 천안통(天眼通), 천이통(天耳通), 타심통(他心通), 신족통(神足通), 숙명통(宿命通), 누진통(漏盡通)의 여섯 가지 신통입니다. 삼명(三明)은 천안명, 숙명명, 누진명을 이야기해요. 삼십칠도품(三十七道品)은 37각지(覺支)라고 앞에서 설명했습니다. 지관(止觀)은 '지'(śamatha)와 '관'(vipaśyanā)을 합친 것인데, 밖으로 망상을 정지시키고 안으로 마음의 본래 맑은 지혜를 열어 대상을 바르게 보는 공부를 말합니다. '십력(十力)', '사무소외(四無所畏)', '십팔불공법(十八不共法)'도 앞에서 설명했습니다. 이런 여러 가지 것들에 대해서는 『불교개론강의』를 참고하기 바랍니다.

⑦ 從斷一切不善法 集一切善法生 일체의 불선법(不善法)을 끊어 버리고, 일체의 선법을 모음으로써 생기는 것이며.

⑧ 從眞實生 진실로부터 생기는 것이고.

⑨ 從不放逸生 방일하지 않아야 생기는 것이며.

⑩ 從如是無量淸淨法 生如來身 이와 같은 무량한 청정법으로부터 여래의 몸은 생기는 것입니다.

불신을 여기서는 여래신(如來身), 여래의 몸이라고 했습니다.

諸仁者 欲得佛身 斷一切衆生病者 當發阿耨多羅三藐三菩提心　여러분, 여래의 몸을 얻고, 일체 중생의 병을 끊고자 한다면, 마땅히 아뇩다라삼막삼보리심을 발해야 합니다.

이와 같이 유마거사가 설법을 했습니다. 위에서 이야기한 허망한 이 몸을 좋아하지 말고 불신(佛身)을 좋아하라고 이야기합니다. 그럼 불신이라는 게 뭐냐? 법신(法身)이라는 말이죠. 그럼 법신이라는 게 뭐냐? 무량한 공덕과 지혜로 생긴 몸입니다. 똑같은 몸이고 똑같은 마음으로 되어 있지만, 그 오온은 이미 오온이 아니에요. 오온이라는 것은 우리의 몸과 마음인데, 몸과 마음이 질적으로 달라져 버렸어요. 육바라밀다에 의해서 지혜로워지고, 완전히 달라져 버렸단 말입니다. 그래서 이제 계·정·혜·해탈·해탈지견이라고 하는 오분법신, 자·비·희·사라고 하는 사무량심, 그리고 육바라밀다가 우리를 법신이 되게끔 하는 중요한 방편인 것이죠. 이것으로 우리가 법신이 될 수 있는 겁니다. 이런 마음을 자꾸 다져 가는 가운데, 이런 마음에 의한 행동을 해 나가는 가운데, 우리의 육신, 우리의 색신(色身)은 법신이 되어 가는 것입니다. 남들은 우리의 몸을 단순히 하나의 색신, 무상한 몸으로 볼지 모르지만, 우리는 딴 사람으로 태어나고 있는 겁니다. 옛날 몸은 죽고 새 사람이 태어나고 있는 것이죠. 우리는 죽지 않는 새 사람이 된단 말이에요. 이것이 소위 부사의변역사(不思議變易死)라고 하는 것입니다.

如是 長者維摩詰 爲諸問疾者 如應說法 令無數千人 皆發阿耨多羅三藐三菩提心　이와 같이 유마힐 장자는 문병 온 이들을 위해 알맞은 설법을 하여, 헤아릴 수 없이 많은 수천의 사람들에게 아뇩다라삼막삼보리심을 발하게 하였다.

제자품 弟子品 第三

1. 사리불과 좌선

(1)

介時에 長者 維摩詰이 自念하되,

'寢疾로 于床하니 世尊의 大慈 寧不垂愍이리오' 하니라.

佛知其意하시고 卽告 舍利弗하사대,

"汝行詣維摩詰하고 問疾하라" 하시니,

舍利弗이 白佛言하되,

"世尊이시여, 我不堪任 詣彼問疾이나이다.

所以者何뇨 하면, 憶念컨대

我昔에 曾於林中에 宴坐樹下하니, 時에 維摩詰이 來謂我言하기를."

「제자품」의 전체적인 구성을 보면, 「제자품」에는 십대제자들이 다 나오고 있습니다. 부처님께서 제자들을 한 사람 한 사람 불러서 유마거사에게 문병을 가도록 하죠. 그러자 모두들 과거에 있었던 일을 이야기하며 그 일을 감당할 수 없다고 이야기합니다. 여기 사리불이 제일 먼저 나오고, 그 다음에 목련, 가섭, 수보리, 부루나, 마하가전연, 아나율, 우파리, 라후라, 아난의 순서로 나옵니다.

介時 長者維摩詰自念 그때 장자 유마힐이 혼자 생각했다.

寢疾于床 世尊大慈 寧不垂愍 내가 이렇게 앓고 누워 있으니 세존께서 어찌 자비심을 베푸시지 않겠는가?

佛知其意 卽告舍利弗 汝行詣維摩詰問疾 부처님이 유마힐의 마음을 아시고 곧 사리불에게 말씀하셨다. 그대가 유마힐의 문병을 가거나.

십대제자 중에 제일 먼저 꼽히는 제자가 사리불(舍利弗)입니다. '지혜제일'이라고 하죠. 사리불 또는 사리자(舍利子)라고 불렸는데, 『반야심경』에 나오는 사리자가 바로 사리불입니다. 사리불은 산스크리트어 Śariputra(샤리푸트라)를 한자로 옮긴 것입니다. putra는 아들이란 말인데, Śari라는 여인의 아들이었기 때문에 사리자가 된 거예요. 사리불은 음으로만 번역하다 보니까 그렇게 됐어요.

사리라는 말에 뜻이 있는데, 이 말의 원어인 śarīra 혹은 śārīra는 부처님의 사리(舍利)라고 할 때의 사리입니다. śarīra 혹은 śārīra에는 원래 '몸'이라는 뜻이 있어요. 그래서 한자로 쓰면 '身(신)'이 됩니다. 그래서 사리자는 '身子(신자)'라고 쓰는 경우도 있습니다. 원효대사도 『금강삼매경론』 같은 데에서 '身子'라고 하는 경우가 있어요. 이것도 역시 사리불, 사리자를 말하는 겁니다.

舍利弗白佛言 世尊 我不堪任 詣彼問疾 사리불이 부처님께 대답했다. 세존이시여, 저는 감히 유마힐에게 문병을 갈 수 없습니다.

所以者何 憶念 왜냐하면 이런 일이 있었기 때문입니다.

我昔曾於林中 宴坐樹下 옛날에 제가 숲속의 나무 밑에서 연좌를 하고 있었습니다.

'연좌(宴坐)'는 '燕坐'라고도 쓰는데, 안좌(安坐), 좌선(坐禪)이라는 말입니다. 심신을 적정(寂靜)하게 해서 좌선하는 것을 말하죠. 산스크리트어로는 pratisaṃlayana라고 합니다.

時維摩詰 來謂我言 그때 유마힐이 제게 와서 말했습니다.

(2)
"唯, 舍利弗아, 不必是坐 爲宴坐也하라.

夫宴坐者는 不於三界에 現身意함을 是爲宴坐니라.

不起滅定하고 而現諸威儀함을 是爲宴坐니라.

不捨道法하고 而現凡夫事함을 是爲宴坐니라.

心不住內하고 亦不在外함을 是爲宴坐니라."

이제 유마거사가 사리불에게 한 말이 이어집니다.

唯 舍利弗 不必是坐 爲宴坐也　그래 사리불이여, 반드시 이렇게 앉는 것만을 연좌라고 생각하지 마시오.

이렇게 앉아야만 참선이라고 생각하지 말아라. 형식에 사로잡히는 것을 경고한 겁니다. 물론 앉는 것이 중요하죠. 그렇지만 형식주의에 너무 빠지지 말라고 하는 거죠.

夫宴坐者 不於三界現身意 是爲宴坐　연좌라고 하는 것은 몸과 마음이 삼계에 얽혀서 나타나지 않도록 주위에 대해서 집착을 버리는 것입니다. 그것이 연좌입니다.

의역을 많이 했습니다. 직역을 하면, '무릇 연좌라는 것은 삼계에 대해서 신의(身意)를 나투지 않는 것이 연좌이다', 이렇게 되겠죠. '나툰다'는 말은 절에서 쓰는 말로 '나타난다'와 같은 말이에요.

삼계(三界)는 욕계(欲界), 색계(色界), 무색계(無色界)의 세 가지입니다. 소승불교에서는 삼계에 대해서, 특히 아비달마(阿毘達磨) 같은 데에서 자세하게 설명하죠. 욕계에는 지옥, 아귀, 축생, 수라, 인, 천의 육악도(六惡道)가 있고, 천에도 여섯 층의 육욕천(六欲天)이 있어요. 지옥에도 한지옥(寒地獄)이 있고, 열지옥(熱地獄)이 있고, 뭐 실제로 그런 것이 다 있는 것처럼 설명해 나갔습니다. 그런데 이런 것 자체가 말하자면 형식화, 관념화라고 볼 수 있어요. 삼계는 사실 어디에 실제로 있는 것이 아니고 자기가 만들어낸 허망한 경계이거든요. 대승불교에 오면 삼계가 옛날부터 있던 개념이니까 그대로 쓰기는 하지만, 소승불교에서 이야기하던 것처럼 세분해서 실재하는 것처럼 설명하는 따위의 생각은 없어졌습니다. 이때는 다만 하나의 주위환경으로 생각하죠.

삼계 중에서 제일 중요한 것이 욕계예요. 욕심이 만든 세계입니다. 고약한 욕심이 탐심(貪心)인데, 대승불교에서는 그렇지 않은 좋은 욕심은 얼마든지 긍정을 하고 있어요. 그러니까 이 '욕심'이라는 말에 대해서 우리는 지금 소승적인 생각과 대승적인 생각이 막 뒤범벅이 되어 있어서 구분을 잘 못하고 있는 상태입니다. 욕심이 만든 세계라고 할 때 욕심은 소승적인 의미에서 나쁜 욕심을 말하는 거죠. 대승에서 이야기하는 보살의 '의욕(意欲)'은 같은 '욕'이라는 글자를 썼지만, 이미 욕심이 아니고 무슨 좋은 일을 하겠다고 하는 마음입니다. 그래서 사실은 원(願)입니다.

색계와 무색계는 참선하는 사람들이 만드는 세계입니다. 참선하는 사람들이 만드는 세계니까 이것은 괜찮은 세계인 셈인데, 여기에도 문제가 있죠. 아직도 마음이 완전히 텅 빈, 맑고 깨끗한 경지에까지 못 갔다는 점에서는 색에 대한 집착이 있습니다. 그래서 그것을 색계라고 했단 말이에요. 색에 대한 집착, 참선하면서도 아직도 색에 대한 집착이 있는 것이죠. 무색계는 색에 대한 집착은 없어졌지만, 도에 대한 집착이 아직 남아 있어요. 자기가 어느 정도 도를 이룩했다고 하는 데 대한 자부심 같은 것이 있단 말이죠. 색에 대한 집착은 없어졌다는 의미에서 무색계라고 한 것뿐이에요. 흔히 욕계는 'world of desire', 색계는 'world of matter', 무색계는 'world of spirit'라고 번역을 하기도 합니다.

그런데 여기서 말하는 삼계는 그와 같은 대상세계를 전부 말하는데, 자기 마음이 만들어 낸 것들이죠. 자기가 대상세계로서 받아들인 것입니다. 不於三界現身意(불어삼계현신의). 그 대상세계에 대해 몸이 얽혀 있거나, 생각이 얽혀 있거나 그런 상태가 되지 않도록 하는 것이죠. 그것이 참선이라는 거예요. 참선의 핵심을 이야기하고 있는 겁니다. 참선에 대해 설명할 때 무심(無心)이라는 이야기를 많이 하는데, 스즈키 다이세쯔(鈴木大拙) 같은 사람은 늘 무심을 강조합니다. 무심의 내용을 달리 설명하자면, 삼계에 대해서 신체적인 얽힘, 혹은 신체적인 반연(攀緣)이 없는 것입니다. '반연'의 '攀'은 덩굴풀이 나무에 얽히듯이 우리들 번뇌망상이, 생각이 어떤 대상에 가서 얽혀 있는 것을 말하죠. 이런 것이 결국은 現身意, 몸과 마음을 나타내는 것입니다. 반드시 앉는다고 해서 그것이 없어지는 것은 아니라는 거죠. 앉기만 한다고 참선은 아니라고 하고 있습니다.

그러면 십대제자 중에 제일이라고 하는 사리불에게 그런 마음이 있었느냐 하면, 사리불에게는 어떤 마음이 있었을 것 같습니까? 사리불에게는 공에 집착하는 마음이 있었을 거예요. 또 거룩한 경지, 성인의 경지가 돼야지 하는 마음도 있었겠죠. 열반에 집착하는 마음이 있었을 겁니다. 그런 생각이 없어져야 한다는 거죠. 그러니까 모양새부터 머리를 깎고 단정한 옷을 입고 탁 앉다 보면, 그렇지 않은 사람을 좀 차별하는 마음이 생기지 않겠습니까? 그러니까 원효 같은 사람이 왜 머리를 길러야 했나, 왜 속복(俗服)을 입어야 했나 하는 것을 알 수 있습니다.

不起滅定 而現諸威儀 是爲宴坐 멸정을 일으키지 않고, 가지가지 위의를 나타내는 것이 연좌입니다.

멸정(滅定)은 일체 모든 생각을 다 끊어 버린 상태이고, 위의(威儀)는 행동, 또는 단정한 행위라고 할 수 있습니다. 멸정이란 말은 옛날에는 좋은 의미로 쓰였던 말이에요. 번뇌망상을 멸한다, 없앤다는 말입니다. 일체 모든 생각을 다 끊어 버린 상태가 됐어요. 무명(無名), 무상(無相), 무심(無心), 이렇게 된 것이 멸정입니다. 위의라고 하는 것은 수행자들이 갖추고 있는 모습 혹은 행동을 말합니다.

참선이라고 하면 대개 멸정을 생각하기 쉽죠. 완전히 죽은 사람이나 마찬가지 모습이 되어버리는 거예요. 그러나 그것이 아니라는 말이에요. 아무 일도 안 하는 그런 상태에 들어가지 말란 말이죠. 이것을 어떻게 응용을 해야 할까요? 나는 이『유마경』이야말로 참선하는 사람들이 여러 가지 좋은 교훈을 끌어낼 수 있는 교본이 되어야 한다고 생각합니다.

그러니까 멸정이라고 하는 것도 역시 하나의 형식이라고 볼 수 있습니다. 그러니까 그런 상태, 무념무상이 아니어야 해요. 말도 하고, 웃기도 해요. 아마 울기도 할 겁니다. 그러나 절에서 참선한다는 사람들은 웃지도 울지도 않을 거예요. 용맹정진, 선방에는 얼씬도 못하게 하지 않습니까? 참선하는 사람이 '언제나 너희들과는 상관 안 한다' 이렇게 되면 기멸정(起滅定)한 거죠. 그러니까 울기도 웃기도 하고, 말도 하고, 같이 살면서 허허 이야기도 나누고 그러면서 갖가지 위의를 나타내야 한다는 것입니다.

不捨道法 而現凡夫事 是爲宴坐 도법을 버리지 않되, 범부의 일을 나타내는 것이 연좌입니다.

이것도 같은 선상에서 하는 이야기인데, 도법(道法)은 승려들이 지키는 여러 가지 가르침입니다. 승려들이 지키는 것만이 아닐 수도 있지만, 일단은 그렇게 생각할 수 있어요. 지금 사리불이 승려 아닙니까? 그러니까 사리불 보고 하는 이야기거든요. '스님이 지켜야 하는 법을 버리지 마시오. 그렇지만 당신은 너무 범부의 세계와 동떨어져 있어서 틀렸어. 범부들과 좀 어울릴 줄 아시오.' 그런 이야기죠. 결국은 '범부사(凡夫事), 범부들의 일을 나타내 보이시오', 이렇게 이야기하는 겁니다.

이것이 중요하지 않겠습니까? 소승불교에서는 '아, 내가 너희들과 어떻게 어울릴 수 있나? 속인들 물러가시오' 뭐 이렇게 되겠죠. 그런데 그것을 친 겁니다. 일을 안 하고 참선만 하는 것은 안 된다고 생각해요. 그런 것에 대한 고민도 안 한다면 큰 문제죠. 그러니까 새로운 시도들이 있어야 합니다. 생산공동체로서의 새로운 상가(saṃgha, 僧伽)가 필요하단 말입니다.

그런 의미에서는 천주교에서 분도, 베네딕트 같은 사람들이 여덟 시간 노동, 여덟 시간 기도, 여덟 시간 수면 같은 것을 시작했던 것은 한 걸음 앞섰다고 볼 수 있어요. 서양에서 그런 데 가 있어 보니까, 정말 여덟 시간 열심히 일하더라구요. 나도 그냥 먹으면 안 되겠다 싶어서, 페인트 칠도 하고, 잔디도 깎고, 그러면서 밥을 얻어먹었던 기억이 있습니다. 역시 스님들도 옛날에는 일하지 않았습니까? 일을 해야 한다고 생각해요. 범부들의 일을 스님들이 왜 안 하게끔 됐는지 알 수 없어요.

도법을 버리지 않되, 그러니까 지킬 것은 지켜 가면서 범부의 일도 나타내는 것, 이것을 다른 말로 하면 진제(眞諦)와 속제(俗諦), 진속불이(眞俗不二)의 경지를 사는 것이라고 할 수 있지 않겠습니까? 진여의 경지, 공을 알고서 세속을 사는 거죠. 『법성게』에서 이야기하는 '理事冥然無分別(이사명연무분별)'이라고 하는 경지입니다. '다 헛거야. 다 공이야. 아무 것도 없는 거야', 그것을 알면서도, 이 세상을 살 때는 인연 맺고 사는 것이기 때문에 다른 사람들에게 이익되는 일을 해 주어야 하겠다는 입장에서 살아가는 것이 '진속불이'라는 입장이거든요. 이것이 『화엄경』에서 말하는 '이사무애(理事無礙)'라고 하는 입장인 것이죠.

心不住內 亦不在外 是爲宴坐 마음이 안에만 머무르지 않고 밖에만 있지도 않은 것이 연좌입니다.

이것도 또 마찬가지예요. 마음을 안에만, 이 가슴 속에만 잔뜩 머무르게 하는 것이 아니고, 그렇다고 그냥 바깥에 있는 대상에만 관심을 쏟고 있는 것도 아니라는 겁니다. 물론 안에 있는 마음이 밖에까지 나가서 밖에 있는 것을 다른 것으로 만들어 가는 일이 필요하겠죠.

心不住內 亦不在外(심부주내 역부재외), 마음이 안에 있는가, 밖에

있는가? 안에 있는 것도 아니요, 밖에 있는 것도 아니다. 마음이 어디에
서나 생생히 살아 있는 것이 연좌이다. 티베트본을 참고로 하면, 이렇게
의역할 수도 있습니다.

(3)
"於諸見에 不動하고 而修行三十七品함을 是爲宴坐니라.
不斷煩惱하고 而入涅槃함을 是爲宴坐니라.
若能如是坐者면 佛所印可니라."

於諸見不動 而修行三十七品 是爲宴坐 여러 가지 잘못된 사상에 흔들
리지 않고, 삼십칠도품을 수행하는 것이 연좌입니다.

'諸見(제견)'은 잘못된 견해예요. 잘못된 사상에 좌지우지 당하는 맹
종자가 되지 말라는 겁니다. 그러면서 37도품을 수행하는 것이 연좌라고
합니다. 37도품은 37각지라고 하는 것인데, 앞에서도 여러 번 나왔죠. 깨
달음을 얻기 위해서 닦아야 하는 서른일곱 가지 덕목들입니다.

不斷煩惱 而入涅槃 是爲宴坐 번뇌를 끊지 않으면서 열반에 드는 것이
연좌입니다.

번뇌를 끊지 않았지만 열반에 든다. 모순되는 일을 나란히 열거하고
있는 것 같이 보입니다. '번뇌를 끊는 것이 열반 아닙니까?' 이런 질문이
나오겠죠. 그러나 좋은 일을 하려면, 역시 번뇌가 따르게 되어 있습니다.
이 구절은 대승불교의 진짜 특색을 나타내고 있다고 볼 수 있는데, 열반
에 드는 것이 더 중요하냐, 좋은 일 하는 것이 중요하냐 했을 때, 대승불
교에서는 좋은 일 하는 것을 더 중요하게 생각한다는 거예요. 좋은 일을
해야지 좋은 일도 못하면서 열반에 들어가 버리면 무슨 소용이 있냐고
하는 겁니다. 그러니까 열반에 들되 이 번뇌를 완전히 없애 버리면 좋은

일은 전연 못 한다는 거예요.

번뇌라고 하는 것은 하나의 정열이라고도 할 수 있습니다. 의지, 의욕이라고 볼 수도 있어요. 아까도 '욕(欲)'이라는 말에 대해 이야기했지만, 의욕이 없는 사람이 어떻게 좋은 일을 합니까? 정열이 없는 사람이 어떻게 좋은 일을 합니까? 쉽게 '열반, 열반' 하면서 정열과 의욕을 죽여 버리지 말라는 것이 대승불교가 소승불교와 다른 점이에요. 원효대사도 '차라리 아견(我見)이 수미산만 할지라도 공견(空見)을 갖지 말라'고 했습니다. 이것도 중요한 이야기죠. 무슨 이야기냐 하면, '공, 공' 하면서 세상 몰라라, 남들이 어떻게 고통 중에서 어려움을 당하고 있건 말건 나는 몰라, 공이야 다 허깨비니까, 이런 공견의 노예가 되지 말라는 겁니다. 차라리 그것 때문에 지옥에 떨어질지도 모르지만, 저것을 그대로 둘 수 있냐 하는 그런 아견을 가지라는 거죠. 나쁜 의미의 아견이 아닙니다. 이것은 보살로서의 아견이죠. 저 사람들을 어떻게 그냥 내버려두느냐? 불쌍한 사람들을 어떻게 그냥 내버려두느냐? 대비심이 넘쳐흘러서 무엇인가를 하고자 하는 의욕과 정열이 완전히 꺼져 버린, 불기 하나도 없는 차디찬 재와 같은 인간이 되지 말라는 것을 강조하죠. 차라리 불기가 있어야죠. 불기가 번뇌입니다. 번뇌를 끊지 말고서 열반에 들어가라. 재미있는 이야기죠.

若能如是坐者 佛所印可　이와 같이 앉을 수 있다면 부처님이 인가하시는 바가 될 것입니다.

그러니까 앉는다고 하는 말이 반드시 가부좌를 틀고 앉는 것만을 의미하지 않아요. 여기 '坐'자를 보십시오. '흙 토(土)' 위에 '사람 인(人)'이 둘 있는 모양이에요. 땅 위에 사람이 둘 있습니다. 그래서 일본의 어떤 선사가 쓴 책을 보니까, 좌선이라고 하는 것은 이렇게 자기 안에 있는 두 사람이 앉아서, 한 놈은 진짜 주인이고 한 놈은 가짜 주인인데 두 사람이 이렇게 앉아서 서로 대화를 나누는 거래요. 한 사람이 '속지 마' 그러고, 한 사람은 '졸지 마' 그런대요. 그러면서 간다고 합니다. 이 '坐'가 그런 글자라고 하더라구요. 꼭 맞는 이야기는 아니지만, 글자를 자꾸 들여다보다 보니까, 그런 생각도 들었겠죠. 아마 그런 관계가 있을 거예요. 한자라는 게 묘하거든요.

　여기까지가 좌선하고 있던 사리불에게 유마거사가 한 이야기였습니다.

　(4)
　時에 我世尊이시여, 聞說是語하고 黙然而止하여 不能加報하나이다.
　故로 我不任詣彼問疾이나이다.

　時我世尊 聞說是語 黙然而止 不能加報　세존이시여, 그때 제가 이 말을 듣고 묵묵히 있으면서 감히 대답을 하지 못했습니다.
　故我不任 詣彼問疾　그러므로 저는 유마힐에게 가서 문병을 할 수 없습니다.
　여기서 사리불의 이야기가 끝났습니다.

　이 품에 나오는 십대제자의 이야기를 여러 각도에서 생각할 필요가 있어요. 사리불은 지혜제일이라고 했죠. 지혜는 반야(般若), 산스크리트어로는 prajñā, 팔리어로는 paññā죠. 『반야심경』에서는 사리불의 지혜가 아직도 멀었다고 생각하고, 사리불을 데려다가 네가 알고 있는 지혜는 참된 지혜가 아니라고 하면서 '마하반야바라밀다(摩訶般若波羅蜜多)'를 가르쳐 줍니다. '크다'는 뜻의 '마하'를 바라밀다 앞에 붙여서 새로운 가르침을 새로운 경전으로 사리불에게 주잖아요. 그렇게 대승불교에서 새로운, 더 깊은 지혜를 가르쳐야 할 대상으로서 제일 먼저 선택된 사람이 사리불이라는 것을 우리가 생각해야 합니다. 이 『유마경』에서는 사리불이 어떻게 다루어지고 있느냐 하면, 아주 납작하게 되어 버렸어요. 유마거사한테 그냥 꼼짝 못하게 된 거예요.

이것이 기독교 같은 데의 제자와 다르죠. 기독교에서는 예수님의 열두 제자를 능가하는 다른 제자는 없죠. 예수만이 최고이고, 그 다음에 제자들이고, 그 다음에 바울 같은 사람들이 있습니다. 그러나 열두 제자보다 더 위대한 사람은 있을 수가 없었어요. 계시도 예수님밖에는 할 수 없었어요. 그런데 불교의 경우에는 그게 아니라구요. 석가모니 부처님은 시대가 내려오면 내려올수록 점점 더 상징적인 존재가 되고, 그 보다 더 근원적인 부처를 찾게 된 것이죠.

그런데 부처님의 십대제자라는 사람들은 석가모니 부처님 가까이에서 부처님의 말씀, 얼굴, 행동만을 보면서 살았기 때문에 이 자연 속에 있는 영원한 부처님의 목소리, 모습은 못 듣고 못 보았던 것 같아요. 그런 한계가 있었을 것 같습니다.

2. 목련과 백의거사를 위한 설법

(5)

佛告 大目犍連하사대 "汝行詣維摩詰 問疾하라" 하시니,

目連이 白佛言하되, "世尊이시여, 我不堪任 詣彼問疾이나이다.

所以者何뇨 하면, 憶念컨대

我昔에 入毗耶離大城하여 於里巷中에서 爲諸居士하여 說法하니,

時에 維摩詰이 來謂我言하되."

佛告大目犍連 汝行詣維摩詰問疾 부처님이 목건련에게 이르셨다. 그대가 유마힐의 문병을 가게나.

두 번째는 대목건련(大目犍連)이라고 하는 사람이에요. 산스크리트어로는 Mahāmaudgalyāyāna입니다. 뒷부분만 그대로 읽으면 마웃갈리야야나, 혹은 못갈리야야나가 되죠. 팔리어로는 Moggallāna인데 이것도 비슷합니다. 이것이 목건련이 된 겁니다. 그리고 그 앞의 mahā를 '클 대(大)'로 옮겨서 대목건련이 됐습니다. '대' 대신에 '마하(摩訶)'를 그대로 붙여서 마하목건련이라고도 합니다. 생략해서 목건련이라고 하기도 하고, '건'까지 생략해서 목련이라고만 부를 때도 있습니다.

우란분재(盂蘭盆齋)가 되면 목련존자 이름이 자꾸 나오는데, 목련존자는 출가하기 전에 효도를 잘 못했던가 봐요. 효도 잘한 사람은 사실 아무도 없죠. 잘 못했다고 하는 것을 깨닫는 사람이 위대한 사람이에요. 효도 중의 효도가 어머니에게 불법을 알게끔 해 주는 건데, 법을 알게끔 해 드리지 못했기 때문에 어머니가 법을 모르고 죽었어요. 그래서 어머니가 죽은 다음에도 마음이 편안하지 않았습니다. 자꾸 그렇게 느끼는 거죠. 그러다가 꿈에 어머니가 지옥에 떨어져서 거꾸로 매달려 있는 모습을 보았습니다. 그것을 '도현(倒懸)'이라고 하죠. 그런 것이 꿈에 보이니까 도무지 편안할 수가 없었습니다. 그래서 안거(安居)가 끝나는 날 부처님께 '제 마음이 편안치 않습니다' 하고 이야기를 했죠. '아들이 항상 제사를 지내고 있어야 하는데, 제가 출가를 해서 제사를 못 지내다 보니까 이 꼴이 됐습니다.' 그러자 부처님이 제사를 지내라고 해서 제사를 지내게 됐어요. 안거 끝나는 날이 아주 기쁜 날이죠. 1년 동안 죄지은 것을 전부 다 참회해서 용서받고 아주 말끔해진 날입니다. 이 기쁜 날에 잔치를 베풀고 돌아가신 부모님께 제사를 지내는 겁니다. 7월 15일에 그런 행사를 했죠. 그것이 기본이 돼서 그 의식을 Ullambana(울람바나)라고 했고, 한문으로는 '우란분(盂蘭盆)'이라고 했습니다. 또 그것을 우리나라 민속에서는 백중(百中)이라고 했어요. 이것이 불교에서 드리는 제사죠.

목련은 신통력이 제일이라고 했습니다. 이 목련이 거사들을 위해서 설법을 하다가 유마거사에게 콧방을 맞는다구요. '그렇게 설법하는 게 아냐!' 요새도 아마 이런 스님들이 많을 겁니다. 거사들에게 돼먹지 않은 설법을 하고 있는 사람들이 많을 거예요. 뭐라고 설법하느냐? 뭐 뻔하죠. 오계 잘 지키면 된다, 절에 잘 나와서 보시 잘하고 스님들 공경 잘하고 잘 모셔야 된다, 그렇게 설법하겠죠. 그렇게 설법하는 게 아니라고, 이제 유마거사에게 목련이 되게 당하는 거예요. 그래서 이것을 번역할 때 무척 애를 썼어요. 유마거사가 십대제자들을 보고 존댓말을 쓰겠죠. 그러나 비굴한 존댓말은 안 썼을 거예요. 당당하게 존댓말을 쓰면서 가르칠 것은 다 가르치죠. 원칙적으로 출가가 나쁘다는 이야기는 아니거든요. 출가는 출가답게 하라는 것입니다. 출가라는 것이 결코 좁은 소견을 가지라는 이야기가 아니라는 것을 말하고 있습니다.

이제 목련 이야기가 꽤 깁니다.

目連白佛言 世尊 我不堪任 詣彼問疾 목련이 부처님께 말씀드렸다. 세존이시여, 저는 감히 유마힐에게 문병을 갈 수 없습니다.

所以者何 憶念 왜냐하면 이런 일이 있었기 때문입니다.

我昔入毗耶離大城 於里巷中 爲諸居士說法 옛날에 제가 비야리성에 들어가 거리에서 여러 거사들을 위해 설법을 하고 있었습니다.

時維摩詰 來謂我言 그때 유마힐이 제게 와서 이렇게 말했습니다.

(6)
唯, 大目連이여, 爲白衣居士說法하매 不當如仁者所說이니라.

夫說法者는 當如法說하라.

① 法에는 無衆生이니 離衆生垢故며

② 法에는 無有我니 離我垢故며

③ 法에는 無壽命이니 離生死故며

④ 法에는 無有人이니 前後際斷故며

唯 大目連 爲白衣居士說法 不當如仁者所說 목련이여, 백의거사를 위해 설법할 때는 지금 당신이 하듯 설법해서는 안 됩니다.

夫說法者 當如法說 무릇 법을 설하는 자는 마땅히 여법하게 설해야 합니다.

① **法無衆生 離衆生垢故** 법에는 중생이 없습니다. 중생의 때를 말끔히 떠났기 때문입니다.

② **法無有我 離我垢故** 법에는 아(我)가 없습니다. 아의 때가 없기 때문입니다.

③ **法無壽命 離生死故** 법에는 수명이 없습니다. 생도 사도 없기 때문입니다.

④ **法無有人 前後際斷故** 법에는 인(人)이라는 것이 없습니다. 전제(前際)와 후제(後際)가 없기 때문입니다.

이 네 가지가 이른바 사상(四相)이라는 거죠. 『금강경』에서 많이 강조된 아상(我相), 인상(人相), 중생상(衆生相), 수자상(壽者相)입니다. 이런 것이 있으면 안 된다고 했거든요. 그것이 여기 또 다시 나왔습니다. 순서만 조금 다릅니다.

法無衆生(법무중생), 법에는 중생이 없다. 이 인연의 세계에서는 중생이지만 본질적으로는 공이야. 중생이 어디 있어? 法無有我(법무유아), 법에는 아(我)가 없다. 사법인에 '제법무아(諸法無我)'라는 말이 있죠. 法無壽命(법무수명), 법에는 수명이 없다. 법이 나이 먹나? 법은 나이 먹지 않는다. 나이가 없다는 말은 불생불멸(不生不滅)이라고 해도 되겠죠. 불생불사(不生不死)라고 해도 됩니다. 나이라는 것은 태어나서 자꾸 먹어 가는 것 아닙니까? 부증불감(不增不減)이라고 해도 되겠죠. 法無有人(법무유인), 법에는 인이 없다. 법에는 명예도 없고, 지위도 없고, 아름답고 더러운 것도 없고, 대소도 없고, 젊고 늙고 그런 것도 없고, 남녀도 없고, 법에는 동서남북도 없다, 그렇게 말할 수도 있는 거죠. 법은 여여(如如)한 거야, 법은 공(空)이야, 이렇게 이야기해도 됩니다.

이것을 네 가지로 달리 말하면, 법에는 아상, 인상, 중생상, 수자상이 없다는 거예요. 형상이라는 것은 인연으로 인해서 생긴 거란 말이죠. 인연은 자꾸 변하고 있습니다. 그래서 하이데거도 존재라는 게 어디 있냐고 했죠. 존재가 아니라 현재 자꾸 변화하는 상태로 현전(現前)하는 거예요. 실존하는, 현실적으로 자꾸 바뀌는, 죽음으로 향한 존재일 뿐이죠.

법에는 중생이 없다, 아(我)가 없다, 수명이 없다, 인이 없다. 이 네 가지에 이유를 하나씩 붙였어요.

법에는 중생이 없다. 중생의 때 같은 것은 다 떠났기 때문이다. 『반야심경』에서 '불생불멸 불구부정 부증불감 시제법공상(是諸法空相)'이라고 했죠. 그 공한 것은 아무 것으로도 어떻게 할 도리가 없는 겁니다. 의상대사는 공의 모습을 바다와 하늘에다 비유했어요. 대공(大空), 위대한 대허공은 아무리 날카로운 칼로 베어도 베어지지 않는다. 대해(大海)는 아무리 독약으로 파괴하려고 해도 파괴할 수 없다. 그래서 중생의 때를 떠나 있다.

다음 법에는 아(我)가 없다. 나라는 때를 떠났기 때문이다.

법에는 수명이 없다. 생사가 없기 때문이다. 태어나지 않으니까 죽지 않는 것이다.

법에는 인(人)이 없다. 전제와 후제가 없기 때문이다. 가령 여기 물건이 있다면, 앞이 전제이고 뒤가 후제예요. 인간도 그렇죠. 앞의 것과 뒤의 것이 있단 말입니다. 그러나 법에는 그런 한계가 없단 말이에요. 법은 무한하기 때문이라는 거죠. 법에는 앞뒤라는 한계가 없기 때문입니다.

(7)

⑤ 法은 常寂然하니 滅諸相故며

⑥ 法은 離於相이니 無所緣故며

⑦ 法은 無名字니 言語斷故며

⑧ 法은 無有說이니 離覺觀故며

⑨ 法은 無形相이니 如虛空故며

⑩ 法은 無戱論이니 畢竟空故며

⑪ 法은 無我所이니 離我所故며

⑫ 法은 無分別이니 離諸識故며

⑬ 法은 無有比니 無相待故며

⑭ 法은 不屬因이니 不在緣故며

⑮ 法은 同法性이니 入諸法故며

⑯ 法은 隨於如하니 無所隨故며

⑰ 法은 住實際하니 諸邊不動故며

⑱ 法은 無動搖하니 不依六塵故며

⑲ 法은 無去來니 常不住故며

⑳ 法은 順空하고 隨無相하고 應無作하니 法은 離好醜며

㉑ 法은 無增損하니, 法은 無生滅이며

㉒ 法은 無所歸하니, 法은 過眼耳鼻舌身心이며

㉓ 法은 無高下하니, 法은 常住不動하고

㉔ 法은 離一切觀行이니라.

⑤ **法常寂然 滅諸相故** 법은 항상 고요합니다. 여러 가지 상(相)을 없애 버린 까닭입니다.

⑥ **法離於相 無所緣故** 법은 상을 떠나 있습니다. 상을 만드는 데 관련된 모든 것이 없어졌기 때문입니다.

법은 상을 떠나 있다. 상이라고 하는 것은 인연 때문에 생기는 것인데, 법에는 연분 맺는 바가 없다고 했습니다. 일체 모든 것에 대한 마음의 집착을 버렸을 때는 연분을 맺고 있지 않죠. 그런 마음가짐으로 연분맺을 때는 그 연기가 무애(無礙)합니다. 마찰과 대립이 없는 무애연기가되죠.

⑦ **法無名字 言語斷故** 법은 이름이 없는 것입니다. 언어의 길이 끊겨있기 때문입니다.

법은 문패가 아니란 말이에요. 법에는 이름 붙일 게 없어요. 아무 것도 없습니다. 법은 무(無)예요. 언어의 길이 끊겼기 때문입니다. 언어 가지고 뭐 알려고 하는 것이 철학인데, 그것으로는 안 된다는 거죠. 불교는 철학도 있지만 철학이기만 한 것이 아니라, 언어 저쪽의 것을 스스로 깨달으라고 하는 겁니다.

⑧ **法無有說 離覺觀故** 법은 설한다는 일이 있을 수 없습니다. 식별 판단으로 알 수 있는 것이 아니기 때문입니다.

'覺觀(각관)'이라는 것은 의식이란 말이에요. 여기의 '覺'자는 좋은 뜻이 아닙니다. '觀'도 좋은 의미로 쓰인 것이 아니에요. 각관이란 것은 없어져야 되는 거죠. 알음알이를 떠나야 되는 거예요. 무설(無說), 그러니까 법을 진짜로 설하는 것은 무설로 설한다는 거죠. 불국사의 강당 이름이 무설전이죠. 설하지 않고서 설한다. 그러니까『금강경』에서도 부처님이 45년 동안 설법을 많이 했지만 사실은 한마디도 설한 일이 없다고 했단 말입니다. 그것은 설한 것이 아니라는 거죠. 그것이 반야바라밀다입니다.

⑨ **法無形相 如虛空故** 법은 형상이 없는 것입니다. 허공과 같은 것이기 때문입니다.

⑩ **法無戲論 畢竟空故** 법은 쓸데없는 말장난을 넘어서 있습니다. 궁극적으로 허공과 같은 것이기 때문입니다.

⑪ **法無我所 離我所故** 법은 내 것이 될 수 없습니다. 법은 내 것을 떠나 있기 때문입니다.

'我所(아소)'라는 것은 내 것이란 말이에요. 법에는 내 것이 없다. 아니 내 것만이 아니라 누구의 것도 없어요.

⑫ **法無分別 離諸識故** 법은 분별함이 없습니다. 분별하는 식(識)을 여의었기 때문입니다.

⑬ **法無有比 無相待故** 법은 이 세상 어떤 것에도 비할 수 없습니다. 차원이 다르기 때문입니다.

법에는 상대가 될 것이 없으니까, 모든 게 전부 다 하나가 되어 버렸어요.

⑭ **法不屬因 不在緣故** 법은 어떤 원인에도 속해 있지 않습니다. 어떤 것과도 연분을 맺고 있지 않기 때문입니다.

⑮ **法同法性 入諸法故** 법은 법의 본바탕과 같은 것입니다. 모든 법으로 들어가는 바탕이 되어 있기 때문입니다.

법은 바로 법성(法性) 자체라는 말입니다. 이것은 『화엄경』 이야기와 같아요. 入諸法(입제법), 모든 법에 다 들어가요. 모든 법에 법성이 다 있거든요. 법성은 하나란 말입니다. 제법이 다 다르지만, 그 본바탕은 하나로 일관되어 있어요.

⑯ **法隨於如 無所隨故** 법은 언제나 여여한 것입니다. 어떤 것도 따라다니지 않기 때문입니다.

⑰ 法住實際 諸邊不動故 법은 실제에 머무르는 것입니다. 어떤 극단적인 환경에도 흔들리지 않기 때문입니다.

'실제(實際)'라는 말은 원효대사가 아주 중요하게 생각하는 말인데, 『법성게』에도 '窮坐實際中道床(궁좌실제중도상)'이라는 말이 나오지 않습니까? 실제의 '제'는 끝이라는 말이에요. 실제는 '진실된 끝', 'real end'라는 말입니다. 서양 철학에서는 실재(實在)라는 말을 많이 쓰는데, 그 말보다 이 '실제'라는 말이 더 좋을 것 같아요. ultimate reality, 궁극적인 마지막 끝입니다. 법은 실제에 머무는 것, 이 말은 '궁좌실제중도상'과 통하는 말입니다. 이렇게 『유마경』은 『화엄경』의 정신과 일치하는 것을 볼 수 있습니다. 사실은 다른 경전도 해석해 보면 다 딱딱 맞아 들어가요. 안 맞는 경전은 가짜죠. 요의경(了義經)이 아닙니다.

⑱ 法無動搖 不依六塵故 법은 동요함이 없습니다. 육진(六塵)에 의하지 않는 까닭입니다.

'육진'은 육경(六境)과 같은 말인데, 안·이·비·설·신·의의 대상이 되는 색·성·향·미·촉·법이죠.

⑲ 法無去來 常不住故 법은 오고감이 없습니다. 항상 과거와 미래에 머무르지 않기 때문입니다.

법은 거래(去來)함이 없다. 不去不來, 왔다 갔다 하지 않는다. '去'는 과거라는 말이고, '來'는 미래라는 말이거든요. 과거의 것도 아니고, 미래의 것도 아니다. 항상 어디 한군데 머무르지 않는다.

⑳ 法順空 隨無相 應無作 法離好醜 법은 공을 따르고, 무상(無相)을 따르고, 마땅히 무작(無作)하니, 법은 아름답거나 추함을 떠나 있기 때문입니다.

여기 ⑳번부터는 '法順空', '隨無相', '應無作', '法離好醜'를 하나하나 떼어서 읽는 것도 가능합니다. 그렇지만 티베트본을 참고해서 이와 같이 붙여 읽었습니다. 그래서 '法離好醜' 다음에 '故'(때문에)가 붙은 것으로 생각해서 해석했어요. 아래의 '法無生滅', '法過眼耳鼻舌身心', '法常住不動'도 마찬가지입니다.

㉑ **法無增損 法無生滅** 법은 보탬도 덜함도 없습니다. 불생불멸하는 것이기 때문입니다.

㉒ **法無所歸 法過眼耳鼻舌身心** 법은 돌아가는 곳이 없습니다. 안·이·비·설·신·의를 넘어선 것이기 때문입니다.

㉓ **法無高下 法常住不動** 법은 높고 얕음이 없습니다. 법은 언제나 움직이지 않는 상태에 있기 때문입니다.

㉔ **法離一切觀行** 법은 일체의 관행(觀行)을 떠나 있습니다.

(8)

唯, 大目連이여, 法相은 如是하니 豈可說乎이리오.

夫說法者는 無說無示하며, 其聽法者는 無聞無得하느니라.

譬如 幻士가 爲幻人하여 說法함이니라. 當建是意하고 而爲說法하라.

當了 衆生의 根에 有利鈍하고 善於知見에 無所罣碍하고,

以大悲心으로 讚于大乘하고 念報佛恩하며 不斷三寶하고,

然後에 說法하라.

唯 大目連 法相如是 豈可說乎 그래, 목련이여, 법상은 이와 같은 것이니 어찌 설할 수 있겠습니까?

夫說法者 無說無示 其聽法者 無聞無得 무릇 법을 설하는 것은 설함이 없이, 가리킴이 없이 하는 것이며, 또 법을 듣는다 함은 듣는 것도 없고 얻는 것도 없는 것입니다.

譬如幻士 爲幻人說法 그것은 마치 환사가 환인을 위해서 설법하는 것

과 같습니다.

'환사(幻士)'는 요술쟁이이고, '환인(幻人)'은 요술쟁이가 환상으로 만들어낸 인형 같은 것이죠.

當建是意 而爲說法 그러니 마땅히 이러한 생각을 갖고 설법해야 합니다.

當了衆生根有利鈍 중생들의 근기에는 이근(利根)과 둔근(鈍根)이 있다는 것을 마땅히 잘 알아야 하고.

善於知見 無所罣碍 그 중생들을 보고 이러저러한 생각을 일으킬 때 걸림이 없어야 하고.

以大悲心 讚于大乘 대비심으로 대승을 찬양하고.

念報佛恩 不斷三寶 然後 說法 부처님의 은혜에 보답할 것을 염원하며, 또 삼보가 끊어지는 일이 없도록 염원하면서 설법해야 합니다.

여기서 목련에 대한 유마거사의 말이 끝났습니다.

(9)

維摩詰이 說是法時에 八百居士가 發阿耨多羅三藐三菩提心하였나이다.
我無此辯이니 是故로 不任詣彼問疾이나이다.

維摩詰 說是法時 八百居士 發阿耨多羅三藐三菩提心 유마힐이 이와 같이 법을 설했을 때, 팔백 명의 거사가 아뇩다라삼먁삼보리심을 발했습니다.

我無此辯 是故 不任詣彼問疾 저는 이러한 변재가 없습니다. 그래서 저는 감히 유마힐에게 문병을 갈 수 없습니다.

3. 가섭과 걸식행

(10)

佛告 大迦葉하사대, "汝行詣維摩詰 問疾하라" 하시니,

迦葉이 白佛言하되, "世尊이시여, 我不堪任 詣彼問疾이나이다.

所以者何뇨 하니, 憶念컨대

我昔에 於貧里而行乞하나니 時에 維摩詰이 來謂我言하되."

佛告大迦葉 汝行詣維摩詰問疾 부처님이 대가섭에게 이르셨다. 그대가 유마힐에게 문병을 가거라.

대가섭(大迦葉)은 십대제자 가운데 서열이 세 번째라고 할 수 있는데, 산스크리트어로는 Mahākāśyapa라고 했습니다. 인도에는 Kāśyapa, 가섭이라는 이름을 가진 사람이 많은데, 석가모니 부처님 이전의 과거칠불 중에 여섯 번째 부처님의 이름도 가섭이었습니다. 『삼국유사』를 보면 신라에는 일찍이 가섭 부처님이 연좌하고 계시던 돌이 있었다고 합니다. 황룡사를 짓기 전에 그 자리에 있었다고 해요. 그래서 저는 그 가섭불 연좌석이 어디 있었나, 어디 없나 찾아보기도 했습니다. 그런데 가만히 찾아보니까 구층탑의 심초석(心礎石)이 큰 게 하나 있어요. 아, 이것은 내 짐작이고 누구한테 물어본 것도 아니지만, 지금 고고학자들이 뭐라고 반발을 하건 상관없는데, 내가 생각하기에는 구층탑의 심초석 노릇을 하는 큰 바위가 가섭불의 연좌석이었다고 생각합니다. 내 신앙이죠. 가섭불 연좌석, 가면 먼저 보고 싶은 거예요. 나 혼자 감회에 젖는 거죠. '여기가 가섭불이 참선하던 데야.' 가섭불이 도대체 있었나 없었나 그것도 문제죠. 가섭불이 어떤 모습을 하고 있었어요? 사람의 모습을 안 했을지도 몰라요. 과거칠불이라는 것이 역사적인 인간을 이야기하는 것은 아니니까요. 가섭불은 어디 신라의 시골 농부였는지도 모른단 말이에요. 뭐 일 하다가 그냥 그 돌에 걸터앉았었는지도 모르죠. 그런 것을 그렇게 이야 기했는지, 그것은 얼마든지 해석에 따라서 달라질 수 있는 겁니다. 어쨌든 가섭이라는 말이 그런 내력을 가지고 있습니다.

대가섭은 붉은 수염이 난 사람으로 알려져 있어요. 이 사람은 성질이 좀 까다로웠나 봐요. 계율을 굉장히 중요하게 생각했고 또 금욕적인 사람이었습니다. 금욕적인 행위를 dhūta라고 합니다. 그래서 '두타제일(頭陀第一)'이라고 했습니다. 철저한 금욕주의자였어요.

迦葉白佛言 世尊 我不堪任 詣彼問疾 대가섭이 부처님께 말씀드렸다. 세존이시여, 저는 감히 유마힐에게 문병을 갈 수 없습니다.

所以者何 憶念 왜냐하면 이런 일이 있었기 때문입니다.

我昔於貧里而行乞 옛날에 제가 가난한 마을에 가서 탁발을 하고 있었습니다.

時維摩詰 來謂我言 그때 유마힐이 제가 있는 곳으로 오더니 이렇게 말했습니다.

(11)
唯, 大迦葉이여, 有慈悲心이나 而不能普하고 捨豪富하고 從貧乞하니,
① 迦葉이여, 住平等法하고 應次하여 行乞食하라.
② 爲不食故로 應行乞食하라.
③ 爲壞和合相故로 應取揣食하라.
④ 爲不受故로 應受彼食하라.
⑤ 以空聚想으로 入於聚落하라.

唯 大迦葉 有慈悲心 而不能普 捨豪富 從貧乞 대가섭이여, 그대는 자

비심을 갖고 두루두루 탁발하지 못하고, 큰 부잣집은 피하고 가난한 집들만 쫓아다니며 걸식을 하고 있나요.

그러니까 자비심이 있긴 있는데, 不能普(불능보)입니다. 이 '普'자가 중요합니다. '普'는 '보법(普法)'이라고 해서 『화엄경』에서 아주 강조되는 거죠. 보현(普賢)보살의 '普'도 참 중요한 거예요. '보법'이라는 것이 뭐냐 하면, 「예불문」에 나오듯이 '시방삼세 제망찰해(十方三世 帝網刹海)', 언제 어디에나 가서 닿지 않는 곳이 없이, 모든 것에 두루두루, 전부 다 보편적으로, 이런 뜻이죠. 현대철학에서는 '보편성', '보편적'이라는 말을 쓰는데, 사실 이 말은 불교에서 옛날부터 다 있던 말이에요.

보편성이란 말은 universality라고 하죠. 우주를 universe라고 하는데, 참 재미있어요. universe의 uni가 '하나'란 말이에요. verse는 많은 것들이란 말이죠. 많은 것들이 하나가 됐다는 말이에요. 이 말 자체에도 '일중일체(一中一切)'란 뜻이 있어요. universe, 다양한 많은 것들이 하나가 되어 있습니다. 내가 옛날에 철학강의를 들을 때 이 말의 의미를 듣고서 참 좋아했었어요. 대학을 뜻하는 university라는 말에도 사실은 많은 것을 하나로 통일해서 이해하는 곳이라는 의미가 있죠. 그런데 요새는 전부 따로따로 흩어져서 multiversity가 됐습니다. 이것이 현대문명이죠. 저만큼 독립하겠다는 것도 잘못된 사고방식입니다. 전부 소위 다원(多元)이기만 하면 되는 것은 아니란 말이에요.

'가톨릭'이라는 말도 원래 universal이란 뜻입니다. 그것을 불란서 사람들이 우리말로 '공변(公徧)된'이라고 번역했습니다. 요즘은 무슨 뜻인지도 잘 모르지만, 그때는 유식한 사람이 번역을 잘 했어요. 그러면 진짜 공변돼야죠. 공변된 교회가 돼야죠. catholicity라는 말을 많이 하는데, '공변성'이라는 이 말은 보편성, 보법이란 말입니다. 보법이라는 것은 공간적인 것만 이야기하는 것이 아니라, 시간적인 것도 포함해서 '언제 어디에서나'라는 이야기입니다.

① 迦葉 住平等法 應次行乞食 가섭이여, 법의 평등성에 입각해서 차례차례 걸식을 해야 합니다.

'應次(응차)'는 차례차례라는 말이죠. '차례차례 걸식을 행하시오', 이렇게 가르친 겁니다. 차별하지 말라는 거죠. 그러니까 지금 뭐 '민중불교'다 하면서 가난한 사람들 편만 들고 그러는 것도 차별하는 거니까 안 되는 거예요. 부자 편만 드는 것도 안 되는 거죠. 다 안 되는 겁니다. 평등법이라는 것이 따로 있는 것이 아니라, 평등한 마음에 따라서, 평등한 방법을 쓰는 겁니다.

② 爲不食故 應行乞食 먹어야겠다는 생각 없이 걸식을 해야 합니다.

뭘 먹겠다 하는 생각으로 걸식하러 다니지 말라는 겁니다. 처음에는 이것이 이해가 잘 안 가죠. 처음에 탁발을 하러 가면 그럴 것 아닙니까? '뭘 주려나? 좋은 것 주려나?' 그런 생각에 사로잡히기 쉽죠. '이왕이면 좋은 것 좀 얻어 왔으면 좋겠다', 그런 생각도 할지 몰라요. 그러나 이 조항에 비추어 보면 말도 안 되죠. 먹는 것보다 더 중요한 것이 있다. 사람이 빵으로만 살지 않는다. 단지 이 허깨비 같은 몸뚱어리 살찌게 하기 위해서 먹는 것이 아니다. 그러니까 먹지 않기 위해서 걸식하라. 이 말은 먹는다는 것에 사로잡혀서 그것을 탐하면서 걸식하러 다니는 것은 안 된다는 말입니다.

③ 爲壞和合相故 應取摶食 화합의 상(相)을 깨뜨린다는 생각으로 덩어리진 음식을 먹어야 합니다.

'摶食(단식)'이라는 것은 덩어리 음식입니다. 덩어리 음식을 받아먹으면서 무엇을 생각해야 하느냐 하면, 爲壞和合相(위괴화합상), 화합의 상을 깨뜨리기 위해서 먹는다는 생각을 해야 한다는 것입니다. 여기서 '화합'이라는 것은 정신적으로 화목하게 합친다는 뜻이 아니라 물리적으로 뒤섞인 것을 말합니다. 이 인간이라는 것, 이 세상의 모든 것은 전부 인연 따라서 인연의 화합으로 만들어진 임시적인 상일 따름이라고 하는 것입니다. 그러니까 이 상에 대해서 집착하지 않는다는 생각을 가지기 위해서, 이 덩어리 밥을 먹으라는 거죠. 고깃덩어리도, 김치조각도 이빨로 아작아작 씹는 가운데 전부 다 죽처럼 돼서 뱃속에 들어가면, 그 덩어리 모습, 그 상은 다 없어지지요. 그런 것을 이야기하고 있는 겁니다.

④ 爲不受故 應受彼食　받지 않기 위해서 음식을 받아야 합니다.

受(수), 받는다, 이것도 반드시 미덕은 아니란 말이죠. 승려들은 얻어 먹는 것이 습관화되고 말았는데, 받지 않기 위해서 이 음식을 받으라고 했습니다. 받으면서도 이렇게 받는 것은 안 되는 것인데 하는 생각을 하면서 음식을 받아라. 그러니까 여기 벌써 어떤 생각이 있느냐 하면, 자기 먹을 것을 만들어서 먹으라는 거예요. 밤낮 얻어먹기만 하지 말라는 사상도 있다고 볼 수 있어요. 받지 않기 위해서 그 음식을 받아라. 그러니까 받는 것을 당연한 것처럼 생각하지 말라는 말입니다.

⑤ 以空聚想 入於聚落　이곳은 텅 빈 마을이라고 생각하며 마을에 들어가시오.

'聚落(취락)'은 '부락'이죠. 사람들이 사는 집들이 모여 있습니다. 거기에 들어가면서 '텅 빈 마을이다' 이렇게 생각하고 들어가라는 겁니다. '空聚想(공취상)'을 갖고 들어가라. 언제든지 텅 비웠다고 하는, 눈앞에 보이는 모든 것에 대해서 집착하는 마음을 없앤 그런 생각을 갖고 들어가라.

(12)
① 所見色은 與盲等하고
② 所聞聲은 與響等하고

③ 所嗅香은 與風等하고

④ 所食味는 不分別하고

⑤ 受諸觸은 如智證하라.

知 諸法은 如幻相하여 無自性하고 無他性하며,

本自不然하니 今卽無滅하라.

① 所見色 與盲等 색을 볼 때는 장님같이 보시오.

색에 동요되지 말고 장님같이 보시오.

② 所聞聲 與響等 소리를 들을 때는 산울림같이 들으시오.

산울림같이 헛것이라는 생각으로 들으시오.

③ 所嗅香 與風等 향내를 맡을 때는 스치는 바람처럼 맡으시오.

④ 所食味 不分別 맛을 볼 때는 그 맛을 분별하지 마시오.

⑤ 受諸觸 如智證 촉각을 누릴 때는 지혜를 닦는 방편으로 누리시오.

색·성·향·미·촉(色聲香味觸), 보고, 듣고, 냄새 맡고, 맛보고, 촉감을 누리지만, 다 무감각하라는 이야기입니다.

知諸法 如幻相 無自性 無他性 本自不然 今卽無滅 모든 법은 환상(幻相)과 같아서, 자성(自性)이 없고, 타성(他性)도 없고, 본래 불 탄 일도 없고, 지금 꺼진 일도 없는 것이라고 보시오.

모든 법, 이것은 색·성·향·미·촉·법의 여섯 번째에 있는 '법'입니다. 모든 법은 환상, 허깨비와 같은 상이다. 이것이 제일 중요합니다. 법상은 허깨비다. 법상에 사로잡히지 말라. 또 법성(法性)을 말할 때, 그 법에 어떤 고유한 상이 있다, 혹은 어떤 다른 성이 있다고 이야기하지 말라. 고유한 성을 자·타로 나누어서 생각하지 말라. 이런 성, 저런 성, 고유한 것이 있다고 생각하지 말라.

'本自不然(본자불연)'의 '然'자는 '燃(연)'으로 해석하는 경우가 많아요. 不然, 불타지 않았다. 본래 불타지 않았기 때문에, 今卽無滅(금즉무멸), 지금 불이 꺼진 일도 없다. '滅'은 그냥 불이 꺼졌다고 해석했는데, 이것을 생멸이라고 해도 괜찮겠죠. 불생불멸이라고 해도 되는 거예요. 불이 꺼졌다. 열반을 불이 꺼진 것으로 생각하지 않아요? 번뇌의 불길이 꺼진 것을 멸이라고 하죠. 번뇌의 불길 따위가 타 본 적이 없다. 그러니까 번뇌의 불길이 지금 꺼졌다고 하는 상태도 없는 것이다. 이것은 유명한 구절입니다. '本自不然 今卽無滅', 여기에 줄을 긋고 기억하실 필요가 있겠죠.

(13)
迦葉아, 若能不捨八邪하고 入八解脫하며, 以邪相으로 入正法하고,
以一食으로 施一切하고, 供養諸佛 及衆賢聖하면 然後에 可食이라.
如是食者는 非有煩惱며 非離煩惱며, 非入定意며 非起定意며,
非住世間이며 非住涅槃이니라.
其有施者는 無大福이며 無小福이며, 不爲益이요 不爲損이니,
是爲正入佛道요 不依聲聞이니라.
迦葉아, 若如是食하면 爲不空食 人之施也이니라.

迦葉 若能不捨八邪 入八解脫 가섭이여, 여덟 가지 삿된 길을 버리지 않고서 여덟 가지 해탈에 들어가며.

'八邪(팔사)'는 팔사지(八邪支), 팔사법(八邪法)이라고도 하는데, 여덟 가지 삿된 일들입니다. 팔정도의 반대가 되는 것인데, 사견(邪見), 사사유(邪思惟), 사어(邪語), 사업(邪業), 사명(邪命), 사방편(邪方便), 사념(邪念), 사정(邪定)입니다. 모두 팔정도의 '정(正)' 대신에 '사(邪)'가 붙었죠. 팔해탈은 삼계의 번뇌를 버리고 그 속박에서 벗어나는 여덟 가

지의 해탈을 말합니다. 그러니까 삼계에 매달린 여덟 가지 번뇌를 버리지 않고서 팔해탈에 들어가는 것을 말하고 있습니다. 이 부분이 좀 어려운데, 어떤 형식에 매달려서 본질을 잊어버리는 것을 경계하고 있는 것이죠.

以邪相 入正法 삿된 모습을 지닌 채 정법에 들어가며.

以一食 施一切 일식(一食)으로써 일체 중생을 먹이고.

供養諸佛 及衆賢聖 然後 可食 제불과 수많은 현자와 성인들을 공양하고 난 다음에는 먹을 만합니다.

그러니까 여기서 중요한 것은 팔해탈에 들어가고, 정법에 들어가고, 모든 중생에게 보시하고, 모든 부처와 수많은 현자와 성인들에게 공양할 수 있으면, 그 다음에는 네가 먹어도 된다는 말입니다. 먹을 만하다, 可食(가식), 이 말이 아주 짧게 나왔지만, 아주 중요한 거죠. 우리는 지금 많은 것을 먹고 있습니다. 그런데 무슨 일을 하면서 먹고 있느냐 하는 것을 생각해 볼 필요가 있어요. 해탈에 들어가면서 먹어야 하고, 정법을 실현시키기 위해서 먹어야 돼요. 그리고 일체 중생에게 주기 위해서, 제불과 모든 현자와 성인에게 공양하기 위해서 먹어야 합니다.

일본에는 우리보다 불교가 좀더 생활화되어 있다 싶은 면이 있긴 있어요. 얼마 전에 다마끼(玉城康四郎) 선생이 쓴 『명상과 경험』이라는 책을 우연히 책방에서 보았는데, 이번 학술세미나(92년 국제불교학술포럼 '불교도, 무엇을 믿고 어떻게 살 것인가')[3]에서 내가 물어 보고자 하는 이야기가 그 안에 있더라구요. 어떻게 귀의하고, 무엇을 믿고, 어떻게 살 것인가 하는 것을 일상생활과 관련해서 쭉 이야기했습니다. 이런 것과도 관련된 이야기죠. 먹는 문제도 관련이 있다구요. 어떻게 벌어서 어떻

---

3) 이 학술포럼에서 발표된 논문들은 「불교연구 9집」(한국불교연구원, 1993)에 수록되어 있음.〔편자 주〕

게 먹는 것이 옳은 것인가 하는 것도 우리가 생각해야 한단 말입니다. 불교인이라면 덮어놓고 고기 먹지 말라, 그러는 것이 아니라, 지금 여기서 나는 이것을 먹을 만한가, 그만한 일을 했는가, 그것을 생각해 보아야 할 것입니다.

여기 나오는 스님들은 걸식을 해 와서 먹죠. 탁발을 해서 음식을 구해 온단 말이에요. 탁발하는 삶의 자세, 이것도 좀더 많이 생각해 보았으면 좋겠어요. 탁발의 경제, 생산 분배, 이런 것도 생각해 보아야죠. 탁발이라는 것이 덮어놓고 얻어 오는 것이 아니라, 내가 받을 만큼 뭘 했을 때, 감히 가서 합장을 하고 문 앞에 서는 것 아니겠어요?

如是食者 非有煩惱 非離煩惱 이와 같이 먹는 자는 번뇌가 있는 것이 아니고, 번뇌를 떠난 것도 아닙니다.

번뇌가 있으면서 사실은 번뇌를 떠났다는 거예요. 어떤 번뇌가 있느냐 하면, 돈도 벌어야 되겠고, 먹을 것도 마련해야 되니까 번뇌가 있습니다. 암만해도 이 세상에 살자면 번뇌가 있게 마련이에요. 그러나 궁극적으로는 번뇌를 떠나기 위해서 번뇌를 일으키는 거예요. 그리고 번뇌를 떠나고 있어요. 이것이 중요합니다. 이것이 소승불교와 다른 점이죠. 지금 누구한테 하는 이야기입니까? 가섭존자에게 하는 이야기예요. '가섭, 너는 다른 사람들에게 해 주는 것이 뭐가 있냐? 너 혼자 해탈한다고 하지. 너 혼자 정법을 지킨다고 하지. 일체중생에게 무언가 주는 것이 있냐? 없지. 그러면서 너는 번뇌가 없다고 하고, 선정에 들었다고 하지. 너는 이 세간에 안 살고 저 열반에 산다고 하지.'

이와 같이 먹는 자에 대한 설명이 계속 이어집니다.

非入定意 非起定意 이와 같이 먹는 자는 선정에 들었다고 할 것도 아니고, 선정에서 일어났다고 할 것도 아닙니다.

非住世間 非住涅槃 세간에 머문다고 할 것도 아니고, 열반에 머문다

고 할 것도 아닙니다.

그러니까 여기서는 어느 쪽에도 들어가 있지 않다는 이야기입니다. 선정이라고 하는 상태에 들어가서, '아, 나는 지금 참선 중이야. 나는 지금 그런 일을 할 수 없어' 그런 핑계를 가지고 일을 안 해서는 안 된다는 이야기예요. 세간에 머무는 것이 아니되, 열반에 머무는 것도 아닙니다. 세간에 살고 있죠. 그러나 세간에 머물고 있지는 않아요. 열반에 들었죠. 그러나 열반에 머물고 있지도 않아요. 그러니까 어느 한쪽에도 치우쳐 있지 않습니다. 이것이 중요하다는 말이죠. 『법성게』에 '生死涅槃常共和(생사열반상공화)'라는 말이 나오죠. 이 말은 원래 『화엄경』에서 나온 것 아닙니까? 생사는 세간에서 사는 것이고 열반은 이 생사를 떠난 다른 데 있다고 보통 생각하는데, 생사와 열반은 별개의 다른 데 있는 것이 아니라는 겁니다.

其有施者 無大福 無小福 보시를 하는 사람에게는 큰 복도 없고, 작은 복도 없습니다.

不爲益 不爲損 이익도 아니고 손해도 아닙니다.

보시를 한다고 큰 복이 있다거나 작은 복이라도 있다거나, 무슨 이익이 있다거나 손해가 있다거나 이런 걸 생각해서는 안 된다는 말입니다.

是爲正入佛道 이것이 불도에 들어가는 것입니다.

복을 생각하지 않고 손익을 생각하지 않는 것이 불도에 들어가는 길이라는 것입니다. 보시를 하는 것 자체가 바로 불도에 들어가는 길이니까 보시할 수 있는 인간이 되라는 거죠. '가섭아, 너는 보시를 할 수 있느냐?' 이것을 지금 묻고 있는 거예요. 그러니까 한문글자만 읽다가는 글자에 얽매여서 그 본래의 의미를 잊어버릴 가능성이 있단 말이에요.

不依聲聞 그것은 성문의 길을 따라 들어간 것이 아닙니다.

성문에 의지하지 않는 거야. 자네는 성문이지 않은가? 이렇게 이야기하고 있는 거죠. 성문, 자네만 잘 살면 되는가? 자네만 거룩하면 되는가?

迦葉 若如是食 爲不空食 人之施也 가섭이여, 이와 같이 먹어야 사람이 보시한 것을 헛되이 먹지 않은 것이 됩니다.

그러니까 헛되게 먹는 것은 사실 도둑질하는 것이나 마찬가지죠. 얻어먹으면서 좋은 일 안 하고 있는 사람은 사실 도둑질하는 거잖아요. 이 시대의 불교는 그런 해석도 해야 하는 것입니다. 그러니까 탁발해서 음식공양을 받는 것도 보시 받는 것 아닙니까? 그 보시를 받는다고 하는 것을 제대로 받지 않으면 그것도 도둑질입니다. 뭐 요새 와서 누가 그런 이야기를 하는 것이 아니라 이미 이『유마경』에서 부처님이 다 말씀하셨던 거란 말입니다.

(14)
時에 我世尊이시여, 聞說是語하고 得未曾有하여,
即於一切菩薩에 深起敬心하나이다.
復作是念하되 '斯有家에 名辯才智慧가 乃能如是니,
其誰聞此하고 不發阿耨多羅三藐三菩提心이리오' 하나이다.
我從是來로 不復勸人 以聲聞辟支佛行이나이다.
是故로 不任詣彼問疾이나이다.

時我世尊 聞說是語 得未曾有 即於一切菩薩 深起敬心 세존이시여, 그때 저는 이 말을 듣고서 일찍이 듣지 못한 말이라고 생각하고, 모든 보살에 대해서 깊이 존경하는 마음을 갖게 되었습니다.

復作是念 斯有家 名辯才智慧 乃能如是 其誰聞此 不發阿耨多羅三藐三菩提心 또 재가에 있으면서도 변재와 지혜가 이와 같으니, 누가 이런 말을 듣고서 아뇩다라삼먁삼보리심을 발하지 않겠는가 하고 생각했습니다.

我從是來 不復勸人 以聲聞辟支佛行　저는 그 이래로 성문, 벽지불의
법을 다른 사람에게 권하지 않았습니다.

是故 不任詣彼問疾　그러므로 저는 감히 유마힐에게 문병을 갈 수가
없습니다.

4. 수보리와 취식(取食)

(15)

佛告 須菩提하사대, "汝行詣維摩詰 問疾하라" 하시니,

須菩提가 白佛言하되, "世尊이시여, 我不堪任 詣彼問疾이나이다.

所以者何뇨 하니, 憶念컨대 我昔에 入其舍하여 從乞食하였나이다.

時에 維摩詰이 取我鉢하고 盛滿飯하여 謂我言하되."

佛告須菩提 汝行詣維摩詰問疾　부처님께서 수보리에게 말씀하셨다.
그대가 유마힐에게 문병을 가거라.

네 번째로 수보리(須菩提)에 대한 이야기가 나오고 있습니다. 수보리
는 산스크리트어로 Subhūti라고 하죠. su는 좋다는 말이고, bhūti는 '있
다'는 의미의 bhu라는 동사에서 나온 말입니다. 그러니까 말하자면 'good
existence'라는 뜻의 이름입니다. 이 사람은 공(空)에 대해서 제일 잘 알
고 있었어요. 그래서 '해공(解空)제일'이라고 했습니다. 이 사람이 『금강
경』에 나오죠. 『금강경』은 공도리를 강조해서 이야기하고 있는데, 거기
에 수보리가 등장하고 있습니다.

須菩提白佛言 世尊 我不堪任 詣彼問疾　수보리가 부처님께 말씀드렸
다. 세존이시여, 저는 감히 유마힐에게 문병을 갈 수 없습니다.

所以者何 憶念 왜냐하면 이런 일이 있었기 때문입니다.

我昔入其舍 從乞食 옛날에 제가 유마힐의 집에 들러 탁발을 한 적이 있습니다.

時維摩詰 取我鉢 盛滿飯 謂我言 그때 유마힐이 제 바루를 쥐고 음식을 가득 채워 주며 이렇게 말하는 것이었습니다.

(16)

唯, 須菩提여, 若能於食等者는 諸法에도 亦等이며

諸法等者는 於食에도 亦等이니라.

如是行乞하면 乃可取食하니라.

若須菩提여,

① 不斷淫怒癡하고 亦不與俱하며

② 不壞於身하고 而隨一相하며

③ 不滅癡愛하고 起於明脫하며

④ 以五逆相으로 而得解脫하고 亦不解不縛하며

⑤ 不見四諦하고 非不見諦하며

⑥ 非得果하고 非不得果하며

⑦ 非凡夫이며 非離凡夫法하며

⑧ 非聖人이며 非不聖人이며

⑨ 雖成就一切法하여도 而離諸法相하면 乃可取食하니라.

唯 須菩提 若能於食等者 諸法亦等 그래, 수보리여, 만약 음식에 대해서 평등한 마음을 가진다면, 모든 법에 대해서도 평등한 마음을 갖게 되는 것입니다.

諸法等者 於食亦等 또 모든 법에 대해 평등한 사람은 음식에 대해서

도 평등한 마음을 갖게 되는 것입니다.

如是行乞 乃可取食 이와 같이 될 수 있다면 탁발한 음식을 취해도 좋습니다.

그러니까 음식 가리지 않는 것에서부터 수행이 돼야 하는 거예요. 그러니까 바루공양의 의미가 뭐 단순히 절약에만 있다고 생각하면 안 되는 거죠. 주어진 대로 먹어라. 골라가면서 먹으면, 그것은 차별하는 거죠. 모든 법을 전부 다 받아들일 수 있어야 되는 거예요. 역시 먹어야 할 때가 어떤 때냐 하는 것을 이야기하고 있습니다.

若須菩提 수보리여, 만약에.

① **不斷淫怒癡 亦不與俱** 사랑과 미움과 실수를 끊어 버리지 않고서도 그것들을 따라다니지 않는다면 먹어도 좋습니다.

아주 유명한 말입니다. 음(淫)·노(怒)·치(癡)를 사랑, 미움, 실수라고 번역했습니다. 음·노·치는 탐(貪)·진(瞋)·치(癡)의 다른 말이죠. 구마라집이 일부러 음·노·치라고 번역한 데는 이유가 있을 거예요. 탐의 가장 특수한 면이 음이거든요. 남녀관계 아닙니까? 또 진심(瞋心), 화내는 것의 가장 특징적인 것이 노죠.

이 세상을 살아가는 보살의 길을 이야기하면서, 여기서 음이라고 하는 글자를 나쁘다고만 생각하면 안 된단 말이에요. 보살도 사랑하면서 살아야 할 것 아니에요?

또 밤낮 싸움만 하라는 것은 아니지만, 노(怒)도 있어야죠. 노를 좋은 의미로 이야기하자면, 분발도 하고 의문도 일으켜야 한다는 말 아니겠습니까? 잘못하는 사람을 보았을 때는 분노에 불타는 것도 있어야겠죠. 보살에게는 그것이 있다구요. 스리랑카의 스님들을 보면, 다 그렇지는 않겠지만, 대개 전연 살아 있는 것 같지를 않아요. 목석이죠. 돌이나 마찬가지예요. 그런데 지금 여러분들은 실감이 안 나겠지만, 우리 대승불교의 큰스님들, 가령 서산대사 같은 분은 왜놈들이 쳐들어와서 수없이 많은 사람들을 죽이고 할 때 칼을 들고 활을 들고 나섰습니다. 스님들이 죽기도 하고 죽이기도 하는 일에 앞장서게 됐다고 하는 것이 말은 쉽지만, 얼마나 대단한 일이었나 하는 것을 절실하게 생각하게 돼요.

또 치(癡)도 그렇죠. 정말 『반야심경』에서 이야기하는 것같이 무명까지 다 없어지는 것은 아니거든요. 무명은 아직도 남아 있죠. 『대승기신론』에서 이야기하는 소위 무명업(無明業)이라고 하는 업력, 그놈이 남아 있거든요. 그것이 아주 고약한 것만은 아니에요. 그것이 있어서 우리가 분발도 하고, 무슨 일도 하고 그럽니다.

그러니까 음·노·치는 있습니다. 음·노·치가 다 끊어지는 것은 아니죠. 여기서 '음·노·치를 끊지 않고'라고 하는 것은 정도의 문제인데, 그것을 잘못 해석하면 안 됩니다. 그래서 여기서는 음·노·치를 사랑, 미움, 실수라고 번역했습니다.

'不與俱(불여구)'라는 것은 항상 그것만을 목적으로 살지 않는다는 말입니다. 현대인들은 무엇 때문에 사나요? 놀기 위해서? 좋은 일 하기 위해서? 참 알 수 없어요.

①부터 ⑨까지 이 말들은 다 맨 끝의 '乃可取食(내가취식)'이라는 말에 연결되어 있습니다. 그래서 '먹어도 좋다'는 말을 덧붙였습니다.

② 不壞於身 而隨一相 이것이 내 몸이라는 생각을 완전히 없애지는 않았지만 일상(一相)의 길을 따라갈 수 있다면 먹어도 좋습니다.

'身(신)'은 뭐냐 하면 색·수·상·행·식입니다. 색·수·상·행·식을 그대로 두되, 그것이 정말 완벽한 것이 되어서 일상(一相), 반야바라밀다의 모습을 따라가게 되는 것을 말하죠. 라모뜨 교수는 티베트본을 번역하면서 이 부분을 ekayāna(一乘)라고 복원하고 있습니다.

③ 不滅癡愛 起於明脫 무명과 생존욕을 없애지 않고서도 지혜와 해탈

을 이룩할 수 있다면 먹어도 좋습니다.

앞의 ①번과 같은 이야기죠. 癡(치)와 愛(애)라는 것은 탐·진·치와 관련이 있죠. '明脫(명탈)'이라는 것은 열반이나 마찬가지예요. 조금 더 적극적입니다.

④ 以五逆相 而得解脫 亦不解不縛　오역상을 나타내고도 해탈을 얻고, 그러면서도 해탈된 것도 아니고 결박된 것도 아닌 상태에 있을 수 있다면, 먹어도 좋습니다.

오역상(五逆相)을 나타낸다는 말은 오역죄를 짓는다는 말입니다. 오역죄는 무간(無間)지옥에 떨어지는 다섯 가지의 중죄를 말하는데, 아버지를 살해하고, 어머니를 살해하고, 아라한을 살해하고, 승가의 화합을 깨뜨리고, 부처님의 몸에 피를 내는 다섯 가지입니다. 이러한 중죄를 짓고도 해탈을 얻는다. 또 그러면서 해탈된 것도 아니고 결박된 것도 아니다. '解(해)'는 완전히 이 세상을 버리고 간 것이고, '縛(박)'은 완전히 지옥에 떨어져 있는 것과 같은 상태죠.

어떻게 보면 모순되는 이야기입니다. 한쪽으로는 번뇌망상이 있고, 그러면서도 한쪽으로는 거기에 매달리지 않습니다. 그러한 것을 강조하고 있어요. 이것이 바로 중도제일의제(中道第一義諦)라고 할 수 있는데, 중도의 지혜가 됐다면 먹어도 된다는 겁니다.

⑤ 不見四諦 非不見諦　사제(四諦)의 도리를 본 바 없지만, 또 못 본 바도 아니라면 먹어도 좋습니다.

사제를 밤낮 외우고 있지 않아도, 사제를 듣지 않았어도, 그 도리를 알고서 사는 경우가 있어요. 그러니까 사제팔정도, 십이연기, 그런 불교의 고정된 교리만을 외우는 것이 능사는 아니죠.

⑥ 非得果 非不得果　수행의 결과를 얻은 것이 아니면서 그 결과를 얻지 못한 것도 아니라면 먹어도 좋습니다.

소승불교에서는 수행자가 얻는 과(果)가 네 가지 있어요. 수행을 해서 이런 과를 얻었다, 저런 과를 얻었다, 그런 것을 계산하지 않는다는 겁니다. 그런 것에 관심을 갖고 있지 않아요. 그렇다고 해서 그런 과를 얻지 못한 것도 아니란 말입니다.

⑦ 非凡夫 非離凡夫法 범부가 아니면서도 범부의 법을 떠나지 않고 있다면 먹어도 좋습니다.

이미 범부가 아닙니다. 그러나 범부의 모양을 하고 있어요. 지금 유마거사가 그런 사람 아닙니까?

⑧ 非聖人 非不聖人 성인이 아니면서도 성인 아니지 않다면 먹어도 좋습니다.

⑨ 雖成就一切法 而離諸法相 乃可取食 일체법을 성취했더라도 법에 관한 상이 없다면 음식을 먹어도 좋습니다.

일체법을 성취했으면서도 법상에 사로잡혀 있지 않다, 그렇게 된다면 너는 탁발해 온 음식을 먹어도 된다, 이 말입니다.

(17)
若須菩提가 不見佛하고 不聞法하며,
彼外道六師 富蘭那迦葉과 末伽梨拘睒梨子와 刪闍夜毗羅月氏子와
阿耆多翅舍欽婆羅와 迦羅鳩馱迦旃延과 尼犍陀若提子等이
是汝之師로 因其出家하여 彼師所墮에 汝亦隨墮하면 乃可取食하리라.

若須菩提 不見佛 不聞法 수보리여, 만약 부처도 못 보고, 법도 못 듣고.
彼外道六師 富蘭那迦葉 末伽梨拘睒梨子 刪闍夜毗羅月氏子 阿耆多翅舍欽婆羅 迦羅鳩馱迦旃延 尼犍陀若提子等 저 육사외도들, 푸라나 카샤파, 마스카린 고살리푸트라, 산자인 바이라티푸트라, 아지타 케샤캄발라, 카

쿠다 카티야야나, 니르그란타 즈냐티푸트라 등을.

是汝之師 因其出家 彼師所墮 汝亦隨墮 乃可取食 스승으로 삼고 출가하여 그 스승이 떨어진 곳에 그대도 따라서 떨어진다면 음식을 먹어도 좋습니다.

육사외도(六師外道)는 석가모니 부처님 당시에 불교와 다른 가르침을 펼치던 여섯 스승과 그들을 따르는 무리를 말하죠. 산스크리트어로 부란나 가섭(富蘭那迦葉)은 Pūraṇa Kāśyapa, 말가리 구사리자(末伽梨拘賒梨子)는 Maskarin Gośālīputra, 산자야 비라월저자(刪闍夜毗羅月氏子)는 Saṃjayin Vairaṭīputra, 아지다 시사흠바라(阿耆多翅舍欽婆羅)는 Ajita Keśakambala, 가라구타 가전연(迦羅鳩馱迦旃延)은 Kakuda Kātyāyana, 니건타 약제자(尼犍陀若提子)는 Nirgrantha Jñātiputra입니다.

그런 외도들을 따라가라. 이 말 때문에 『유마경』이 오해를 많이 받았어요. 육사외도를 따라가도 된다, 그 무슨 이야기일까요? 육사외도도 불성을 가지고 있다, 그렇게 해석해야 되는 거죠. 육사외도를 외도라고 해서 아주 딴 사람으로 치지 말란 말이에요. 처음에 불도를 몰랐을 때, 불도를 못 들었을 때는 그 사람들이라도 뭔가 거기 있을 것 같아서 따라다녀 보잖아요. 그런 마음가짐은 좋은 거라고 생각한단 말이에요. 그러나 잘못이라고 생각하면 다시 돌아와야 되겠죠.

(18)

若須菩提여,

① 入諸邪見하고 不到彼岸하며

② 住於八難하고 不得無難하며

③ 同於煩惱하고 離淸淨法하며

④ 汝得無諍三昧하되 一切衆生도 亦得是定하고

⑤ 其施汝者를 不名福田하고

⑥ 供養汝者가 墮三惡道하고

⑦ 爲與衆魔로 共一手하여 作諸勞侶하고

⑧ 汝與衆魔로 及諸塵勞와 等無有異하고

⑨ 於一切衆生에 而有怨心하고

⑩ 謗諸佛하고 毁於法하며 不入衆數하고

⑪ 終不得滅度하고 汝若如是하면 乃可取食하니라.

若須菩提 만약에 수보리여,

① 入諸邪見 不到彼岸 모든 사견에 떨어져 변견(邊見)에 도달하지 않는다면 음식을 먹어도 좋습니다.

不到彼岸(부도피안), 구마라집은 '피안'이라고 번역했는데, 피안은 불교에서 이야기하는 이상적인 경지이죠. 티베트본에서는 '중간(madhya)이나 극단(anta)에 이르지 않는다면'이라고 되어 있습니다. 사견에는 62가지 종류가 있는데, 이러한 사견들은 유(有)와 비유(非有)에 대한 두 가지 변견, 극단적인 견해에 기초하고 있어요. 여기서도 아마 그런 이야기를 하고 있는 것 같아서 티베트본을 참고로 하면서 이렇게 번역했습니다. 피안을 찾는 것도 일종의 변견으로 본 것인지도 모르죠.

② 住於八難 不得無難 팔난에 머물면서 난(難)이 없는 경지를 얻지 않는다면 음식을 먹어도 좋습니다.

③ 同於煩惱 離清淨法 번뇌 속에 있으면서 청정법을 떠난다면 음식을 먹어도 좋습니다.

④ 汝得無諍三昧 一切衆生 亦得是定 그대가 무쟁삼매를 얻되, 일체중생도 역시 그 삼매를 얻는다면 음식을 먹어도 좋습니다.

무쟁(無諍)삼매, 싸우지 않는 삼매입니다.

⑤ **其施汝者 不名福田** 그대에게 보시하는 자에 대해서 그대 스스로를 복전(福田)이라고 부르지 않는다면, 음식을 먹어도 좋습니다.

이것도 중요한 이야기인 것 같아요. 전통적인 불교관에 따라 말할 것 같으면, 나 같은 사람에게는 뭘 갖다 보시해도 복을 못 받는다고 합니다. 그러니까 나는 복전이 아니에요. 누가 복전이냐 하면 스님은 다 복전이라고 합니다. 어떤 스님이든지 스님에게 뭘 갖다 보시하면 다 복을 받는다고 해요. 그러니까 여기 이 이야기는 무슨 말이냐 하면, 스님이라도 '내게 보시하면 복을 받는다, 내가 복전이다' 그런 소리 하지 말라는 겁니다. 나한테 갖다 바치면 복을 받는다, 이것은 곤란하죠.

⑥ **供養汝者 墮三惡道** 그대에게 공양하는 자가 삼악도에 떨어진다면 음식을 먹어도 좋습니다.

나 같은 사람에게 공양하면 삼악도에 떨어진다는 말입니다. 멋있어요. 나한테 공양을 하면 극락은 문제없다, 이것은 거짓말이죠.

⑦ **爲與衆魔 共一手 作諸勞侶** 모든 마라와 손잡고 함께 모든 번뇌를 일삼는다면 음식을 먹어도 좋습니다.

중마(衆魔)와 더불어 손을 잡고 그들과 함께 하되, 그들을 올바로 이끌기 위해서 하는 겁니다.

⑧ **汝與衆魔 及諸塵勞 等無有異** 그대가 모든 마라와 더불어 모든 번뇌를 함께 하면서 평등하고 그와 다름이 없다면 음식을 먹어도 좋습니다.

이게 다 얼마나 어려운 일입니까? 불란서에서 노동사제라는 신부들이 르노 자동차 공장에 들어가서, 공산당원들 속에서 갖은 수모를 다 당하면서도 그 사람들 친구가 돼 주려고 신부복장을 벗고 같이 생활했다는 이야기를 했습니다. 벨기에에 나와 같이 있던 친구 가운데 콜롬비아 출신의 신부가 있었는데 키도 크고 잘 생긴 친구였어요. 그런데 콜롬비아가 빈부 격차가 아주 큰 나라죠. 복음만 전해서는 안 되겠다, 미사나 집전하다가는 안 되겠다고 해서 직접 게릴라들과 한데 어울려서 총칼을 들고 싸우다가 죽었습니다. 그 사람 지옥 갔다고 생각 안 해요. 정말 잘 생긴 미남자였는데, 아주 새파란 나이에 죽었죠. 지금도 눈에 선합니다.

⑨ 於一切衆生 而有怨心　일체 중생에 대해서 원심(怨心)을 갖는다면 음식을 먹어도 좋습니다.

때로는 일체 중생에 대해서 적개심을 갖고 중생들이 이렇게 살아도 되겠나 하는 생각을 가져도 되죠.

⑩ 謗諸佛 毀於法 不入衆數　부처님을 비방하고 법을 비난하고 승가에 참여하지 않는다면 음식을 먹어도 좋습니다.

'衆數(중수)'는 승가입니다. 그러니까 기성 승단에 참여하지 않아도 된다는 이야기죠. 부처님을 비방하고 법을 훼방하고, 이런 이야기가 바로 선사들에게 들어가서 그대로 행해졌잖아요. '부처를 불사르고 조사를 불사르고……' 그런 이야기들이 나옵니다. 그러면서 생을 단련하고 사를 단련하라고 하고 있어요.

⑪ 終不得滅度 汝若如是 乃可取食　끝내 멸도(滅度)를 얻지 않는다면, 만약 그대가 이렇게 된다면 그때는 음식을 먹어도 좋습니다.

(19)
時에 我世尊이시여, 聞此語하고 茫然하여,

不識是何言하고 不知以何答하고, 便置鉢하고 欲出其舍하니라.

維摩詰이 言하되,

"唯, 須菩提여, 取鉢勿懼하라. 於意云何뇨.

如來所作化人이 若以是事로 詰하였다면 寧有懼아 不아."

我言하되, "不也라" 하니라.

維摩詰이 言하되,

"一切諸法이 如幻化相이니 汝今 不應有所懼也니라.

所以者何뇨 하니, 一切言說이 不離是相이니,

至於智者는 不着文字일새, 故로 無所懼니라.

何以故오. 文字性離이기 때문이니 無有文字는 是則解脫이며,

解脫相者는 則諸法也이니라."

時我世尊 聞此語茫然 不識是何言 不知以何答 便置鉢 欲出其舍 세존이
시여, 그때 저는 이 말을 듣고 이것이 무슨 말씀인지, 어떻게 대답해야 할
지 모르고 망연자실하여, 바루를 놓고 그 집을 뛰쳐나오려고 했습니다.

維摩詰言 唯 須菩提 取鉢勿懼 그러자 유마힐이 말했습니다. 수보리
여, 바루를 드시오. 두려워하지 마시오.

於意云何 如來所作化人 若以是事詰 寧有懼不 그대의 생각이 어떠합
니까? 여래께서 만든 허깨비 같은 사람이 만약 이런 말을 하며 나무랐다
면, 그래도 그대는 두려워하겠습니까?

我言 不也 제가 아니라고 대답했습니다.

維摩詰言 一切諸法 如幻化相 汝今不應有所懼也 그러자 유마힐이 말
했습니다. 일체 제법은 환화상과 같으니 그대가 지금 두려워해야 할 것
은 아무 것도 없습니다.

'환화상(幻化相)'은 허깨비입니다.

所以者何 一切言說 不離是相 至於智者 不着文字 故無所懼 왜냐하면
모든 언설은 이런 환화상과 다를 바 없는 것이니 지혜의 극치에 이른 자
는 문자에 집착하지 않으므로 두려워하는 바가 없기 때문입니다.

何以故 文字性離 왜냐하면 모든 문자는 자성이 없기 때문입니다.

'性離(성리)', 성을 떠났다, 자성을 떠났다. 실상이 공한 것이라는 말
입니다.

無有文字 是則解脫 말과 글이 아닌 모든 것이 곧 해탈입니다.

解脫相者 則諸法也 일체 제법이 다 이 해탈을 상으로 하고 있기 때문입니다.

제법이 해탈의 모습을 갖추고 있는 것이라는 이야기입니다. 중요한 대목이었습니다.

(20)

維摩詰이 說是法時에 二百天子가 得法眼淨할새,

故로 我不任 詣彼問疾이나이다.

維摩詰 說是法時 二百天子 得法眼淨 유마힐이 이런 법을 말할 때 이백 명의 천자가 법안이 맑아짐을 얻었습니다.

故我不任 詣彼問疾 그러므로 저는 감히 유마힐의 문병을 갈 수 없습니다.

5. 부루나와 신학(新學)비구들을 위한 설법

(21)

佛告 富樓那彌多羅尼子하사대, "汝行詣維摩詰 問疾하라" 하시니,

富樓那가 白佛言하되, "世尊이시여, 我不堪任 詣彼問疾이나이다.

所以者何뇨 하니, 憶念컨대

我昔에 於大林中에 在一樹下하여 爲諸新學比丘說法하니,

時에 維摩詰이 來謂我言하되."

佛告富樓那彌多羅尼子 汝行詣維摩詰問疾　부처님이 부루나 미다라니 자에게 말씀하였다. 그대가 가서 유마힐을 문병하도록 하여라.

다섯 번째 사람은 부루나 미다라니자(富樓那彌多羅尼子)입니다. 이 사람의 이름은 산스크리트어로 Pūrṇamaitrāyaṇīputra라고 하는데, 간단하게 부루나 존자라고 부릅니다. 이 사람은 설법을 잘했어요. 그래서 '설법제일'이라고 불렸습니다. 여기서의 이야기도 역시 설법과 관계되어 있습니다.

富樓那白佛言 世尊 我不堪任 詣彼問疾　부루나가 부처님께 말씀드렸다. 세존이시여, 저는 감히 유마힐에게 문병을 갈 수 없습니다.

所以者何 憶念　왜냐하면 이런 일이 있었기 때문입니다.

我昔於大林中 在一樹下 爲諸新學比丘說法　옛날에 제가 대림(大林)의 어느 나무 아래에서 새로 출가한 비구들을 모아놓고 설법을 하고 있었습니다.

時維摩詰 來謂我言　그때 유마힐이 제게 와서 이렇게 말하는 것이었습니다.

(22)
唯, 富樓那여, 先當入定하고 觀此人心한 然後에 說法하라.
無以穢食으로 置於寶器하라.
當知 是比丘心之所念하고 無以琉璃로 同彼水精할지니라.
汝不能知 衆生根源이니 無得發起 以小乘法이니라.
彼自無瘡하니 勿傷之也니라. 欲行大道니 莫示小徑하고
無以大海로 內於牛跡하며, 無以日光으로 等彼螢火하라.
富樓那여, 此比丘는 久發大乘心하다가 中忘此意니
如何 以小乘心으로 而敎導之하느뇨.

我觀小乘컨대 智慧微淺하니,

猶如盲人이 不能分別 一切衆生 根之利鈍이니라.

唯 富樓那 先當入定 觀此人心 然後說法　부루나여, 먼저 입정(入定)하여 이 스님들의 마음을 잘 살핀 다음에 설법하는 것이 마땅합니다.

無以穢食 置於寶器　귀한 바루에다 더러운 음식을 담지 마시오.

當知 是比丘心之所念　먼저 이 스님들의 염하는 바가 무엇인지 알아야 합니다.

티베트본에서는 '所念(소념)'을 소원(所願, āśaya)으로 번역하고 있습니다.

無以琉璃 同彼水精　유리를 수정과 혼동하지 마시오.

여기서 말하는 유리(琉璃, vaidurya)는 요즘 우리가 쓰는 유리가 아니라, 값으로 따질 수 없는 귀한 보석의 일종입니다. 무가(無價)의 유리를 한낱 수정과 혼동하지 마시오.

汝不能知 衆生根源 無得發起 以小乘法　그대는 중생들의 근기도 잘 알지 못하면서 소승의 가르침을 그들에게 일으키려 하지 마시오.

彼自無瘡 勿傷之也　상처라곤 하나도 없는 사람들에게 상처를 입히지 마시오.

欲行大道 莫示小徑　큰길을 가려고 하는 사람들에게 오솔길을 가리켜 주지 마시오.

無以大海 內於牛跡　대해를 가져다 소 발자국에 넣으려 하지 마시오.

티베트본에는 이 다음에 '수미산을 겨자씨 안에 넣으려 하지 마시오'라는 구절이 있는데, 구마라집의 번역에는 없습니다.

無以日光 等彼螢火　태양 빛을 반딧불에 비교하려 하지 마시오.

역시 티베트본에는 이 다음에 '사자의 포효를 들여우의 울음소리와 비교하지 마시오'라는 구절이 있어요.

富樓那 此比丘 久發大乘心 中忘此意 부루나여, 이 비구들은 오래 전에 대승에 발심했다가 근래에 그 뜻을 잊은 사람들입니다.

如何以小乘心 而教導之 어떻게 이런 사람들에게 소승의 법을 가르쳐 줍니까?

我觀小乘 智慧微淺 내가 보기에 소승의 지혜는 미천합니다.

천하다는 이야기가 아니라 얕다는 말입니다.

猶如盲人 不能分別一切衆生 根之利鈍 소승법은 장님과 같아서 일체 중생의 근기의 이(利)와 둔(鈍)을 분별하지 못합니다.

(23)
時에 維摩詰이 卽入三昧하여 令此比丘로 自識宿命케 하나니,
曾於五百佛所에 植衆德本하고, 廻向阿耨多羅三藐三菩提하야,
卽時에 豁然히 還得本心하고,
於是에 諸比丘가 稽首禮 維摩詰足하니,
時에 維摩詰이 因爲說法하여,
於阿耨多羅三藐三菩提에 不復退轉케 하였나이다.

時維摩詰 卽入三昧 令此比丘 自識宿命 曾於五百佛所 植衆德本 廻向阿耨多羅三藐三菩提 그 순간 유마힐은 삼매에 들어, 이 비구들이 숱한 전생 동안 오백 명의 부처님 앞에서 수많은 덕을 쌓고 아뇩다라삼먁삼보리를 얻고자 하는 마음을 냈던 것을 기억해 내게 했습니다.

卽時 豁然 還得本心 於是 諸比丘 稽首禮維摩詰足 그러자 이 비구들은 즉시 본래의 보리심을 깨닫고, 유마힐의 발에 이마를 대고 경배했습니다.

時維摩詰 因爲說法 於阿耨多羅三藐三菩提 不復退轉 그때 유마힐은 설

법을 하여 그들이 불퇴전의 아뇩다라삼먁삼보리심을 갖도록 했습니다.

(24)

我念컨대 聲聞은 不觀人根이며 不應說法이로다.

是故로 不任詣彼問疾이나이다.

我念 聲聞不觀人根 不應說法 그때 저는 성문들은 사람들의 마음가짐과 근기를 모르기 때문에 법을 설할 수 없다고 생각했습니다.

是故 不任詣彼問疾 그러므로 저는 감히 유마힐에게 문병을 갈 수 없습니다.

알기 쉽죠. 멋있는 이야기들이 많이 나오고 있습니다. 저도 법을 잘못 가르치면, 이런 욕을 먹어요. 그러니까 아무 것도 모른다고 아무렇게나 가르쳐서는 안 되는 거죠. 우리가 얼마나 많은 사람들에게 속아 왔나, 잘못 배워 왔나 하는 생각도 하게 됩니다. 지혜로운 사람들의 책을 읽으면 읽을수록 자꾸 그런 생각을 갖게끔 됩니다.

6. 가전연과 오법인(五法印)

(25)

佛告 摩訶迦旃延하사대, "汝行詣維摩詰 問疾하라" 하시니라.

迦旃延이 白佛言하되, "世尊이시여, 我不堪任 詣彼問疾이나이다.

所以者何뇨 하니, 憶念컨대

昔者에 佛爲諸比丘하여 略說法要하시고, 我卽於後에 敷演其義하고,

謂無常義·苦義·空義·無我義·寂滅義하였나이다.

時에 維摩詰이 來謂我言 하되."

佛告摩訶迦旃延 汝行詣維摩詰問疾 부처님께서 마하가전연에게 말씀
하셨다. 그대가 유마힐에게 문병을 가게나.

여섯 번째 사람은 마하가전연입니다. 산스크리트어로 Mahākātyāyana
라는 이름을 한자로 옮긴 것입니다. 이 사람은 '논의제일'이라고 했어요.
discussion을 제일 잘했단 말입니다.

迦旃延白佛言 世尊 我不堪任 詣彼問疾 가전연이 부처님께 대답했다.
세존이시여, 저는 감히 유마힐에게 문병을 갈 수 없습니다.

所以者何 憶念 왜냐하면 이런 일이 있었기 때문입니다.

昔者 佛爲諸比丘 略說法要 옛날에 부처님께서 비구들에게 간략하게
법의 요점을 설명하셨습니다.

我卽於後 敷演其義 그 다음에 제가 뒤이어 세존께서 주신 가르침을
부연해서 설명하고 있었습니다.

謂無常義 苦義 空義 無我義 寂滅義 무상(無常)과 고(苦)와 공(空)과
무아(無我)와 적멸(寂滅)의 뜻을 설명하고 있었습니다.

'無常義, 苦義, 空義, 無我義, 寂滅義'는 오법인(五法印)이라고 하는
것입니다. 사법인은 아시죠? 법을 네 가지 조항으로 설명하는 것 아닙니
까? 제법무아(諸法無我), 제행무상(諸行無常), 일체개고(一切皆苦), 열
반적정(涅槃寂靜)의 네 가지죠. 여기에 제법시공(諸法是空)을 더해서
오법인이 되는 겁니다. 여기 나오는 무상, 고, 공, 무아, 적멸이 하나하나
거기에 해당돼요.

이것을 산스크리트어로 쓰면 다음과 같이 됩니다.

anityāḥ sarvasaṃskārāḥ	諸行無常
duḥkhaḥ sarvasaṃskārāḥ	一切皆苦
śunyāḥ sarvadharmāḥ	諸法是空
anātmānaḥ sarvadharmāḥ	諸法無我
śāntaṃ nirvanaṃ	涅槃寂靜

anityāḥ sarvasaṃskārāḥ. 모든 행은 무상하다. sarva는 '모든'이라는 뜻이고, saṃskara는 '행', '유위행(有爲行)'이라고 할 수 있습니다. 우리가 모든 인연, 여러 가지 연분들을 모아서 무엇인가를 해 나가는 것을 유위행이라고 하죠. 형성작용이라고 할 수도 있습니다. anitya의 nitya는 영원하다는 뜻입니다. 상(常)입니다. 앞에 부정을 뜻하는 a가 붙어서 영원하지 못하다는 뜻이 된 겁니다. '무상하도다, 일체의 모든 행위들은.'

duḥkhaḥ sarvasaṃskārāḥ. duḥkha는 '괴롭다'는 뜻이죠. '모든 유위의 행은 괴롭도다.'

śūnyāḥ sarvadharmāḥ. sarvadharma는 유위의 행으로 만들어진 모든 다르마, 제법입니다. 다르마는 참 어려운 말인데, 행위, 만들어진 것들, 관념들을 말해요. '모든 법은 śūnya다.' śūnya는 '공'이라는 말이에요. '이세상의 모든 법은 헛되도다, 허깨비로다.'

anātmānaḥ sarvadharmāḥ. anātmānaḥ는 ātman이 없다는 거예요. ātman은 변하지 않는 영혼 같은 것을 말하죠. 그런 것은 없는 거라는 거예요.

śāntaṃ nirvāṇam. śānta는 평화롭다, 고요하다는 말이고, nirvāṇa는 열반이죠. '열반은 고요하고 또 고요하다.'

이렇게 가전연이 오법인을 부연해서 설명하고 있는데, 유마힐이 온 겁니다.

時維摩詰 來謂我言 그때 유마힐이 제게 와서 말했습니다.

(26)

唯, 迦旃延이여, 無以生滅心行으로 說實相法이니라.

迦旃延이여,

① 諸法이 畢竟에 不生不滅이니 是無常義요

② 五受陰이 洞達空 無所起니 是苦義요

③ 諸法이 究竟에 無所有니 是空義요

④ 於我 無我가 而不二니 是無我義이며

⑤ 法本不然이라 今則無滅이니 是寂滅義이니라.

唯 迦旃延 無以生滅心行 說實相法　가전연이여, 생멸심행(生滅心行)으로 실상법을 설하면 안 됩니다.

실상(實相)에 대해서 『반야심경』에서는 '불생불멸(不生不滅), 불구부정(不垢不淨), 부증불감(不增不減)'이라고 했고, 또 그것을 공(空)이라고 했습니다. 그 말에 이미 나와 있듯이 실상은 불생불멸이니까, 생멸하는 마음의 여러 가지 모습으로 설명할 수는 없는 거죠.

티베트본에서는 '법에 대해서 말하면서 법에 행위가 따른다거나(ācārasamyukta), 생성되는 바가 있다거나(utpādasamyukta), 또 소멸하는 바가 있다거나(bhaṅgasamyukta) 그렇게 말해서는 안 되는 것입니다'라고 번역하고 있습니다.

迦旃延　가전연이여.

이제 여기 나오는 설명들이 독특합니다. 의표를 찌르는 설명들이 나와요.

① 諸法 畢竟不生不滅 是無常義　제법은 필경에 불생불멸입니다. 이것이 무상의 의미입니다.

제법은 궁극적으로 말해서 생함도 없고 따라서 멸함도 없다고 하는 것이 무상의 뜻이라는 겁니다. 그러니까 여기서는 무상의 의미를 가지고 오히려 제법의 실상을 설명하고 있어요. 무상(無常)과 고(苦)와 공(空)과 무아(無我)와 적멸(寂滅)이 다 실상을 의미하는 말로 해석되고 있습니다.

제법은 필경에 불생불멸이다. 『법성게』에서는 '法性圓融無二相(법성원융무이상)이고 諸法不動本來寂(제법부동본래적)이다'라고 하고 있죠. 모든 법의 본성은 원융하여 두 모습이 없고, 모든 법은 움직임이 없고 본래 고요하고 합니다. 그것이 무엇을 말하느냐 하면, 제법의 실상을 말하고 있는 거죠.

고려시대에 서른여섯 살 난 공주가 죽었는데, 나옹(懶翁)스님에게 영가천도하는 법문을 해 달라고 했습니다. 그러니까 나옹스님이 '36년 동안 허깨비로 태어나서 살다 간 거야. 본래 허깨비였던 거야. 본래의 자리로 간 거야. 뭘 슬퍼해' 이렇게 법문을 했다고 합니다. '필경'이라는 것은 본래 그러하다는 거죠. 본래 불생(不生)이었어요. 그러니까 불멸(不滅)입니다. 태어난 일도 없으니 죽지 않은 거예요. 석가모니 부처님만 그런 것이 아니라 우리도 다 그런 겁니다. 이것을 우리가 터득해야 하는 거죠. 지금까지 '올바로 살아야 한다. 올바로 말해야 한다' 그런 것들은 잘 알고 있겠지만, 이런 것은 많이 생각해 보지 않았을 거예요. 그런데 사실은 불생, 무(無), 공(空), 이것을 잘 알아야죠. 이런 허깨비가 지금 뭐라고 이야기하고 있느냐 하면, 연극 한판 멋지게 하고 가거라, 그러고 있는 거란 말이에요. '멋지게'라는 것이 중요하겠죠. 그것을 잘하려면 이 실상을 잘 알아야 합니다. '제법은 필경에 불생불멸이다.' '무상'이란 말을 듣고 '제행무상' 하면서 한숨만 쉬어서는 안 되는 거예요. 한숨만 쉬면 그것은 소승이죠.

티베트본에서는 '아무 것도 생성된 바 없고, 생성되는 바 없고, 생성

될 것이 없습니다. 아무 것도 소멸된 바 없고, 소멸되는 바 없고, 소멸될 것이 없습니다. 무상의 의미가 이러한 것입니다' 이렇게 되어 있습니다.

② **五受陰 洞達空 無所起 是苦義** 오온이 전부 다 공이고 일어나지 않는 것임을 꿰뚫어 아는 것입니다. 이것이 고의 의미입니다.

'고(苦)'에 대해서도 '고통이다. 고통이다' 그러지 말라는 겁니다. 실상법으로 설하라는 거죠. 그러니까 참 사법인 하나 설명하기도 이렇게 힘들지 않습니까? 이제 내일 모레 또 대구에 가서 '불교기초과정' 강좌를 해야 하는데, 불교 처음 공부하는 사람들에게 그렇게 이야기하면 곤란하죠. 처음에는 '제행은 무상하다', '일체가 개고다', '제법은 무아다', '열반은 적정이다' 이렇게 하나하나 이 현실에 맞추어 설명을 해 줘야 하는데, 어느 시기에 가서는 탁 '아무 것도 없는 거야', 이런 이야기를 해야죠. '일체가 개고다'라는 것을 그렇게 말 그대로만 설명해서는 안 된다는 것을 여기서 이야기하고 있습니다.

'五受陰(오수음)'이라는 것은 오취온(五取蘊), 오온이나 마찬가지예요. 색·수·상·행·식이죠. 오온이라는 것이 다 허깨비 같은 건데, 무슨 허깨비를 붙들고 늘어져서 집착을 하고 말고가 어디 있어? 洞達空無所起(통달공무소기), 색·수·상·행·식이 전부 다 공이니, 그런 것은 일어나지 않는 것이라고 생각해야 한단 말입니다. '고(苦)'라는 말을 들었을 때 고의 실상으로 해석하라는 거죠.

티베트본에서는 '오온은 절대적으로 자성이 없다는 것을 아는 것, 따라서 생기지 않는다는 것을 아는 것, 이것이 고라는 말의 의미입니다' 이렇게 번역되어 있습니다.

③ **諸法 究竟無所有 是空義** 제법은 궁극적으로 무소유입니다. 이것이 공의 의미입니다.

'究竟(구경)'은 '궁극적으로'라는 말이에요. 앞에도 '필경(畢竟)'이란 말이 있었고 '통달(洞達)'이란 말이 있었는데, 여기서는 '구경'이라는 말을 썼습니다. 겉으로는 뭐가 다 있지만, 무상한 것으로 나타나고 고통스러운 것으로 나타나지만, 궁극적으로 말하면, 진리의 본질을 말하면, 그것은 다 불생불멸이요, 공이요, 무소유라는 겁니다. 공이라는 것의 의미는 소유함이 없는 것입니다.

④ 於我無我 而不二 是無我義　아와 무아가 둘이 아닙니다. 이것이 무아의 의미입니다.

아라든가 무아라든가 하는 것은 두 개가 따로 있는 것이 아니다. 무아라는 말을 갖고 아무 것도 없는 것이라고 생각하지 말라는 아주 긍정적인 이야기죠.

나(ātman)와 나 아닌 것(anātman), 이런 이중성, 이원성으로 구성되어 있지 않음(advāya)을 아는 것, 이것이 무아(anātman)의 뜻입니다.

⑤ 法本不然 今則無滅 是寂滅義　법은 본래 불타는 일이 없고, 지금 꺼지는 일도 없습니다. 이것이 적멸의 의미입니다.

本, '본래'라고 하는 말이 중요해요. 현상적으로는 이렇게 있지만, 본래 다른 차원에서 깨닫고 보면 그런 것은 없다는 겁니다.

(27)
說是法時에 彼諸比丘가 心得解脫일새,
故로 我不任詣彼問疾이나이다.

說是法時 彼諸比丘 心得解脫　이 설법을 듣고 여러 비구들이 마음 속 깊이 해탈을 얻었습니다.

故我不任 詣彼問疾　그러므로 저는 감히 문병을 갈 수 없습니다.

7. 아나율과 천안(天眼)

(28)

佛告 阿那律하사대, "汝行詣維摩詰 問疾하라" 하시니,

阿那律이 白佛言하되, "世尊이시여, 我不堪任 詣彼問疾이나이다."

佛告阿那律 汝行詣維摩詰問疾 부처님이 아나율에게 말씀하셨다. 그대가 가서 유마힐의 문병을 하거라.

일곱 번째는 아나율의 차례입니다. 아나율은 산스크리트어로 Aniruddha라고 합니다. '천안(天眼)제일'이라고 불린 사람이에요.

阿那律白佛言 世尊 我不堪任 詣彼問疾 아나율이 부처님께 말씀드렸다. 세존이시여, 저는 감히 유마힐에게 문병을 갈 수 없습니다.

(29)

所以者何뇨 하니, 憶念컨대 我昔에 於一處에서 經行時에

有梵王 名曰嚴淨이 與萬梵俱하고 放淨光明하며 來詣我所하여

稽首作禮하고 問我言하되, "幾何 阿那律 天眼所見이뇨" 하니라.

我卽答言하되, "仁者여, 吾見 此釋迦牟尼佛土 三千大千世界하기를

如觀掌中 菴摩勒果니라" 하니라.

所以者何 憶念 왜냐하면 이런 일이 있었기 때문입니다.

我昔於一處經行時 옛날에 제가 어느 곳에서 경행을 하고 있었습니다.

경행(經行)이라고 하는 것은 걸으면서 하는 수행입니다. 참선하다 말고 거니는 것을 수행의 하나로 여기죠.

有梵王 名曰嚴淨 與萬梵俱 放淨光明 來詣我所 그때 엄정(嚴淨)이라는

범왕이 만 명의 범천과 함께 청정한 광명을 발하면서 제가 있는 곳으로 왔습니다.

稽首作禮 問我言 그리고 이마를 땅에 대고 절을 한 다음에 제게 물었습니다.

幾何 阿那律 天眼所見 아나율이여, 당신의 천안은 어느 정도까지 볼 수 있습니까?

당신은 '천안제일'이라는데 얼마나 잘 볼 수 있습니까?

我卽答言 저는 바로 대답했습니다.

仁者 吾見 此釋迦牟尼佛土 三千大千世界 如觀掌中 菴摩勒果 이보시오, 나는 이 석가모니 부처님의 나라 삼천대천세계를 내 손바닥 안의 망고 열매를 보듯이 하오.

(30)
時에 維摩詰이 來謂我言하되.
"唯, 阿那律이여, 天眼所見은 爲作相耶아 無作相耶아.
假使作相이면 則與外道五通等이고,
若無作相이면 卽是無爲라 不應有見이리라."
世尊이시여, "我 時에 黙然하였나이다."

時維摩詰 來謂我言 그때 유마힐이 제게 말했습니다.

唯 阿那律 天眼所見 爲作相耶 無作相耶 그래, 아나율이여, 당신의 천안이 보는 대상은 작상(作相)입니까, 무작상(無作相)입니까?

작상은 abhisaṃskṛtalakṣaṇa, 무작상은 anabhisaṃskṛtalakṣaṇa입니다. 이것은 유위(有爲)의 상, 무위(無爲)의 상이라고 해도 되는 거죠. 그런데 무위의 상이라는 것은 있는 게 아니에요. 무위에는 상이 없습니다. 유위의 상은 있습니다.

假使作相 則與外道五通等 만약 작상이라면 외도의 오통(五通)과 다를 바 없고.

유위의 상을 보는 것이라면, 신통력이 있다는 외도들이 가지고 있는 오통, 오신통력과 뭐가 다릅니까, 그런 이야기죠. 오통(五通)은 육신통에서 번뇌가 다 없어진 누진통(漏盡通)만을 빼고 이야기하는 겁니다. 그 중에 아나율이 제일이라고 하는 천안통(天眼通)이 들어 있죠.

若無作相 卽是無爲 不應有見 만약 무작상이라면 그것은 무위이니 본다는 일이 도대체 없는 것 아닙니까?

世尊 我時默然 세존이시여, 저는 그때 말문이 막혀 아무 말도 하지 못했습니다.

(31)

彼諸梵이 聞其言하고, 得未曾有하여 卽爲作禮하고 而問曰하되,

"世孰有眞天眼者이뇨" 하니,

維摩詰이 言하되, "有佛世尊이 得眞天眼이니라.

常在三昧하여 悉見諸佛國土하니 不以二相이니라" 하였나이다.

彼諸梵聞其言 得未曾有 卽爲作禮 而問曰 그 범천들은 유마힐의 말을 듣고 일찍이 들어보지 못한 말이라 하며, 곧 예배를 드리고 물었습니다.

世孰有眞天眼者 그러면 세상에서 참된 천안을 가진 사람은 과연 누구입니까?

維摩詰言 有佛世尊 得眞天眼 유마힐이 대답했습니다. 불세존만이 참된 천안을 가지고 계십니다.

常在三昧 悉見諸佛國土 不以二相 부처님은 언제나 삼매에 드셔서 모

든 부처님의 나라를 남김없이 다 보고 계시고, 이상(二相)으로써 보지 않으십니다.

'不以二相(불이이상)'은 작상과 무작상 어느 쪽도 아니라는 이야기죠. 『법성게』에도 '法性圓融無二相(법성원융무이상)'이라는 말이 나옵니다. 차원이 낮은 세계, 작위의 세계, 유위의 세계에 이상(二相)이란 것이 있는 것입니다.

(32)
於是에 嚴淨梵王 及其眷屬 五百梵天이
皆發阿耨多羅三藐三菩提心하고, 禮維摩詰足已하고 忽然不現이니,
故로 我不任 詣彼問疾이나이다.

於是 嚴淨梵王 及其眷屬 五百梵天 皆發阿耨多羅三藐三菩提心 이 말을 듣고 엄정범왕과 그 권속인 오백 명의 범천들은 다 아뇩다라삼먁삼보리심을 발했습니다.

禮維摩詰足已 忽然不現 그리고 유마힐의 발에 절을 하고 홀연히 사라져 버렸습니다.

故我不任 詣彼問疾 그래서 저는 감히 유마힐에게 문병을 갈 수 없습니다.

8. 우파리와 계율

(33)
佛告 優波離하사대, "汝行詣維摩詰 問疾하라" 하시니,

優波離가 白佛言하되, "世尊이시여, 我不堪任 詣彼問疾이나이다.
所以者何뇨 하니, 憶念컨대
昔者에 有二比丘 犯律行하고, 以爲恥로 不敢問佛하고, 來問我言하되,
'唯, 優波離여, 我等이 犯律하니 誠以爲恥로다.
不憾問佛하니, 願解疑悔하여 得免斯咎케 하소서' 하였나이다.
我卽爲其 如法解說하니, 時에 維摩詰이 來謂我言하되."

佛告優波離 汝行詣維摩詰問疾 부처님이 우파리에게 말씀하셨다. 그대가 가서 유마힐에게 문병을 하거라.

여덟 번째 사람은 우파리(優波離)입니다. 산스크리트어로 Upāli라고 하는 사람인데, 이 사람은 원래 카필라성의 석가족 집안의 이발사로 신분이 낮은 노예계급 출신이었어요. 그러다가 출가하여 석가모니 부처님의 제자가 되었습니다. 갓 출가한 승려들의 머리를 깎아 주면서 계율을 암송하는 자리에 있다 보니까 율장에 밝아졌어요. 그래서 석가모니 부처님이 돌아가신 후 경장(經藏)과 율장(律藏)을 만들 때, 이 우파리가 율장의 내용을 기억하고 있다가 그것을 하나하나 설명함으로써 율장의 토대가 만들어졌습니다. 이 사람은 계율을 잘 지키는 것으로 이름난 사람인데, 그래서 '지율(持律)제일'이라고 불렸습니다. 이제 이 사람과 관련해서는 계율 문제를 이야기합니다. 상당히 의미심장한 내용이 포함되어 있어서 혹 오해를 받기도 하는 대목입니다.

優波離白佛言 世尊 我不堪任 詣彼問疾 우파리가 부처님께 말씀드렸다. 세존이시여, 저는 감히 유마힐에게 문병을 갈 수 없습니다.

所以者何 憶念 왜냐하면 이런 일이 있었기 때문입니다.

昔者 有二比丘犯律行 以爲恥 不敢問佛 來問我言 옛날에 두 사람의 비구가 계율을 범하고 부끄러움을 못 이겨 부처님께 여쭙지 못하고 제게

와서 말했습니다.

唯 優波離 我等犯律 우파리스님, 저희들이 율을 범했습니다.

誠以爲恥 不憾問佛 부끄럽기 짝이 없어 감히 부처님께 여쭙지 못하겠습니다.

願解疑悔 得免斯咎 바라건대 저희들의 의심과 후회를 풀어 주시어, 그 잘못으로 인한 화를 면하게 해 주소서.

我卽爲其 如法解說 그래서 제가 그 두 사람을 위해 법대로 해설을 해 주었습니다.

時維摩詰 來謂我言 그때 유마힐이 제게 와서 이렇게 말하는 것이었습니다.

여법(如法)하게 해설했다고 하는 것은 율장대로 설명해 주었다는 이야기겠죠. 무슨 죄를 지었느냐, 그렇게 되면 그것은 무슨 처벌을 받아야 된다, 누구한테 가서 어떻게 이야기하고 어떤 처벌을 받아라, 그렇게 이야기해 주었겠죠. 그때 유마힐이 와서 무슨 소리를 하고 있느냐고 하면서 전연 다른 이야기를 해 줍니다.

(34)

"唯, 優波離여, 無重增此二比丘罪하라. 當直除滅하여 勿擾其心하라.
所以者何뇨 하니, 彼罪性이 不在內하고 不在外하며 不在中間이니라.
如佛所說이 心垢故 衆生垢요, 心淨故 衆生淨이며,
心亦不在內요 不在外요 不在中間이니라.
如其心然하니 罪垢亦然하고 諸法亦然하며 不出於如如이니라.
優波離여, 以心相으로 得解脫하니, 時에 寧有垢아 不아" 하니
我言하되, "不也로다" 하니,
維摩詰이 言하되.

唯 優波離 無重增此二比丘罪　우파리여, 두 비구의 죄를 더 무겁고 크게 하지 마시오.

當直除滅 勿擾其心　즉시 그 죄를 제거해서 마음을 혼란케 하지 마시오.

所以者何 彼罪性 不在內 不在外 不在中間　왜냐하면 그 죄라는 것의 본바탕은 안에도 없고, 밖에도 없고, 중간에도 없기 때문입니다.

그 죄가 어디 있단 말이냐 하는 이야기죠.

如佛所說 心垢故 衆生垢 心淨故 衆生淨　부처님께서 말씀하셨듯이 마음이 더러우므로 중생이 더럽고, 마음이 깨끗하므로 중생이 깨끗한 것입니다.

心亦不在內 不在外 不在中間　마음의 본바탕은 안에도 없고, 밖에도 없고, 중간에도 없습니다.

마음의 본바탕이 어디 있느냐는 이야기입니다.

如其心然 罪垢亦然　마음이 그러하듯 죄나 더러움도 그러합니다.

諸法亦然 不出於如如　모든 법도 그러하여 여여함을 벗어나지 못하는 것입니다.

優波離 以心相 得解脫時 寧有垢不　우파리여, 심상(心相)이 이렇다는 것을 알고 해탈을 얻을 때, 그때도 죄라는 것이 있겠습니까, 없겠습니까?

심상(心相)은 마음의 실상, 마음의 자성이라고 해도 괜찮겠죠.

이렇게 유마힐이 물은 것입니다.

我言 不也　저는 없다고 대답했습니다.

維摩詰言　그러자 유마힐이 말했습니다.

(35)
"一切衆生의 心相의 無垢도 亦復如是니라.

唯, 優波離여, 妄想이 是垢요, 無妄想이 是淨이니라.

顚倒가 是垢요, 無顚倒가 是淨이니라.

取我가 是垢요, 不取我가 是淨이니라.

優波離여, 一切法이 生滅不住함이 如幻如電이며,

諸法이 不相待며, 乃至 一念이라도 不住이니라.

諸法이 皆妄見이며, 如夢 如炎이며 如水中月이고

如鏡中像이며 以妄想生이니라.

其知此者는 是名奉律이요, 其知此者는 是名奉解니라.”

一切衆生 心相無垢 亦復如是 일체 중생의 심상이 무구(無垢)함 또한 이와 같습니다.

唯 優波離 妄想是垢 無妄想是淨 우파리여, 망상이 더러움이고, 망상이 없는 것이 깨끗하다는 것입니다.

顚倒是垢 無顚倒是淨 전도(顚倒)가 더러움이고, 전도가 없는 것이 깨끗하다는 것입니다.

'전도'는 viparyāsa, 잘못된 이해입니다.

取我是垢 不取我是淨 취아(取我)가 더러움이고, 취아가 없는 것이 깨끗하다는 것입니다.

'취아'는 ātmasamāropa, '나'의 존재를 무작정 인정하는 것입니다.

優波離 一切法 生滅不住 如幻如電 우파리여, 일체의 법이 생멸하고 한군데 머무르지 않는 것은 마치 허깨비 같고 번갯불 같습니다.

諸法不相待 乃至一念不住 제법은 상대를 기다리는 차원을 넘어서 있는 것이며, 나아가 한 순간도 머무르지 않는 것입니다.

諸法皆妄見 제법은 다 망견(妄見)입니다.

如夢如炎 如水中月 如鏡中像 以妄想生 마치 꿈과 같고 아지랑이와 같

고, 물 위에 뜬 달과 같고, 거울 속의 사람 모양 같아서 다 망상으로 생긴 것입니다.

其知此者 是名奉律 이렇게 알게 되면 그것이야말로 율을 받드는 일이라고 하고.

其知此者 是名奉解 이렇게 알게 되면 그것이야말로 잘 깨달은 것이라고 하는 것입니다.

(36)

於是에 二比丘가 言하되, "上智哉라, 是優波離의 所不能及이요,
持律之上으로 而不能說이로다" 하나라.
我卽答言하되,
"自捨如來하고는 未有聲聞 及菩薩이 能制其樂說之辯이니라.
其智慧明達이 爲若此也니라" 하나이다.

於是 二比丘言 유마힐의 이 말을 듣고 두 비구가 말했습니다.

上智哉 是優波離 所不能及 정말 높은 지혜를 가지신 분이로다. 이 우파리가 도저히 미치지 못하는 바로다.

持律之上 而不能說 아무리 계율을 잘 지키는 사람도 이렇게 설할 수는 없을 것이다.

我卽答言 제가 바로 대답했습니다.

自捨如來 未有聲聞及菩薩 能制其樂說之辯 여래를 제쳐놓고 어떤 성문이나 보살도 유마힐의 요설지변을 따를 자가 없습니다.

'요설지변(樂說之辯)'은 걸림 없이 통달자재한 말솜씨를 말합니다.

其智慧明達 爲若此也 그 지혜의 밝고 깊음이 이와 같은 것입니다.

(37)

時에 二比丘가 疑悔卽除하야 發阿耨多羅三藐三菩提心하야

作是願言하고 令一切衆生이 皆得是辯일새,

故로 我不任詣彼問疾이니이다.

時二比丘 疑悔卽除 發阿耨多羅三藐三菩提心 그때 두 비구는 율장에 대한 의심과 후회에서 벗어나 아뇩다라삼먁삼보리를 얻겠다는 마음을 발했습니다.

作是願言 令一切衆生 皆得是辯 그리고 일체 중생이 다 이런 요설지변을 얻게끔 하겠다는 원을 세웠습니다.

故我不任 詣彼問疾 그러므로 저는 감히 유마힐의 문병을 갈 수 없습니다.

9. 라후라와 출가 공덕

(38)

佛告 羅睺羅하사대, "汝行詣維摩詰 問疾하라" 하시니

羅睺羅가 白佛言하되, "世尊이시여, 我不堪任 詣彼問疾이니이다.

所以者何뇨 하니, 憶念컨대

昔時에 毗耶離 諸長者子가 來詣我所하야 稽首作禮하고 問我言하되,

'唯, 羅睺羅여, 汝는 佛之子라 捨轉輪王位하고 出家爲道하니,

其出家者는 有何等利오' 하더이다.

我卽 如法하게 爲說出家功德利하니,

時에 維摩詰이 來謂我言하되."

佛告羅睺羅 汝行詣維摩詰問疾 부처님이 라후라에게 말씀하셨다. 그대가 유마힐의 문병을 가거라.

아홉 번째 제자는 라후라(羅睺羅)입니다. 산스크리트어로는 Rāhula 라고 씁니다. 라후라는 석가모니 부처님의 아들이죠. 이 말은 장애물이란 뜻이에요. 출가를 하는 데 장애가 된다고 생각했던 것이죠. 부처님이 출가하기 전날 태어났어요. 그날 밤에 잔치가 벌어졌는데, 잔치가 끝나고 모든 사람들이 깊은 잠에 들었을 때 석가모니는 성을 몰래 나와서 입산을 했던 것입니다.

라후라는 무엇을 제일 잘했느냐 하면, '인욕(忍辱)제일'이라고 했습니다. 부처님의 아들로서 여러 가지 몸가짐이 어려운 점이 참 많았을 것 같아요. 그래서 남달리 조심을 해야만 했습니다. 그래서 인욕을 잘하는 사람으로 되어 있어요. 사람들로부터 자칫 잘못하면 교만하다는 소리도 듣고 비난도 많이 들을 만했죠. 실제로 교만했는지 안 했는지는 모르겠지만, 라후라는 스스로 삼가고 겸손함을 키우려고 했던 것으로 알려져 있습니다.

라후라와 관련해서는 출가공덕의 이익이 어떤 것이냐 하는 데 대한 이야기가 나옵니다. 라후라가 출가의 공덕과 이익에 대해서 설법을 하다가, 또 유마힐한테 당하죠.

羅睺羅白佛言 世尊 我不堪任 詣彼問疾 라후라가 부처님께 말씀드렸다. 세존이시여, 저는 감히 유마힐에게 문병을 갈 수 없습니다.

所以者何 憶念 왜냐하면 이런 일이 있었기 때문입니다.

昔時 毗耶離 諸長者子 內詣我所 稽首作禮 問我言 옛날에 비야리성의 여러 장자의 아들들이 제게 와서 머리를 숙여 절하고 말했습니다.

唯 羅睺羅 汝佛之子 捨轉輪王位 出家爲道 라후라스님이시여, 당신은 부처님의 아들로서 전륜왕(轉輪王)의 왕위를 버리고 출가해서 도를 닦

으십니다.

其出家者 有何等利 그 출가라는 것에는 어떤 이익이 있습니까?

我卽如法 爲說出家功德利 그래서 저는 법이 가르치는 대로 출가의 공덕과 이익에 대해 말을 해 주었습니다.

時維摩詰 來謂我言 그때 유마힐이 제게로 와서 말했습니다.

(39)
"唯, 羅睺羅여, 不應說 出家功德之利로다.

所以者何뇨 하니, 無利 無功德이 是爲出家니라.

有爲法者는 可說有利요 有功德이로되, 夫出家者는 爲無爲法이라.

無爲法中에는 無利요 無功德이니라.

羅睺羅여, 出家者는 無彼無此하며 亦無中間이니라.

離六十二見하고 處於涅槃하니, 智者所受요 聖所行處니라.

降伏衆魔하며 度五道하고, 淨五眼하며 得五力하고 立五根하여,

不惱於彼하고 離衆雜惡하며, 摧諸外道하고 超越假名하며,

出淤泥하여 無繫着하며, 無我所하고 無所受하고 無擾亂하며,

內懷喜하고 護彼意하며, 隨禪定하여 離衆過하니,

若能如是하면 是眞出家니라."

唯 羅睺羅 不應說出家功德之利 라후라여, 출가공덕의 이(利)를 설해서는 안 됩니다.

所以者何 無利無功德 是爲出家 왜냐하면 이(利)도 없고 공덕도 없는 것이 출가이기 때문입니다.

有爲法者 可說有利有功德 유위법이라면 이(利)가 있다, 공덕이 있다고 할 수 있지만.

夫出家者 爲無爲法 출가는 무위법이니.

無爲法中 無利無功德 무위법 중에는 이(利)도 없고 공덕도 없는 것입니다.

羅睺羅 出家者 無彼無此 亦無中間 그러니 라후라여, 출가라는 것에는 저기도 없고 여기도 없고 그 중간도 없습니다.

離六十二見 處於涅槃 62견을 떠나 열반에 있는 것입니다.

육십이견은 62가지의 사견(邪見)을 말하는 것이죠.

智者所受 聖所行處 지혜로운 자가 누리는 바이며, 성인이 수행하는 바입니다.

降伏衆魔 度五道 淨五眼 得五力 立五根 갖가지 마구니를 항복시키고, 다섯 가지 나쁜 길을 넘어섰고, 다섯 가지 눈을 맑게 했으며, 다섯 가지 힘을 얻었고, 다섯 가지 뿌리를 확고히 세웠습니다.

'衆魔(중마)'는 갖가지 마구니입니다. '五道(오도)'는 지옥, 아귀, 축생, 인, 천의 다섯 가지 삶의 나쁜 생존방식이죠. '五眼(오안)'은 육안(肉眼), 천안(天眼), 혜안(慧眼), 법안(法眼), 불안(佛眼)의 다섯 가지 눈을 말합니다. '五力(오력)'과 '五根(오근)'은 앞에도 나왔는데, 신(信), 정진(精進), 염(念), 정(定), 혜(慧)의 다섯 가지 마음가짐을 힘과 뿌리로 설명한 겁니다.

不惱於彼 離衆雜惡 摧諸外道 超越假名 아무 것으로부터도 괴로움을 당하지 않고 갖가지 잡된 악을 떠나, 일체의 외도를 무찌르고 가명(假名)에 불과한 세상일에 구애되지 않습니다.

出淤泥 無繫着 애욕과 사견의 진흙탕에서 뛰쳐나와 온갖 속박을 벗어나서.

無我所 無所受 無擾亂 나와 내 것이라는 생각을 버리고, 감각적인 것에 집착하는 일이 없으며, 마음의 동요가 없고.

內懷喜 護彼意 隨禪定 離衆過　안으로 기쁨을 간직하고, 중생들의 좋은 마음씨를 지켜주며, 선정에 따라 살되, 온갖 잘못을 버립니다.

若能如是 是眞出家　만약 이렇게 한다면, 이것을 참된 출가라 할 것입니다.

(40)
於是에 維摩詰이 語諸長者子하되, "汝等은 於正法中에 宜共出家하라. 所以者何뇨 하니, 世尊은 難値니라" 하였나이다.

諸長者子가 言하되,

"居士시여, 我聞佛言하니 父母不聽이면 不得出家리다" 하니,

維摩詰이 言하되, "然이로다. 汝等이 便發阿耨多羅三藐三菩提心이면, 是卽出家며 是卽具足이니라" 하나이다.

於是 維摩詰 語諸長者子　이때 유마힐이 장자의 아들들에게 말했습니다.

汝等 於正法中 宜共出家　그대들은 정법 안에서 다 함께 출가하시오.

所以者何 世尊難値　왜냐하면 세존은 매우 만나기 어렵기 때문입니다.

諸長者子言　그러자 장자의 아들들이 말했습니다.

居士 我聞佛言 父母不聽 不得出家　거사님, 부처님께서는 부모가 허락하지 않으면 출가할 수 없다고 말씀하신다고 들었습니다.

維摩詰言 然　유마힐이 그렇다고 대답했습니다.

汝等 便發阿耨多羅三藐三菩提心 是卽出家 是卽具足　그러니 그대들은 지금 바로 아뇩다라삼먁삼보리를 얻겠다는 발심을 하시오. 그것이 곧 출가며, 구족이오.

구족(具足)은 구족계라는 말이죠. 구족계는 출가하여 교단에 들어오면서 받는 계입니다. 비구는 250계, 비구니는 348계를 받았습니다. 여기

서는 아뇩다라삼먁삼보리심을 발하면, 구족계를 받은 것이나 마찬가지라는 이야기를 하고 있는 겁니다.

(41)
爾時에 三十二長者子가 皆發阿耨多羅三藐三菩提心하였으니,
故로 我不任詣彼問疾이나이다.

爾時 三十二長者子 皆發阿耨多羅三藐三菩提心 이때 서른두 명의 장자의 아들들이 다 아뇩다라삼먁삼보리심을 발했습니다.
故我不任 詣彼問疾 그래서 저는 유마힐의 문병을 갈 수 없습니다.

10. 아난과 부처님의 시봉

(42)
佛告 阿難하사대, "汝行詣維摩詰 問疾하라" 하시니
阿難이 白佛言하되, "世尊이시여, 我不堪任 詣彼問疾이나이다.
所以者何뇨 하니, 憶念컨대
昔時에 世尊이 身小有疾하사 當用牛乳로 我卽持鉢하고,
詣大婆羅門家하여 門下立하니,
時에 維摩詰이 來謂我言하되."

佛告阿難 汝行詣維摩詰問疾 부처님께서 아난에게 말씀하셨다. 그대가 가서 유마힐 문병을 하라.
열 번째가 아난(阿難)입니다. 산스크리트어로는 Ānanda라고 하죠.

아난은 항상 석가모니 부처님을 따라다니면서 시중을 들었던 사람입니다. 요새 말로 하면 시봉(侍奉)이죠. 부처님을 가까이에서 모시면서 신변의 여러 가지 일들을 정리하는 역할을 했어요. 그래서 부처님이 설법하실 때마다 그 옆에 있으면서 설법을 제일 많이 들었다고 해서 '다문(多聞)제일'이라고 했습니다.

아난은 여러 가지로 다른 승려들에게 비난을 많이 받았습니다. 어떤 이유를 드느냐 하면, 여인들에게 너무 친절하게 했다고 합니다. 여인들에게 친절한 것이 그렇게 죄가 되는지 모르겠지만, 성문의 입장에서 보면 그렇겠죠. 또 하나는 여인을 출가시킨 장본인이라는 겁니다. 석가모니를 낳은 생모는 일찍이 돌아가셨죠. 그래서 이모가 대신 어린 석가를 키웠는데, 그 이모가 출가하기를 희망했습니다. 그런데 그때까지 출가 승려는 모두 비구들만으로 구성되어 있었어요. 부처님께서는 이모가 간절히 청하기 때문에 여인의 출가를 그때부터 허락했습니다. 이때 아난이 중간에서 여인의 출가를 도와주었거든요. 그래서 이것이 또 아난의 잘못으로 돌려졌습니다. 아난은 아라한과(阿羅漢果)도 늦게 얻었습니다. 그래서 부처님이 돌아가시고 오백 명의 아라한들이 모여서 최초로 부처님의 말씀을 결집할 때 아난이 오백 번째 사람이었는데, 처음에는 쉽게 그 오백 명 사이에 끼지 못했습니다. 아까 이야기한 잘못들 때문에 아난은 얼마동안 더 따로 수행을 하고 와야만 했죠.

阿難白佛言 世尊 我不堪任 詣彼問疾 아난이 부처님께 말씀드렸다. 세존이시여, 저는 감히 유마힐의 문병을 갈 수 없습니다.

所以者何 憶念 왜냐하면 이런 일이 있었기 때문입니다.

昔時 世尊身小有疾 當用牛乳 옛날에 세존께서 몸이 약간 편찮으셔서 우유가 필요했습니다.

我卽持鉢 詣大婆羅門家 門下立 그래서 저는 바루를 들고 큰 바라문의

집을 찾아가 문 앞에 서 있었습니다.

時維摩詰 來謂我言 그때 유마힐이 와서 제게 이렇게 말했습니다.

(43)

"唯, 阿難이여, 何爲晨朝에 持鉢住此하오" 하니

我言하되,

"居士여, 世尊이 身小有疾하사 當用牛乳로 故來至此하니라" 하니

維摩詰이 言하되.

唯 阿難 何爲晨朝 持鉢住此 아난이여, 어째서 이렇게 이른 아침에 바루를 들고 여기 서 있습니까?

我言 居士 世尊身小有疾 當用牛乳 제가 대답했습니다. 세존께서 몸이 좀 불편하셔서 우유가 필요합니다.

故來至此 그래서 여기에 오게 된 것입니다.

維摩詰言 그러자 유마힐이 말했습니다.

(44)

"止止하라. 阿難이여, 莫作是語하라.

如來身者는 金剛之體라, 諸惡已斷하고 衆善普會어늘,

當有何疾이며 當有何惱이리오.

黙往하라, 阿難이여.

勿謗如來하며 莫使異人으로 聞此麤言케 하고,

無令 大威德諸天 及他方淨土 諸來菩薩로 得聞斯語케 할지로다.

阿難이여, 轉輪聖王이 以少福故로 尙得無病이어늘,

豈況如來 無量福會 普勝者哉이리오.

行矣하라, 阿難이여. 勿使我等으로 受斯恥也케 하라.

外道梵志가 若聞此語이면 當作是念하되,

'何名爲師가 自疾도 不能救而어늘 能救諸疾이리오' 하리라.

仁可密速去하여 勿使人聞케 하라."

止止 阿難 莫作是語 가만 가만, 아난이여, 그런 말 하지 마시오.

如來身者 金剛之體 여래의 몸은 금강의 몸입니다.

여기가 중요한 대목입니다. '如來身者(여래신자)는 金剛之體(금강지체)라.' 이것은 『열반경』에 나오는 이야기와 똑같아요.

諸惡已斷 衆善普會 모든 악은 다 끊어 버렸고, 모든 선은 다 모아 가지고 계십니다.

當有何疾 當有何惱 그러니 무슨 병환이 있겠으며, 무슨 고뇌가 있겠습니까?

黙往 阿難 잠자코 가시오, 아난이여.

勿謗如來 여래를 비방하지 마시오.

莫使異人 聞此麤言 다른 사람들이 이런 추악한 말을 들을까 걱정입니다.

無令大威德諸天 及他方淨土諸來菩薩 得聞斯語 큰 위덕이 있는 제천(諸天)이나 타방의 정토에서 온 보살들이 이런 말을 듣지 않게끔 하십시오.

阿難 轉輪聖王 以少福故 尙得無病 아난이여, 전륜성왕도 그 작은 복 때문에 병 따위를 앓지 않는데.

豈況如來 無量福會 普勝者哉 무량한 복을 다 모아 가지고 계시고 모든 것을 다 이기신 여래께서 어찌 병을 앓는단 말입니까?

行矣 阿難 가시오, 아난이여.

勿使我等 受斯恥也 우리가 수치를 당하지 않도록 하시오.

外道梵志 若聞此語 當作是念 외도나 바라문이 만약 이런 말을 듣는다

면 이렇게 생각하지 않겠습니까?

何名爲師 自疾不能救 而能救諸疾 자기 병도 구하지 못하는 주제에 어떻게 남의 병을 구할 수 있겠나?

仁可密速去 勿使人聞 그러니 그대는 속히 조용히 가는 것이 좋겠습니다. 그래서 사람들이 이 소문을 듣지 않게 하시오.

(45)
當知하라, 阿難이여.
諸如來身은 卽是法身이요 非思欲身이니,
佛爲世尊하여 過於三界하니라.
佛身은 無漏라 諸漏已盡이며, 佛身은 無爲라 不墮諸數이니,
如此之身에 當有何疾이며 當有何惱이리오.

當知 阿難 마땅히 이렇게 알아야 합니다. 아난이여.

諸如來身 卽是法身 非思欲身 모든 여래의 몸은 곧 법의 몸이지 사욕(思欲)의 몸이 아닙니다.

佛爲世尊 過於三界 부처님은 세존으로서 삼계를 벗어나셨습니다.

佛身無漏 諸漏已盡 부처님의 몸은 무루(無漏)니 모든 누(漏)가 없어졌습니다.

'누'는 번뇌라는 뜻이죠.

佛身無爲 不墮諸數 부처님의 몸은 무위(無爲)니 갖가지 고통과 간난(艱難)에 떨어지는 일이 없습니다.

如此之身 當有何疾 當有何惱 이와 같은 몸에 어찌 병환이나 고뇌가 있겠습니까?

(46)

時에 我는, 世尊이시여, 實懷慚愧 得無近佛 而謬聽耶하였나이다.

卽聞空中聲하니 曰하되, "阿難이여, 如居士言하니,

但爲佛出五濁惡世하여 現行斯法은 度脫衆生이니,

行矣하라. 阿難이여. 取乳勿慚하라" 하나니.

時我世尊 實懷慚愧 세존이시여, 그때 저는 실로 부끄러운 마음을 금할 수 없었습니다.

得無近佛 而謬聽耶 부처님을 가까이 모시면서도 부처님 말씀을 잘못 알아듣고 있었던 것입니다.

卽聞空中聲曰 그때 공중에서 이런 소리가 들려왔습니다.

阿難 如居士言 아난이여, 거사의 말과 같도다.

但爲佛出五濁惡世 現行斯法 度脫衆生 부처님이 오탁악세(汚濁惡世)에 나오셔서 이러저러한 모습을 보이시는 것은 다만 중생들을 제도하시기 위함이니라.

行矣 阿難 取乳勿慚 가시오, 아난이여. 우유를 갖고 가되 부끄러워 마시오.

여기까지가 하늘에서 들려온 소리입니다.

(47)

世尊이시여, 維摩詰의 知慧辯才가 爲若此也나이다.

是故로 不任詣彼問疾이나이다.

世尊 維摩詰 知慧辯才 爲若此也 세존이시여, 유마힐의 지혜와 변재가 이와 같습니다.

是故 不任詣彼問疾 그러므로 저는 감히 유마힐의 문병을 갈 수 없습니다.

(48)
如是 五百大弟子가 各各向佛하여 說其本緣하며,
稱述 維摩詰所言하고 皆曰하여 "不任詣彼問疾이라" 하니라.

如是 五百大弟子 各各向佛 說其本緣 稱述 維摩詰所言 이와 같이 오백 명의 대제자들이 각각 다 부처님을 향해 그 본연(本緣)을 이야기하고, 유마힐이 한 말들을 칭송했다.

皆曰 不任詣彼問疾 그리고 모두들 감히 문병을 가지 못한다고 말했다.

보살품 菩薩品 第四

지금까지 『유마경』의 제3품인 「제자품」까지 이야기했습니다. 「제자
품」에는 좀더 이야기할 것이 있었는데, 서둘렀다는 감도 없지 않습니다.
그러나 불교 경전을 공부하는 데 있어서 한 번 읽는 것만으로 모든 것을
다 이해한다는 것은 어려운 일이니까 계속 읽고 또 읽는 것을 원칙으로
하죠. 일단 문자에 사로잡히지 않고 전체적인 의미를 이해하는 방향으로
앞의 세 품을 보았습니다. 이어서 제4 「보살품」, 제5 「문수사리문질품」을
보겠습니다. 아주 중요한 품들입니다.

　사실 이 강의가 제 본래 뜻처럼 좀더 자세하게 진행되지 못하고 있
는 느낌이 들어서 저도 불만스러운 생각이 있습니다. 그러나 너무 자세
한 것이 좋으냐 하는 것도 문제는 문제입니다. 제가 이야기해 가는 가운
데 서서히 정리가 되리라고 생각합니다. 남의 이야기를 많이 하는 것이
반드시 좋은 것도 아니고, 또 제 이야기만 한다고 해도 생각할 여러 가지
문제점이 있는 것이니까 만족스럽지 못한 점이 있지만, 그런 대로 가고
있다고 느끼셔야 되겠습니다.

　지금 제가 이 『유마경』을 반복해서 강의하는 것은 죽기 전에 좋은 주
석서 하나를 내놓고 싶은 심정도 있기 때문이에요. 제 선생님인 라모뜨
교수가 『유마경』의 티베트본을 불란서말로 번역하고 주해한 것이 있습
니다. 그런 것을 잘 살려 가면서 무엇인가 하나를 남겨 놓아야겠다고 생
각하고 있는데, 그 동안 그 일이 좀 소홀했어요. 강의는 주목하는 사람들
이 많기 때문에 안 할 수가 없지만, 글 쓰는 것은 혼자 하는 작업이라 감
시하는 사람이 없어서 소홀해졌습니다.

　이제 「보살품」을 보겠습니다. 이 품에는 다른 품들처럼 (1), (2), (3),
이런 식으로 번호가 매겨져 있습니다. 이렇게 번호로 내용을 나누는 것
은 원본에는 없는 것이고, 라모뜨 교수가 설명하기 쉽게 단락을 나눈 것
을 대체로 따른 것입니다. 이렇게 번호를 매겨 보면, 옛날에 지어진 경전

이지만 이 경전의 구성이 얼마나 논리적이냐 하는 것을 알 수 있습니다.

경전들 중에 가령 앞뒤가 맞지 않는 것이 들어 있다면, 당장에 이것은 후대에 누가 삽입한 거다, 이것은 가짜다, 이렇게 의심해 볼 수가 있겠죠. 언제든지 후대의 사람들이 적당히 자기네 학파, 종파에 유리하게 적어 넣는 경우가 있거든요. 이것을 참입(僭入), 거짓되게 삽입하는 것이라고 하죠. 그렇게 경전을 변조하고 위조하는 겁니다. 그런 것을 발견해야 하고, 또 전체 경전을 읽으면서 모든 품들이 일관성이 있나, 용어가 비슷하나, 앞의 것과 나중 것에 전연 다른 내용이 들어가 있지 않나, 이런 모든 것들을 봐야 하죠. 『법화경』에는 명백히 나중에 삽입하거나 붙인 것들이 있습니다. 도저히 있을 수 없는 것들이 들어와 있는데, 원형은 처음에 한 서너 품 정도였고, 많은 부분이 나중에 첨가된 것으로 판명이 났어요. 가령 『반야심경』에도 '아제아제 바라아제……'라는 주문이 들어와 있는데, 반야사상이 일어난 대승불교 초기에는 주문 자체가 있을 수 없는 것이죠. 그래서 주문이 들어온 현 형태의 『반야심경』은 원래의 모습이 아니라는 것이 입증됩니다. 이런 면에서 불교학 연구에 있어서 원전비판은 절대적으로 필요한 것이죠. 그것은 성경 연구에서도 마찬가지예요. 이것이 진짜냐 가짜냐, 나중에 넣은 거냐 아니냐, 동질성이 있냐 없냐 하는 것을 언제든지 생각해야 하는 겁니다.

그런데 이 『유마경』은 전체를 다 읽고 또 읽어 보아도 완전히 하나로 일관되게 통해요. 물론 지겸과 구마라집의 번역, 현장의 번역, 그리고 티베트어 번역을 대조해 보면, 조금씩 발전되고 달라진 부분들이 있기는 하지만, 전체적으로 아주 일관성이 있고, 구성도 매우 논리적이고 조직적입니다. 또 이질적인 것이 하나도 들어 있지 않아요. 밀교적인 요소 같은 것, 주문 같은 것도 들어와 있지 않습니다. 이『유마경』은 반야사상을 그대로 잘 반영하고 있는 것이라고 할 수 있습니다.

1. 미륵보살과 수기(受記), 깨달음

(1)[4]

於是에 佛告 彌勒菩薩하사대, "行詣維摩詰 問疾하라" 하시니,
彌勒이 白佛言하되, "世尊이시여, 我不堪任 詣彼問疾이나이다.
所以者何뇨 하니, 憶念컨대
我昔에 爲兜率天王 及其眷屬하야 說不退轉地行하니라."

於是 佛告彌勒菩薩 汝行詣維摩詰問疾 이에 부처님께서 미륵보살에게 말씀하였다. 그대가 유마힐 문병을 가거라.

보살 중에서는 미륵이 제일 먼저 불려 나왔습니다. 그 다음에 나오는 보살들은 별로 이름 없는 보살들이에요. 두 번째가 광엄(光嚴)동자라는 보살이고, 다음이 지세(持世)보살인데, 여기밖에 안 나옵니다. 그 다음

---

4) 티베트본에서는 '제자품'과 '보살품'이 하나로 되어 있기 때문에 라모뜨 교수의 번역본에서도 이 품의 번호들이 앞품의 내용을 이어 (49)번부터 시작되고 있습니다. 이를 따라 불연 선생의 1994년판 번역본에서도 이 품을 (49)번부터 시작하고 있으나, 본서에서는 구마라집본의 품 구성에 맞추어 (1)번부터 시작하는 것으로 번호를 조정했습니다. 따라서 라모뜨 교수의 번역본과 대조해서 보려면 본서의 이 품에 제시된 번호에 각각 48을 더해야 할 것입니다.〔편자 주〕

에는 장자의 아들 선덕(善德)이라는 보살, 이렇게 네 사람이 나옵니다. 이런 보살들이 옛날 일을 핑계로 다들 유마거사에게 문병을 못 가겠다고 해요. 그래서 결국 누가 가느냐 하면 마지막에 문수보살이 가게 되죠.

彌勒白佛言 世尊 我不堪任 詣彼問疾 미륵이 부처님께 말씀드렸다. 세존이시여, 저는 감히 유마힐에게 문병을 갈 수 없습니다.

所以者何 憶念 왜냐하면 이런 일이 있었기 때문입니다.

我昔爲兜率天王及其眷屬 說不退轉地行 옛날에 도솔천의 천왕과 그 권속들에게 불퇴전지의 보살행에 대해 말하고 있었습니다.

왜 여기서 갑자기 도솔천이 나오냐 하면, 미륵보살은 현재 도솔천에 사는 것으로 되어 있기 때문입니다. 미륵보살은 장차 부처가 될 소위 미래불이죠. 미륵보살은 석가모니 부처님으로부터 장차 부처가 되리라는 수기를 받았습니다. 수기(受記)라는 것은 기별(記莂)을 받았다는 것으로 예언을 받은 거예요. 산스크리트어로는 vyākaraṇa입니다. 부처님이 기별을 주시는 것을 '수기(授記)'라 하고, 받는 것을 '수기(受記)'라고 합니다.

『법화경』의 「수기품」에서는 모든 중생이 다 장차 부처가 될 수 있다는 수기를 받아요. 그래서 『법화경』이 아주 굉장한 경이라는 거죠. 출가자만이 붓다가 될 수 있는 것이 아니라 모든 중생들은 누구나 다 부처가 될 수 있다는 예언을 동시에 모든 중생들에게 선언한 것입니다. 이것만으로도 『법화경』은 혁명적인 이야기를 했다고 할 수 있어요. 『열반경』에서는 『법화경』과 똑같은 이야기를 뭐라고 강조하느냐 하면, '一切衆生 悉有佛性(일체중생 실유불성)'이라고 합니다. 역사적으로는 『법화경』이 먼저 성립되고, 『열반경』이 나중에 나왔는데, 그래서 『법화경』보다는 『열반경』의 사상이 좀더 풍부합니다. 깊이는 거의 같지만, 『법화경』은 철학적으로 체계적이거나 다양하거나 그렇지는 않거든요. 깊고 넓게는 이야기했지만, 선언적인 의미가 많았지 논리적인 이야기는 많지 않았단 말이에요. 『법화경』은 주로 문학적으로 비유를 들어가면서 이야기한 데 반해, 『열반경』에서는 예도 많이 들지만, 차곡차곡 논리적으로 아주 중요한 이야기들을 하고 있습니다. 『법화경』, 『열반경』, 이런 경전들이 생기면서 초기 대승불교 철학에서 미처 안 나왔던 이야기들이 점점 보완되었어요.

장차 부처가 될 분인 미륵보살은 지금 도솔천에 가 있습니다. 도솔천(兜率天)은 산스크리트어로 Tuṣita라고 하는데, 음이 비슷하게 되도록 한자로 옮긴 것입니다. 도솔천은 사왕천(四王天), 도리천(忉利天), 야마천(夜摩天) 다음으로 욕계의 네 번째 하늘이죠. 그 다음에 화락천(化樂天), 타화자재천(他化自在天), 이렇게 올라갑니다. 도솔천은 무슨 의미냐 하면 지족천(知足天), 족한 것을 아는 사람들이 가는 데죠. 이런 하늘들에 대한 이야기는 우리 마음의 상태와 관련시켜서 설명하면 좋을 거예요. 그런데 재미있게도 장차 부처가 될 사람은 전부 이 도솔천에 와 있는 것으로 되어 있습니다.

화락천, 타화자재천, 그 위의 하늘은 나쁜 것으로 생각했어요. 타화자재천은 타화(他化), 다른 사람들을 마음대로 바꿀 수 있는 능력을 가진 하늘이니까, 하나님과 비슷하죠. 그런데 이것이 마구니라는 거예요. 사람들이 모든 일은 전부 다 하나님이 하는 것이라고 생각하면, 자신의 능력을 잊어버리고 오직 하나님에게만 의존하게 되지 않겠습니까? 이런 면에서 유물론자들이 이야기한, '종교는 아편'이라는 말은 맞는다고 할 수 있죠. 종교를 잘못 믿으면 아편이란 말이에요. 휴거가 온다는 것이 바로 그것이죠. 휴거 오나 보십시오. 그 사람들에게는 올지 모르죠. 믿는 사람들에게는 올 거예요. 따라 다니면서 꼭 올 걸요. 그러니까 마음을 약하게 만들고, 오로지 그것에만 맹종하게 하는 것을 천마(天魔)라고 한 것입니다. 그곳은 있을 곳이 못 되는 거죠.

그래서 모든 보살들은 다 도솔천에 있다고 했습니다. 석가모니도 거기 있었다고 했는데, 지금은 미륵보살이 있습니다. 미륵보살이 어떤 모습으로 있냐 하면, 반가사유상처럼 하고 있습니다.

미륵보살이 도솔천왕과 그 권속을 위해서 불퇴전지를 설하고 있었다고 했는데, 이 말에는 벌써 『화엄경』이 예상되어 있다고 할 수 있습니다. 불퇴전지(不退轉地)라는 것은 보살이 '이제는 뒷걸음질치지 않는다'라는 경지에 들어간 것을 말하는데, 『화엄경』에서 말하는 십지(十地)의 경지에 들어간 것을 말합니다. 『화엄경』에서는 보살이 수행하는 단계를 십신(十信), 십주(十住, 또는 十解), 십행(十行), 십회향(十廻向), 십지(十地), 그리고 등각(等覺)과 묘각(妙覺)으로 나누고 있죠. 전부 다 '십'자가 들어가 있는 것은 원만하다, 완전하다는 것을 의미합니다. 이렇게 쭉 올라가는데, '십'자가 달린 것이 다섯 개, 여기에다 등각과 묘각을 합해서 52위(位)가 되고, 그 다음에 완전히 부처가 되는 것을 쉰세 번째로 이야기하고 있습니다. 십지, 여기에 가면 불퇴전지가 된다고 했는데, 뒷걸음질치지 않는다는 것입니다. 아비발치(阿毘跋致, avaivartika)라고 하죠.

또 보살을 초발심(初發心)보살, 행도(行道)보살, 불퇴전(不退轉)보살, 일생보처(一生補處)보살, 이렇게 네 단계로 나누기도 합니다. 행도보살부터 육바라밀다를 실천하는데, 육바라밀다가 언제든지 바탕이 되어 있습니다. 육바라밀다가 점점 더 원만하고 정확하고 넓고 깊어져야 불퇴전보살이 되고, 더 나아가 일생보처보살이 된다고 했습니다.

『화엄경』에서 선재동자가 문수보살의 안내를 받아서 순례의 길에 나서는데, 쉰네 사람의 선지식을 만나죠. 선지식(善知識)은 스승이라는 말이에요. 선지식, 인생에 대해서 잘 아는 사람, 그 가운데는 별의별 사람들이 다 있죠. 그 중에 선재동자가 쉰두 번째로 만나는 사람이 미륵보살입니다. 선재가 도솔천에 왔을 때, 미륵보살이 '네가 이제 여기 들어올 정도까지 됐구나. 그 동안에 수행을 많이 했구나' 하면서 오른쪽 손가락을 탁 퉁기니까 지금까지 보이지 않던 아름다운 세계, 미륵보살의 세계가 열리는데, 그 세계가 도솔천의 세계였습니다.

이야기가 좀 길어졌습니다. 미륵보살이 도솔천에서 불퇴전지의 보살행에 대해 설법을 하고 있었다고 했죠.

(2)
時에 維摩詰이 來謂我言하되,

彌勒이여, 世尊이 授仁者記하사대,

'一生當得 阿耨多羅三藐三菩提하리라' 하시니라.

爲用何生하여 得受記乎아, 過去耶아, 未來耶아, 現在耶아.

若過去生이면 過去生이 已滅하였고

若未來生이면 未來生은 未至하고

若現在生이면 現在生은 無住하도다.

如佛所說로 '比丘야, 汝今卽時에 亦生하고 亦老하고 亦滅하니라.

若以無生으로 得受記者라면 無生卽是正位라.

於正位中에는 亦無受記며 亦無得阿耨多羅三藐三菩提이니라.'

時維摩詰 來謂我言 그때 유마힐이 제게 와서 이렇게 말했습니다.

彌勒 世尊授仁者記 一生當得阿耨多羅三藐三菩提 미륵이여, 세존께서 당신에게 수기를 주시면서, 이제 한 번만 더 태어나면 아뇩다라삼먁삼보리를 얻을 거라고 하셨다지요.

爲用何生 得受記乎 過去耶 未來耶 現在耶 어느 생을 써서 기별을 받으시렵니까? 과거의 생입니까, 미래의 생입니까, 현재의 생입니까?

언제 태어나서 부처님께서 주신 기별, 붓다가 될 것이라는 예언을 받겠느냐는 이야기입니다.

若過去生 過去生已滅 만약 과거의 생이라고 한다면 그 과거의 생은 이미 사라져 버렸고,

若未來生 未來生未至 만약 미래의 생이라고 한다면 그 미래의 생은 아직 오지 않았고,

若現在生 現在生無住 만약 현재의 생이라고 한다면 그 현재의 생은 한 군데에 머무르는 일이 없습니다.

도대체 어느 생에 이 부처님의 수기를 받아서 실천하려고 하시오? 이런 의미죠.

如佛所說 부처님께서 이렇게 말씀하신 적이 있습니다.

比丘 汝今卽時 亦生亦老亦滅 비구들이여, 너희들은 지금 이 순간에 태어나고 있고, 늙어 가고 있고, 죽어 가고 있다.

이것은 부처님의 말씀을 인용한 것입니다. 이런 이치인데, 과거생입니까, 미래생입니까, 현재생입니까, 어느 생에 받으려고 합니까? 그런 말을 할 수 있느냐는 것이죠.

若以無生 得受記者 無生卽是正位 만약 무생(無生)의 경지에서 기별을 받는다면 그 무생의 경지야말로 정위(正位)일 것입니다.

만약 무생으로서 기별을 받는다면 그것이야말로 올바른 위치, 결정적으로 도를 터득한 위치라는 말입니다. 무생이라는 것을 깨달아야 한다는 말이죠. '무생법인'이라는 말이 있었습니다. 우리가 무생이라고 생각해야만, '네가 어디서 와서 어디로 가는가?' 하고 물을 때, 대답을 할 수 있단 말이에요. 어디서 오긴 뭐 어디서 오며, 가긴 또 어딜 가? 아무 데도 안 가고 아무 데서도 안 왔다는 말입니다. 無所從來 無所行去(무소종래 무소행거), 온 데도 없고, 가는 데도 없다. 不去不來(불거불래), 가긴 어딜 가고 오긴 어딜 와. 말만 이렇게 하지 말고 이렇게 되어야 하는 겁

니다. 불교 공부를 조금 했다면, 누가 못되게 굴고 밉살스럽게 굴더라도 '불생불멸 불거불래 불구부정 부증불감' 하면서 초연해져야죠. 무소득(無所得)이 최고라구요.

於正位中 亦無受記 亦無得阿耨多羅三藐三菩提 이 정위에서는 수기를 받는다는 것이 있을 수 없으며, 아뇩다라삼먁삼보리를 얻는다는 것 또한 있을 수 없는 것입니다.

바로 제자리에 가 있는데 무슨 수기를 또 받아? 아뇩다라삼먁삼보리가 이미 다 되어 있는데 무슨 수기를 또 받아?

『반야심경』에서는 '三世諸佛 依般若波羅蜜多故 得阿耨多羅三藐三菩提(삼세제불 의반야바라밀다고 득아뇩다라삼먁삼보리)'라고 해서, 삼세제불이 반야바라밀다에 의하는 까닭에 아뇩다라삼먁삼보리를 얻는다고 되어 있지만, 그 앞에 보면 '以無所得故(이무소득고)'라고 했거든요. 얻는 것이 없는 것입니다. 그러니까 '아뇩다라삼먁삼보리'라고 한 것은 실은 말뿐이죠. 그런 이야기를 『금강경』에서는 더 정확하게 말하고 있어요. 아뇩다라삼먁삼보리를 얻는다고 말하는 동안에는 다 달아나 버리고, 그것은 가짜다 이거죠. 무소득!

(3)
云何 彌勒은 受一生의 記乎아.
爲從如生으로 得受記耶아, 爲從如滅로 得受記耶아.
若以如生으로 得受記者라면 如에는 無有生이요,
若以如滅로 得受記者라면 如에는 無有滅이니라.
一切衆生이 皆如也니라.
一切法도 亦如也며, 衆聖賢도 亦如也니, 至於彌勒도 亦如也니라.
若彌勒이 得受記者라면 一切衆生도 亦應受記하리니,

所以者何뇨 하니, 夫如者는 不二不異이기 때문이니라.

若彌勒이 得阿耨多羅三藐三菩提者라면 一切衆生도 皆亦應得하리니,

所以者何뇨 하니, 一切衆生이 卽菩提相이기 때문이니라.

若彌勒이 得滅度者라면 一切衆生도 亦應滅度하리니,

所以者何뇨 하니, 諸佛知 一切衆生이 畢竟寂滅이며

卽涅槃相이요, 不復更滅이니라.

是故로 彌勒이여, 無以此法으로 誘諸天子하라.

云何 彌勒 受一生記乎 미륵이여, 어떻게 일생의 수기를 받으려 합니까?

이제 앞으로 아뇩다라삼먁삼보리를 얻을 것이라고 했다면, 어느 생에 이것을 받는단 말입니까? 아뇩다라삼먁삼보리를 얻는다는 말은 성불한다는 말이죠.

爲從如生 得受記耶 여여한 경지가 생길 때 수기하렵니까?

爲從如滅 得受記耶 여여한 경지가 사라질 때 수기하렵니까?

'如(여)'는 여여(如如)함, tathātā입니다. '從'은 '…으로부터'라는 뜻이죠. 여여함이 생기는 것으로 수기를 받는다고 할까요? 여여함이 사라지는 것으로 수기를 받는다고 할까요?

여여한 경지가 생길 때, 수기할 필요가 있습니까? 수기할 필요가 없죠. 여여한 경지가 사라질 때라고 했지만, 여여한 경지가 사라집니까? 여여한 경지는 생기지도 사라지지도 않죠. 그러니까 『반야심경』의 '불생불멸'이라는 말이 무슨 뜻인지 알 수 있습니다.

若以如生 得受記者 如無有生 여여한 경지가 생길 때 수기한다고 하면, 여여함은 생기는 일이 없고.

若以如滅 得受記者 如無有滅 여여한 경지가 사라질 때 수기한다고 하

면, 여여함은 사라지는 일이 없습니다.

불생불멸입니다. 여여한 경지가 생길 때 수기한다고 해도 안 되고, 여여한 경지가 사라질 때 수기한다고 해도 안 되는 것이죠. 왜냐하면 여여한 경지는 생기는 일도 사라지는 일도 없기 때문입니다.

一切衆生 皆如也 일체중생이 다 여여합니다.

一切法 亦如也 일체법이 다 여여합니다.

衆聖賢 亦如也 모든 성현이 다 여여합니다.

至於彌勒 亦如也 당신 미륵 또한 여여합니다.

그 여여함은 당신도 마찬가지입니다.

若彌勒 得受記者 一切衆生 亦應受記 만약 미륵이 언젠가 성불하리라는 기별을 받는다면, 일체 중생도 마땅히 같은 기별을 받을 것입니다.

所以者何 夫如者 不二不異 왜냐하면 무릇 여여함이란 둘이 아니고 서로 다른 것이 아니기 때문입니다.

중생과 미륵보살과 부처, 모두가 다 똑같다, 여여하다는 말이죠. 차별이 왜 있냐 하면 우리들의 망령된 식(識)이 차별하고 있다는 겁니다. 두 가지 것 사이의 대립관계라든가, 많은 것들 사이의 혼잡한 혼돈상, 그런 것이 없는 것이 여여이기 때문입니다.

若彌勒得阿耨多羅三藐三菩提者 一切衆生 皆亦應得 만약 미륵이 아뇩다라삼먁삼보리를 얻는다면, 일체 중생도 역시 다 마땅히 아뇩다라삼먁삼보리를 얻을 것입니다.

所以者何 一切衆生 即菩提相 왜냐하면 일체 중생은 보리(菩提)를 실상(實相)으로 갖고 있기 때문입니다.

이 실상이라는 말은 불성(佛性)이라는 말과 비슷한 것이죠.『대승기신론』에서는 '본각(本覺)'이라고 하는데,『유마경』에서는 아직 본각이라는 말을 쓰지 않고 있습니다. 그러나 진여라는 말과 실상이라는 말은 나오죠.

若彌勒得滅度者 一切衆生 亦應滅度 만약 미륵이 멸도를 얻을 수 있다면, 일체 중생 또한 마땅히 멸도를 얻을 것입니다.

멸도(滅度)는 반열반(般涅槃, parinirvāṇa)이라는 말입니다. '완전한 열반'이라는 뜻이죠.

所以者何 諸佛知一切衆生 畢竟寂滅 卽涅槃相 不復更滅 왜냐하면 제불께서는 일체 중생이 궁극적으로 적멸이며, 그대로 열반이며, 다시 멸하는 일이 없음을 알고 계시기 때문입니다.

'畢竟(필경)'이라는 말은 일체중생의 태고적 모습, 원초적인 모습을 이야기하는 거죠. 요새말로 하면 '궁극적인'이라는 표현입니다. 『반야심경』에 나오는 '究竟涅槃(구경열반)'의 '구경'이라는 말과 마찬가지입니다. 적멸(寂滅)은 다른 말로 nihil이라고 할 수 있는데, '없다'는 말이죠. 아주 철저한 고요함입니다. 적멸은 silence, quietude, calmness 이런 말들로 영역합니다. 때로는 대문자 S로 시작하는 Solitude로 쓰기도 하죠. 소문자로 쓰는 solitude, '나는 외롭다'가 아니라, '나는 홀로 기쁘다'는 말입니다. 그러니까 '천상천하 유아독존', 부처님이 '나 홀로 온 천하에서 자유자재를 누리고 있구나' 할 때의 '유아(唯我)'와 통하는 말입니다. 이 Solitude라는 것은 동서를 막론하고 시인들은 다 알아들었어요. 신비가(神秘家), 신비적인 체험을 한 사람들은 다 알아들었습니다. 완전히 하나가 된, 나도 너도 없어진 그러한 상태가 됐다는 말이죠.

일체중생은 궁극적으로 철저히 고요하고, 그것은 곧 열반상(涅槃相)이니, 다시 또 멸한다는 것은 있을 수 없다. 이 말이 참 중요한 말인데, 다시 멸할 수가 없어요. 그것은 살아 있단 말이죠. 새삼스럽게 다시 사라진다거나 고요해진다거나 할 필요도 없는 것임을 알고 있는 것입니다.

是故 彌勒 無以此法 誘諸天子 그러므로 미륵이여, 이러한 법으로 도

솔천의 천신들을 유혹해서는 안 되는 것입니다.

　'장차 내가 성불할 것이다', '장차 내가 열반에 들 것이다', 이렇게 수기를 받았다는 이야기를 하여 도솔천의 천왕과 권속들을 유혹해서는 안된다는 겁니다.

　미륵보살이 장차 부처가 된다는 수기, 부처님의 확실한 언질을 받았다고 했는데, 그런 언질을 받으면 마음 약한 사람은 '야, 부처님이 나한테 이런 확실한 약속까지 해 주었으니까 나는 틀림없이 된다'고 생각할 수 있으니 좋겠죠. 그러나 마음이 견고하고 굳건한 사람에게는 누가 그런 약속을 안 해 주어도 된다는 말입니다. '그래, 그 약속만 믿고, 그 미래가 언제인가 하고 밤낮 그것만 계산하고 있냐? 너는 그렇게 연약한 놈이냐?' 이렇게 유마거사에게 미륵보살이 당하고 있는 거죠. 너는 본래 열반 상태에 있는데, 먼 훗날에 뭘 또 깨닫는다는 거야? 그래 미륵아, 네가 그런 수기를 받았다는데, 그것은 너만 받은 것이 아니야. 너만이 그것을 받을 수 있는 특수한 자격을 가진 것이 아니야. 모든 중생이 다 그런 자격을 가지고 있어. 그것을 깨우쳐 준 겁니다.

　'일체중생이 다 보리의 상(相)을 갖고 있는데, 미륵아, 너만 특별히 먼 훗날에 무슨 멸도를 얻어? 56억 7천만 년 뒤에 얻지 말고 지금 당장 얻어라.' 기억해 두세요. 『미륵상생경』, 『미륵하생경』, 『미륵성불경』이라고 해서 미륵에 대한 수기를 적어 놓은 시원치 않은 경전들이 있습니다. 이것들을 '미륵삼부경(彌勒三部經)'이라고 해요. 도솔천으로 올라가니 『미륵상생경』, 또 다시 한번 태어나서 일생보처보살로 열심히 일하다가 성불한다고 해서 『하생경』과 『성불경』이죠. 그런데 여기서 중요한 것은 뭐냐 하면, 보살행을 한다는 이야기입니다. 보살행을 하기 때문에 지금부터 56억 7천만 년 뒤에 성불한다는 것이죠. 이 햇수는 만든 숫자라는 게 뻔하잖아요. 이렇게 숫자 계산하는 것은 전부 다 요의경(了義經)이 아니고, 불요의경(不了義經)입니다. 이런 것만 좋아하는 것이 무식대중이죠. 56억 7천만 년을 언제 살아? 제가 보지도 못할 주제에 그런 것이나 계산하고 있어서는 안 된다는 말입니다. 저 10월 몇 일에 휴거가 일어나 세계가 다 망한다는 계산을 하고 있는 것과 마찬가지로 말도 안 되는 소리죠.

일체중생이 필경적멸(畢竟寂滅)이고 열반상(涅槃相)이라고 했습니다. 그것은 언제 생한 것이 아니니까 다시 멸할 필요도 없어요. 그것이 불생불멸이죠. 어디서 온 바도 없고 어디로 가는 바도 없는 불거불래(不去不來)입니다. 불구부정(不垢不淨)도 마찬가지죠. 또한 크다면 무지무지하게 크고, 작다면 무지무지하게 작아요. 커야 할 때는 얼마든지 크고, 작아야 할 때는 얼마든지 아주 미세한 것으로도 바뀔 수 있습니다. 겨자씨보다 더 작으면서도 온 천하를 전부 다 감싸고, 수미산보다 더 큰 것 같았는데 어느 구석 미세한 데까지 못 들어가는 데가 없어요. 이런 능력이 여기서 생긴다는 거죠. 원효는 대승이란 것이 바로 사람들의 마음, 일심인데, 마음이 바로 그런 것이라고 이야기했습니다.

그러니까 미륵아, '석가모니 부처든 어느 부처든 잘 섬기면 언젠가 성불할 것이라는 수기를 줄 것이니 열심히 노력해라' 그 따위 이야기로 하늘나라에 살고 있는 천자들을 가르치지 마라. 천신들은 인간들보다는 좀 낫겠지만, 그래도 욕심이 많죠. 그런 사람들에게는 그렇게 가르칠 것이 아니라, 공을 가르쳐 주고 공을 통해서 더 깨닫게끔 해야지, 이렇게 유인하는 식으로 가르치지 말라고 했습니다.

『법화경』에서도 어리석은 사람들이 일시적으로 용기를 내도록 하기 위해서, '야, 저기 성(城)이 있다. 열반이 있잖아. 저기까지 가자. 열심히 가자'고 이야기를 하죠. 사실은 성이, 열반이 있기는 뭐가 있어요? 근기가 약한 사람들한테 용기를 불러일으키기 위한 방편으로 가짜 성을 만들었을 뿐이죠. 그러니까 무엇을 깨달아야 하느냐 하면, 자기 자신이 깨달은 마음이 되어야 하는 거예요. 바깥 세계의 이치도 깨달아야 하겠지만, 내 마음도 이제는 어리석은 사람의 마음이 아니라 깨달은 사람의 마음이 되어야 하는 거죠. 바깥에 의지하지 말라는 이야기가 얼마나 많습니까? 선사들이 밤낮 그렇게 이야기했단 말입니다.

(4)
實無發阿耨多羅三藐三菩提心者요 亦無退者니라.

彌勒이여, 當令此諸天子로 捨於分別菩提之見케 하라.

所以者何뇨 하니,

菩提者는 不可以身得이며 不可以心得이기 때문이니라.

① 寂滅이 是菩提니 滅諸相故며

② 不觀이 是菩提니 離諸緣故며

③ 不行이 是菩提니 無憶念故며

④ 斷이 是菩提니 捨諸見故며

⑤ 離가 是菩提니 離諸妄想故며

⑥ 障이 是菩提니 障諸願故며

⑦ 不入이 是菩提니 無貪着故며

⑧ 順이 是菩提니 順於如故며

⑨ 住가 是菩提니 住法性故며

⑩ 至가 是菩提니 至實際故며

⑪ 不二가 是菩提니 離意法故며

⑫ 等이 是菩提니 等虛空故며

⑬ 無爲가 是菩提니 無生住滅故며

⑭ 知가 是菩提니 了衆生心行故며

⑮ 不會가 是菩提이니 諸入不會故며

⑯ 不合이 是菩提이니 離煩惱習故며

⑰ 無處가 是菩提이니 無形色故며

⑱ 假名이 是菩提이니 名字空故며

⑲ 如化가 是菩提이니 無取捨故며

⑳ 無亂이 是菩提이니 常自靜故며

㉑ 善寂이 是菩提이니 性淸淨故며

㉒ 無取가 是菩提이니 離攀緣故며

㉓ 無異가 是菩提이니 諸法等故며

㉔ 無比가 是菩提이니 無可喩故며

㉕ 微妙가 是菩提이니 諸法을 難知故니라.

實無發阿耨多羅三藐三菩提心者 亦無退者 사실을 말하자면 아뇩다라삼먁삼보리심을 발한다는 것도 없고, 또 그 발심이 후퇴한다는 것도 없습니다.

彌勒 當令此諸天子 捨於分別菩提之見 미륵이여, 이 천왕의 아들들로 하여금 보리를 분별하는 생각을 버리게끔 하시오.

所以者何 菩提者 不可以身得 不可以心得 왜냐하면 보리라는 것은 신체적인 행동으로만 얻어지는 것도 아니고, 그렇다고 의식으로만 얻어지는 것도 아니기 때문입니다.

아래에서 보리, 즉 깨달음에 대해 쭉 이야기하고 있습니다.

우리가 불교를 믿는다고 하는 것은 깨달음을 얻자는 것이라고 합니다. 깨달음을 얻는다는 것은 달리 이야기하면 지혜로워지는 것이라고도 할 수 있어요. 전에도 한 번 이야기한 것 같지만, 나는 '깨침'이라는 말을 쓰면 안 된다고 생각합니다. 불교방송이 '깨침의 소리' 그러는데, '깨친다'는 말이 맞지 않는다고 생각해요. 깨치다니? 무슨 의미인지 탁 들어오지를 않아요. '깨닫는다'고 하면 모르던 것을 깨닫는다는 말이 되죠. 물론 안다는 것과 깨닫는 것은 수준이 달라요. 깨친다는 것은 가령 글자나 영어 같은 것을 미처 몰랐는데 깨쳤다고 할 때 쓰기는 하지만, 불교의 경우에는 잘 맞지 않는 말인 것 같습니다.

고려가 망하고 조선이 세워질 때 정도전이라는 뛰어난 유생이 있었죠. 대단한 사람이에요. 불교를 잡아먹으려고 달려들었는데, 조선왕조를 거의 자신의 손으로 만들어 놓을 정도로 똑똑한 사람이었습니다. 이밖에도 머리 좋고 공부도 많이 한 유생들이 고려를 무너뜨리고 조선을 건국하는 데 큰 기여를 했습니다. 그런 판국에 고려의 불교인들은 밤낮 기복만 하고 있었다구요. 왕부터 요승들의 말만 듣고 복만 빌고 있었죠. 태고 보우나 나옹 혜근 같은 훌륭한 스님들은 다 멀리 하고, 신돈 같은 요승들이 설치고 있었어요.

그 당시 대부분의 불교도들은 깨닫는 것이 뭔지도 모르고, 덮어놓고 비는 것밖에 몰랐습니다. 사람들이 제일 겁낸 것이 육도윤회죠. 다음 생에 뭐 좋지 않은 데로 떨어질까 봐 그것을 겁내니까, 그것으로 위협하면 다 빌었거든요. 사실 깨달으면 육도(六道)고 뭐고 다 없단 말이에요. 천당도 지옥도 없단 말이죠. 깨달으면 눈이 녹아 사라지듯이 싹 없어지고 마는 건데, 망상이 많은 사람, 겁 많은 사람, 죄가 많은 사람일수록 그런 것을 잔뜩 걸머지고 다닙니다. 뭐가 진짜냐 하는 것을 공부를 많이 해서 깨달아야 하는데, 제대로 공부는 안하고, 선사들도 알아듣기 어려운 문구들로 말장난이나 하는 상황에 있었어요. 그 당시 사람들은 지금 우리들처럼 『유마경』 같은 경전을 본격적으로 읽고 공부하는 일을 하지 않았습니다. 『유마경』을 읽었다는 기록이 아무 데서도 발견되지 않아요. 경전 강의도 복 받는 경전밖에는 한 것이 없었어요. 이래서야 어떻게 깨닫느냐는 말이죠. 꼭 망하게 되어 있었습니다. 그러다가 명나라가 들어서면서 주자학을 일으키니까 중국과 아주 가깝게 연결되어 있는 우리나라에서도 똑같은 현상이 나타나지 않을 수 없었습니다. 중국과 똑같은 문화적인 변화가 생기고 결국 불교는 어려운 상태에 처하게 됐죠.

정도전의 글들을 읽으면서, 불교를 공박하고 유교를 내세우는 이론적인 공격에 대해서 불교 승려들은 몇 사람이나 이론적으로 준비하고 있었을지 궁금해집니다. 오늘 우리들의 상황도 상당히 비슷하다고 생각하는데, 이런 비판에 대해 대답할 만한 승려들이 누가 있어요? 알아야 대답을 하죠. 그러니까 진짜 알려면 역시 많이 읽고, 많이 듣고, 의심나는 것은 끝까지 논의를 해서 완전히 이해하고, '틀림없다. 확실히 나는 이걸 믿는다' 이렇게 되어야 하는 겁니다. 이러한 이론적인 확신이 확립되기 전에는 이리로 가고 저리로 가고 언제든지 바뀔 수가 있어요. 승려라고 가지 말라는 법이 없습니다.

그래서 지금 우리가 이 깨달음이라고 하는 것을 이야기하고 있는 겁니다. 옛날에는 깨달음에 대해 '이 세상 다 헛것'이라는 이야기만 했죠. 물론 불교의 기조에 이 세상은 헛것이라는 생각이 없는 것은 아니에요. 공이라고 하는 것을 강조하고 있습니다. 그럼에도 불구하고 『유마경』이 가르쳐 주는 것은, 기본적으로는 공이지만 아무 것도 없다는 이야기가 아니에요. 여기 그 말은 없지만, 용수(龍樹)가 말하는 소위 공(空)·가(假)·중(中)의 중도제일의제(中道第一義諦)의 삶을 살라는 것을 강조하고 있는 것입니다. 공이라고 하는 것을 확실히 안 다음에, 그것을 그냥 아는 것이 아니라 언제나 변함없이 확고부동한 자세로 서서, 이 세상의 인연관계로는 불쌍한 사람, 고통 중에 있는 사람들을 자비로써 대하고 구출하는 것이 우리가 여기 살고 있는 동안 해야 할 일이라는 것을 『유마경』은 아주 철저하게 강조하고 있습니다. 『반야경』은 그 사상을 『유마경』
만큼 강하게 표방하지는 못했어요. 『반야경』은 그냥 '공이다. 다 없는 거
다' 그러고 말았죠. 그렇지만 『유마경』은 '보살행을 해야 된다', '공이지
만 그래도 해야 된다'는 것을 말끝마다 강조하고 있는 점이 다른 것입니
다.

　물론 『유마경』도 우리가 볼 때는 조금 부족한 점도 있고, 완벽하지는
못해요. 원효대사가 『유마경』도 좋아하기는 했지만, 더 좋아한 것은 화
엄사상, 여래장사상이었죠. 여래장사상은 유식의 이론을 빌어서 연기(緣
起), 인연의 관계를 원만하게 해 가는 것이 옳다고 보는 것인데 대단히
좋아했어요. 이런 것도 알고 『유마경』을 공부해 가야 하겠습니다.

　이제 다시 돌아와 보리에 대한 유마거사의 설명을 보겠습니다.
　① 寂滅是菩提 滅諸相故　적멸이 곧 보리입니다. 모든 형상에 사로잡
히지 않기 때문입니다.

　여기서 '적멸'은 산스크리트어로 nirodha입니다. '파괴한다', '멸한
다', '감금한다'라는 뜻의 ni-rudh라는 동사에서 나온 말입니다. 고통
의 원인을 모두 멸했다는 뜻이죠. 사제(四諦)의 하나인 멸제(滅諦)의
원어가 'nirodha satya'입니다. 滅諸相(멸제상), 모든 형상을 다 없앴습
니다. 그러니까 형상에서 벗어났다, 형상에 사로잡히지 않는다, 이렇
게 말해도 되겠죠. 티베트본을 가지고 라모뜨 교수가 복원한 것을 보
면, sarvanimittopaśanti라고 했습니다. sarva는 '모든', nimitta는 '형상',
upaśanti는 '종식(終熄)', '정지(停止)', '정적(靜寂)'이라는 말이죠. 모든
상, 모든 특징을 다 없애 버렸어요.

　그러니까 일본 사람들은 일본 사람의 특징이 있고, 한국 사람은 한국
사람의 특징이 있고, 한국 사람들도 호남에 가면 호남의 특징이 있고, 영

남에 가면 영남의 특징이 있고, 이북에 가면 이북의 특징이 있는데, 그 특징이라고 하는 것은 상대적인 것이지, 절대적인 것이 아니에요. 그 어떤 것도 사람들에게 전부 다 갖다가 '너도 이것 믿어라. 너도 이렇게 행동해라. 너도 따라와라' 그렇게 할 만한 것은 없습니다. 이 세상의 어떤 지역, 시대, 특징 같은 것이 보편적으로 어느 때, 어느 장소, 누구에게나 다 좋은 거라고 추천하고 강요할 성격의 것이 결코 못된다는 거죠. 가령 유태민족이 믿는 종교나 일본 신도(神道)를 그대로 믿으라는 것은 말도 안 되는 소리예요. 만약 우리가 강한 나라가 되어 단군 할아버지를 믿어라 하면 그것도 천만의 말씀이죠. 이 시대는 이 시대의 것이 있어서 좋고, 저 시대는 저 시대 것이 있어서 좋고, 시대마다 사람마다 각각 특수한 것을 만들어서 좋은 겁니다. 그러나 그것이 절대적인 것이라고는 하지 말란 말입니다. 『화엄경』의 이야기처럼 '제망찰해(帝網刹海)', 구슬마다 다 각각 제 빛깔을 가지고 있어야 하는 거죠. 제 빛깔이 없는 구슬은 쓸모가 없어요. 쓰레기통에 갖다 넣어야죠. 빛도 안 나는 구슬이 무슨 소용이 있어요? 그러니까 자기 속에서 어떤 독특한 빛을 발하게끔 되어야 하는 겁니다. 하지만 자기 것만 자꾸 내세우는 것은 아주 우스꽝스러운 종족주의죠. 세상모르는 우물 안의 개구리가 하는 짓이란 말입니다. 세상이 얼마나 넓은 줄도 모르고 제 것만 제일인 줄 알고 이야기하는 것이죠. 그런 모든 특징 따위가 없어진 것, 그런 것에 사로잡히지 않게끔 된 것이 '滅諸相'입니다.

② **不觀是菩提 離諸緣故** 불관(不觀)이 곧 보리입니다. 모든 대상에 얽매이지 않기 때문입니다.

'관(觀)'이라는 말은 산스크리트어로 samāropa입니다. 이 '관'이라는 말은 한문만으로는 오해를 하기 쉬운데, 티베트본을 참조해 보면 '부적절하게 보는 것'(uncalled-for affirmation)이라고 되어 있습니다. 맹목적으로 긍정이라 보는 것입니다. 뭐든지 보고 '아, 좋구나, 좋구나' 하면서 비판의식이 없이 따라간다는 말이죠.

離諸緣故(이제연고), 모든 연을 떠나기 때문이다. 여기서 '연'은 ārambaṇa입니다. 얽혀 있는 것이죠. 얽힘을 떠나는 것이다. 무조건 대상에 얽매이지 않게 되는 것이 깨달음이다.

③ 不行是菩提 無憶念故 불행(不行)이 곧 보리입니다. 억념(憶念)이 없기 때문입니다.

'불행'이라고 하는 것도 역시 어려워요. 이 '행(行)'자가 다양한 의미로 쓰이기 때문인데, '행'은 산스크리트어로 saṃskāra도 되지만 라모뜨 교수는 prapañca라고 했습니다. 재잘거리고 쓸데없이 이야기 많이 하는 겁니다. 이런 것을 인도 사람들이 참 많이 하죠. 희론(戱論)이라고도 할 수 있습니다. '억념'은 manasikāra로 볼 수 있는데, 의식적인 행입니다. '행'은 억념에서 비롯되는데, 그 억념이 없다는 거예요.

④ 斷是菩提 捨諸見故 단(斷)이 곧 보리입니다. 모든 사견(邪見)을 끊었기 때문입니다.

'단'은 pariccheda, '제견(諸見)'은 sarvadṛṣṭigata입니다.

⑤ 離是菩提 離諸妄想故 이(離)가 곧 보리입니다. 모든 망상을 떠났기 때문입니다.

'이'는 '사(捨)'자나 마찬가지로 tyāga입니다. 버리는 것입니다. 사무량심의 자·비·희·사의 '사'에도 tyāga를 쓰죠. 일체 버린다는 것은 반야와 통하는 것이죠. '제망상(諸妄想)'은 sarvaparikalpa입니다. 유식에서 말하는 변계소집상(遍計所執相)을 parikalpita-lakṣaṇa라고 하죠. 실제로 아무 것도 없는데 kalpita, 망상으로 헛되게 있다고 생각하고 매달리는 것이 변계소집상입니다.

⑥ 障是菩提 障諸願故 장(障)이 곧 보리입니다. 모든 잘못된 소원을

차단하기 때문입니다.

'장', 막는 것입니다. 잘못된 소원을 차단하는 것입니다. 여기서 '諸願
(제원)'을 좋은 것으로 생각하기 쉬운데, 이 '원'은 좋지 않은 것을 원하
는 것입니다. 그것을 전부 다 끊어 버리는 것을 말합니다. 이렇게 되려면
용감해야 되겠죠.

⑦ 不入是菩提 無貪着故　불입(不入)이 곧 보리입니다. 탐착(貪着)하
는 일이 없기 때문입니다.

불입, 들어가지 않는다. 욕심 때문에 대상에 빠져 들어가는 일이 없다
는 말입니다.

⑧ 順是菩提 順於如故　순(順)이 곧 보리입니다. 여여한 실상에 순응
하기 때문입니다.

'순'은 tathāta, 여여한 것, 진여에 순응한다는 것입니다.

⑨ 住是菩提 住法性故　주(住)가 곧 보리입니다. 법성에 상주하기 때
문입니다.

'주'는 sthāna 혹은 vihāra라고 할 수 있습니다. 법성은 dharma- dhātu
입니다.

⑩ 至是菩提 至實際故　지(至)가 곧 보리입니다. 실제(實際)에 도달하
기 때문입니다.

⑪ 不二是菩提 離意法故　불이(不二)가 곧 보리입니다. 의(意)와 법
(法)이 둘이 아니기 때문입니다.

'불이', '둘이 아니다'라고 하는 것은 advāya입니다. 영어로는 'non-
duality'라고 할 수 있습니다.

'의법(意法)'이라고 하는 것은 의와 법, 생각과 생각의 대상입니다. 그
러니까 의는 주관이 되고 법은 객관이 되겠죠. 주관과 객관이 이렇게 대
립되지 않게끔 하는 것이 불이(不二)죠. 그러니까 여기서 '離意法'이라

는 것은 단순히 의와 법을 떠났다는 것이 아니라, 의도 법도 존재하지 않는다, 따로 존재하지 않는다는 의미입니다.

⑫ **等是菩提 等虛空故**   등(等)이 곧 보리입니다. 허공과 같이 차별을 하지 않기 때문입니다.

⑬ **無爲是菩提 無生住滅故**   무위(無爲)가 곧 보리입니다. 생(生)·주(住)·이(異)·멸(滅)이 없기 때문입니다.

원문에서는 생·주·멸, 세 가지만을 이야기하고 있는데, 이것은 생·주·이·멸이라고 할 수 있습니다. 생·주·이·멸은 『대승기신론』에 나오는 이야기죠. 물론 『유마경』이 『대승기신론』을 알 턱이 없습니다. 『유마경』은 『대승기신론』보다 훨씬 앞의 것인데, 벌써 거의 같은 내용을 담고 있어요. 『대승기신론』에서는 인간의 마음이 타락해 가는 과정, 마음이 자꾸 복잡하게 얽히고설키는 과정을 생·주·이·멸의 네 단계로 이야기합니다. 생(生)의 단계는 아직 좋다 나쁘다가 없어요. 그냥 아주 기본적인 어떤 생각이 생겼을 뿐이에요. 그런데 '주'의 단계에 가면 '나'라는 의식이 굳건하게 박히게 됩니다. 주(住)가 머무른다는 말 아닙니까? 거기에 딱 자리잡는단 말이에요. 이(異)는 그 아집, 잘못된 자아의식이 달라졌다는 이야기거든요. 썩었다. 부패했단 말이에요. 마음이 아주 타락했단 말입니다. 어떻게 썩게 되냐 하면 탐(貪)·진(瞋)·치(癡)로 변하고, 또 거기에 세 가지가 찰싹 붙게 됩니다. 만(慢), 교만해지고, 의(疑), 의심이 많아지고, 견(見), 고집이 많아졌어요. 즉 탐·진·치·만·의·견, 이런 여섯 가지 것으로 바뀐다는 거죠. 그것이 더 나빠지면 멸(滅)의 단계로 가는데, 여기서는 좋은 마음이라는 것은 하나도 없이 다 사라져 버렸습니다. 그러니까 우리들 마음속에서 부처님 같은 마음은 다 죽어 버렸다는 이야기나 마찬가지죠. 우리들 마음속에는 부처님 마음이 본래 있기 마련인데, 그것이 다 쫓겨났어요. 멸, 죽었단 말입니다. 이것은 우리

스스로가 부처님을 죽여 없앤 것입니다. 어떤 짓을 했을 때냐 하면, 살인을 했다, 도둑질을 했다, 음행을 했다, 망어(妄語), 악구(惡口), 양설(兩舌), 기어(綺語), 이렇게 입으로 잘못하고, 몸으로 잘못하는 행위들을 했을 때 이미 우리의 좋은 마음은 다 사라졌다는 것이죠. 그런 생·주·이·멸의 단계들이 다 없어진 마음가짐을 무위(無爲)라고 한 겁니다.

⑭ 知是菩提 了衆生心行故   지(知)가 곧 보리입니다. 중생의 심행(心行)을 알기 때문입니다.

중생의 심행이라고 하는 것은, 중생들이 어떤 생각을 갖고 어떤 행위들을 하고 있냐 하는 마음의 움직임입니다.

⑮ 不會是菩提 諸入不會故   불회(不會)가 곧 보리입니다. 육입(六入)이 육경(六境)을 만나지 않기 때문입니다.

'諸入(제입)'은 육입을 말하는데 안·이·비·설·신·의(眼耳鼻舌身意)죠. 육근(六根)이라고도 합니다. 이놈들이 육경(六境), 색·성·향·미·촉·법(色聲香味觸法)을 만납니다. 이것을 만나면 귀찮아진단 말이에요. 그러니까 불회, 주와 객이 만나지 않는 것이 보리라는 겁니다.

⑯ 不合是菩提 離煩惱習故   불합(不合)이 곧 보리입니다. 번뇌와 습기를 떠나 있기 때문입니다.

불합, 섞이지 않는다. 번뇌와 습기(習氣)가 뒤섞여 있지 않다. 번뇌와 습기를 이렇게 따로따로 이야기하고 있어요. 번뇌는 kleśa라고 하고 습기는 vāsanā라고 합니다. 번뇌와 습기 중 어느 것이 더 근본적이냐 하면 습기가 더 근본적이죠. 습기란 놈이 있어서 자꾸 번뇌가 생기는 거예요. vāsanā는 훈습(熏習)이라고도 하죠. 향기가 배는 것처럼 영향을 미친다는 말입니다.

⑰ 無處是菩提 無形色故   무처(無處)가 보리입니다. 형색이 없기 때문입니다.

무처, asthāna. sthāna가 어떤 장소에 서게 되는 것, 주(住)하게 되는 것인데, 무처는 장소 매김이 없다고 번역할 수도 있습니다. '처'를 불란서말로는 localization이라고 번역합니다. 무처, 장소 매김이 없는 것, 무형색(無形色), 안팎의 명색에 집착하지 않는다는 것입니다.

⑱ 假名是菩提 名字空故   가명(假名)이 곧 보리입니다. 이름이 다 공한 것이기 때문입니다.

⑲ 如化是菩提 無取捨故   동요함이 없는 것이 곧 보리입니다. 취사(取捨)함이 없기 때문입니다.

'如化(여화)'는 ataraṅga입니다. 이 말은 '파동이 없다', '물결치지 않는다'는 말이에요. 우리들의 마음속에 파도가 일지 않는 것을 이야기하고 있습니다. 無取捨, 뭘 취하고 버리려면 마음이 일렁거리게 되는데, 그런 일이 없게 된 것이죠.

⑳ 無亂是菩提 常自靜故   무란(無亂)이 곧 보리입니다. 항상 스스로 고요하기 때문입니다.

㉑ 善寂是菩提 性淸淨故   선적(善寂)이 곧 보리입니다. 그 마음바탕이 청정하기 때문입니다.

선적은 prasānta에 해당합니다. 『법성게』에 나오는 '法性圓融無二相 諸法不動本來寂(법성원융무이상 제법부동본래적)'과 같은 이야기죠.

㉒ 無取是菩提 離攀緣故   무취(無取)가 곧 보리입니다. 반연(攀緣)을 떠났기 때문입니다.

반연이라는 것은 앞에도 나왔지만, 주위의 여러 가지 것들이 우리를 얽어매는 것이죠. 얽히지 않기 때문에 보리인 것입니다.

㉓ 無異是菩提 諸法等故   무이(無異)가 곧 보리입니다. 모든 법들에 대해서 평등하기 때문입니다.

㉔ 無比是菩提 無可喩故   무비(無比)가 곧 보리입니다. 비유할 아무

것도 없기 때문입니다.

㉕微妙是菩提 諸法難知故 미묘(微妙)가 곧 보리입니다. 갖가지 법을 다 알기 어렵기 때문입니다.

아무 것도 없는 게 아니라는 것이죠. 거기에서 여러 가지 법이 나오는 것입니다.

이렇게 보리, 깨달음에 대해 스물다섯 가지를 열거하고 있습니다. 아주 짤막한 구절 속에 굉장히 깊은 의미들이 응결되어 있다고 할 수 있겠습니다.

(5)
世尊이시여, 維摩詰이 說是法時에 二百天子가 得無生法忍하였나이다. 故로 我不任 詣彼問疾하나이다.

世尊 維摩詰說是法時 二百天子 得無生法忍 세존이시여, 유마힐이 이와 같이 법을 설했을 때 이백 명의 천자들이 다 무생법인을 얻었습니다.

무생법인, '모든 법이 생함이 없다는 것에 대한 깨달음'을 얻었습니다. 이제 시작이지만 보살들에게 이렇게 어려운 이야기를 들려주면서 보리에 대해 설명을 했습니다.

故我不任 詣彼問疾 그러므로 저는 그분의 문병을 갈 수 없습니다.

이제까지 미륵보살의 이야기를 들었습니다. 여기서 문제가 되는 것은 수기(受記)와 보리(菩提)입니다. 미륵보살은 수기를 매우 소중하게 생각했는데, 수기 같은 것에 사로잡혀 그런 것만 믿고 집착하는 것은 지혜롭지 못한 것이라고 유마거사가 아주 엄격한 질책을 했습니다. 수기에 대한 것은 『법화경』에 많이 나와요. 『법화경』 사상 중에 중요한 한 가지가 수기라고 할 수 있습니다. 이 경에서는 성문이나 독각, 이런 사람들도 장차 다 아뇩다라삼먁삼보리심을 발하고 결국에는 그러한 최상의 경지에 도달할 수 있을 것이라는 이야기를 많이 해 주고 있습니다. 그러니까 거기에서는 소위 삼승(三乘)도 다 일승(一乘) 속에 포괄될 수 있다는 것이죠. 삼승이라는 것이 뭐 등급이 낮거나 그런 것이 아니라는 것을 강조하기 위해서 수기를 이야기한 것입니다. 그러니까 미륵보살에 대한 수기도 그런 맥락과 연결되어 있다고 보면 좋아요. 미륵보살을 『유마경』에서는 어떻게 평가하고 있냐 하면, 아직도 일승을 모르는 삼승의 보살 정도로 생각하고 있죠. 그런데 이 미륵보살이 유식사상에 가면 일승의 보살로 싹 달라집니다. 이 미륵보살이 유식의 이론들을 무착(無着)스님에게 가르쳐 준 사람으로 되어 버리죠.

그 다음에 여기서는 보리를 이야기하면서 그 내용이 무엇이냐 하는 것을 아주 길게 여러 가지 각도에서 설명했습니다. 보리가 무엇이냐, 깨달음이 무엇이냐 하는 것을 계속 생각해 보아야 할 거예요.

2. 광엄동자와 도량

(6)

佛告 光嚴童子하사대, "汝行詣維摩詰 問疾하라" 하시니,

光嚴이 白佛言하되, "世尊이시여, 我不堪任 詣彼問疾이나이다.

所以者何뇨 하니, 憶念컨대 我昔에 出毗耶離大城하니,

時에 維摩詰이 方入城하매 我卽爲作禮하고 而問言하기를

'居士시여, 從何所來하나이까' 하니,

答我言하되 '吾從道場來하니라.'

我問하되 '道場者가 何所是이나이까' 하니,

答曰하되."

佛告光嚴童子 汝行詣維摩詰問疾 부처님께서 광엄동자에게 말씀하셨다. 그대가 유마힐에게 문병을 가거라.

광엄동자의 '광엄(光嚴)'은 산스크리트어로 Prabhāvyūha라고 합니다. prabhā와 vyūha가 합쳐서 된 이름입니다. vyūha가 '장엄(莊嚴)'이라는 뜻이고, prabhā는 '빛'이라는 뜻입니다. 두루두루 비치는 빛이라는 뜻이에요. 이와 같은 이름이 'nidāna(인연경)'에 나오지만, 그렇게 잘 알려진 보살은 아닙니다. 보살이라는 말은 없지만, 「보살품」에 나와 있으니까 보살인 것은 틀림없어요. 보살이란 글자가 꼭 붙어야만 보살인 것은 아니죠. 『화엄경』에도 선재(善財)동자라는 이름의 소년이 나오는데, 동자라고 하니까 단순히 소년으로 생각하기 쉬운데, 선재동자도 보살이라고 생각해야 합니다. 나이라든가, 또 출가를 했든가 그런 문제는 중요하지 않아요. 출가든 재가든 누구나 보살이 될 수 있습니다. 요새는 보살이라고 하면 절에 다니는 여자 신도만을 말하는데, 굉장히 잘못된 생각이라는 것은 말할 것도 없습니다. 보살이라는 말 자체도 모르는 사람들이 많지만, 또 보살을 어떤 특정한 것으로 잘못 알고 있는 것도 짚고 넘어갈 문제예요. 나이라든가, 성별이라든가, 차림새라든가, 혹은 머리를 깎았냐, 길렀냐 등은 문제가 되지 않습니다. 말하자면 유마거사도 보살입니다. 나이가 얼마인지는 모르죠.

광엄동자와 선재동자는 동자라고 하니까 20세 미만으로 생각할 수도 있는데, 동자(kumāra)라는 말이 반드시 20세 미만을 이야기하는 것은 아니라고 생각해요. 20대의 청년까지도 다 포함한다고 볼 수도 있습니다. 오대산 상원사에 있는 문수보살상도 동자 모양으로 되어 있지요. 선재동자나 문수동자상을 아주 어린애 모양으로 그리거나 조각하는 경우가 많은데, 그것도 좀 잘못되지 않았나 싶어요. 오히려 이것은 신라시대의 화랑과 연결시키면 좋다고 생각합니다. 동자란 화랑들만한 나이의 청소년들로 보는 것이 좋겠어요.

光嚴白佛言 世尊 我不堪任 詣彼問疾 광엄이 부처님께 말씀드렸다. 세존이시여, 저는 감히 그분께 문병을 갈 수 없습니다.

所以者何 憶念 왜냐하면 이런 일이 있었기 때문입니다.

我昔出毗耶離大城 옛날에 제가 비야리성을 나서려 할 때였습니다.

時維摩詰方入城 그때 유마힐이 바로 성으로 들어오고 있었습니다.

我卽爲作禮 而問言 제가 인사를 하고 나서 이렇게 물었습니다.

居士 從何所來 거사님, 어디서 오시는 길입니까?

제가 늘 이야기하는 경봉스님의 "어디서 왔나?" 하는 물음과 같은 이야기죠. 어디서 왔는가? 그러니까 이 동자도 무시 못해요.

答我言 吾從道場來 그러자 유마거사가 대답했습니다. 도량에서 오는 중이야.

도량이라고 하는 인도말은 bodhimaṇḍa입니다. bodhi는 보리, 깨달음이고, maṇḍa는 장소입니다. 만다라(曼陀羅), 인도 발음으로 만달라(maṇḍala)도 마찬가지로 장소란 말이죠. bodhimaṇḍa는 '도가 있는 곳'이란 뜻이에요. 도가 있는 곳이지 도 닦는 곳이란 뜻이 아닙니다. 물론 도 닦는 곳도 되기는 하는데, 이제 여기서 쭉 열거한 것을 보면 반드시 겉으로 설명한 말이 그냥 그대로 도는 아닌 경우가 있어요. 닦으면 거기에 도가 나타나는 곳입니다. 숨어 있어서 겉으로는 보이지 않는 도도 여기에 열거되어 있습니다.

我問 道場者 何所是 그래서 제가 다시 물었습니다. 도량이 어디인데요?

答曰 유마거사가 대답했습니다.

이제부터 도량에 대한 설명이 쭉 나옵니다.

(7)

① 直心이 是道場이니 無虛假故며

② 發行이 是道場이니 能辦事故며

③ 深心이 是道場이니 增益功德故며

④ 菩提心이 是道場이니 無錯謬故며

① 直心是道場 無虛假故 직심이 곧 도량이니, 거짓이 없기 때문이다.

여기 ①번부터 ④번까지는 직심(直心), 발행(發行), 심심(深心), 보리심(菩提心)이 도량이라는 이야기를 하고 있습니다. 이 네 가지가 우선 한 덩어리를 이루고 있어요.

'虛假(허가)'는 인위적인 것이죠. 그런 것이 없는 것을 이야기한 겁니다. 꾸밈이 없는 마음이 직심이다.

② 發行是道場 能辦事故 발행이 곧 도량이니, 일이란 일은 처리하지 못할 것이 없기 때문이다.

발행(發行)은 udyogakarman이라는 것입니다. udyoga는 '노력한다', '수행한다'는 뜻의 ud-yuj라는 동사에서 나온 말입니다. 여기에 '일'이라는 뜻의 karma가 붙었어요. 행동하고 노력하는 겁니다. 직심으로 행동하라는 말이죠. 그러니까 '신문 발행'이라고 할 때의 '발행'과는 뜻이 달라요. 能辦事(능변사), 모든 일을 정확하고 아주 능숙하게 처리해 나간다. 일을 잘 해내는 사람이란 말이죠. 발행이 곧 도량이다.

③ 深心是道場 增益功德故 심심이 곧 도량이니, 공덕을 더욱 증대시키기 때문이다.

심심(深心)은 깊은 마음, 아주 대단한 결심 같은 겁니다. 얄팍한, 천박한 마음이 아니라, 누가 와서 방해해도 흔들리지 않는 깊고 깊은 마음, 동요하지 않는 마음입니다. 增益功德(증익공덕)이기 때문이다. 공덕을 자꾸만 늘어나게끔 할 수 있는 거라는 말입니다.

④ 菩提心是道場 無錯謬故 보리심이 곧 도량이니, 조금도 잘못되는 일이 없기 때문이다.

보리심은 bodhicitta라고 하는데, 도를 얻고자 하는 마음입니다.

(8)

⑤ 布施가 是道場이니 不望報故며

⑥ 持戒가 是道場이니 得願具故며

⑦ 忍辱이 是道場이니 於諸衆生에 心無礙故며

⑧ 精進이 是道場이니 不懈退故며

⑨ 禪定이 是道場이니 心調柔故며

⑩ 智慧가 是道場이니 現見諸法故며

이 부분에서는 보시, 지계, 인욕, 정진, 선정, 지혜의 육바라밀다를 이야기하고 있습니다.

⑤ 布施是道場 不望報故 보시가 곧 도량이니, 보답을 바라는 마음이 없기 때문이다.

보시는 베풀어주되 보답을 바라지 않는 것이다.

⑥ 持戒是道場 得願具故 지계가 곧 도량이니, 모든 소원이 구족되기 때문이다.

계를 잘 지키고 할 일을 다 잘하고 있으면 소원이 다 갖추어진다. 네 몸가짐을 바로 하라, 그러면 네 모든 소원이 다 구족되는 것이다.

⑦ **忍辱是道場 於諸衆生心無礙故** 인욕이 곧 도량이니, 어떤 중생을 대하더라도 마음에 걸리는 바가 없기 때문이다.

⑧ **精進是道場 不懈退故** 정진이 곧 도량이니, 게으르거나 물러남이 없기 때문이다.

⑨ **禪定是道場 心調柔故** 선정이 곧 도량이니, 마음이 고르고 부드러워지기 때문이다.

나는 섣불리 선 했다는 사람을 좋아하지 않는데, 참선 좀 한다는 사람에게 이 글을 읽게 했으면 좋겠어요. 마음의 조화가 이루어지고 부드러워져야 하는데, 오히려 굳어지면 곤란하죠.

⑩ **智慧是道場 現見諸法故** 지혜가 곧 도량이니, 바로 눈앞의 모든 것을 환하게 보기 때문이다.

(9)

⑪ 慈가 是道場이니 等衆生故며

⑫ 悲가 是道場이니 忍疲苦故며

⑬ 喜가 是道場이니 悅樂法故며

⑭ 捨가 是道場이니 憎愛斷故며

자·비·희·사의 사무량심(四無量心)을 이야기하고 있습니다. 불교에는 자비만 있는 것이 아니라, 한량없는 마음인 자·비·희·사가 있습니다. 기독교의 사랑과 대조되는 이야기가 바로 이런 설명 속에 있죠.

⑪ **慈是道場 等衆生故** 자(慈)가 곧 도량이니, 모든 중생에게 평등하게 베풀기 때문이다.

⑫ **悲是道場 忍疲苦故** 비(悲)가 곧 도량이니, 피로와 고통을 모르기 때문이다.

고난 속의 중생을 건짐에 있어서 피로와 고통을 견디어 낸다는 말입니다.

⑬ **喜是道場 悅樂法故** 희(喜)가 곧 도량이니, 중생이 희락(喜樂)함을 보고 기뻐하기 때문이다.

⑭ **捨是道場 憎愛斷故** 사(捨)가 곧 도량이니, 사랑과 미움의 마음을 버리기 때문이다.

(10)

⑮ 神通이 是道場이니 成就六通故며

⑯ 解脫이 是道場이니 能背捨故며

⑰ 方便이 是道場이니 敎化衆生故며

⑱ 四攝이 是道場이니 攝衆生故며

⑲ 多聞이 是道場이니 如聞行故며

⑳ 伏心이 是道場이니 正觀諸法故며

㉑ 三十七品이 是道場이니 捨有爲法故며

㉒ 諦가 是道場이니 不誑世間故며

㉓ 緣起가 是道場이니 無明乃至老死가 皆無盡故며

㉔ 諸煩惱가 是道場이니 知如實故며

⑮ **神通是道場 成就六通故** 신통이 곧 도량이니, 육신통을 다 성취하기 때문이다.

⑯ **解脫是道場 能背捨故** 해탈이 곧 도량이니, 배사(背捨)를 이루고 말기 때문이다.

'배사'는 나쁜 것을 버리는 것을 말하는데, 팔배사, 또는 팔해탈이라고도 합니다. 삼계의 번뇌를 버리고 그 속박에서 벗어나 해탈에 이르는 여덟 가지 선정을 말합니다.

⑰ 方便是道場 敎化衆生故　방편이 곧 도량이니, 중생을 교화하기 때문이다.

⑱ 四攝是道場 攝衆生故　사섭이 곧 도량이니, 중생들을 다 섭화(攝化)하기 때문이다.

사섭(四攝)은 앞에서도 설명했는데, 보시(布施), 애어(愛語), 이행(利行), 동사(同事)의 네 가지죠.

⑲ 多聞是道場 如聞行故　다문(多聞)이 곧 도량이니, 들은 바대로 행하기 때문이다.

⑳ 伏心是道場 正觀諸法故　복심(伏心)이 곧 도량이니, 제법을 올바로 보기 때문이다.

복심은 마음을 항복시키는 겁니다.

㉑ 三十七品是道場 捨有爲法故　삼십칠도품이 곧 도량이니, 유위법을 다 버리기 때문이다.

㉒ 諦是道場 不誑世間故　사제(四諦)가 곧 도량이니, 세상을 속이는 일이 없기 때문이다.

㉓ 緣起是道場 無明乃至老死 皆無盡故　연기가 곧 도량이니, 무명(無明)에서 노사(老死)까지 다 끊임이 없기 때문이다.

연기는 십이연기(十二緣起)를 말하고 있습니다. 십이연기는 무명(無明)-행(行)-식(識)-명색(名色)-육입(六入)-촉(觸)-수(受)-애(愛)-취(取)-유(有)-생(生)-노사(老死)로 이어지는데, 번뇌로부터 고(苦)까지의 인과관계, 생존이 이어지는 인연관계를 설명하는 것이죠. 여기서는 십이연기를 긍정하고 있는 거예요. 『유마경』은 『반야경』처럼 십이연기를 그냥 없애라, 없애라 하는 것이 아닙니다. 무명을 없애면 살지 말라는 이야기가 되는데, 『유마경』은 이 세상 버리고 살지 말라는 것이 아니라 살라는 이야기거든요. 그러니까 어떤 때에는 보살에게도 무명이 약간 있어요. 또 그 무명에 따르는 고통도 있습니다. 보살은 자기가 사서 고생하는 사람이란 말이에요. 그러니까 빨리 고통이 없는 그곳으로 가겠다고 생각하는 것은 보살이 아니고, 대승불교가 아닙니다. 그것을 알고 스스로 고생하는 거예요.

㉔ **諸煩惱是道場 知如實故** 모든 번뇌가 도량이니, 여실함을 알기 때문이다.

무명 번뇌가 도량입니다. 그것은 무명(無明)의 바탕이 불성(佛性)임을 여실히 알기 때문입니다. 무명과 불성은 별개의 것이 아니란 말이죠. 바로 이 마음을 잘 살리면서 일해야 하는 것입니다.

(11)
㉕ 衆生이 是道場이니 知無我故며
㉖ 一切法이 是道場이니 知諸法空故며
㉗ 降魔가 是道場이니 不傾動故며
㉘ 三界가 是道場이니 無所趣故며
㉙ 師子吼가 是道場이니 無所畏故며
㉚ 力과 無畏와 不共法이 是道場이니 無諸過故며
㉛ 三明이 是道場이니 無餘礙故며
㉜ 一念知 一切法이 是道場이니 成就一切智故라.

㉕ **衆生是道場 知無我故** 중생이 곧 도량이니, 중생의 실성(實性)이 무아(無我)임을 알기 때문이다.

㉖ **一切法是道場 知諸法空故** 일체법이 곧 도량이니, 제법의 실성이 공(空)한 것임을 알기 때문이다.

㉗ **降魔是道場 不傾動故** 항마가 곧 도량이니, 마구니의 세계에서도 마음이 동요하지 않기 때문이다.

㉘ **三界是道場 無所趣故** 삼계가 곧 도량이니, 삼계에 있어도 가는 바가 없기 때문이다.

마음이 업에 얽매이지 않으므로, 삼계에 있어도 가는 바가 없기 때문입니다. 삼계가 곧 공이라.

㉙ **師子吼是道場 無所畏故** 사자후가 곧 도량이니, 두려운 바가 없기 때문이다.

보살의 설법은 근기에 따라 사물을 이롭게 하며 두려움을 모르기 때문이라는 것입니다.

㉚ **力無畏不共法是道場 無諸過故** 십력, 사무소외, 십팔불공법이 곧 도량이니, 조금도 과실이 없기 때문이다.

㉛ **三明是道場 無餘礙故** 삼명(三明)이 곧 도량이니, 완전한 자유자재함을 얻기 때문이다.

삼명은 천안통, 숙명통, 누진통입니다. 무여(無餘)는 남는 것이 없이 완전하다는 뜻이죠. 무여애(無餘礙)는 남김없이 완전하게 자유로워짐을 말합니다. 삼명으로 삼세의 이치에 통달해서 자유자재하기 때문이라는 말이죠.

㉜ **一念知一切法是道場 成就一切智故** 일념으로 일체법을 아는 것이 곧 도량이니, 일체지를 성취하기 때문이다.

(12)
如是 善男子여, 菩薩이 若應諸波羅蜜하여 敎化衆生하고
諸有所作하면 擧足下足이니,
當知하라, 皆從道場하여 來住於佛法矣하니라.

如是 善男子 菩薩若應諸波羅蜜 教化衆生 諸有所作 擧足下足 이와 같이 선남자여, 보살이 만약 모든 바라밀다에 따라 중생을 교화하면서, 발을 들거나 내리거나 모든 일을 해 나가면,

當知 皆從道場 來住於佛法矣 모든 것이 다 도량에서 나와 불법에 머무르게 될 것임을 마땅히 알아야 할 것이다.

여기까지가 유마거사가 광엄동자에게 한 설법입니다.

(13)

說是法時에 五百天人이 皆發阿耨多羅三藐三菩提心하였나이다.

故로 我不任 詣彼問疾이나이다.

說是法時 五百天人 皆發阿耨多羅三藐三菩提心 이렇게 설법할 때 오백 명의 천인이 모두 아뇩다라삼먁삼보리심을 발하였습니다.

故我不任 詣彼問疾 그래서 저는 감히 그분 문병을 갈 수 없습니다.

3. 지세보살과 법락(法樂)

(14)

佛告 持世菩薩하사대, "汝行詣維摩詰 問疾하라" 하시니라.

持世가 白佛言하되, "世尊이시여, 我不堪任 詣彼問疾하나이다.

所以者何하뇨 하니, 憶念컨대 我昔에 住於靜室하니,

時에 魔波旬이 從萬二千天女하고 狀如帝釋하야

鼓樂絃歌하며 來詣我所하여 與其眷屬으로 稽首我足하고

合掌恭敬하고 於一面立하니,

我意, 謂是帝釋이라 하고 而語之言하되,

'善來로다 憍尸迦여, 雖福應有라도 不當自恣하니

當觀五欲無常하고 以求善本하여 於身命財에 而修堅法하라' 하니라.

卽語我言하되,

'正士여, 受是萬二千天女하여 可修掃灑로다' 하였나이다.

我言 憍尸迦하되,

'無以此非法之物로 要我沙門釋子로다. 此非我宜로다' 하니라."

佛告持世菩薩 汝行詣維摩詰問疾 부처님께서 지세보살에게 말씀하셨다. 그대가 유마힐 문병을 가거라.

지세(持世, Jagatīṃdhara)보살이라는 사람은 가끔 경전에 등장하기는 하지만, 특별히 중요한 보살은 아닙니다. 『유마경』에서도 이 부분에만 등장할 뿐 더 다른 역할은 없습니다.

持世白佛言 世尊 我不堪任 詣彼問疾 지세보살이 부처님께 말씀드렸다. 세존이시여, 저는 감히 그분 문병을 갈 수 없습니다.

所以者何 憶念 왜냐하면 이런 일이 있었기 때문입니다.

我昔 住於靜室 옛날에 제가 고요한 방에 머물러 있던 때였습니다.

時魔波旬 從萬二千天女 狀如帝釋 鼓樂絃歌 來詣我所 그때 마 파순이 만 이천 명의 천녀를 데리고 마치 제석천과 같은 모양을 하고는 북을 치고 음악을 연주하며 노래를 부르면서 제가 있는 곳으로 왔습니다.

마(魔)는 산스크리트어로 Māra인데, 그 음을 그대로 옮긴 마라(魔羅)라는 말을 그대로 쓰기도 합니다. 마라는 마구니라는 말인데, 어원을 따지면 '죽게끔 하는 자', '죽음으로 몰아가는 자'라고 앞에서 말했습니다. 우리는 마라를 악마라고도 하는데, 잘 맞지 않는 것 같아요. 또 마귀라고 하면, 기독교에서 많이 쓰는 표현이어서 그것도 좀 안 맞는 것 같죠.

그래서 마라라는 말을 그냥 그대로 쓰는 것이 제일 좋겠다 싶습니다. 저는 마구니라는 말을 많이 쓰는데, 이 말은 원래 마군(魔軍), 마라의 군사들이란 말에서 변한 말이죠. 엄밀히 말하면 뜻이 조금 달라요. 그 다음에 파순(波旬)이라고 했는데, 한자에는 아무런 의미도 없습니다. 산스크리트어 Pāpīya를 음역한 것이죠.

만 이천 명의 천녀를 데리고 왔다고 하는데, 불경에서는 '만 이천'이라는 숫자를 참 좋아합니다. 『화엄경』에서도 금강산에 만 이천 명의 보살이 있다고 했죠.

마구니가 제석천의 모양을 하고 왔습니다. 제석천은 인드라신이죠. 부처님은 누가 수행이 잘됐나, 못됐나를 시험할 때 제석천을 보내기도 하죠. 제석천이라는 것이 사실 따로 있는 것이 아니죠. 그런 역할을 하는 것이 그때그때 나타나거든요. 이것들도 육도(六道) 중생에 속합니다. 제석천도 천도(天道)라는 중생 중에 있고, 마도 중생입니다. 제석천은 중생 중에서도 괜찮은 중생이죠. 이 제석천이 어디에 있냐 하면 도리천(忉利天)에 있어요. 제석천이 나타났다 하면 일단은 존경할 수밖에 없으니 마라가 제석천 모습을 하고 왔습니다.

與其眷屬 稽首我足 合掌恭敬 於一面立   마 파순은 그 권속들과 함께 제 발 밑에 경배하고 합장 공경하고 나서 한쪽에 늘어섰습니다.

我意 謂是帝釋 而語之言   저는 그가 제석천인 줄 알고 그 이름을 부르며 이렇게 말했습니다.

善來 憍尸迦 雖福應有 不當自恣   잘 오셨소, 교시가여. 복이 많기야 하겠지만, 너무 마음대로 누려서는 안 되는 것이오.

교시가(憍尸迦)는 Kauśika를 음역한 것인데, 제석천의 다른 이름입니다. 雖福應有(수복응유), 비록 복이야 마땅히 있을 수 있겠지만, 이렇게 많은 천녀를 데리고 다닐 정도로 복이 많을 수야 있겠지만, 不當自恣(부당자자), 그냥 제멋대로 누리는 것은 당치 않은 것이오.

當觀五欲無常 以求善本 於身命財 而修堅法 오욕(五欲)이 무상하다는 것을 항상 기억하고, 선한 일의 근본을 찾아, 신체와 목숨, 재물을 견고히 간직할 수 있는 법을 닦으시오.

於身命財(어신명재)에 而修堅法(이수견법)하라. 이것은 옛날부터 많이 이야기해 온 것인데 삼견법(三堅法)이라고 합니다. 신견(身堅), 명견(命堅), 재견(財堅)의 세 가지입니다. 신견법이라는 것은 신체가 건강해지는 것을 말하고, 명견법은 신체만이 아니라 생활 전체가 유족하고 행복해지는 것을 말하죠. 신은 육신에 관한 문제고, 명은 그 몸을 가지고서 누리는 전체 생활을 이야기하는 것이고, 재는 재물에 관한 것을 이야기하는데, 이런 것을 견고해지도록 하는 수행법이 있다는 겁니다. 이것을 삼견법이라고 했어요. 그런데 이것들은 다른 의미가 아니에요. 신견은 항상 신을 단련하지만 계를 잘 지키는 것이 중요한 것이고, 명견도 또한 육바라밀다와 관계가 있는데, 절제하고, 다른 사람을 위해서 베풀어 주는 가운데 견고해지는 겁니다. 그러니까 계행을 잘 지키면서 오욕을 함부로 부리지 말라는 거죠. 오욕을 함부로 부리면 몸도 생활도 재물도 견고해지지 못하는 법이라는 이야기입니다.

오욕은 무상한 것이니 이것을 잘 생각하시오, 이렇게 제법 그럴듯한 교훈을 내렸어요. 그랬더니 마 파순이 이제 지세보살을 시험합니다.

卽語我言 正士受是萬二千天女 可修掃灑 제 말을 듣고 마 파순이 바로 대답했습니다. 보살이여, 만 이천 명의 천녀를 바치겠으니 거두셔서 심부름을 시키십시오.

정사(正士)는 보살의 다른 말입니다. 可修掃灑(가수소쇄), 청소하고 심부름시키는 데 쓰시죠.

我言憍尸迦 無以此非法之物 要我沙門釋子 此非我宜 그래서 제가 교

시가에게 말했습니다. 나 같은 사문 석자(釋子)에게 그것은 법에 맞지 않는 것이오. 내게는 필요치도 않을 뿐더러 격에도 맞지 않소.

(15)

所言未訖時에 維摩詰이 來謂我言하되,
"非帝釋也로다. 是爲魔來하여 嬈固汝耳니라" 하고,
卽語魔言하되,
"是諸女等은 可以與我로다. 如我應受로다" 하였나이다.
魔卽驚懼하여 念하기를, '維摩詰이 將無惱我라' 하고,
欲隱形去하나 而不能隱이고, 盡其神力이나 亦不得去였나이다.
卽聞空中聲曰하되,
"波旬아, 以女與之하면 乃可得去라" 하니
魔以畏故로 俛仰而與하였느니라.

所言未訖時 維摩詰來謂我言 제 말이 끝나기도 전에 유마힐이 저 있는 곳으로 와서 말했습니다.

非帝釋也 是爲魔來 嬈固汝耳 이 사람은 제석천이 아니오. 마구니요. 마구니가 당신을 괴롭히고 유혹하려 했을 뿐이오.

마구니가 당신을 嬈固(요고), 동요시키고 흔들어버릴 목적으로 왔을 따름이오. 그러고는 유마거사가 마구니를 향해 뭐라고 하느냐 하면.

卽語魔言 是諸女等 可以與我 如我應受 곧 마 파순에게 말했습니다. 그 여인들을 나에게 주면 좋겠소. 나라면 받을 만하지.

드라마틱하죠. 마 파순이 의표를 찔렸어요.

魔卽驚懼念 維摩詰將無惱我 欲隱形去 而不能隱 마구니가 이 말을 듣고 겁에 질려 '유마힐이 나를 괴롭히지 못하도록 해야겠구나' 생각하고

자취를 감추려 했지만, 도무지 숨을 수가 없었습니다.

盡其神力 亦不得去 신력을 다해 보았지만, 도망갈 수가 없었습니다.

卽聞空中聲曰 그때 공중에서 소리가 들려왔습니다.

波旬 以女與之 乃可得去 파순아, 그 여인들을 유마힐에게 주어라. 그러면 도망갈 수 있느니라.

魔以畏故 俛仰而與 마구니는 두려운 나머지 주저하다가 여인들을 유마힐에게 주었습니다.

(16)

爾時에 維摩詰이 語諸女言하되, "魔가 以汝等을 與我하니,

今汝皆當發 阿耨多羅三藐三菩提心하라" 하고

卽隨所應하여 而爲說法하고 令發道意하였나이다.

復言하되, "汝等이 已發道意하니, 有法樂 可以自娛로다.

不應復樂 五欲樂也라" 하니

天女卽問하되, "何謂法樂이나이까?"

答言하되,

① 樂常信佛하고   ② 樂欲聽法하고

③ 樂供養衆하고   ④ 樂離五欲하고

⑤ 樂觀五陰이 如怨賊하고   ⑥ 樂觀四大가 如毒蛇하고

⑦ 樂觀內入이 如空聚하고   ⑧ 樂隨護道意하고

⑨ 樂饒益衆生하고   ⑩ 樂供養師하고

⑪ 樂廣行施하고   ⑫ 樂見持戒하고

⑬ 樂忍辱柔和하고   ⑭ 樂勤集善根하고

⑮ 樂禪定不亂하고   ⑯ 樂離垢明慧하고

⑰ 樂廣菩提心하고   ⑱ 樂降伏衆魔하고

⑲ 樂斷諸煩惱하고　⑳ 樂淨佛國土하고

㉑ 樂成就相好故로 修諸功德하고　㉒ 樂嚴道場하고

㉓ 樂聞深法不畏하고　㉔ 樂三脫門하고

㉕ 不樂非時하고　㉖ 樂近同學하고

㉗ 樂於非同學中 心無恚礙하고　㉘ 樂將護惡知識하고

㉙ 樂親近善知識하고　㉚ 樂心喜淸淨하고

㉛ 樂修無量道品之法함을

是爲 菩薩法樂이라 하니라.

爾時 維摩詰語諸女言　그때 유마힐이 여인들에게 말했습니다.

魔以汝等與我 今汝皆當發阿耨多羅三藐三菩提心　마 파순이 그대들을 내게 주었으니 이제는 그대들이 다 아뇩다라삼먁삼보리심을 발해야 하겠오.

발심, 참마음을 드러내는 길에 들어서라는 것입니다. '참 사람이 되겠다는 마음을 일으키시오'라고 유마거사가 말한 거죠.

卽隨所應 而爲說法 令發道意　그리고 유마힐은 그들에게 알맞은 설법을 들려주어, 아뇩다라삼먁삼보리심을 발하게 했습니다.

隨所應(수소응), '그들에게 마땅한 바에 따라서'라는 말입니다. 그러니까 상대가 누구냐 하는 데 따라서 거기에 알맞은 법문을 해야 되는 거예요. '道意(도의)'는 아뇩다라삼먁삼보리심이죠. 그러니까 천녀들이 모두 발심을 했습니다.

復言 汝等已發道意 有法樂 可以自娛　유마힐이 또 이렇게 말했습니다. 그대들은 이미 도의를 발했으니, 각자가 즐길 만한 법락(法樂)이 있소.

이제는 세속의 낙을 즐길 것이 아니라 법의 동산에서 누리는 기쁨을 맛보도록 하라는 이야기입니다.

不應復樂五欲樂也 그러니 다시는 오욕락(五欲樂)에 빠지지 마시오.

天女卽問 何謂法樂 이에 천녀가 물었습니다. 무엇이 법락입니까?

무엇이 법의 기쁨입니까? 법락과 상대되는 낙으로 오욕락을 이야기 했죠. 오욕(五欲)은 안·이·비·설·신(眼耳鼻舌身)입니다. 감각적인 거죠. 안식(眼識)·이식(耳識)·비식(鼻識)·설식(舌識)·신식(身識)이 각각 욕망을 채우는 감각적인 쾌락입니다. 그것을 버리라는 거예요. 법락이라는 것은 이 오식(五識)이나 육식(六識)을 하지 말라는 이야기가 아니라, 지혜롭게 하라는 이야기입니다.

答言 유마힐이 대답했습니다.

이제부터 유마거사가 법락을 설명하는 겁니다. 법락이 이 부분의 주제입니다.

① **樂常信佛** 법락은 항상 부처님을 믿는 낙이오.

② **樂欲聽法** 법을 듣고자 하는 낙이오.

③ **樂供養衆** 스님들께 공양 드리는 낙이오.

처음의 세 가지는 불·법·승 삼보를 이야기하고 있습니다. '樂供養衆(낙공양중)'의 '衆'은 스님이라고 해도 좋지만, 사실 더 넓게 해석해서 '대중'이라고 해도 좋죠. 현대적으로 해석한다면, 모든 가난한 중생에게 공양을 올릴 수 있는 것이 법의 큰 즐거움이라고 할 수도 있어요.

다음에 네 가지가 있습니다.

④ **樂離五欲** 오욕을 떠나는 낙이요.

⑤ **樂觀五陰如怨賊** 오음(五陰)을 원수나 도둑같이 보는 낙이오.

⑥ **樂觀四大如毒蛇** 사대(四大)를 독사와 같이 보는 낙이오.

⑦ **樂觀內入如空聚** 내입(內入)을 텅 빈 마을같이 보는 낙이오.

'내입'이라는 것은 십이입(十二入), 즉 십이처(十二處)를 말합니다. 십이처는 육근(六根), 안·이·비·설·신·의와 육경(六境), 색·성·향·

미·촉·법을 합해서 하는 이야기죠.

다음에 또 세 가지가 있습니다.

⑧ 樂隨護道意 항상 도를 이루겠다는 뜻을 지켜 가는 낙이오.

⑨ 樂饒益衆生 요익중생하는 낙이오.

⑩ 樂供養師 스승을 공경하고 공양하는 낙이오.

다음 여섯 가지는 육바라밀다입니다.

⑪ 樂廣行施 널리 보시를 행하는 낙이오.

⑫ 樂見持戒 굳게 계를 지키는 낙이오.

⑬ 樂忍辱柔和 인욕, 유화하는 낙이오.

⑭ 樂勤集善根 부지런히 선근을 쌓고 모으는 낙이오.

⑮ 樂禪定不亂 선정에 들어 흩어짐이 없는 낙이오.

⑯ 樂離垢明慧 때 없는 밝은 지혜를 간직하는 낙이오.

이상이 육바라밀다입니다.

⑰ 樂廣菩提心 보리심을 넓혀 가는 낙이오.

⑱ 樂降伏衆魔 갖가지 마구니를 항복시키는 낙이오.

⑲ 樂斷諸煩惱 모든 번뇌를 끊는 낙이오.

⑳ 樂淨佛國土 불국토를 맑게 장엄해 가는 낙이오.

㉑ 樂成就相好故 修諸功德 상호(相好)를 성취하고 갖가지 공덕을 닦는 낙이오.

㉒ 樂嚴道場 도량을 장엄하는 낙이오.

㉓ 樂聞深法不畏 대승의 깊은 법을 듣고 두려워하지 않는 낙이오.

㉔ 樂三脫門 삼해탈문의 낙이오.

'三脫門(삼탈문)'은 '삼해탈문'의 준말입니다. 세 가지 해탈문은 공(空)해탈, 무상(無相)해탈, 무작(無作)해탈을 이야기합니다. 공이고, 상(相)이 없고, 작(作)함이 없는 것입니다.

㉕ **不樂非時** 때 아닌 때를 좋아하지 않는 낙이오.

'非時(비시)'를 좋아하지 않는다는 것이 무슨 이야기냐 하면, 지금은 세상을 버릴 때가 아니라는 겁니다. 세상을 버리고 들어갈 때가 아니라는 것이 대승의 사상입니다. 중생이 고통 중에 있는데 지금은 그럴 때가 아니라는 거죠. 그러니까 이승(二乘)이 잘못 따라가고 있는 것을 '非時'라고 할 수 있습니다.

㉖ **樂近同學** 동학에 가까이 하는 낙이오.

대승을 배우는 동학(同學)에 가까이 하는 낙이라는 말입니다. 『유마경』을 배우는 동학을 말한다고 해도 되겠죠. 같은 공부를 하는 사람, 같은 사상을 가진 사람처럼 가까운 사람은 없어요. 아무리 형제자매라도 사상이 다르면 소용이 없고, 자식도 사상이 다르면 소용없잖아요. 사실 법우(法友)가 제일 중요하죠.

㉗ **樂於非同學中心無恚礙** 동학이 아닌 사람들 가운데에서도 마음의 동요를 일으키지 않는 낙이오.

동학이 아닌 사람들 속에서도 덤덤하라는 거예요.

㉘ **樂將護惡知識** 악지식을 이끌어 좋은 길로 인도하는 낙이오.

㉙ **樂親近善知識** 선지식과 가까이 하는 낙이오.

㉚ **樂心喜淸淨** 남 잘 하는 일 보고 마음으로 기뻐하는 낙이오.

한문 원문대로 하면 '마음이 기쁘고 청정한 낙'이라는 뜻이 되지만, 티베트본을 참조해서 이렇게 번역했습니다.

㉛ **樂修無量道品之法** 그 밖의 무량한 도품을 닦는 낙이오.

도품(道品)은 도의 가지들을 말하는 겁니다. 37도품을 생각하면 되겠어요.

是爲菩薩法樂 이것을 보살의 법락이라 하는 것이오.

여기까지가 법락에 대한 유마거사의 설명이었습니다.

법락에 대해서 부연해서 살펴보면, 맨 먼저 법락은 항상 부처님을 믿는 즐거움, 법을 듣는 즐거움, 또 '중(衆)'에 공양을 바치는 즐거움이라고 했습니다. 앞에서도 이야기했듯이 '衆'이라고 쓰면 우리가 자유롭게 해석할 수 있는데, 반드시 전통적인 의미의 승려, 출가승려만을 의미하는 것은 아닐 거예요. '供養衆(공양중)'이 우리말로 '거룩한 스님들께 귀의합니다'라고 하는 이야기만은 아니죠.『유마경』은 모든 중생을 전부 다 부처님으로 생각하고, 받들고 공양을 드리라고 하니까, 그런 의미로 넓게 해석을 하면 좋겠습니다. 모든 중생들에게 공양을 바치는 것을 기쁨으로 생각하는 것입니다. 이렇게 중생들에게 공양드리는 것을 현대불교의 새로운 일면으로 부각시켜야 하지 않을까 생각합니다. 모든 사람들에게 공양을 바치는 거라는 새로운 해석들을 통해 이 사회가 보다 더 나아지지 않겠나 하는 생각도 듭니다.

공양을 바치는 것에는 여러 가지가 있죠.『화엄경』의「보현행원품」에 법 공양에 대해서 설명한 부분이 있는데, 정말 음미할 만한 다양한 설명이 되어 있으니까 한번 읽어보시기 바랍니다.

공양이라고 하는 것을 단순히 절에서 부처님에게 꽃을 바친다, 향을 바친다, 촛불을 바친다는 것처럼 어떤 특정한 장소에서 특정한 물건으로 바치는 것으로만 생각해서는 안 되죠. 물론 음식 공양도 하는데, 모든 사람들이 전부 다 부처님이라는 생각으로 바치는 것이 중요해요. 불·법·승 삼보 중 특히 승(僧)을 설명하려면, 우리의 생각이 거기까지 미쳐야 합니다. 승에 대한 해석이 달라져야 하는 것이죠. 이것은 제가 아무에게도 양보할 수 없는 주장이지만, 결코 새로운 주장이 아니라 대승불교에서는 옛날부터 그렇게 이야기해 왔던 것입니다. 입으로는 대승을 부르짖으면서도 소승적인 사고방식에만 젖어 온 사람들이 자꾸 자기 식대로 제한하려고 하는 데 문제가 있습니다.

그것을 이제 법락과 관련지어 생각하면 좋겠는데, 육바라밀다를 실천하는 것도, 요익중생하는 것도 법락인 것은 두말할 것도 없고, 스승을 공경하는 것도 법락입니다.

지금 여기에 나온 법락에 대한 여러 조목들과 중복되기도 하지만, 이 「보살품」에 나오는 이야기들은 전부 다 보살이 되고자 하는 사람들이 항상 생각하면서 실천하려고 염원해야 하는 것들입니다. 법락에 대해 쭉 서른한 가지를 열거했는데, 아마 서른한 가지가 아니라 서른두 가지였을 거예요. 32라는 숫자가 역시 의미가 있지요. 아마 어디서 중복이 됐거나 빠졌다고 볼 수 있어요. 티베트본에는 서른두 가지, 현장의 번역에는 서른세 가지가 열거되어 있습니다.

(17)

於是에 波旬이 告諸女言하되, "我欲與汝로 俱還天宮하노라" 하니,

諸女言하되, "以我等은 與此居士 有法樂하니 我等은 甚樂하도다.

不復樂 五欲樂也로다" 하니라.

魔言하되,

"居士여, 可捨此女로다. 一切所有를 施於彼者면 是爲菩薩이로다."

維摩詰이 言하되,

"我已捨矣로다. 汝便將去하라. 令一切衆生 得法願具足이니라."

於是에 諸女가 問維摩詰하되, "我等云何 止於魔宮하리오" 하니라.

於是 波旬告諸女言 我欲與汝俱還天宮 그때 마 파순이 천녀들에게 말했습니다. 내가 그대들과 함께 천궁에 돌아가고자 하노라.

마는 천궁에도 살고 있습니다. 이 마는 천마(天魔)입니다. 마는 보통 네 가지로 이야기한다고 했죠. 그래서 사마(四魔)라고 합니다. 천마는

타화자재천이라는 천상에 있는 신이라고 했습니다. 그 밖에 사마(死魔), 번뇌마(煩惱魔), 오온마(五蘊魔)가 있습니다.

그런 마구니의 궁전으로 천녀들을 데려가려고 한 거죠.

諸女言 以我等與此居士 有法樂我等甚樂 不復樂五欲樂也 그러자 천녀들이 말했습니다. 당신은 우리를 이 거사에게 주지 않았습니까? 우리는 이제 법락을 알고 매우 기쁨에 차 있습니다. 다시는 오욕락으로 돌아가지 않겠습니다.

마구니의 천궁은 저 하늘 높은 데 있고, 지금 거사와 법락을 누리는 곳은 이 사바세계라고 생각할 수도 있겠지만, 사실은 그런 것이 아니죠. 여기서도 오욕락만 누리고 있으면 여기가 마구니의 세계이고, 유마거사가 이야기한 것과 같은 법락을 누리고 있으면 여기가 바로 부처님 나라, 불국정토예요. 그것을 여기는 더러운 땅, 저 높은 곳은 아주 깨끗하고 행복한 나라, 이렇게 생각하면 안 되는 겁니다.

魔言 居士 可捨此女 마가 말했습니다. 거사여, 이 여인들을 버리시오.

一切所有施於彼者 是爲菩薩 일체의 소유를, 원하는 자에게 주는 자가 곧 보살 아닙니까?

마구니가 제법 그럴싸한 이야기를 했습니다.

維摩詰言 我已捨矣 汝便將去 그러자 유마힐이 말했습니다. 나는 이미 버렸노라. 그대가 데리고 가거라.

令一切衆生得法願具足 그리고 모든 중생들로 하여금 그 원하는 바 법에 대한 소원을 구족시켜 주게.

於是 諸女問維摩詰 我等云何止於魔宮 그러자 이번에는 천녀들이 유마힐에게 물었습니다. 저희들이 어떻게 또 마구니의 궁전에 머물라는 말입니까?

유마거사가 마구니에게 데리고 가라고 하니까, 천녀들은 이렇게 되물을 수밖에 없죠.

(18)

維摩詰이 言하되, "諸姉여, 有法門 名無盡燈하니 汝等이 當學하라.

無盡燈者는 譬如 一燈이 然百千燈하고 冥者皆明하여 明終不盡하니라.

如是 諸姉여, 夫一菩薩이 開導百千衆生하여

於其道意에 亦不滅盡하니라.

隨所說法 而自增益一切善法함을 是名無盡燈也니라.

汝等이 雖住魔宮이라도 以是無盡燈하여

無數天子天女를 發阿耨多羅三藐三菩提心者라면

爲報佛恩이며 亦大饒益一切衆生이니라" 하니.

維摩詰言 諸姉 有法門名無盡燈 汝等當學 유마힐이 말했습니다. 자매들이여, 무진등이란 법문이 있소. 그대들은 이 법문을 배우도록 하시오.

법문(法門)이라는 것은 법에 들어가는 문이란 말이에요. 무진등 법문이라는 것은 말로 되어 있는 이론이 아니라, 그렇게 행하는 것이겠죠. 법문이라고 하면 꼭 말로 되어 있는 것이라고 생각해서는 안 돼요.

無盡燈者 譬如一燈然百千燈 冥者皆明 明終不盡 무진등이라는 것은 비유컨대 하나의 등불로 백천 개의 등불을 밝혀, 어둠이 다 밝아지고 광명이 끝나는 날이 없는 것을 말하오.

'백천'은 100×1000입니다. 그러니까 십만 개죠. 하나의 등을 가지고 십만 개의 불을 붙이는 것과 같다. '然(연)'은 '燃(연)'자와 같습니다.

어두운 곳이 다 밝아져 광명이 마침내 다함이 없게끔 되는 것을 '무진등(無盡燈)'이라고 했습니다. 참 멋있는 이야기죠. 하나의 등불로 또 다른 등불의 불을 켜 주고, 또 켜 주고, 이렇게 하나의 등불에서 십만 개의 등불을 켜 갑니다. 딱 십만 개로 끝나는 것이 아니고, 하나가 계속 새끼를 쳐서 수없이 많은 등불이 켜지는 것입니다.

如是 諸姉 夫一菩薩 開導百千衆生　이와 같이 자매들이여, 무릇 한 사람의 보살이 백천 중생의 마음을 열어 아녹다라삼먁삼보리심을 발하게 하고.

於其道意 亦不滅盡 隨所說法 而自增益一切善法 是名無盡燈也　도를 이루겠다고 하는 그 뜻이 결코 꺼지지 않고, 법을 설할 때마다 저절로 모든 선한 법이 더욱 늘어나는 것을 무진등법문이라고 하오.

그러니까 한 사람, 한 사람에게 알맞은 법을 설해 줌으로써 저절로 모든 선한 법이 많은 사람들 사이에 널리 퍼지고, 그 이익을 받게끔 되는 것을 무진등이라고 이름한다는 것입니다.

汝等 雖住魔宮 以是無盡燈 無數天子天女 發阿耨多羅三藐三菩提心者 爲報佛恩 亦大饒益一切衆生　그대들이 비록 마구니의 천궁에 머무른다 할지라도, 이 무진등으로써 무수한 천자와 천녀들에게 아녹다라삼먁삼보리심을 발하게 하면, 부처님 은혜에 보답하고 일체 중생에게 커다란 요익(饒益)을 주게 될 것이오.

이렇게 유마거사가 무진등법문의 설명을 했던 것입니다. 이 무진등법문은 말하자면 우리 불교도들에게 포교, 즉 많은 사람들에게 진리를 전하라는 이야기를 하고 있는 아주 중요한 가르침이라고 할 수 있습니다.

(19)
尒時에 天女가 頭面禮 維摩詰足하고 隨魔還宮하니 忽然不現이나이다.
世尊이시여, 維摩詰은 有如是自在神力과 智慧辯才하나니,
故로 我不任 詣彼問疾이나이다.

介時 天女頭面禮維摩詰足 隨魔還宮 忽然不現　그때 천녀들이 유마힐의 발밑에 이마를 대어 예배하고, 마구니를 따라 천궁으로 돌아가 홀연히 그 자취가 사라지고 말았습니다.

이것은 하나의 방편으로서 설정했던 이야기니까, 방편이 끝나면 사라지고 마는 것이죠.

世尊 維摩詰 有如是自在神力智慧辯才　세존이시여, 유마힐은 이와 같이 자재한 신통력과 지혜와 변재가 있습니다.

故我不任 詣彼問疾　그러므로 저는 감히 그분 문병을 갈 수 없습니다.

4. 장자의 아들 선덕과 법시회

(20)
佛告 長者子 善德하사대, "汝行詣維摩詰 問疾하라" 하시니,
善德이 白佛言하되, "世尊이시여, 我不堪任 詣彼問疾이나이다.
所以者何뇨 하니, 憶念컨대
我昔에 自於父舍에서 設大施會하고 供養一切沙門婆羅門
及諸外道 貧窮下賤과 孤獨乞人하여 期滿七日하였나이다.
時에 維摩詰이 來入會中하여 謂我言하되,
'長者子여, 夫 大施會는 不當如汝所設이니라.
當爲法施之會니, 何用是財施會爲오' 하였나이다.
我言하되, '居士여, 何謂法施之會요' 하니,
答曰하되."

佛告長者子善德 汝行詣維摩詰問疾　부처님께서 장자의 아들 선덕에게

말씀하셨다. 그대가 유마힐에게 문병을 가거라.

이번에 나오는 선덕(善德, Sudatta)은 장자의 아들입니다. 이 보살도 출가자가 아닙니다. 『유마경』이 생각하는 보살이 어떤 모습인지 여기에 또 하나의 예가 등장하고 있어요.

善德白佛言 世尊 我不堪任 詣彼問疾 선덕이 부처님께 말씀드렸다. 세존이시여, 저는 감히 그분 문병을 갈 수 없습니다.

所以者何 憶念 왜냐하면 이런 일이 있었기 때문입니다.

我昔 自於父舍 設大施會 옛날에 저희 아버지 집에서 제가 대시회를 열었습니다.

供養一切沙門 婆羅門 及諸外道 貧窮下賤 孤獨乞人 期滿七日 스님들과 바라문들, 그 밖의 외도 승려들, 빈궁하고 미천한 사람들, 고독한 걸인들을 공양하며, 7일을 채웠습니다.

인도에서도 이와 같이 7일씩이나 많은 사람들에게 음식공양을 하는 풍습이 있었던가 봐요. 우리 고려시대에도 이런 것을 많이 했죠. 반승(飯僧)이라고 해서 스님들을 적을 때는 만 명, 많을 때는 삼만 명을 모아다가 음식공양을 했다고 하죠.

時維摩詰來入會中 謂我言 대시회가 끝날 무렵 유마힐이 그 자리에 들어와서 제게 이렇게 말하는 것이었습니다.

長者子 夫大施會 不當如汝所設 當爲法施之會 장자의 아들이여, 무릇 대시회라는 것은 그대가 하고 있는 바와 같이 해서는 안 되는 것이오. 법시의 모임을 해야 하는 것이오.

何用是財施會爲 그런데 왜 재시의 모임을 하고 있는 것이오?

보시에는 법시(法施)와 재시(財施), 무외시(無畏施)가 있다고 하죠. 무외시가 제일 어렵고, 그 다음이 재시, 법시라고 하는데, 어쩌면 이것은 스님의 입장에서 이야기한 것인지도 모르겠어요. 사실 돈 있는 사람에게는 재시도 어렵지 않겠죠.

我言 居士 何謂法施之會 그래서 제가 말했습니다. 거사님, 어떻게 하는 것을 법시의 모임이라고 합니까?

선덕이 이렇게 물은 거죠.

答曰 유마거사가 대답했습니다.

그래서 이제 유마거사가 법시회에 대한 설명을 하게 됩니다. 이것이 이 부분의 주제가 되고 있습니다.

(21)
法施會者는 無前無後 一時供養 一切衆生함을 是名法施之會이니
曰何謂也하니 謂,
① 以菩提로 起於慈心하고
② 以救衆生으로 起大悲心하고
③ 以持正法으로 起於喜心하고
④ 以攝智慧로 行於捨心하라.

法施會者 無前無後 一時供養 一切衆生 是名法施之會 법시의 모임이란 전후가 없이 일시에 일체 중생을 공양하는 것이오. 그것을 법시의 모임이라고 하오.

이 말이 상당히 의미가 깊습니다. 제가 길장(吉藏)의 소(疏)도 보고 천태대사 지의(智顗)의 소도 보았는데, 거기에는 이것에 대해 별다른 설명 없이 그냥 넘어갔어요. '法施會者(법시회자)는 無前無後(무전무후) 一時供養(일시공양) 一切衆生(일체중생)이라.' 이때 '前後'라고 하는 것은 '一時' 다음에 있으니까 시간의 문제이기도 하지만, 시간만을 의미하지는 않는 것 같아요. '一切衆生'이라는 것이 있으니까 공간에도 해당되

거든요. 전후를 시간으로 이야기하면 과거, 현재, 미래가 전부 다 관련되고, 공간으로 이야기하면 그 자리에 있는 사람만이 아니라 그 앞뒤, 혹은 동서남북 도처에 있는 모든 사람들을 다 상대로 한다고 생각해도 좋을 것 같습니다.

세종대왕 시대에 활약을 많이 했던 함허당(涵虛堂) 득통(得通)이라는 스님이 있어요. 기화(己和)스님이라고도 하는데, 이 스님이 조선시대의 스님 중에는 제일 학식이 있었던 스님으로 보입니다. 이 스님은 『금강경 오가해(金剛經五家解)』라고 하는 책을 썼어요. 육조 혜능부터 시작해서 금강경에 대해 다섯 분의 선사들이 말을 붙인 것을 모아서 그 뒤에 함허당 스님도 한마디를 붙인 거죠. '말을 붙였다'고 했는데, 해설을 했다고는 안 합니다. 해설을 했다고 하면, 『금강경』에 대한 자구 해설 같은 것을 말하는데 선사들은 글자해설을 안 하거든요.

이 스님의 어록이 지금 남아 있는데, 그리 길지는 않아요. 그 맨 첫 부분에 뭐가 있냐 하면, 죽은 사람들을 위한 영가천도법문이 있습니다. 세종대왕도 처음에는 불교를 탄압했던 사람이죠. 불교에 대해 그다지 관심이 많지 않은 사람이었지만, 자기 어머니, 할머니, 혹은 아버지, 이런 죽은 사람들의 명복을 빌려고 할 때 유생들에게는 부탁할 수 없었어요. 그때는 덕망이 높은 스님을 부를 수밖에 없었단 말이죠. 그래서 함허당 득통스님이 불려 가게 됐습니다. 영가천도법문, 죽은 사람에게는 어떻게 법문을 하나, 흥미롭죠. 윤회를 어떻게 이야기할까, 영혼의 행방에 대해서 이런 고승들은 뭐라고 이야기할까, 이것이 흥미롭거든요. 여러분들 중에도 밤낮 그런 것을 묻는 사람들이 있는데, 함허당스님의 법문은 아주 짤막합니다. 함허당스님에게는 어떻게 보면 영가천도라는 일이 별로 하고 싶지 않은 일이었을지도 모르죠. 그래서 그 글을 읽으면 마지못해서 하는 분위기가 조금 있어요. '영가(靈駕)'라는 말도 안 쓰고, '선가(仙

駕)'라 말을 씁니다. '신선이 가마를 타고 간다'는 이야기를 하면서 한 법문이에요.

지금 이 이야기를 왜 하느냐 하면, '일시공양'이라는 말 때문입니다. 옛날에 죽은 사람들뿐만 아니라, 즉 과거의 사람, 현재 여기 있는 사람, 그리고 저 바깥에 있는 모든 중생들을 상대로 '여기에 모여 있는 대중들이여!' 하고 법문을 폅니다. '無前無後 一時供養 一切衆生'입니다. 누구만을 두고 이야기하고 있지 않아요. 특정한 사람은 잠깐 한마디만 언급할 뿐이고, 그 다음에는 온 세계 중생들을 향해서 정법을 설합니다. '알아들었나?' 하고 쾅 주장자를 치고, '아무 것도 없는 거야!' 하죠. '뭐 어디 편안한 데 잘 가거라' 그런 소리는 한마디도 안 나옵니다. 육도중생에 대한 이야기도 그런 생사를 초탈해야 한다고 아주 고답적인 법문을 하더군요. 그래 굉장한 스님이라는 생각을 했습니다. 여러분도 영가천도법문을 이렇게 한다는 것도 알아야 합니다. '無前無後 一時供養 一切衆生'도 그렇게 해석을 하니 의미가 좀 드러나죠. 그러니까 눈앞에 있는 사람만 보고 이야기하는 것이 아니라는 겁니다. '법시지회'라는 것은 그렇게 해야 한다는 거예요.

曰何謂也 謂 무슨 말이냐 하면 이렇게 하라는 것입니다.

법시회는 무엇을 어떻게 하는 것이냐? 맨 앞에 나온 것이 아무래도 더 중요할 것 같은데, 자(慈)·비(悲)·희(喜)·사(捨), 사무량심을 강조하고 있습니다. 『유마경』에서는 이 자·비·희·사를 어떻게 설명하고 있는지 보죠.

① 以菩提 起於慈心 보리를 목표로 대자심(大慈心)을 일으키시오.

한문만 가지고는 쉽지 않은 대목이에요. 티베트본을 참조해 보니까 거기에도 이렇게 되어 있더군요. 그러니까 중생들에게 대자심을 일으키라고 하는 이야기가 아니라, 자기 안에 먼저 자·비·희·사의 마음을 갖추어야 한다는 이야기를 하고 있는 것입니다. 말하자면 깨달음을 얻기 위해서는 자심(慈心)이 절대 필수라는 이야기가 되겠죠. 자애로운 마음 없이는 깨달아지지 않는다는 거죠.

② 以救衆生 起大悲心 중생을 구하겠다는 대비심(大悲心)을 일으키시오.

우선 스스로 확실히 알기 위해서 불교공부를 하는 것이지만, 틀림없이 알고 더 나아가서는 다른 사람들에게 이야기해 주고, 가르쳐 주려는 목표를 동시에 세워야 하지 않겠나 하는 생각이 드네요. 한 사람이라도 더 많이 정확하게 아는 분이 생기고, 또 다른 사람들에게 정확하게 가르치는 것을 기쁨으로 생각하는 분들이 생기는 것이 제 가장 큰 보람입니다.

③ 以持正法 起於喜心 정법을 지키려는 대희심(大喜心)을 일으키십시오.

그냥 불교 믿는다고 복 받는 것이 아니라, 정법을 따라갈 때 복을 받는 거죠. 정법 아닌 것을 믿는 사람들에 대해서는 보장을 못해요. 정법을 따라가고 있으면, 죽어도 죽지 않아요. 어떤 어려움이 있어도 절대로 그것을 극복할 수 있다고 생각합니다.

④ 以攝智慧 行於捨心 지혜를 다 간직하려는 대사심(大捨心)을 행하십시오.

지혜를 지키겠다고 하는 것과 사심(捨心)이 이렇게 딱 붙어 있습니다. 왜 그렇게 됐는지 납득이 가시죠. 지혜는 공 아닙니까? 다 버리는 것이죠. 다 버릴 줄 아는 사람이 진짜 지혜를 얻는 것 아닙니까?

보리와 자심(慈心), 중생을 구하겠다는 마음과 대비심(大悲心), 정법을 지키는 것과 희심(喜心), 그리고 지혜를 다 간직하겠다는 것과 사심(捨心), 이렇게 자·비·희·사를 관련시킨 것이 재미있어요.

(22)

⑤ 以攝慳貪으로 起檀波羅蜜하고

⑥ 以化犯戒로 起尸羅波羅蜜하고

⑦ 以無我法으로 起屬提波羅蜜하고

⑧ 以離身心相으로 起毗梨耶波羅蜜하고

⑨ 以菩提相으로 起禪波羅蜜하고

⑩ 以一切智로 起般若波羅蜜하고.

이번에는 육바라밀다가 나옵니다.

⑤ **以攝慳貪 起檀波羅蜜** 인색한 마음을 거둠으로써 보시바라밀을 일으키는 겁니다.

여기서는 육바라밀다를 산스크리트어로 알 필요가 있습니다. '단(檀)바라밀'의 '단'은 산스크리트어로 dāna-pāramitā입니다. dāna라고 하는 말이 '보시'라는 말이에요. dāna가 영어나 불어의 donation과 같은 겁니다. 보시하는 사람은 dānapati인데, 한자로는 '檀越(단월)'이라고 했어요. 그 말이 우리말에서 '단골'이 돼 버렸죠. 단골은 원래 술집의 단골이 아니라, 절의 단골이었어요. 어쨌든 단바라밀은 보시바라밀입니다. '바라밀'은 물론 '바라밀다'의 준말이죠.

攝慳貪(섭간탐), 간탐하는 사람을 섭하는 것, 인색한 사람, 욕심 많은 사람을 깨닫게끔 하는 것이 단바라밀다 아닙니까? 베풀어주는 데에도 방편이 필요하다는 거예요. 방편을 잘 알아야 되는데, 한국 불교인들은 그 방편을 잘 응용할 줄 몰라요. 육바라밀다 이름만 외우고 앉아 있죠. 구체적으로 어떻게 해야 하는가를 모르고 있는 것 같아요.

⑥ **以化犯戒 起尸羅波羅蜜** 계를 범하는 버릇을 고침으로써 지계바라밀을 일으키는 겁니다.

'시라(尸羅)바라밀'이라고 되어 있는데, '시라'는 산스크리트어로 śīla 입니다. '계', '지계(持戒)'라는 말이에요. śīla라고 하는 말은 본래는 청량(淸凉)하다, 맑고 서늘하다는 뜻이 있습니다. 죄를 지으면 머리가 복잡하고 더운데, 일체 죄지은 것이 없을 때에는 서늘하고 편안하다는 거죠. 계라는 것은 도덕적으로 정말 완벽하고 잘못이 없다는 말입니다.

⑦ 以無我法 起羼提波羅蜜 무아의 법으로써 인욕바라밀을 일으키는 겁니다.

그 다음에는 '찬제(羼提)바라밀'인데, 이것도 음만 빌린 거예요. 산스크리트어로 kṣānti(크샨티)입니다. 이 말은 kṣama(크샤마)라고 하는 말에서 나왔는데, kṣama는 옛날에 '차마' 비슷하게 읽었을 거예요. '용서하세요' 그런 말인데, 이 말은 '懺(참)'이라고 번역됐습니다. 우리말의 '참는다'는 말도 인도말 kṣama에서 왔어요. 여기서 나온 말이 kṣānti입니다. 용서하고 참는다는 말이 '인욕(忍辱)'이라는 말이 됐습니다.

인욕하는 데에 있어서도 역시 방편이 필요한데, 무아법으로써 인욕하는 일을 완성시키거든요. 그러니까 자기 스스로가 여러 가지 방법을 택해서 정말 모든 경우에 인욕할 수 있도록 돼야 하겠죠.

⑧ 以離身心相 起毗梨耶波羅蜜 몸도 마음도 돌보지 않고 정진바라밀을 일으키는 겁니다.

'비리야(毗梨耶)'는 산스크리트어로 vīrya입니다. 용감하다는 뜻입니다. 정진, 용맹정진이죠. 정진하기 위해서 보조적인 바라밀다가 있다면, 그것은 원(願)바라밀입니다.

⑨ 以菩提相 起禪波羅蜜 보리의 상으로써 선정바라밀을 일으키는 겁니다.

'선(禪)바라밀'의 '선'은 dhyāna입니다. 이것이 '선나(禪那)'라고 쓰여지다가 '선'만 남은 거죠.

⑩ 以一切智 起般若波羅蜜   일체지(一切智)로써 반야바라밀을 일으키는 겁니다.

마지막으로 반야(般若)는 prajñā죠. 지혜라는 말입니다. 육바라밀다 이야기가 다 나와 있습니다.

(23)
⑪ 教化衆生으로 而起於空하고
⑫ 不捨有爲法하되 以起無相하고
⑬ 示現受生하되 而起無作하고.

여기서는 세 가지 것이 하나로 묶여져 있는데, 공(空), 무상(無相), 무작(無作)이라고 하는 것입니다. 이 세 가지는 삼해탈이라고 하는 것이죠. 공해탈, 무상해탈, 무작해탈.

⑪ 教化衆生 而起於空   중생을 성숙시키면서 공하다는 생각을 더 깊게 해야 한다.

한문에는 '敎化衆生(교화중생)'이라고 되어 있는데, 나는 '교화'라는 말이 좀 건방진 것 같아서 싫어요. 그래서 티베트본을 보니까, 거기에는 '중생을 성숙시킨다'고 되어 있습니다. sarvasattva, 모든 중생을, patripācana, 성숙시킨다. 그러면서 공하다는 생각을 더 깊게 해야 한다는 말입니다. 무아(無我), 자기를 아무 것도 아닌 것으로 만들어 가야죠. 공하게 만드는 것입니다.

일본에 나가오 가진(長尾雅人)이라는 유명한 불교학자가 있어요. 얼마 전에 어떤 일본 학술잡지를 보니까 이 사람이 『유마경』과 관련하여'라는 제목으로 쓴 글이 있었어요. 그 글을 읽으면서 '야, 이 정도인가?' 하고 깜짝 놀랐습니다. 가령 '중생을 교화하면서 공하다는 생각을 일으켜라'는 것이 모순된 이야기 아니냐고 하고 있더라고요. 자기도 공하고, 중생도 공하다면 다 허깨비인데, 어떻게 교화를 하냐고, 모순된다는 거죠. 그렇지만 『유마경』에는 이런 이야기 천지입니다.

⑫ **不捨有爲法 以起無相** 유위법을 버리지 않고 무상(無相)이라는 것을 더 잘 알게 되어야 한다.

이 말도 언뜻 보기에는 모순된 것으로 보이죠. '유위법을 버리지 말고, 무상이라는 생각을 일으켜야 된다.' 나가오는 이것도 큰 문제라고 쭉 나열을 해 놓고 이러이러한 모순된 글들이 있어 자기 나름대로 해석을 한다고 썼는데, 그 해석이 별로 신통한 해석은 아니더군요. 확실히 대학 강단에서만 가르치면서 관념적인 상황 속에 사는 사람의 이야기와, 이 현실 속에 뛰어들어 실제로 살아보고 하는 이야기가 다르다는 것을 느꼈습니다.

유위법이라고 하는 것에는 상(相)이 다 있기 마련이지 않습니까? 그 상이 있는 유위법을 버리지 말고, '일체 없는 거야. 다 없는 거야'라는 무상을 생각하라는 것이 모순이 된다는 거죠. 그런데 우리는 이것을 해결하는 방법이 있죠. 벌써 몇 번이고 여러분들에게 말씀드렸던, 공(空)·가(假)·중(中)으로 해석하는 겁니다. 진제(眞諦)로, 진짜 모습으로 보면 '공'이죠. 그러나 인연법으로 보면 '가'입니다. 본질적으로 말하면 '공'이겠지만, 세속적인 의미로는 '가'로서 존재합니다. 이 떼려 해도 뗄 수 없는, 공과 가를 연결시키는 것이 중도제일의제(中道第一義諦)죠. 나가오 가진이 기본적으로 공·가·중과 중도제일의제를 모르는 것은 아닐텐데, 일본에는 원효처럼 구체적으로 누군가 바로잡아 주는 사람이 없어서 그러는지 모르겠어요. 공과 가는 떨어질 수 없는 겁니다. 생사가 가이고, 열반이 공이죠. '生死涅槃常共和(생사열반상공화)', 『법성게』의 이 구절을 모르는 거죠. 일본 사람들의 큰 결함의 하나가 『화엄경』을 잘 모른다는 데 있을 거예요. 그저 반야 하는 사람은 반야만 이야기하고, 정토 하는 사람은 정토만 이야기하죠. 정토가 실재한다고 이야기하다 보니, 정토교에 대해 예수교와 꼭 같다는 비난이 막 쏟아집니다. 그게 어디 불교냐?

그런 면에서 제 스승인 라모뜨 교수는 대단한 업적을 남겼어요. 그냥 글자만 읽어서 해석한 것들, 가령 나가오 가진의 번역을 읽으면 무슨 말을 했는지 알 수 없는 경우가 많은데, 라모뜨 교수의 번역은 원전과 관련시켜 철저하게 연구해서 『유마경』의 독특한 정신이 뭐라는 것을 잘 살려내고 있습니다.

정토에 관한 문제는 라모뜨 교수와 아주 가까운 사이이고 오따니대학의 학장을 지낸 야마구찌 스스무(山口益)라는 사람이 아주 뚜렷하게 해석하고 있더군요. 세친(世親)의 유식사상을 가지고 정토를 풀이하는데, 정토라는 게 어디 따로 있는 것이 아니라, 우리 마음이 맑아지면 여기가 바로 정토가 된다는 식으로 딱 회통을 하고 있습니다. 이번에 일본 잡지를 보면서 얻은 바가 많았습니다.

그래 이 유위법이라고 하는 것은 가로서 존재하는 것이니, 가를 버리지 말아야죠. 가를 버리지 않되, 언제나 무상이라고 하는 공의 도리를 망각하지 말아야 합니다. 공이라는 철저하게 본질적인 자각을 갖고 이 현실세계를 살아가라는 것 아닙니까? 현실세계에서는 유위법이니까 불쌍한 사람도 있고, 더럽다, 깨끗하다 하는 것도 있지만 본질적으로 이야기하면 더러운 것도, 깨끗한 것도 없겠죠. 가의 입장, 인연법으로 말하면 이것은 분명히 더럽고, 저것은 분명히 깨끗하지만, 더 깊은 안목에서 보면 더럽다, 깨끗하다 해 보았자 그게 그거예요. 방편으로, 더러운 놈은 야단치고 깨끗한 놈은 칭찬하지만, 현실에 사로잡히지 않도록 하는 것은 실제로 살아보지 않으면 이해하기가 어려운 겁니다.

⑬ 示現受生 而起無作　생을 받는 모습을 보이면서도 무작(無作)임을 잊지 말아야지요.

본래가 공, 무상, 무작이라는 말은 진여한 입장에서 한 이야기입니다. 공(空)이고 상(相)이 없고, 용(用)도 없어요. 억지로 무슨 작위가 없지만, 못하는 게 아니죠. 다 할 수 있습니다. 그런 것을 가지고 이 현실 세상 속에서 중생을 성숙시킨다고 했는데, 사실 본질적으로는 중생도 없고 다 부처죠. 그러나 현실적인 인연관계로 말하면 아직 중생인 것은 틀림없거든요. 그것을 중생이 아니라고 하면, 이 현실에서 적극적으로 무슨 좋은 일을 한다거나 그런 의미가 전연 성립 안 되는 것이죠. 중도제일의제, 참된 의미의 중도란 중간치기가 아니고, 철저하게 공이라는 원칙 아래에서, 가(假)로서의 인연을 무애한 것, 걸림이 없는 것으로 만드는 것인데, 이 이야기는 『화엄경』 말고는 강조하는 데가 없습니다. 그러니까 『화엄경』을 모르면 불교를 모른다고 이야기해도 과언이 아니죠. 이것을 철저하게 이해해야 합니다.

(24)
⑭ 護持正法하되 起方便力하고
⑮ 以度衆生하되 起四攝法하고
⑯ 以敬事一切하되 起除慢法하고
⑰ 於身命財에 起三堅法하고
⑱ 於六念中에 起思念法하고
⑲ 於六和敬하고 起質直心하고
⑳ 正行善法하여 起於淨命하고
㉑ 心淨歡喜하여 起近賢聖하고
㉒ 不憎惡人하여 起調伏心하고

㉓ 以出家法으로 起於深心하고

㉔ 以如說行으로 起於多聞하고

㉕ 以無諍法으로 起空閑處하고

㉖ 趣向佛慧로 起於宴坐하고

㉗ 解衆生縛으로 起修行地하라.

⑭ **護持正法 起方便力** 정법을 잘 간직하면서 방편의 힘을 발휘한다.

⑮ **以度衆生 起四攝法** 중생들을 제도하면서 사섭법을 행해야 한다.

사섭법은 보시(布施), 애어(愛語), 이행(利行), 동사(同事)하라는 거죠. 이 네 가지 중에 제 잇속 차리라고 하는 대목은 한군데도 없습니다. 적당히 하면 다 안 되게 되어 있어요. 정치도 기업경영도 중생을 제도하는 것인데, 그것을 모른단 말이에요.

⑯ **以敬事一切 起除慢法** 일체 중생을 존경하고 섬기면서 교만한 마음을 없애야 한다.

⑰ **於身命財 起三堅法** 신(身)·명(命)·재(財)가 견고해지는 세 가지 법을 키워야 한다.

신은 건강이고, 명은 수명이고, 재는 재물입니다. 명에 대해서 라모뜨는 '생활'이라고 설명해요. 몸과 생활과 재물, 이 세 가지가 견고해지도록 하는 법, 이것을 삼견법(三堅法)이라고 합니다. 몸이 견고해지고, 생활이 안정되고, 재물이 확보되는 것이죠. 이 삼견법을 이루기 위해서는 법신(法身)과 혜명(慧命)과 법재(法財)를 키워야 된다고 합니다. 혜명, 지혜가 생기지 않으면 그 삶이 견고해질 수 없겠죠. 또 우리의 이 몸뚱어리, 육신은 어차피 병들어 썩어 없어지게끔 되어 있는 연약하기 짝이 없는 것이지만, 그래도 그것이 법신, 법을 행하는 주체가 되어 있으면, 오분법신(五分法身)처럼 계·정·혜·해탈·해탈지견의 법을 행해 가고 있는 동안에는 건강해질 수 있는 거죠. 그냥 해이하게 내버려두면 축 늘어지게 마련입니다. 또 법재라는 것은 잘못된 방법으로 얻은, 구체적으로 돈 같은 것을 의미하는 것이 아니라, 법신을 키워 가는 데 있어서 필요한 모든 가치라고 할 수 있습니다.

⑱ 於六念中 起思念法 육념을 생각하는 데 있어 올바른 사념(思念)을 해야 한다.

불(佛)·법(法)·승(僧)·계(戒)·사(捨)·천(天), 이 여섯 가지를 생각하는 것을 육념이라고 합니다. 이것을 올바로 생각하라는 겁니다.

⑲ 於六和敬 起質直心 육화경을 행하면서 질직(質直)한 마음을 가져야 한다.

육화경(六和敬, saṃmodanīya)은 신화(身和), 구화(口和), 의화(意和), 계화(戒和), 견화(見和), 이화(利和)의 여섯 가지입니다. 신화, 몸으로 화목하게 지내라, 행동으로 화목하라는 거죠. 구화, 입으로 화목하게 지내라, 말다툼하지 말라. 의화, 생각으로 화목하게 지내라. 그 다음 계화, 공통된 계를 지켜라. 견화, 철학이 같아야 한다, 인생관이 같아야 한다. 이화, 이익을 골고루 나누어 가져라. 여럿이 같이 살아갈 때 화목하게 살기 위한 원칙이 바로 이 여섯 가지입니다.

육화경은 다시 표현을 조금 달리해서 설명할 수도 있습니다. 身和共住(신화공주), 몸으로 화목하게 지내라. 그러기 위해서는 함께 살아라. 共住, 같은 곳에서 산다는 뜻도 되고, 비슷한 상태로 산다는 뜻도 됩니다. 口和無諍(구화무쟁), 입으로 화할지니 다투지 말라. 意和同事(의화동사), 뜻으로 화하여 동사하라. 생각으로 화목하게 지내면서, 일을 같을 도모하는 것처럼 좋은 일은 없다는 것입니다. 戒和同修(계화동수), 공통적인 계가 정해지면 똑같이 지켜라. 계를 정했으면 누구는 지키고 누구는 안 지키고 그러면 안 된다는 거죠. 見和同解(견화동해), 같은 철학을 가지고 살아야 한다. 利和同均(이화동균), 이익이 생기면 골고루 나누라. 똑같이 나누라는 이야기는 아니죠. 합리적으로 나누어 골고루 혜택을 받도록 하라.

육화경하고 질직심(質直心)을 일으켜라. 이 질직한 마음, 질박하고 정직한 마음이 있어야 돼요. 육화경을 실천하면서 질직심을 일으켜라. 이것은 동시에 하는 것이죠. '인과동시(因果同時)'라는 이야기가 있는데, 원인이 있으면 결과가 즉시에 나타나는 경우를 말합니다. 우리가 참선을 하다 보면 일심의 근원에 돌아간단 말이에요. 한마음이 되면, 원인과 결과가 동시에 나타나는 거죠. 질직심을 가지면 저절로 육화경이 이루어진다고 볼 수 있습니다.

⑳ 正行善法 起於淨命　선한 일을 올바르게 행하기 위해서는 청정한 방법으로 먹고 살아야 한다.

'정명(淨命)'은 '정명(正命)'이라고도 쓰는데, 사명(邪命)의 반대입니다. 삿된 방법으로 목숨을 유지하는 것을 사명이라고 합니다. 올바로 목숨을 유지하고 있으면 그 목숨은 깨끗한 목숨이라고 할 수 있겠죠. 그러나 남을 괴롭히고 못살게 굴고, 남을 잡아먹고 사는 놈은 사명(邪命)의 극단을 살고 있는 놈이라고 할 수 있습니다. 그런 생명은 부정한 생명이죠. 생명이라고 해서 가치가 다 똑같으냐? 그렇지는 않지만, 생명이 다 귀중한 것은 사실입니다. 지금 당장은 부정한 생명이지만 마음을 바로 먹고 올바른 생명으로 만들 수 있는 가능성이 주어져 있기 때문에 그 생명도 귀중한 것임에는 틀림없어요. 그러나 현재 잘못을 저지르고 있는 그 생명 자체가 귀중하냐 하면, 그렇지는 않은 것입니다.

가령 우리가 살생과 방생, 이런 이야기를 하는데, 어떤 놈을 죽이고 어떤 놈을 살려야 되느냐는 것도 생각해 봐야겠죠. 선사들은 살생, 방생이라는 말보다 '살인(殺人)', '활인(活人)'이라고 했습니다. '살인검', '활인검'이라는 이야기를 하잖아요. '내게는 사람을 죽일 수 있는 검도 있지만, 사람을 살릴 수 있는 검도 있다.' 선사가 사람을 진짜로 죽이지는 않지만, 죽어야 할 못된 놈은 일단 죽일 필요가 있어요. 그래야 새 삶을 살만한 사람으로 살아나겠죠. 그러니까 사활, 죽는다 산다 하는 것은 사실 우스꽝스러운 겁니다. 이차돈은 죽었지만, 사실 그것은 자기를 살리는 길이었다고 봐야죠.

'살생유택(殺生有擇)'이라고 하면 불교도가 아닌 사람들이 원광법사를 비아냥거립니다. 불살생이면 불살생이지, 왜 '살생유택'이라고 하느냐? 그러나 사실 '살생유택'이 맞는 거죠. 불살생, 모든 것을 덮어놓고 죽이지 말라는 것은 너무나 단순한 논리입니다. 일률적으로 이야기하기 어려운 경우들이 있는 것입니다. 정명, 올바로 살아가도록 해라. 더럽게 벌어서 더럽게 살아가는 삶을 살지 말라는 겁니다. 아까운 시간을 화투, 마작 등 도박으로 허비하는 것은 선법이 아니라고 생각합니다.

선(善)이 무엇인가 했을 때, 우리는 『해심밀경』에서 이야기하는 윤리적인 덕목인 계율의 세 단계를 기억해야 하겠어요. 첫 번째가 섭율의계(攝律儀戒), 두 번째가 섭선법계(攝善法戒), 세 번째가 섭중생계(攝衆生戒)입니다. 이것을 삼취정계(三聚淨戒)라고 하는데, 세 가지 그룹으로 모았다는 말이죠. '섭(攝)'자가 중요한데, 전부 다 망라했다는 이야기입니다.

섭율의계. 여러분이 추석에 제사를 지낸다, 성묘를 간다 하는 것은 율의입니다. 어른들을 만나면 절을 어떻게 한다든지, 제사상은 어떻게 차린다든지 하는 것도 전부 율의입니다. 율은 규율, 규정이죠. 가령 오늘날 우리가 하고 있는 제사상 차리는 것은 불교에서 정해진 것이 아니라 조선시대 유교학자들이 정한 것입니다. 그것은 유교에서 하는 예의작법으로, 하나의 규칙입니다. 항상 절대적인 것은 아니죠. 그런 것들은 한 종교의, 혹은 하나의 폐쇄적인 사회의 율법일 따름인 경우가 많습니다. 서양 사람들이 하는 율법 따로 있고, 유태인들이 하는 율법 따로 있고, 또 아프리카 사람들이 하는 율법이 따로 있습니다. 그것은 상당히 지역적인 색채, 시대적인 색채들이 농후한 것으로, 보편적으로 누구에게나 다 중요한 것은 못 됩니다. 종족적인, 상당히 제한적인 의미밖에는 없는 거죠.

그것보다 한 계단 높은 것이 있다는 겁니다. 율의는 말하자면 형식인데, 형식이 나쁘다는 것은 아니에요. 형식은 제대로 갖추고 있는데 마음가짐이 틀려먹은 놈이 있단 말입니다. 그래서 섭선법(攝善法), 선법, 마음이 착하냐, 거짓말투성이냐 하는 것을 이야기하게 된 것입니다. 마음속으로는 아주 흉칙한 생각을 하면서 겉으로 형식을 다 갖추고 있다 해도 무슨 소용이 있어요? 율의보다 더 중요한 것이 선법이죠.

그런데 선(善) 중에서 최고의 선이 뭐냐 하면, 모든 고통받는 중생을 섭하는 겁니다. 『유마경』에서 일관되게 이야기하고 있는 것은 '어떤 중생이든지 단 한사람의 중생이라도 고통 중에 있으면 그 사람을 버리지 않고 그 사람을 반드시 올바르게 인도할 책임을 내가 감당하고야 말겠다'고 하는 거죠. 섭중생(攝衆生), 모든 중생을 전부 다 섭한다, 자기 가슴속에 전부 다 받아들인다, 포용한다. 오류가 많은 중생들도 다 포용한다. 포용만 하는 것이 아니라, 모든 중생들에게 이익이 되도록 한다. 이런 행위가 섭중생계죠.

이 세 가지가 『해심밀경』에서 십바라밀다를 이야기하는 가운데 계바라밀다의 설명으로 나와 있고, 또 『화엄경』에도 나오고, 원효대사가 좋아한 『보살영락본업경』에도 나옵니다. 그러니까 재가(在家)도 '너희들은 오계(五戒)나 지켜라' 하는 정도의 대접을 받고 만족하고 있어서는 안 된다는 말이에요. 우리 보살들은 삼취정계를 지켜가야 하는 겁니다. 물론 출가자들의 입장에서는 그들 이상으로 재가자들이 하는 일이 더 훌륭하다고 한다면 골치는 아프겠죠. 그러나 출가가 더 중요하냐, 재가가 더 중요하냐 하면, 출가가 절대로 더 중요한 것은 아니에요. 출가할 수 있는 사람은 출가하고, 재가로 살아 갈 사람은 재가로 사는 거죠. 사실 어떤 면에서는 재가가 더 어렵습니다. 중요한 것은 출가도, 재가도 다 보살행을 해야 한다는 사실이거든요. 출가자도 잘하면 좋은데 보살행을 안 하고 있으니까 문제죠. 남에게 좋은 일, 요익중생을 해 주면서 먹고사는 것이 정명(淨命)입니다. 나쁜 짓은 안 했지만 중생들에게 별로 큰 이익도 못 주고, 혼자만 깨끗하게 살고 있다고 하면 좀 다시 생각해 보아야 되겠죠. 이제는 보살불교가 되어야 하는 것입니다.

㉑ **心淨歡喜 起近賢聖** 항상 맑은 마음, 기쁜 마음을 갖고 현자나 성인을 가까이 해야 한다.

마음에 꼭 흡족한 일이 없다고 우리마저도 타락하고 좌절하여 실망하고 비탄에 젖고 그럴 필요는 없는 거예요. 잘못되고 있는데 밤낮 좋다고 웃고만 있을 수도 없지만, 마음속에서마저도 비탄에 젖고, 혹은 실망하고 좌절하여 자포자기해서는 안 되겠죠. 賢聖(현성), 어딘지 있을 현명한 사람, 거룩한 사람들을 가까이 하는 겁니다. 그 사람들이 어떤 기적을 행하는 사람들은 아니죠. 내가 어디에서 들으니까 어디에서 누가 뭘 잘 보고 예언을 잘해서 버스가 30대, 40대씩 모여든다고 하던데, 그런 사람들은 현명한 사람도, 성인도 아닙니다. 그런 데 쫓아다니면서 시간과 돈과 정신을 혼란하게 하는 일은 하지 말기 바랍니다. 여기는 그런 사람이 없겠지만, 마음 약한 사람은 그렇게 될 가능성이 있어요.

㉒ **不憎惡人 起調伏心** 악인도 미워하지 말고 자기 마음을 잘 다스려야 한다.

여기 그대로 당장 나왔네요. 그런 사람들도 미워하지 말라고 했습니다. 악인이라 할지라도 미워하지 말고, 우리 보살은 조복심해야 한다. 그 사람의 마음도 조복하고, 내 마음도 조복하고.

㉓ 以出家法 起於深心 출가하는 정신으로 심심(深心)을 길러야지요.

출가법, 여기서 출가는 반드시 머리 깎고 승복 입는 것만을 의미하는 것이 아니라, 세속적인 모든 것에 대해서 집착하지 않는 마음을 내는 것입니다. 내 것이라고 하는 마음을 버리는 것이 출가법입니다. 이 출가법으로 심심을 일으켜라. 심심, adhyāśaya라는 말인데, 영어로 한다면 deep resolution 정도가 되겠죠. 깊은 결단심, 결정코 끊어 버린다는 마음이라고 할 수 있겠습니다.

㉔ 以如說行 起於多聞 부처님이 설하신 대로 행하기 위해서는 많이 들어야 한다.

'다문(多聞)'이라는 것은 부처님이 설하신 것을 많이 듣는 것을 말합니다. 부처님께서 이렇게도 설하고 저렇게도 설하고, 설하신 것이 많죠. 설하신 내용이 그때그때 상황과 상대에 따라 다릅니다. 일본 불교가 특히 그렇습니다만, 중국 불교도 어느 경 하나만을 가지고 종파를 만들었어요. 경 하나만 읽으면 그 경도 충분히 이해할 수 없습니다. 여러 경을 두루 공부해야 한 경이 똑똑히 보이는 것이죠. 그러니까 편협하게만 알고 자기도 확신이 안 가는 이야기를 설명하려면, 얼마나 어려운 일이겠어요? 부처님이 설하신 대로 행하기 위해서는 다문, 정확히 넓게 골고루 듣는 것이 중요합니다.

㉕ 以無諍法 起空閑處 다툼이 없는 생활을 하기 위해서는 고요한 숲 속에서의 수행도 필요하 한다.

'空閑處(공한처)'라는 것은 텅 비고 한가로운 곳이란 말입니다. 산스크리트어로 aranya라고 하는데, 한자로는 '阿蘭若(아란야)'라고 음역했고, 줄여서 '蘭若(난야)'라고 쓰기도 합니다. 고려시대에는 불교 시인들이 많았는데, 이 사람들은 '난야'라는 말을 많이 썼습니다. 통도사에 가면, 현대식으로 지은 것이지만 '阿蘭若'라고 현판을 쓴 암자가 있지요. '공한처', '암자'란 뜻입니다.

그런데 그 앞에 '無諍法(무쟁법)'이라는 말이 있습니다. 無諍, 말다툼이 없다고 했습니다. 말다툼이 없다는 말은 araṇā인데, '옴 아라남 아라다' 그런 주문도 있죠. 다투지 않는다는 말이에요. 그러니까 아란야라고 하는 것은 다툼이 없는 곳이라는 뜻도 됩니다. 조용하다는 것은 큰소리가 오고가지 않는 곳이라고 생각하면 좋겠죠. 원효대사의 사상을 화쟁(和諍)사상이라 하는데, 그것은 원효대사만 이야기한 것이 아니라 불교의 근본사상이에요. 화쟁사상을 특별히 기록해 놓은 『십문화쟁론(十門和諍論)』이라는 책이 원효의 저술목록에 있습니다. 아마 그 책이 화쟁사상을 이야기하는가보다 생각할지 모르지만, 사실은 원효대사의 모든 책은 전부 다 화쟁론입니다.

㉖ 趣向佛慧 起於宴坐 부처님 지혜를 따라가면서 참선을 해야 한다.

앞에서도 '宴坐(연좌)'라는 말이 나왔습니다. 참선하려고 앉는 것이죠. '宴'자는 구체적인 의미는 없는데, 둥글게 모여 앉았다는 느낌을 주어요. 요새『선의 세계』라는 책을 송광사에서 냈던데, 제게 몇 권 가져왔습니다. 화보가 참 좋아요. 거기 사진을 보니, 스님들이 둥글게 앉아서 참선을 하는 모습이 있어요. 부처님께서 처음 설법할 때 다섯 명의 비구가 녹야원에 앉아 있던 모습도 연좌라고 생각하면 좋겠죠. 둥글게 앉아 있는 그림들이 꽤 많이 있습니다.

그런데 라모뜨 교수는 '연좌'를 'solitary meditation', '혼자 하는 명상'이라고 번역했어요. 사실 명상은 많은 사람이 있는 복잡한 데에 끼어 앉아서는 제대로 안 되죠. 혼자 조용한 곳에 앉아야 진짜 참선이 된다고 느끼는데, 본래는 석가모니 부처님도 혼자 했어요. 나는 산에 갈 때도 동행자가 없을 때가 제일 좋습니다. 누가 같이 가면 이야기해야 되고 무슨 이야기를 들어야 되니 생각을 할 수 없어요. 뭘 볼 수가 없어요. 침묵을 지킬 수 없지요. 가다가 앉고 싶으면 앉고, 서고 싶으면 서고, 바라보고 싶으면 바라보고 해야 되는데, 그러지 못한단 말이에요. 그러니까 생활에서도 혼자 있는 것이 필요할 때가 많다고 생각합니다.

㉗ **解衆生縛 起修行地** 모든 중생을 번뇌의 속박으로부터 풀기 위해 수행의 계단을 올라가야 한다.

衆生縛(중생박), 중생들은 얽혀 있는 상태, 묶여 있는 상태에 있단 말입니다. 밧줄로 묶여 있어요. 그 밧줄이 뭐냐 하면 번뇌망상이고, 번뇌망상 때문에 저질러 놓은 업입니다. 그런 업의 밧줄을 풀어 주어야 한단 말이에요. 풀어 주기 위해서는 修行地(수행지), 수행의 한 계단 한 계단을 올라가야죠. 스스로도 올라가야 되겠지만, 다른 사람들도 올라가게 함으로써 역시 다른 중생들의 결박된 상태도 풀려질 수 있습니다. 수행지를 일으키는 것은 자기만 수행의 경지를 일으키는 것이 아니라, 다른 사람들도 그것을 본받아서 역시 수행의 길을 갈 수 있게 되는 것을 말합니다.

수행지라는 말은 산스크리트어로 하면, 수행은 yogācāra, 지는 bhūmi입니다. '유가행지(瑜伽行地)'라고도 번역하는데, 지금 남아 있는 논서의 이름은 '유가사지(瑜伽師地)'라고 되어 있습니다. '행'에 해당하는 산스크리트어를 잘못 읽었기 때문에 '사'가 됐습니다. 유가행지로 번역해야 맞는 거죠. 유가행지는 누가 특히 강조했는가 하면 무착(無着)과 세친(世親)입니다. 유식학파 사람들이 그것을 강조했죠. 유가, yoga(요가)라고 하는 것은 본래 인도에 있었던 수행방법으로 자유분방한 마음을 묶어 놓는 거죠. 요가라는 것은 원래 가축에게 멍에를 씌우는 것이거든요. 멍에를 씌우고 자갈을 물리고 해서 고분고분하게끔 만드는 것을 요가라고 했습니다. 우리 인간들의 아주 고약하고 사나운 성질들, 욕심만 있는 성질들을 훈련을 시켜 고분고분하게 만드는 것이 요가입니다. 요가를 잃어버린 시대, 요가의 의미를 부정하는 시대가 현대입니다.

(25)

㉘ 以具相好와 及淨佛土로 起福德業하고

㉙ 知一切衆生의 心念하고 如應說法하여 起於智業하고

㉚ 知一切法하여 不取不捨하고, 入一相門하여 起於慧業하고

㉛ 斷一切煩惱와 一切障礙 一切不善法하고 起一切善業하여

㉜ 以得一切智慧로 一切善法하고 起於一切助佛道法하라.

여기서 앞의 네 가지는 '기복덕업(起福德業)', '기지업(起智業)', '기혜업(起慧業)', '기일체선업(起一切善業)', 이런 식으로 전부 다 업과 관련되어 있습니다. '업'은 보통 karma라고 하지만, 여기서는 saṃbhāra입니다. saṃ은 앞에 나온 saṃbodhi 같은 말에서도 본 접두사인데, '평등하다', '다 모은다' 그런 뜻이죠. bhāra는 bhṛ라는 동사에서 나왔는데, bhṛ는 '든다', '진다', '가져온다', '모은다', 그런 뜻입니다. 그래서 saṃbhāra는 '다 함께 가지고 왔다, 모아 왔다'라는 뜻이 되죠. '集(집)'에 해당됩니다. 그러니까 여기서 '복덕업'은 복덕을 다 모은다는 뜻이 됩니다.

㉘ **以具相好及淨佛土 起福德業** 상호를 다 갖추고 불국토를 청정케 하면서 가지가지 복덕을 닦아야 한다.

상호, 상(相)과 호(好)가 있습니다. 거울을 볼 때 이 상호가 마구니 상호인가, 마녀의 상호인가, 수라의 상호인가, 축생의 상호인가, 혹은 보살의 상호인가 하는 것을 볼 필요가 있는데, 상호는 무조건 부처님의 상호를 닮아 가라는 거죠. 상은 큰 것이고, 호는 작은 것인데, 머리카락도 포함되고, 어떤 옷을 입었냐 하는 것도 문제가 되겠죠. 모자라는 것이 없도록 다 갖추어 가는 것이 '具相好(구상호)'입니다. 그 다음에 불토를 맑

게 하라. 사실 이 내 몸뚱어리가 불토인데, 이것을 제대로 가꾸지 않는데, 이것을 깨끗하게 해야 한단 말입니다. 그럼으로써 복과 덕을 쌓아 가라. 불교는 복과 덕을 물리치라는 이야기가 아니라는 말입니다. 복과 덕을 다 모아 가라는 이야기예요.

㉙ 知一切衆生心念 如應說法 起於智業　일체 중생의 생각과 행동을 알고 이치에 알맞게 설법하기 위하여 지업(智業)을 닦아야지요.

심(心)과 염(念), 한문으로 보면 다 마음인데, '심'은 산스크리트어로 citta이고 '염'은 carita라고 합니다. citta는 이 생각, 저 생각하는 일반적인 마음으로, 맑고 깨끗한 마음을 의미하지 않습니다. carita는 움직이는 행동이라는 말입니다. 행동이라는 것이 결국은 마음의 작용이라는 것을 알아야죠.

그러니까 일체중생의 생각과 그 생각으로 행하는 바가 무엇인지를 잘 알고, 如應說法(여응설법)하라. '如應'은 '이치에 알맞게'라는 뜻입니다. 산스크리트어로 yathāyoga라는 말인데, 이 말은 무슨 뜻인고 하니, 『화엄경』 식으로 이야기하면 두 가지로 설명할 수 있습니다. 하나는 진제(眞諦), 공(空)이라고 하는 이치가 있고, 또 하나는 사람들이 처해 있는 인연관계에서 설명해야 되겠죠. 진여와 생멸, 두 가지 측면에서 설명해야하는데, 그런 이치에 알맞게 설법하기 위해서 지업(智業)을 일으킵니다. 지혜가 더욱더 많이 쌓이고 모이도록 한다는 말이죠.

그러니까 지혜라는 것은 체험 속에서, 생활 속에서 얻어지는 겁니다. 다른 사람들과 부딪치며 실수도 하고 반성도 하면서 생기는 거예요. 그런 것이 쌓이고 쌓이면 지업이 생깁니다. 그러니까 단순히 많이 배워서 생기는 것은 지식이지, 지업은 아니란 말이에요. 지혜로워지는 것과는 아무 상관도 없어요. 지식이 아무리 많아도 실제 생활에 갖다 내놓으면 그렇게 행동 못하죠. 이것이 참 중요한데, 그러나 원칙은 여기서 배워 가야 되지 않나 하는 겁니다. 이치를 모르면 실천을 할 수 없잖아요.

㉚ 知一切法不取不捨 入一相門 起於慧業　일체법을 취하거나 버리지 않고 일상문(一相門)에 들어가기 위해 혜업(慧業)을 닦아야지요.

일체법을 취하지도, 버리지도 않고, 일상문에 들어갑니다. 일상문은 ekanaya, 하나의 이치입니다. 앞의 문장과 어떤 차이가 있냐 하면, 바로 전에 본 것은 남들이 하는 것을 보고 '아, 이렇구나. 저렇구나' 하는 것을 아는 것이고, 여기는 자기 자신이 직접 지혜로워지는 단계에 들어가고 있어요. 한 계단 한 계단 자꾸 올라가고 있어요. '지(智)'와 '혜(慧)'를 합치면 지혜가 되지만, 따로따로 썼을 경우에는 지보다는 혜가 더 높은 단계라는 것을 아시겠죠.

㉛ 斷一切煩惱 一切障礙 一切不善法 起一切善業　모든 번뇌, 모든 장애, 모든 악을 끊고 모든 선업(善業)을 닦아야지요.

지혜로워져도 선한 일을 할 줄 모르면 안 된다는 거예요. 일체 선한 일을 자꾸 쌓아 나가라고 했습니다. 이렇게 현실참여에 중점을 두고 있는 것이『유마경』의 특징인 것입니다.

㉜ 以得一切智慧 一切善法 起於一切助佛道法　그리하여 모든 지혜, 모든 선법을 얻음으로써 불도에 도움이 되는 모든 법을 닦으시오.

'助佛道法(조불도법)', 37조도법(助道法), 37각지(覺支) 등 모든 조도법들을 다 일으켜 가라.

(26)
如是 善男子여, 是爲法施之會이니라.
若菩薩이 住是法施會者면 爲大施主며, 亦爲一切世間이 福田이니라.

如是 善男子 是爲法施之會　선남자여, 이렇게 하는 것이 법시의 모임

입니다.

若菩薩住是法施會者 爲大施主 亦爲一切世間福田 이러한 법시의 모임에 머물면 대시주가 되고, 또 일체세간의 복전이 되는 것입니다.

일체세간의 복전(福田)이 된다고 하는 것은 일체 세상 사람들이 그 사람으로 말미암아 복을 받는다는 말이죠. 일체 세상 사람들이 그 사람에게 절 한번 해도 복을 받고, 보시를 해도 복을 받고, 그런 것을 복전이라고 해요. 그 사람을 존경하여 찬탄하거나, 구체적인 물건을 갖다가 공양하거나 했을 때 복을 받을 수 있는 사람을 말합니다. 아니 그 사람을 그냥 우러러보기만 해도 복을 받는다고 하죠.

여기까지가 '법시지회'에 대한 유마거사의 설법이었습니다.

(27)

世尊이시여, 維摩詰이 說是法時에
婆羅門衆中 二百人이 皆發阿耨多羅三藐三菩提心하였나이다.
我時心得淸淨하여 歎未曾有하며 稽首禮 維摩詰足하고,
卽解 瓔珞値直百千하여 以上之하니 不肯取하나이다.
我言하되, "居士여, 願必納受하고 隨意所與하소서" 하니,
維摩詰이 乃受瓔珞하여 分作二分하고,
持一分을 施此會中에 一最下乞人하고,
持一分을 奉彼難勝如來하였나이다.
一切衆會가 皆見 光明國土의 難勝如來하고,
又見 珠瓔이 在彼佛上하여 變成四柱寶臺하고
四面嚴飾하여도 不相障蔽하였나이다.

世尊 維摩詰 說是法時 婆羅門衆中二百人 皆發阿耨多羅三藐三菩提心

세존이시여, 유마힐이 이런 법을 설했을 때 그 자리에 있던 바라문 승려 이백 명이 다 아뇩다라삼먁삼보리심을 발했습니다.

我時心得淸淨 歎未曾有 稽首禮 維摩詰足 저는 그때 마음이 청정해지고 일찍이 경험해 보지 못한 바라 탄식하며 머리 숙여 유마힐의 발밑에 예배했습니다.

卽解瓔珞値直百千 以上之 不肯取 그리고 백천이나 되는 값어치의 영락을 몸에서 풀어내어 거사에게 바쳤으나, 거사는 그것을 받으려 하지 않았습니다.

我言 居士 願必納受 隨意所與 그때 제가 말했습니다. 거사님, 꼭 받으시어 마음대로 주고 싶은 분에게 주십시오.

維摩詰 乃受瓔珞 分作二分 持一分 施此會中 一最下乞人 持一分 奉彼難勝如來 유마힐은 영락을 받아 반으로 나눈 뒤 절반은 그 모임에 있던 가장 가난한 걸인에게 주었고, 또 다른 절반은 저 광명국토의 난승여래께 바쳤습니다.

一切衆會 皆見光明國土 難勝如來 그러자 그 모임에 있던 모든 사람들이 다 광명국토의 난승부처님을 보았습니다.

又見珠瓔在彼佛上 變成四柱寶臺 四面嚴飾 不相障蔽 또 구슬과 영락이 그 부처님 위에서 네 개의 보배로운 기둥과 보대(寶臺)로 변하여, 그 네 면을 장엄하게 장식하며 서로 가리지 않는 것을 보았습니다.

(28)
時에 維摩詰이 現神變已하고 作是言하되,
"若施主 等心으로 施一切最下乞人하기를 猶如 如來福田之相하여
無所分別하고 等于大悲하고 不求果報하면,
是卽 名曰具足法施이니라" 하였나이다.

時維摩詰現神變已 作是言 그때 유마힐이 이런 신변을 나타내 보이고 이렇게 말했습니다.

若施主等心 施一切最下乞人 猶如如來福田之相 無所分別 等于大悲 不求果報 만약 시주가 평등한 마음으로 마치 여래 복전을 대하듯 분별함이 없이 모든 가난하고 미천한 걸인에게도 대비심으로 과보를 바라지 않고 보시하면.

是卽名曰 具足法施 이것을 일컬어 구족법시(具足法施)라고 하는 것이다.

여기서 다시 유마거사의 말이 끝나고 선덕의 말이 이어집니다.

(29)
"城中에 一最下乞人이 見是神力하고 聞其所說하여
皆發阿耨多羅三藐三菩提心하였나이다.
故로 我不任 詣彼問疾하나이다."
如是 諸菩薩이 各各向佛하여 說其本緣하고
稱述維摩詰所言하여 皆曰, "不任詣彼問疾이라" 하니라.

城中一最下乞人 見是神力 聞其所說 皆發阿耨多羅三藐三菩提心 비야리성의 제일 가난한 걸인들이 이 신력을 보고, 이 설법을 듣고 모두 다 아뇩다라삼먁삼보리심을 발했습니다.

故我不任 詣彼問疾 그러므로 저는 감히 그분 문병을 갈 수 없습니다.

선덕의 이야기가 여기서 끝났습니다. 이제 이 품을 마무리하는 말이 나옵니다.

如是 諸菩薩各各向佛 說其本緣 稱述維摩詰所言 皆曰 不任詣彼問疾 이와 같이 모든 보살들이 각각 부처님을 향해 그 본연(本緣)을 이야기하고

유마힐의 말을 들려주면서 다 감히 문병을 못 가겠노라고 말하였다.

「보살품」을 마쳤습니다. 여태까지의 주제는 뭔고 하니, 유마거사가 앓아누워 있어서 문병을 가라고 하는 부처님의 분부에 대해 십대제자들과 보살들이 하나같이 감히 문병을 갈 수 없다고 대답을 하면서 갈 수 없는 이유를 설명하고 있는 것입니다. 옛날에 유마거사로부터 이러이러한 가르침을 받은 일이 있다고 이야기를 하는 거죠. 사실 가르침이라고 했지만, 꾸지람 비슷한 것을 들었던 거예요. 그 동안 저희들이 수행을 잘해 왔다고 생각했는데, 유마거사의 말을 들어보니까 그게 아니고 정말 혼쭐만 났다는 이야기였습니다.

그런데 그렇다고 문병을 못 가냐 하는 질문이 있을 수 있지 않겠습니까? 그럴수록 가서 찾아뵙고 문병을 해야 할 것 아닌가, 이런 생각을 할 수도 있는 거죠. 거기에 이제 우리가 해답을 얻는 데 요긴한 몇 가지 힌트가 있어요. 유마거사가 진짜로 아픈 것이 아닙니다. 유마거사는 보살로서 아픈 겁니다. 부처님이 이 사람들에게 전부 문병을 가라고 하는 것은 가서 병에 대해서 질문을 하라는 이야기입니다. 병은 왜 생겼느냐? 왜 이렇게 오래 가느냐? 또 어떻게 하면 낫느냐? 이런 질문을 던지라는 것입니다.

다른 사람들은 모두 사양했지만, 드디어 문수보살만이 그것을 하겠다고 합니다. 이제 다음 품이 「문수사리문질품(文殊師利問疾品)」입니다. 거기서 문수보살이 맨 처음에 묻는 말이 '보살도 병이 듭니까?' 하는 질문이죠. 보살이 왜 병이 드는지 그 원인을 물은 거예요. 그리고 병이 들었다가도 이내 나을 수 있을 텐데 '왜 이렇게 오래 갑니까?' 하고 질문을 합니다. 거기에 대한 대답이 나와요. 보살이 병드는 것은 중생이 병들어 있기 때문이며, 단 한 명의 중생이라도 병들어 있다면 보살은 그 한 명의 중생과 함께 아파하지 않을 수 없다고 합니다. 중생이 아프면 보살도 아프지 않을 수가 없어요. 보살이라고 하는 존재는 도대체가 아프기 위해서 태어난다는 이야기까지 하죠. 이것이 참 중요한 이야기입니다.

그런 대답들을 십대제자나 지금 여기 「보살품」에 나오는 보살들은 할수가 없었습니다. 그것을 할 만큼 지혜가 안 되어 있는 거죠. 머리가 안 돌아간다고 이야기하고 싶지는 않아요. 머리가 돌아가는 게 중요한 것이 아니라, 탁 트이지를 않았어요. 말하는 것을 보면 그 사람이 지혜가 되어 있나, 그렇지 않은가 하는 것을 알 수 있습니다. 그러니까 말 한마디도 함부로 못 하는 거예요. 그래서 다 머뭇머뭇 주저하면서, '제가 감히 갈 수 있겠습니까?' 이렇게들 이야기하고 있는 것입니다.

십대제자들과 보살들은 전부 다 옛날에 유마거사한테 호되게 당했는데, 유마거사가 책망을 주었다기보다도 부처님이 유마거사의 모습으로 몸을 바꾸어서 혼을 내 준 거죠. 그러니까 우리는 별의별 것에서 부처님의 가르침을 전해 받을 수가 있다고 생각합니다. 때로는 부처님과는 비슷하지도 않은 것들에서 배울 수 있어요. 이번에 금산사 연수과정에 갔다가 뱀이 알을 가득 품은 두꺼비를 삼키는 광경을 보고 많은 것을 느꼈는데, 여기서 그 이야기를 다 자세히 할 수는 없지만, 부처님이 꼭 거룩한 모습만 하고 계신다고 생각하면 크게 잘못된 겁니다. 부처님은 언제나 어떤 특별한 모습만 하고 계신다고 생각하는 것은 잘못이에요.

성모마리아만 믿는 사람들은 '마리아, 마리아' 하다가 보면 이상한 것이 보이죠. 불란서의 남쪽에 유명한 루르드라고 하는 성지가 있는데, 양치는 가난한 소녀가 양을 치다가 먹을 것도 없고 목말라서 '마리아님, 마리아님' 하다가 성모마리아를 보았습니다. 그래서 그곳이 성지가 되었는데, 왜 예수가 안 나타나고 성모마리아만 나타나는지는 모르겠어요. 유럽에는 그런 곳이 더러 있는데, 포르투갈의 파티마라고 하는 데도 그런 곳이죠. 그곳에도 가 보았지만, 하여튼 그렇게 소박하고 가난한 삶 속에서 열렬하고 간절하게 기도하지 않으면 안 나타나는 거죠. 나타나는 것이 각각 다 다르기는 합니다. 때로는 성모마리아로, 때로는 관세음보살로, 아미타 부처님으로, 혹은 무슨 다른 보살로 나타나지만, 사실은 같은 법신 부처님이 그 사람의 소원에 맞게 나타난 겁니다. 중생의 근기에 맞게, 중생의 소원에 맞게 나타난 것이라는 것을 우리가 여기서 알아야 하는 거죠.

그러니까 그런 형상과 이름 자체가 근본인 것이 아니라, 그런 형상과 이름의 근원이 우주적인 생명, 근본적인 생명력이라는 것을 알아야 하는 거예요. 『대승기신론』에서도 강조를 했는데, 중생이라는 것을 '생멸인연'이라고 했어요. 생멸인연이라는 것은 진행 중에 있는 것이지 다 된 것을 말하고 있는 것은 아니에요. 다 됐다가 지금도 되고 있고, 또 앞으로도 되어 갈 그것이 중생이죠. 그러니까 중생이라는 것은 가령 아까 이야기한 것 같은, 먹는 뱀이나 먹힌 두꺼비로 끝나 버리는 것이 아니라, 두꺼비가 뱀의 몸의 한 부분이 될 수도 있고, 또 두꺼비의 알을 키워 뱀이 두꺼비로 바뀔 수도 있는 겁니다. 그렇게 진행 중에 있는 것이 중생이죠. 우리가 중생이라고 하면, 지옥, 아귀, 축생, 수라, 인, 천이라고 딱 고정적으로 생각하기 쉬운데 그것이 아닌 것이죠.

이런 이야기를 하려면 경전을 많이 읽어야 자유자재로 나오게 되어 있어요. 요새 불교신문을 보니 경전이 어렵다고 생각하는 사람들에게 쉬운 경전만 가르치겠다고 하는 곳들이 많더라고요. 쉬운 것만 밤낮 가르쳐서는 안 되죠. 진짜 어려운 것을 아주 쉽게 가르치는 것이 가장 바람직하지만, 경전의 내용이 처음서부터 쉬운 것은 아닙니다. 어려운 것을 통과하고 나서 완전히 제 것으로 소화가 됐을 때 쉽게 되는 것이거든요. 그렇지 않으면 전부 거짓말만 하게 된단 말입니다.

문수사리문질품 文殊師利問疾品 第五

다섯 번째 「문수사리문질품」입니다. 제가 『불교개론』 책에서 『유마경』을 소개할 때 이 품의 한 부분을 소개했었습니다. 지금 우리는 『유마경』 전체를 읽으면서 여기에 실린 부처님의 가르침, 우리가 실천해야 하는 진리가 무엇인가 하는 것을 우리 나름대로 정리하고 있는 것이죠. 벌써 『유마경』 강의를 여러 차례 들은 사람도 있고, 처음 듣는 사람도 있지만, 열 번 정도 이 강의를 듣지 않은 사람은 아직도 『유마경』 전체를 다 이해한 것이 아니니까, '나는 『유마경』 들었다' 하고 자만하지 마시기 바랍니다. 재삼 이야기하는데, 법문을 듣는 최선의 방법은 경을 처음부터 끝까지 여러 차례 되풀이해서 읽고, 그 내용을 여러 사람들과 같이 이야기해 보는 것입니다.

어제는 어느 절의 교양대학에 가서 이야기를 했는데, 한 200명가량이 법당에 꽉 찼어요. 강사가 열 사람가량 두 시간씩 와서 이야기한다고 하지만, 거기서 할 수 있는 이야기는 경전 안에 실린 법문의 극히 일부분에 불과하죠. 물론 강사가 잘 요리해서 들려주면 괜찮기는 하겠지만, 어떻든 남의 이야기를 들은 거란 말입니다. 그런 이야기를 듣고 암송만 한다면, 성문이나 연각밖에 더 되겠어요? 자기가 스스로 깨달아서 '그렇지, 그렇지' 이렇게 자꾸 납득을 해 나가면서 완전히 소화해야 우리의 살과 피가 되는 거죠. 소화불량에 걸려서도 안 되겠지만, 동물원에 갇혀서 비스킷 몇 개씩 주는 것만 얻어먹고 사는 식으로 살지도 말아야죠. 가능한 한 많은 것을 다 배울 필요가 있습니다. 제가 도움이 될 수 있으니 잘 따라오면 됩니다.

나는 세월이 오래 걸렸습니다. 막연하게 잡아서 지나간 70년 동안 30년은 아무 것도 모르고 살았고, 나중에 40년만 불교를 알았다고 할 수 있어요. 40대부터 본격적으로 불교를 공부해서 조금은 나아졌지만, 세상일에 바쁘다 보니까 이것에만 전념할 수가 없었어요. 그러다 보니 정년퇴

임하고 난 뒤 60대 후반부터 70대에 와서야 겨우 깊은 맛을 알게 된 것 같습니다. 여러분도 늦게 공부를 시작했어도 절대로 늦었다고 생각하지 마세요. 제가 다 요리해서 드리니까, 열심히 해서 그것을 잘 먹고 소화시키기만 하면 문제없을 겁니다.

이 강의교재는 고흥순 보살이 만들어 주었는데, 몇 번씩 나한테 야단을 맞아가면서 이것을 만들었습니다. 그런데 「문수사리문질품」에 오니까 처음과는 달라서 제가 고칠 것이 많지 않았어요. 아주 썩 잘했습니다. 물론 조금씩 손질을 더 해야겠지만, 이렇게 해 놓으니까 훨씬 이해하기가 쉽네요. 아직도 저는 거의 다 뜯어져 너덜거리는 옛날 노트를 애지중지하는데, 여기에는 승조법사의 이야기도 들어 있고, 구마라집의 이야기도 들어 있고 여러 사람들의 주석이 다 들어 있습니다. 또 라모뜨 교수의 이야기도 들어 있죠. 이런 것도 책으로 나오면 훨씬 더 강의하기에 좋을 것 같습니다.

이제 「문수사리문질품」을 보도록 합시다. 문수사리가 유마거사에게 문질(問疾)하러 갔다는 이야기입니다. 문질은 문병과 같은 거죠. 이 제목만 가지고도 주석하는 사람들은 많은 이야기를 하고 있습니다. 십대제자를 비롯한 스님들이 다 문병을 갈 수 없었고 미륵보살을 비롯한 보살들도 문병을 못 가겠다고 했는데, 어째서 문수사리만이 문병을 갈 수 있었느냐? 그 이유를 천착(穿鑿)한 옛날 스님들은 이런 이야기를 합니다.

첫째, 『보살영락본업경』에서 말하기를 문수사리는 등각위(等覺位)에 계신 분이라는 겁니다. 등각위는 『화엄경』의 계위로 말한 거죠. 등각이면 52단계의 보살지(菩薩地) 가운데 제일 꼭대기에 가까운 51위로 거의 부처님 경지에 들어간 단계입니다. 문수사리보살은 수도를 해서 지혜가 상당히 높은 경지에 와 있다는 것을 이야기하는 거죠. 문수사리의 지혜와 복덕은 유마거사와 거의 동등하다고 보고 있어요.

둘째, 보살이라고 하는 사람들은 크게 나누면 두 가지가 있는데, 하나는 수행을 하면서 쭉 올라가고 있는, 향상하고 있는 보살들입니다. 이런 보살들을 일생보처(一生補處)보살이라고 하고 줄여서 보처보살이라고 하는데, '보처'라는 것은 아직도 보완할 자리가 남아 있는 보살이란 말이에요. 수행을 더 보충해야 되는 보살이란 말이죠. 그런가 하면, 부처님이 화신(化身)으로 변화해서 보살의 모습을 취하여 중생들 사이에 와서 일하시는 것을 수적(垂迹)이라고 합니다. '垂'는 드리운다, 내린다, '迹'은 발자국이죠. 발자국을 드리운다는 말입니다. 원래 부처님은 세상 밖에 계신, 이 세상과 인연이 없으신 분인데 이 세상에 발을 들여놓으신 것을 '수적'이라고 했습니다. 일본 사람들이 자기네 신도(神道)와 불교를 결합시키면서, 신도의 천조대신(天照大神, 우리 식으로 하면 단군과 같은 사람으로 일본에서 만든 건국의 신입니다)과 그 자손이라고 생각하는 천황들을 전부 거룩한 것으로 만들기 위해서 부처님의 수적이라고 했어요. 그런 식으로 불교의 테두리 안에 일본 고유의 무속 신앙인 신도를 안아 버렸단 말이에요. 그것을 '본지수적설(本地垂迹說)'이라고 하는데, '수적'은 원래 중국에서도 하던 이야기입니다. 옛날 쓰던 말로 하면 '권화(權化)'라고 하죠. 그러니까 부처님의 수적으로서 나타나신 보살이 있다는 겁니다.

그럼 지금 문수보살은 보처보살이냐, 수적보살이냐 하면 수적보살입니다. 미륵보살 같은 사람은 아직도 수행을 더 해야 되는 보처보살이죠. 문병을 못 가겠다고 한 사람들은 다 보처보살들인데, 지금 이 문수보살은 수적보살이라고 본 거예요. 수적으로서 어디에 계시냐 하면 보처에 거하신다고 합니다. 얼핏 보아서는 보처보살과 같은데, 실제로는 보처보살이 아니라 부처님이죠. 그런 관점에서 말하면 유마거사도 부처님의 수적이에요. 부처님은 보살로 수적할 수도 있고, 거사로 수적할 수도 있고,

남자로 수적할 수도 있고, 여자로 수적할 수도 있습니다. 무엇으로든 수
적할 수 있는 능력이 있는 거죠.

세 번째 이유로 문수보살은 대개 지혜의 보살이라고 설명되고 있습니
다. 사실 그렇게 나눌 필요가 없었는데, 나중에 보현보살을 생각하게 되
면서 문수보살이 지혜의 보살로 되었지만, 처음에는 문수보살과 보현보
살의 역할 구분을 안 했었어요. 『화엄경』에 보현보살 이야기가 나오면서
문수보살은 지혜, 보현보살은 자비행을 대표하는 것으로 이야기하게 됐
죠. 말하자면 문수보살은 '원만한 가르침', 원교(圓敎)를 널리 펴고 계신
분이라고 합니다. 보통 『화엄경』의 가르침을 원교라고 하는데, 여기서
는 반드시 『화엄경』의 가르침만을 이야기하고 있는 것은 아닙니다. 물론
『화엄경』에서 문수보살이 선재동자를 데리고 다니면서 가르치는 등, 이
경은 문수보살이 아니었으면 성립이 안 됐을 것이지만, 문수보살은 『화
엄경』에서만 중요한 역할을 한 것이 아니라 모든 반야바라밀다에 관한
것은 다 문수보살이 말하고 있어요. 따라서 '원교'라는 것은 반야지혜와
관련된 것을 전부 다 망라해서 이야기하는 것이라고 할 수 있습니다.

대개 이렇게 해서 중요한 이야기는 다 됐는데, 지금 이 보살의 병, 중
생의 병, 이런 문제를 밝히는 데 있어서는 지혜가 제일 밝은 문수보살이
가장 적임자였기 때문에 등장하고 있는 것이죠. 구마라집은 『유마경』에
서 주인공은 물론 유마거사이지만, 두 번째 주인공은 문수보살이라고 결
론을 내리고 있습니다. 역시 반야사상을 강조하고 있는 것을 알 수 있죠.

1. 문수사리, 분부를 받듦

(1)

尒時에 佛告 文殊師利하사대, "汝行詣維摩詰 問疾하라" 하시니,

文殊師利가 白佛言하되, "世尊이시여, 彼上人者는 難爲酬對하나이다.

深達實相하고 善說法要하며, 辯才無滯하고 智慧無礙하며,

一切의 菩薩法式을 悉知하고 諸佛의 秘藏을 無不得入이니,

降伏衆魔하고 遊戲神通하며, 其慧方便을 皆已得度하였나이다.

雖然이오나 當承佛聖旨하여 詣彼問疾하리다" 하니라.

尒時 佛告文殊師利 汝行詣維摩詰問疾　그때 부처님께서 문수사리에게 말씀하셨다. 그대가 유마힐에게 문병을 가거라.

文殊師利白佛言 世尊 彼上人者 難爲酬對　문수사리가 부처님께 말씀드렸다. 세존이시여, 저 상인은 대화하기가 매우 어려운 분입니다.

'상인(上人)'이라고 하는 것은 여기서는 그냥 어른이라는 이야기이지만, 흔히 덕이 높고 지혜가 높은 스님을 상인이라고 해 왔습니다. 특히 일본 사람들이 상인이라는 말을 많이 썼어요.

深達實相 善說法要 辯才無滯 智慧無礙　깊이 실상을 깨달아 법의 요점을 잘 설하고, 변재에 막힘이 없으며 지혜에 걸림이 없습니다.

一切菩薩法式悉知 諸佛秘藏 無不得入　일체 보살의 법식을 다 알고 있으며, 모든 부처님의 비밀 공덕을 갖추지 못함이 없습니다.

보살들이 해야 하는 여러 가지 법식, 가령 육바라밀다 같은 것을 전부 다 알고, 부처님들만 간직하고 계신 여러 가지 훌륭한 공덕들의 비밀스러운 경지에 이미 유마거사는 다 들어가 있다는 말입니다.

降伏衆魔 遊戲神通 其慧方便 皆已得度　또 마구니들을 다 항복시키고

신통력을 자유자재로 발휘하며, 지혜와 방편이 모두 완벽해져 있습니다.

지혜와 방편, 두 가지를 다 득도(得度)하였다. '득도'라는 말로 우리는 스님이 됐다는 것을 이야기하는 경우도 있지만, 여기서는 '저쪽 언덕에 넘어갔다'는 이야기입니다. 그러니까 '度'가 바라밀다라는 의미로 쓰인 거죠. 지혜와 방편, 이 두 가지가 다 있어야 돼요. 이 「문수사리문질품」의 후반부에 '방편 없는 지혜는 소용없고, 지혜 없는 방편도 소용없다'라는 이야기가 자주 나옵니다. 지혜와 방편은 언제든지 따라다니죠. 방편은 익숙한데 지혜가 없는 것도 곤란하단 말입니다.

요새 교육개발원 같은 데에서 뭐 교육 방법론이 어떻고 교육 과정이 어떻고 하는 것들을 볼 때 가소롭다는 생각이 들어요. 무엇을 가르칠 것인지, 가르치는 사람을 얼마나 더 지혜롭게 할 것인지 하는 것은 생각도 안 하고, 그냥 방법론만 이야기하고 있습니다. 기교만 개발하고 있단 말이에요. 교육학 하는 사람, 사범대학 나온 사람은 교육의 전문가, 기술자는 될 수 있을지 모르지만, 과연 지혜가 있냐는 말입니다. 요즘은 진리가 문제가 아니라 방법만을 생각하고 어떻게든 자격증 따는 것을 중시하죠. 사범대학을 나온 사람들이 득세해서 우리나라 교육을 좌지우지하다 보니까, 우리나라 교육이 망한 거예요. 이것 참 문제입니다. 철학이 중요하다는 것을 왜 모르느냐는 겁니다.

지혜와 방편! 지혜가 아주 멋있으면 방편은 저절로 생기는 법이죠. 어떤 고정된 방편이 아니라 상황에 탁탁 맞아 들어가는 멋있는 방편, 선사들이 가끔 쓰는 그런 방편이 나오게 되는 겁니다. 그러니까 유교와 불교의 차이도 바로 그런 거예요. 유교는 방편에 대한 이야기만 주로 하죠. 삼강오륜이 어떻고, 제사는 어떻게 하고, 주자가례라는 게 어떻고, 밤낮 예법만 문제를 삼았거든요. 조선시대 당파싸움이라는 것도 주자가례를 어떻게 지키느냐 하는 것을 가지고 대학자라는 사람들이 죽자 살자 하면서 싸웠단 말이에요. 원칙적인 이야기는 안 하고 이런 방편론만 이야기하는 것이 무슨 소용이 있냐는 말입니다.

그러나 불교는 원칙에 대한 것을 가르치죠. 원칙이 뭐냐 하면, 다 공(空)이야, 충·효도 다 공이야, 부자라는 것도 다 없는 거야, 그런 이야기입니다. 사실 본질적으로 없기는 없는데, 너무 그러다 보니까 현상적인 것도 다 없다는 줄 알고 좀 오해를 사게 되기도 합니다. 없다고 하는 것을 너무 지나치게 강조한 것이 누구냐 하면, 반야·공사상을 강조한 선불교 쪽입니다. 유식의 여래장사상을 바탕으로 한 원효대사의 생각처럼 이 현실세상도 무시하지 않고, 한 인간의 생활도 결코 무시하지 않아야 하는데, 현실부정적인 사고방식을 불교가 극복하지 못했단 말이에요. 우리나라 불교는 지금도 그런 상태에 있죠.

雖然 當承佛聖旨 詣彼問疾 그러나 부처님의 거룩하신 분부이므로 그 뜻을 따라 유마힐에게 문병을 가겠나이다.

(2)
於是衆中의 諸菩薩과 大弟子와 釋·梵·四天王等이 咸作是念하니라.
"今二大士 文殊師利와 維摩詰이 共談하면 必說妙法이리라."
卽時 八千菩薩과 五百聲聞과 百千天人이 皆欲隨從하고,
於是에 文殊師利가 與諸菩薩 大弟子衆 及諸天人의 恭敬圍繞로
入毗耶離大城하니라.

於是衆中 諸菩薩 大弟子 釋梵四天王等 咸作是念 그 무리들 중에 있던 보살들과 대제자들, 제석천과 범천, 사천왕 등이 모두 이와 같이 생각했다.

今二大士 文殊師利維摩詰共談 必說妙法 이제 문수사리와 유마힐, 이 두 보살이 만나 이야기를 나누면 반드시 묘법을 설하리라.

即時 八千菩薩 五百聲聞 百千天人 皆欲隨從 이런 생각을 하면서 팔천 보살과 오백 성문과 백천, 십만(100×1000)의 천인이 모두 문수보살을 따라가기를 원하였다.

於是 文殊師利 與諸菩薩 大弟子衆 及諸天人 恭敬圍繞 入毗耶離大城 그래서 문수사리는 제 보살들과 대제자들, 제 천인들이 공경하고 위요(圍繞)하는 가운데 비야리성에 들어갔다.

2. 유마힐, 문수사리를 맞음

(3)

尒時에 長者 維摩詰이 心念하되,
'今文殊師利 與大衆으로 俱來하니 即以神力으로 空其室內하리라' 하고,
除去所有 及諸侍者하고 唯置一牀하야 以疾而臥하나라.
文殊師利가 既入其舍하여 見其室空하니 無諸所有요 獨寢一牀이더라.

尒時 長者維摩詰心念 그때 장자 유마힐에게 이런 생각이 떠올랐다.
今文殊師利與大衆俱來 即以神力 空其室內 지금 문수사리가 대중과 더불어 오고 있구나. 신력으로 이 방 안을 비워야지.

除去所有及諸侍者 唯置一牀 以疾而臥 그러고서 방 안에 있던 물건들을 다 치우고 시자도 내보내고, 침상 하나만을 놓고 앓아누운 모습을 취하였다.

文殊師利 既入其舍 見其室空 無諸所有 獨寢一牀 문수사리가 그 집에 들어와 보니 방은 텅 비어 아무 것도 없으며, 침상 하나만이 놓여 있었다.

(4)

時에 維摩詰이 言하되,

"善來로다, 文殊師利여. 不來相而來하고 不見相而見하도다."

文殊師利가 言하되,

"如是로다, 居士여. 若來已하면 更不來하고, 若去已하면 更不去하나니,

所以者何뇨 하면, 來者는 無所從來요, 去者는 無所至所며,

可見者는 更不可見이기 때문이니라. 且置是事하고."

時維摩詰言 그때 유마힐이 말했다.

善來 文殊師利 不來相而來 不見相而見 잘 오셨습니다, 문수사리여. 온다는 상 없이 왔고, 본다는 상 없이 보았습니다.

不來相而來(불래상이래)하고 不見相而見(불견상이견)하도다. 중요한 이야기입니다. 보통 아주 높은 사람이 오면, 온다는 상을 내고 오지 않습니까? 또 높은 사람들끼리 만나면 보는 데에도 절차가 많이 필요하겠죠.

文殊師利言 그러자 문수사리가 말했다.

如是 居士 若來已 更不來 若去已 更不去 그렇습니다, 거사여. 만약 와 버렸으면 다시 오지 않고, 만약 가 버렸으면 다시 가지 않습니다.

所以者何 來者 無所從來 去者 無所至所 可見者 更不可見 왜냐하면 온다 하지만 온 곳이 없으며, 간다 하지만 가는 곳이 없고, 본다 하지만 보는 것이 없기 때문입니다.

옛날에 청담스님이 돌아가셨을 때 만장을 하나 써서 보내야 됐는데, 무슨 글귀를 쓸까 하다가 이런 말을 썼습니다. 의상 대사의 '至至發處 行行本處(지지발처 행행본처)'입니다. '왔다, 왔다 하지만 출발한 그곳에 있고, 간다, 간다 하지만 본래 그 자리라.' 가긴 어딜 가? 어디가 그렇다

는 말입니까? 본래의 자리죠. 그곳에는 『법성게』의 '舊來不動名爲佛(구래부동명위불)'처럼 옛날부터 와 있었지, 이제 새삼스럽게 온 것이 아니란 말입니다. 至至發處, 왔다고 하지만 바로 거기가 출발한 곳이고, 行行本處, 간다고 하는데, 가긴 어딜 가? 본래부터 그 자리에 있었는데. 無所從來(무소종래), 온 곳, 출발한 곳이 없고. 시작이 없다는 말이죠. 無所至所(무소지소), 어디에 이르는 곳이 없다. 끝이 없다는 말입니다. 시작과 끝은 같은 데 있어요.

且置是事 이제 이 이야기는 그만 합시다.

문수보살이 이렇게 말하면서 다른 이야기로 넘어갑니다.

3. 유마힐의 병

(5)

居士여, 是疾은 寧可忍아 不아. 療治有損이나 不至增乎아.

世尊께서 慇懃히 致問無量하더이다.

居士여, 是疾은 何所因起하며 其生久如 當云何滅이리오.

문수보살이 이야기를 계속합니다.

居士 是疾寧可忍不 거사여, 그래 이 병은 견딜 만합니까?

療治有損 不至增乎 치료를 받아 병이 좀 나았습니까? 더 심해지지는 않았습니까?

世尊慇懃致問無量 세존께서 매우 걱정하셔서 극진히 문병하도록 저를 보내셨습니다.

居士 是疾何所因起 其生久如 當云何滅 거사여, 이 병은 무슨 까닭에

생겼으며, 얼마나 오래되었고, 어떻게 하면 나을 수 있습니까?

(6)

維摩詰이 言하되,

"從癡有愛 則我病生이니 以一切衆生病일새 是故로 我病이오.

若一切衆生의 病이 滅하면 則我病滅이니,

所以者何뇨 하면, 菩薩은 爲衆生故로 入生死하나니,

有生死 則有病이니라.

若衆生이 得離病者면 則菩薩도 無復病이니라."

維摩詰言 유마힐이 말했다.

從癡有愛 則我病生 어리석음 때문에 애욕이 있게 되면 병이 생깁니다. 탐·진·치의 치(癡)로부터 애(愛), 애욕이 있게 되면, 아병(我病)이 있게끔 되는 것이죠. 그러나 유마거사의 병은 '從癡有愛(종치유애)' 때문에 생긴 병은 아니에요. 일반적으로 그렇다는 이야기입니다. '아병'은 '자아라는 병'이라는 의미로 해석할 수도 있어요. 한마디로, 모든 병은 탐·진·치 때문에 생긴다는 이야기인데, 이 대목은 일반적인 하나의 원리를 제시한 것이라고 보면 좋겠습니다.

以一切衆生病 是故我病 모든 중생이 앓고 있으므로 나도 앓고 있는 것입니다.

若一切衆生病滅 則我病滅 모든 중생의 병이 나으면 내 병도 나을 것입니다.

所以者何 菩薩爲衆生故 入生死 有生死 則有病 왜냐하면 보살은 중생을 위해서 생사의 길에 들어서고, 생사가 있으면 병이 있기 마련입니다.

아주 중요한 대목이죠. 보살은 중생을 위한 까닭에 생사에 들어오는 것입니다. 그러니까 보살은 태어나서 죽을 때까지 중생을 위해서 산다는 것이죠. 중생을 위해서 태어났고 중생을 위해서 죽습니다. 그렇게 살면 아주 좋을 것 같은데, 어머니들은 그렇게 하잖아요. 남자들보다 낫죠. 그러니까 보살이라고 하는 거예요. 누구든 보살이라는 자각을 가진 사람은 중생을 위한 까닭에 생사에 들어오고, 일단 생에서 사까지 가는 이 인생길을 살아가다가 보면 병이 있기 마련이라는 겁니다.

若衆生得離病者 則菩薩無復病 만약 중생이 병에서 떠나게 되면 보살도 병이 없게끔 될 것입니다.

생사가 있으면 병이 있게 된다고 했는데, 사실 병에는 두 가지 형태가 있는 겁니다. 자기의 탐·진·치 때문에 생기는 병과 보살의 병인데, 보살의 병은 진짜 병이 아니라 방편으로서의 병이죠. 유마거사의 병은 진짜로 아픈 병이 아니라 중생들과 더불어 아파하는, 방편으로서의 병입니다.

(7)
譬如 長者 唯有一子한데 其子가 得病하면 父母亦病하고,
若子病이 癒하면 父母亦癒라.
菩薩도 如是하여 於諸衆生을 愛之하기를 若子니라.
衆生이 病이면 則菩薩病이며, 衆生의 病이 癒하면 菩薩亦癒하니라.
又言하되 '是疾이 何所因起뇨' 하면,
菩薩의 病者는 以大悲로 起하느니라.

유마거사의 말이 계속됩니다.

譬如 長者唯有一子 其子得病 父母亦病 비유컨대 장자에게 아들이 하나 있는데, 그 아들이 병에 걸리면 부모도 병을 앓게 되는 것과 같으니.

若子病癒 父母亦癒 만약 아들의 병이 나으면 부모의 병도 낫지요.

菩薩如是 於諸衆生 愛之若子   보살도 이와 같아서 모든 중생을 아들 대하는 것처럼 사랑합니다.

衆生病 則菩薩病 衆生病癒 菩薩亦癒   중생이 병에 걸리면 보살도 병에 걸리고, 중생의 병이 나으면 보살의 병도 낫습니다.

又言 是疾何所因起 菩薩病者 以大悲起   또 말하기를 이 병이 무슨 원인으로 생겼느냐고 했는데, 보살이 병든 것은 대비(大悲) 때문입니다.

앞에서는 어리석음 때문에 애욕이 있으면 병이 생긴다고 했는데, 여기서는 병이 생긴 원인이 다르죠. 보살의 병은 대비 때문에 생기는 것입니다.

4. 모든 것의 공함

(8)

① 文殊師利 言하되, "居士여, 此室은 何以로 空이며 無侍者뇨" 하니,
維摩詰이 言하되, "諸佛國土도 亦復皆空이로다."

② 又問하되, "以何를 爲空이뇨" 하니,
答曰하되, "以空 空이로다."

③ 又問하되, "空은 何用으로 空이뇨" 하니,
答曰하되, "以無分別 空일새, 故로 空이라."

④ 又問하되, "空은 可分別耶아" 하니,
答曰하되, "分別도 亦空이라."

⑤ 又問하되, "空은 當於何에 求하리오" 하니,
答曰하되, "當於六十二見中에 求하리라."

⑥ 又問하되, "六十二見은 當於何에 求하리요" 하니,

答曰하되, "當於諸佛解脫中에 求하리라."

⑦ 又問하되, "諸佛의 解脫은 當於何에 求하리요" 하니,

答曰하되, "當於一切衆生 心行中에 求하리라.

⑧ 又 仁의 所問 何無侍者는 一切衆魔 及諸外道가 皆吾侍也니라.

所以者何뇨 하니,

衆魔者는 樂生死하고, 菩薩은 於生死에 而不捨하기 때문이요,

外道者는 樂諸見하나, 菩薩은 於諸見에 而不動이기 때문이라."

'공'에 대한 설명이 아주 근사하게 되어 있습니다. 많은 보살들이 기대했던 문수보살과 유마거사 사이의 문답이 진행됩니다.

文殊師利言 문수사리가 말했다.

① **居士 此室 何以空無侍者** 거사여, 이 방은 어째서 시자도 없이 텅 비어 있습니까?

維摩詰言 유마힐이 대답했다.

諸佛國土 亦復皆空 모든 부처님의 국토가 역시 다 공합니다.

부처님의 국토도 다 텅 비어 있는 걸. 하하하, 텅 비어 있어야 되는가 봐요. 멋있습니다.

문답이 계속 이어집니다. 앞의 〔문〕이 문수보살의 질문이고, 〔답〕이 유마거사의 대답입니다.

② **又問 以何爲空** 〔문〕 무엇을 공하다고 하는 것입니까?

答曰 以空空 〔답〕 공을 공하다 하는 것입니다.

이렇게만 해석하면 조금 부족하죠. 옛날 사람들이 주석하기로는 앞의 공을 '이치로서의 공'이라고 했습니다. 그러니까 이치 자체가 공이기 때문에, 공이라고 한다는 말이죠.

③ **又問 空何用空** 〔문〕 어째서 공이 공한 것입니까?

答曰 以無分別空 故空 〔답〕공은 분별할 수 없으니까 공한 것입니다.

공이란 것이 뭐냐? 그 실상 자체는 본질적으로 아무 것도 없는 것인데, 눈앞에 있는 모든 것을 그냥 그대로 있다고 생각하면 잘못입니다. 자꾸 변화하고 있고, 유식의 도리로 이야기하면 전부 다 인연 따라 찰나 찰나에 그냥 생겼다가 사라져버리고, 잡으려고 하면 잡을 수 없는, 무(無)라고 이야기할 수밖에 없는 것입니다.

'空(공)은 何用(하용)으로 空이뇨?' 순서를 조금 바꾸어서 이야기해도 좋을 것 같은데, '공이라고 하는 것은 어째서 공이 되는 것입니까?' 말하자면 공은 공인데, 우리가 어떻게 하면 그것을 공이라고 알 수 있느냐는 이야기죠. 그랬더니 유마거사가 말하기를, 무분별이 공이라고 했습니다. 분별하지 않는 거야. 분별이라는 것은 하나하나가 전부 다 있다고 생각하는 것이거든요. 그러니까 분별함이 없는 것이 공이야. 공을 분별할 수 없으니까 공한 것입니다.

④ 又問 空可分別耶 〔문〕공은 분별할 수 있는 것입니까?

答曰 分別亦空 〔답〕분별하는 일도 역시 공입니다.

자기 자신뿐만 아니라 대상에 대한 어떤 집착도 철저하게 막으려고 하고 있는 것이죠.

⑤ 又問 空當於何求 〔문〕그 공을 어디서 찾아볼 수 있습니까?

答曰 當於六十二見中求 〔답〕62견 중에서 찾아볼 수 있습니다.

62견(見)이라는 것은 외도들의 잘못된 생각, 사견(邪見)이 62가지쯤 된다는 말입니다. 오늘날에도 이런 잘못된 사상들이 많잖아요. 그런 주의·주장에 매달리지 말라는 이야기죠. 62견 속에서 공을 찾을 수 있다는 말입니다.

불교는 무슨 견이 되면 안 됩니다. 62견 중에 들어가는 하나의 견, 무슨 주의가 되면 안 됩니다. 다른 것과 대립되는 교조적인, 도그마적인 것이 되어 버리면 그것은 불교를 잘못 안 거예요. 불교는 그런 것이 아닙니다. 불교는 '없다는 것'을 철저하게 밀고 나가는 거죠. '너 지금 어디 매달리고 있냐? 불상에 매달리고 있냐? 부처라는 관념에, 극락이란 관념에? 아냐, 아냐, 무애자재(無礙自在)해져야 하는 거야. 자연스러워져야 하는 거야. 정말 있는 그대로 마음이 맑고 깨끗한 상태에 가야 돼. 마음이 맑고 지혜로우며 자비가 넘쳐흐르면 되는 거야. 다른 사람을 위해서 그냥 헌신적으로 노력하면 되는 거야.' 불교에는 무슨 신, 뭐 그런 것을 믿으라는 게 하나도 없다고요. 전부 다 있는 그대로의 사실을 이야기해 준 거거든요. 그러니까 겉껍데기만 보고서 그것이 영원하고 진실한 것이라고 쫓아다니지 말라는 말이죠. 진짜 실상을 알아야 하는 겁니다.

실상은 뭐냐 하면 공이란 말입니다. 공이라는 글자에 사로잡혀도 안 되고, 공이라는 관념에 사로잡혀도 안 되죠. 그러니까 제가 공을 이고 다니지 말라고 하잖아요. 공을 이고 살아도, 공을 팔고 살아도 안 됩니다. '공으로 살아야' 한단 말입니다. '불교, 불교' 하면서 팔아먹고 사는 사람들이 많죠. 그러니까 여기서 62견은 62가지 하나하나가 뭐냐 하는 것이 중요한 것이 아닙니다. 62견의 공통적인 특색은 이것이 제일이다, 아니 저것이 제일이다 하고 다투는 견해라는 점입니다. 그런 견해처럼 분별해서 우열과 시비를 가리는 것은 안 된다는 거죠. 자비는 공을 바탕으로 한 것이 아니면 진짜 자비가 아닙니다. 그때 공이라는 이야기는 나를 내세우지 않는다는 말입니다. 내 이익을 생각하지 않는다는 말이죠. 철저하게 나와 너의 차별이 없다는 이야기입니다. 자타가 있으면 아무리 좋은 일을 해도, 그것은 좋은 일이 아니라는 이야기입니다. 지금 우리는 죽을 때까지 자타라는 것을 가지고 살겠지만, 자타는 임시로 있는 것일 뿐, 사실은 없는 것, 철저히 공이라는 생각으로 살아가야 합니다.

⑥ 又問 六十二見 當於何求 〔문〕 62견은 어디서 찾아야 합니까?

答曰 當於諸佛解脫中求 〔답〕모든 부처님의 해탈에서 찾아야 합니다.

'부처님의 해탈'이라고 하는 경지는 어느 것에도 매어 있지 않게끔 된 경지입니다. 어떤 주의·주장, 물건, 관념, 어떤 것에도 결박되어 있지 않거든요.

⑦ 又問 諸佛解脫 當於何求 〔문〕모든 부처님들의 해탈은 어디서 찾아야 합니까?

答曰 當於一切衆生心行中求 〔답〕일체 중생의 마음가짐에서 찾아야 합니다.

⑧ 又仁所問 何無侍者 一切衆魔 及諸外道 皆吾侍也 또 그대가 왜 시자도 없느냐고 물었지만, 내게는 모든 마구니와 외도가 다 시자입니다.

所以者何 衆魔者 樂生死 菩薩 於生死而不捨 왜냐하면 마구니들은 생사를 좋아하는데, 보살은 생사를 버리지 않기 때문입니다.

外道者 樂諸見 菩薩 於諸見而不動 또 외도들은 갖가지 견(見)을 좋아하지만, 보살은 그런 갖가지 견에 동요되지 않습니다.

외도는 여러 가지 생각, 그야말로 쓸데없는 생각을 하고 주의주장을 합니다. 그런데 보살은 확고부동해서 주변의 주의주장들 때문에 동요를 일으키는 일이 없습니다. 유마거사 또한 보살이니까, 이 외도들이 다 내 시자라고 해도 상관없는 것입니다. 얼마나 통이 큰 생각이냐 하는 것을 알 수 있죠.

외도들도 결국은 다 시자 아니냐? 괴롭히는 시자도 있습니다. 시자라는 것이 밤낮 나와 똑같은 생각을 가지고 있는 것은 아니잖아요. 마구니니, 외도니 하는 사람들도 끝까지 마구니 노릇, 외도 노릇만 하도록 정해진 것은 아니죠. 그 사람들도 생각만 바꾸면 다 달라질 수 있는 존재들입니다. 그러니까 중마(衆魔)라고 하는 사람, 외도라고 하는 사람, 혹은 중생이라고 하는 사람, 시자라고 하는 사람, 그 모든 사람들이 각각 다른 위치에서 다 부처님과 보살과 인연을 맺으며 가고 있는 존재이되, 근본적으로 다른 존재가 아닌 것입니다. 본질적으로는 하나라는 이야기죠. 이 세상에서 이것은 마, 이것은 외도, 이것은 시자라는 구분, 차별을 하는 것 자체가 그 사람은 아직도 잘 알지 못하고, 깨닫지 못하고, 도를 이루지 못하고 있다는 증거인 것이죠. 유마거사는 그런 수준의 사람이 아닙니다.

유마거사에게 있어서 모든 것은 다 공하다는 이야기였습니다. 방이 왜 텅 비어 있냐? 앞에서 유마힐이 방을 비웠죠. 이 텅 빈 방과 불국토를 관련지어서 이야기하려는 겁니다. 제불의 해탈이라는 것이 텅 빈 마음이란 말이죠. 비지 않았을 때는 62견 따위가 생깁니다. 62견만이 아니라, 96견도 있죠. 외도를 계산할 때 처음에는 육사외도(六師外道)라고 해서 여섯 가지로 계산하다가, 62, 96, 이렇게 숫자가 늘어나기도 했는데, 그것은 반드시 정확한 숫자를 주장하는 것은 아니에요. 62견은 텅 비어 있지 않았기 때문에 외도의 견해가 된 것입니다. 사견이 된 것이죠. 그런데 텅 비었다고 하는 것이 아주 비어 버리면 그것도 사견이란 말입니다. 그러니까 비었다고 하는 말의 진짜 의미는 또 다른 데 있어요. 공은 분별할 수 있는 것인가? 분별할 수 없는 것이다. 그렇다고 무분별이라면, 그것은 없다는 이야기냐? 아니란 말이죠. 무분별이 없다는 이야기는 아니에요. 불쌍한 중생이라는 것도 본래는 없는 것이지만, 자비의 대상으로서는 있는 것이죠. '以空空(이공공)이로다.' '공으로써 공이라고 하는 것이다.' 이것은 공이라고 하는 것이 존재론적으로 없다는 이야기도 되지만, 인식론적으로는 매달리지 않게끔, 집착하지 않게끔 됐다는 이야기로도, 즉 두 가지 의미로 해석되어야 하는 것입니다.

지금 이야기를 이렇게 진행시키기 위한 방편으로 자리를 다 치우고

시자도 내보내고 그런 것뿐입니다. 언제든지 아무 것도 없어야 한다는
이야기는 아니죠.

5. 병의 성질

(9)

① 文殊師利가 言하되, "居士의 所疾은 爲何等相이오" 하니,

　　維摩詰이 言하되, "我病은 無形이요, 不可見이니라."

② 又問하되, "此病이 身合耶아, 心合耶아" 하니,

　　答曰하되, "非身合이니 身相離故며, 亦非心合이니 心如幻故이니라."

③ 又問하되, "地大·水大·火大·風大 於此四大에 何大之病이오" 하니,

　　答曰하되, "是病은 非地大요, 亦不離地大며, 水火風大도 亦復如是니,

　　而衆生病은 從四大起라 以其有病이니라.

　　是故로 我病이니라."

문수보살과 유마거사의 문답이 계속 이어집니다.

① 文殊師利言 居士 所疾爲何等相　문수사리가 말했다. 거사여, 당신
의 병에는 어떤 상(相)이 있습니까?

병에는 열이 난다거나 곪는다거나, 바깥에 외형적으로 나타나는 여러
가지 상, 모습이 있겠죠.

維摩詰言 我病無形不可見　유마힐이 말했다. 내 병에는 아무런 형상도
없습니다. 형상을 찾아볼 수 없습니다.

② 又問 此病身合耶 心合耶　〔문〕이 병은 몸과 관련된 병입니까? 마음
과 관련된 병입니까?

이것은 몸과 관계된 병, 몸에 상처가 났다든지, 오장육부에 고장이 생겼다든지 하는 병이 아니에요.

答曰 非身合 身相離故 〔답〕 몸과 관련된 병이 아닙니다. 몸과는 서로 떠나 있으니까요.

亦非心合 心如幻故 그렇다고 마음과 관련된 병도 아닙니다. 마음은 허깨비 같으니까요.

이것은 유마거사 개인의 병을 이야기하는 것이라기보다도 보살의 이야기를 하고 있는 것이죠. 보살은 지혜가 원만해진 사람이고, 따라서 무슨 집착이 있거나 하는 사람이 아니다 보니, 몸으로도 잘못을 저지르는 일이 없고, 마음으로도 그런 것을 저지르는 일이 없다는 이야기입니다. 그런 사람은 신체에도, 마음에도 집착하지 않는 사람입니다. 그러니까 몸과 관련된 것도, 마음과 관련된 것도 아니라는 것이죠.

③ **又問 地大 水大 火大 風大 於此四大 何大之病** 〔문〕 그렇다면 지대·수대·화대·풍대의 사대 가운데 어느 것이 병든 것입니까?

지·수·화·풍은 육체를 구성하는 네 가지 요소인데, 이 중에 어디가 고장이 났냐고 물은 것입니다.

答曰 是病非地大 亦不離地大 〔답〕 이 병은 지대(地大)의 병이 아니지만 그렇다고 지대를 떠나 있지도 않습니다.

水火風大 亦復如是 수대·화대·풍대에 대해서도 역시 마찬가지죠.

여기서 재미있는 것은 도인도 아플 수 있느냐 하는 문제예요. 도인도 병이 들 수 있습니다. 그런데 도인은 마음의 병이 아니고 단순한 육체의 병은 든다는 거죠. 그래서 지대의 병이 아니지만, 지대를 떠나지도 않는다고 한 것입니다. 보살의 경우에도 역시 병의 징후, 병의 모습, 성질, 그런 것이 나타나기는 한다는 것을 이야기합니다.

而衆生病 從四大起 그러나 중생의 병은 사대로부터 생깁니다.

以其有病 是故我病　중생에게 그런 병이 있기 때문에 나도 병을 앓는 것입니다.

6. 병든 보살을 어떻게 위로할까

(10)

尒時에 文殊師利 問維摩詰言하되,

"菩薩은 應云何 慰喩有疾菩薩이뇨" 하니,

維摩詰이 言하되,

① 說身無常하나 不說厭離於身하고

② 說身有苦하나 不說樂於涅槃하고

③ 說身無我하나 而說敎導衆生하고

④ 說身空寂하나 不說畢竟寂滅하고

⑤ 說悔先罪하나 而不說入於過去하라.

⑥ 以己之疾로 愍於此彼疾하고

⑦ 當識 宿世無數劫苦하고, 當念 饒益一切衆生하고

⑧ 憶所修福하여 念於淨命하고

⑨ 勿生憂惱하여 常起精進하고

⑩ 當作醫王하여 療治衆病하라.

菩薩은 應如是慰喩 有疾菩薩하고 令其歡喜하느니라.

尒時 文殊師利問維摩詰言　그때 문수사리가 유마힐에게 물었다.

菩薩 應云何慰喩有疾菩薩　보살은 병든 보살을 어떻게 위로해야 합니까?

維摩詰言 유마힐이 대답했다.

① 說身無常 不說厭離於身 몸은 덧없는 것이라고 말하지만, 그 몸을 싫어하라고 말하지 않습니다.

② 說身有苦 不說樂於涅槃 몸에는 고통이 따른다고 말하지만, 그렇다고 열반을 좋아하라고 말하지 않습니다.

③ 說身無我 而說教導衆生 이 몸은 무아(無我)한 것이라고 말하지만, 그래도 중생들을 가르치고 지도하라고 말합니다.

④ 說身空寂 不說畢竟寂滅 이 몸의 공적(空寂)에 대해서 말하지만, 그 공적함이 영구히 고요하기 그지없는 적멸이라고는 말하지 않습니다.

여기 ①번부터 ④번까지에 무상(無常)과 고(苦)와 무아(無我)와 공(空), 이 네 가지에 관한 이야기가 다 들어 있습니다. 이것이 사법인(四法印)이잖아요. 소승불교는 보통 사법인만 이야기하고 마는데, 오른쪽에 있는 설명이 대승불교의 다른 점입니다. 소승불교에서는 '몸은 무상하다'고 하면서, '몸, 이까짓 것, 텅 빈 거야. 허깨비 같은 거야. 없는 거야' 이래 버릴 텐데, 『유마경』에서는 그것을 그대로 무상한 것으로 인정하면서도 그런 몸을 싫어해서 버리거나 떠나지 말라고 합니다. 그것은 모순된 이야기 아니냐 그럴지 모르죠. 가령 일본의 나가오 교수는, 무상하면 무상한 것이고, 그러면 싫어해야 되는데, 왜 그것을 싫어하지도 버리지도 말고, 떠나려는 생각도 일으키지 말라고 하는지 도무지 논리에 맞지 않는다고 이야기했습니다. 그 논리라는 것, 그런 물질적이고 과학적인 논리만으로 통하지 않는 것이 인간세계에는 있습니다.

무상하고, 고통스럽고, 무아하고, 허깨비 같은 것임에도 불구하고 이 몸은 그렇게 나쁘기만 한 것은 아니란 말이죠. 이 몸을 잘 쓰면, 완전히 부정만 할 수 없는 좋은 점이 인간의 몸에는 있단 말입니다. 그것을 소승불교는 억지로 깔아뭉개서 없애려고 하고, 대승불교는 똑같이 무상하고 무아하고 허깨비 같은 것이기 때문에 고통 받고 있는 다른 중생들을 구제하고 도움을 주는 데 쓸 만한 놈이라고 합니다. 그러니까 소승불교가 부정적인 면만을 보았다면, 대승불교는 자기 몸속에 있는 긍정적인 면을 발견한 것이죠. 인간을 혐오하는 것을 불어로 미장트로프(misanthrope, 염세가)라고 하는데, 불란서의 문학, 연극, 이런 데에도 인간을 아주 저주스러운 것으로만 생각하는 시각이 많이 나타나 있어요. 그것은 잘못된 시각이죠. 인간은 참으로 쓸 만하고 아름답고 좋은 능력을 가지고 있다는 것을 자각하는 사람들이 대승불교인이란 말입니다.

그러니까 이 몸을 싫어하고 이 몸을 버리겠다는 생각을 일으키라는 말을 하지 말라는 겁니다. 그런 식으로만 자꾸 설법하면 빨리 죽으라는 이야기나 마찬가지죠. 불교방송에서도 그런 말만 자꾸 하면 설법 잘못하는 거예요. 불교가 빨리 죽으라는 종교, 태어난 것을 원망하는 종교가 되면 안 돼요. 지금 다 뒤범벅이 되어 어떻게 살라는 건지도 모르게끔 사람들을 속이고 있는 겁니다. 죽으면 천당 간다, 극락 간다 하는데, 가긴 어딜 가? 살아서 지금 복을 받게끔 만들어 줘야지. 당장에 내가 복 받을 생각을 하지 말고, 내가 중요한 것이 아니라, 나는 다른 사람을 위해서 좋은 일을 해 줄 수 있는 능력을 가진 인간이라는 것을 깨달으라는 것이 불교 아니에요? 그냥 의기소침해서 '나는 아무 능력도 없어' 이러고 있으면 그것이 소승불교입니다. 그렇다고 '그럴 바에는 차라리 죽어 버려' 그렇게 이야기해도 안 되죠. 그런 사람도 데려다가 '너 그렇게 이야기하면 안 돼, 그렇게 생각하면 안 돼' 하는 것을 가르쳐 줘야 합니다.

첫 번째, 몸은 덧없는 것이라고 말하지만 그 몸을 싫어하고 버리라고 말하지 않는다. 덧없는 것인 줄 알지만, 쓸 만한 몸이니 열심히 살아야 한다고 가르쳐 줘야 하는 거죠.

두 번째, 몸이 있으면 고통이 있게 마련이지만, 고통이 없는 열반을 좋아하라고, 열반으로 빨리 가라고 말하지 않는다. 그러니까 열반의 의미가 달라지는데, 고통을 고통이라고 생각하지 않는, 좋은 일 하면서 고통을 달게 받는 것을 열반이라고 하는 겁니다. 하지만 지금 한국 불교는 아직도 현실을 포기하고 그런 고통에서 빨리 도망가고 싶어 하는, 그런 의미의 열반을 생각하는 불교관이 있단 말이에요.

세 번째, 이 몸은 무아(無我)한 것이지만, 그래도 중생들을 가르치고 지도하라고 말한다. 무아라는 것은 연기(緣起), 인연 따라서 생겼다, 사라졌다 하는 거라고 설명할 수 있습니다. 연기를 부정적으로만 설명한다면 그런 식으로 설명할 수 있는 거예요. '모든 게 인연 따라서 생기는 법, 대단치 않은 거야', 이렇게 해 버리면 아무런 사는 의욕도 생기지 않을지 모르죠. 무아라고 말하지만, 수많은 사람들과 수많은 중생들과 인연을 맺고 비로소 '나'라고 하는 것이 있게 되는 것이니, 중생들과 같이 인연을 맺고 있을 때 중생들이 중생놀음을 하지 않도록 가르치라고 하는 겁니다.

네 번째, 이 몸의 공적(空寂)함에 대해서 말하지만, 그 공적함이 영구히 고요하기 그지없는 적멸이라고 말하지 않는다. 『화엄경』에 '부처님은 공적 그 자체이지만, 언제나 끊임없이 온 세상에 빛을 발하고 계신다'라는 대목이 있어요. 그런 근사한 경전을 읽다 보면 석가모니 부처님이 아니라 영원한 법신 부처님에 대한 믿음이 저절로 생겨납니다. 그 믿음 속에서 우리가 저절로 행복을 느끼고 편안함을 느끼게 되는 것이죠.

⑤ 說悔先罪 而不說入於過去 지난날 지은 죄를 뉘우치라고 말하지만, 과거에 들어가라고는 하지 않습니다.

『유마경』에는 뒤에 이런 구절도 나오죠. '죄라는 것은 그 실체를 찾아볼 것 같으면 없는 거야.' 죄라는 것은 인연의 세계 속에서는 분명히 있습니다. 그러니 죄를 지었으면 분명히 먼저 지은 죄를 참회하고 뉘우치라고 설하는데, 이거야 불교뿐 아니라 어디에서나 다 하는 이야기예요. 그러나 '不說入於過去(불설입어과거)하라'는 말은 그렇게 쉽지 않습니다. 과거에 들어간다는 말이 무슨 의미냐? 라모뜨는 '그 죄가 이미 다 지나갔다고 말하지 말라'고 했는데, 그 설명은 맞지 않는 것 같아요. 이것은 '과거에 몰입하지 말라'는 이야기 같습니다. 우리가 보통 그러기 쉬운데, 과거의 잘못에만 매달리기 쉽잖아요. 앞으로 새로운 일, 좋은 일을 해 나가면 되는 것이니 과거에 사로잡히지 말란 말이죠.

⑥ 以己之疾 愍於此彼疾　자기 자신의 병을 갖고 다른 병든 이를 불쌍히 여깁니다.

자기 자신의 병으로 다른 병든 이를 불쌍히 여기고 그 병을 낫게 하도록 애씁니다. 낫게 한다는 말은 없지만, 그렇게 해석할 수 있습니다.

⑦ 當識宿世無數劫苦 當念饒益一切衆生　지난날 무수한 겁에 걸친 고통을 상기하고, 모든 중생들에게 이익을 주리라 다짐합니다.

자신의 병을 계기로 그렇게 고통을 상기한다는 말입니다. 宿世(숙세), 반드시 우리가 태어나기 전의 전생 이야기가 아니라, 십대, 이십대, 삼십대, 사십대의 지나간 시간들, 하여튼 전에 저지른 모든 일이 숙세라는 것에 포함됩니다. 나 개인만이 아니라 우리 조상들이 저지른 모든 고통까지도 다 겹쳐서 오늘 나의 고통이 되어 있다는 것을 마땅히 알고, 심기일전해서 일체중생을 요익(饒益)하겠다고 다짐하는 것이죠.

⑧ 憶所修福 念於淨命　지난 날 쌓아 온 선한 마음씨들을 상기하고, 청정한 방법으로 살아갈 것을 염원합니다.

역시 자기의 병을 계기로 그렇게 한다는 겁니다. 정명(淨命), 즉 사명(邪命)이 아닌 정명으로 올바르게 살아갈 것을 다짐합니다.

⑨ 勿生憂惱 常起精進　근심 걱정으로 괴로워하지 않고, 언제나 용기 백배해서 정진하도록 합니다.

⑩ **當作醫王 療治衆病** 의왕(醫王)이 되어 모든 중생의 병을 고치겠다는 소원을 발합니다.

菩薩 應如是慰喩 有疾菩薩 令其歡喜 보살은 마땅히 이와 같이 병든 보살을 위로하고 환희에 넘치게 해야 합니다.

보살에도 많은 단계가 있다는 이야기를 앞에서 한 바 있습니다. 보살의 단계를 일단 신(信), 해(解), 행(行), 증(證)의 네 단계로 나눌 수 있어요. 이런 단계들이 있지만, 어떤 사람은 신의 단계에만 머무르고, 어떤 사람은 해의 단계에만 머무르고, 또 어떤 사람은 행을 못 하고, 어떤 사람은 증을 못 한다는 것은 물론 아닙니다. 신·해·행·증을 동시에 해 나가는데, 어떤 사람은 깊숙하게 가 있고, 어떤 사람은 아직 초엽에 있는 차이가 있을 거예요. 그래서 십신(十信)의 단계, 십주(十住)의 단계, 십행(十行)의 단계, 십회향(十廻向)의 단계, 십지(十地)의 단계, 이렇게 가는 것이고, 그 다음에 등각(等覺)과 묘각(妙覺)이 있다고 했습니다. 원효대사는 등각과 묘각에 관한 이야기는 많이 하지 않아요. 오히려 '初發心時便正覺(초발심시변정각)'이라고 할까, 발심한 첫 단계, 아직은 깨달음이라는 것을 먼 목표로 삼고 걸음마를 하고 있는 단계에 있는 보살을 원효는 무척 귀중하게 생각했습니다.

부처와 보살 사이에는 차이가 있지만, 그렇다고 부처도 부처로서만 가만히 있는 부처는 대승불교의 세계에 없죠. 언제든지 중생이 있는 곳에서는 부처도 보살로 바뀌어 보살도를 행합니다. 보살이지 못한 부처는 대승불교에 존재하지 않아요. 그러니까 부처도 중생들 속에서 무슨 일을 하려고 할 때는 보살로 바뀌고, 보살이면서도 중생의 모습을 하는 수가 많단 말입니다. 중생 중에도 아주 고약한 지옥중생의 모습도 하고 있으니, 그런 놈들도 덮어놓고 쉽게 매도할 수 있는 것은 아닙니다. 공자님도 그런 이야기를 하죠. '잘못한 사람을 보고 화부터 내지 말고 불쌍하게 생각하고 가르쳐 주어라. 누가 가르쳐 주는 사람이 없어서, 하도 억울한 일이 많아서 그럴 수도 있으니 그런 짓 안 하도록 타일러 주어라.' 그런데 대체로 억울한 일을 너무나 많이 당했기 때문에 그 사람들이 삐뚤어진 길을 가게 되었다고 하는 생각은 미처 하지 못합니다. 그럴 때 우리가 가져야 할 태도가 뭐냐 하는 것이 보살행에서 나옵니다. 보살에게 중요한 것은 끝까지 포용하는 자비심인데, 벽지불이나 성문에는 그런 대자비심이 없어요. 그런 게 없어도 저희들 세계에서는 통했어요. 그러나 대승불교에서, 저 굴 속에 들어박혀 있는 그들로서는 세상을 구제하지 못한다고 하는 거죠.

무착(無着)스님 이야기가 있잖아요. 무착스님이 12년 동안이나 수도를 했어도, 만나고 싶은 미륵보살을 못 만났습니다. 참선을 잘해서 굳건한 마음도 되어 있고, 뭐 며칠씩 눕지 않고 참선만 할 수 있는 힘도 다 키웠는데, 그 상태에서는 미륵보살님을 못 보았단 말이에요. 그 눈에는 안 보였어요. 그런데 마지막에 개의 신음소리를 들었습니다. 가 보니까 개가 다 죽어 가는데 사지에 구더기가 달라붙어 피를 빨아먹고 있었어요. 그런 아귀와 축생의 놀음을 보면서 불쌍한 생각이 들어서, 칼을 가지고 자기 엉덩이의 살을 떼서 대신 주려고 했습니다. 구더기를 개에게서 떼어 옮겨오는데, 그것도 손으로 그냥 떼면 안 되겠다 싶어서, 부드러운 혓바닥으로 핥아서 자기 살점으로 옮기는 자비심을 냈습니다. 그때 세상이 탁 바뀌어 쾅 소리가 나면서, 개도, 구더기도 온 데 간 데 없고, 바로 그 자리에 황금빛 찬란한 연화좌대가 생기고 그 위에 미륵보살이 앉아 계셨다고 합니다. 그때 비로소 미륵보살을 만날 수 있었다는 것인데, 자비심이 생기면, 자비심을 가진 사람은 도처에서 미륵보살을 볼 수 있다는 이야기거든요. 이처럼 불교는 우리 마음가짐의 이야기이다 보니 다른 종교와 좀 다르단 말이죠. 우리가 이 세상 살아가는 방법으로서 보살에 대한 이야기가 지금 이 『유마경』에서 제일 중요하게 강조되고 있는 것입니다.

다음 (11)번부터는 병에 대한 반성의 이야기가 나오고 있습니다.

7. 병에 대한 반성

(11)

文殊師利가 言하되, "居士여, 有疾菩薩은 云何調伏其心이뇨" 하니라.

維摩詰이 言하되, "有疾菩薩은 應作是念하라.

今 我此病은 皆從 前世妄想과 顚倒諸煩惱로 生하나니

無有實法이니라 誰受病者이리오. 所以者何뇨 하니,

四大合故로 假名爲身이나 四大無主라 身亦無我이니라.

又 此病起는 皆由着我니, 是故로 於我에 不應生着할지어다.

旣知病本하면 卽除我想 及衆生想하고 當起法想하라.

應作是念이니라.

但以衆法이 合成此身이니, 起는 唯法起며 滅은 唯法滅이니라.

又此法者는 各不相知니, 起時에 不言我起며 滅時에 不言我滅이니라."

文殊師利言 문수사리가 말했다.

居士 有疾菩薩 云何調伏其心 거사여, 병든 보살은 어떻게 그 마음을 조복해야 합니까?

有疾菩薩(유질보살), 여기에 우리가 걸릴 필요가 없어요. 보살도 앓나? 보살도 앓죠. 보살에게도 번뇌가 있나? 번뇌가 있죠. 중생이 아플 때는 같이 아파하는 것이 보살입니다. 보살과 중생은 어떤 차이가 있냐 하면, 중생은 어디로 가야 하는지, 자기가 왜 고생을 하는지 그 까닭을 모르지만, 보살은 그 가는 방향을 뚜렷하게 알고 있다고 하는 점이 다릅니다. 이것이 중요하다고 생각해요. 요새는 미륵보살을 볼 수 있는 마음가짐을 만들 생각은 안 하고, 돈으로 적당히 때우고, 돈으로 돌을 사서 돌미륵이나 많이 만드는 세상이 되어 버렸어요. 참 잘못된 세상이죠. 그런 것은 돌멩이 숭배, 돈 숭배입니다.

調伏其心(조복기심), 마음을 조복한다. 조복한다는 말은 『금강경』에도 나오지만, 여기서는 『금강경』보다 한 걸음 더 나아간 사상을 이야기해 주고 있습니다. 이제 병든 보살은 어떻게 마음을 조복하는지에 대해 유마거사가 설명합니다.

維摩詰言 유마힐이 말했다.

有疾菩薩 應作是念 병든 보살은 마땅히 이렇게 생각해야 합니다.

今我此病 皆從前世妄想 顚倒諸煩惱生 지금 내 병은 다 전세(前世)의 망상이나 전도(顚倒)된 갖가지 번뇌로부터 생겨났습니다.

無有實法 誰受病者 본질적으로 말하면 병이라는 고정된 법은 있지 않으니, 누가 병이라는 것을 받아서 앓는다는 말입니까?

앞에서 이야기한 망상이라는 것, 전도라는 것을 여기서 설명하고 있습니다. 無有實法(무유실법), 실법, 영원히 변화하지 않는 체(體)를 가진 법이라는 것은 없다는 것이죠. 법이 어떻게 생겼냐 하면 두 가지로 보아야 하는 거예요. 첫째는 공이라고 보아야 하는 것이고, 둘째는 인연 따라서 찰나에 생겼다 찰나에 사라지는 것이라고 보아야 하죠. 그러니까 단한 순간도 고정된 자리에 머무르는 법이 없다는 것을 알아야 하는 것입니다. 그러니까 법이라는 것은, 어떻게 있는가 하는 존재방식을 말합니다. 밥 먹는 법, 앉는 법, 그 사람이 항상 하는 것들, 다 하나의 삶의 방식이 있지 않겠습니까? 그것이 다 법인데, 그것은 자꾸 변화하고 있단 말이죠. 우리 마음이라고 하는 것도 일정하지 않고 끊임없이 변하는 것입니다. 병도 마찬가지입니다.

誰受病者(수수병자), 누가 병을 받겠는가? 병을 받는 자도 고정된 것이 아니다. 병에 걸리는 자도 어떤 주체가 있는 것이 아니다.

所以者何 四大合故 假名爲身 四大無主　왜냐하면 이 몸은 사대(四大)가 모여서 생긴 것으로, 임시로 몸이라고 부르고 있을 뿐, 사대에 주인이 있는 것은 아니기 때문입니다.

身亦無我　몸에 '나'라고 부를 만한 것이 있는 것도 아닙니다.

아(我), ātman, 여기서는 영혼을 말합니다. 인도의 브라흐만교에서는 영원히 죽지 않는 ātman이 사람의 몸 속에 있다고 생각했거든요. 불교에서 이야기한 무아(無我)는 그런 게 없다고 강조했습니다.

又此病起 皆由着我　또 이 병이 생긴 까닭은 '나'에 대한 집착 때문입니다.

불교에서 이야기하는 윤리의 제일 중요한 근거는 뭐냐 하면 역시 무아(無我), '나'라고 하는 것에 집착하지 않는 것이라고 해야 되겠죠. '나'라고 하는 것에 집착하기 때문에, 병이 생긴다는 겁니다.

착아(着我)가 탐·진·치로 나타나죠. 결국 탐(貪)·진(瞋)·치(癡)·만(慢)·의(疑)·견(見)으로 나타납니다. '나'라고 하는 것은 유식사상에서 제7식(識)으로 간주되죠. 제8식은 아직 '나'라는 의식으로 굳어지지 않은 의식입니다. 다만 뭔가 꿈틀거리는 맹목적인 의식이에요. 그것이 이제 '나'라고 하는 것으로 굳어져 버리는 것이 7식입니다. 물론 8식과 7식이 밤낮 따라다니니까 구분하기 힘들지만, 이런 잘못된 의식을 제거하려고 노력하지 않는 사람에게는 언제든지 그것이 있어요. 그것이 있기 때문에 사람들이 이기주의, 아집의 존재가 되는 거죠. 착아라는 말은 아집(我執)이나 마찬가지 말이에요. 저 잘난 맛에 사는데, 이제 그것 때문에 화병도 나고 그러는 겁니다. '나'라고 하는 것이 있다고 하는 것에는 소위 영혼이라는 놈이 근거가 되고 있어요.

是故 於我不應生着 그러므로 이러한 '나'라는 것에 대한 잘못된 집착을 일으키지 말아야 합니다.

既知病本 卽除我想 及衆生想 當起法想 이미 병의 근본을 알았으니, 곧 아상과 중생상을 없애 버리고 법상(法想)을 일으켜야 합니다.

아상과 중생상, 두 가지만 나왔지만, 본래는 네 가지가 되어야 하는 거죠. 아상(我相), 중생상(衆生相), 수자상(壽者相), 인상(人相)은 『금강경』에서 강조하는 것으로, 이것을 사상(四相), 또는 넘어야 할 산이라고 해서 사산(四山)이라고도 했습니다. 아상, 중생상 등을 제거하고 법상(法相)을 일으켜라. 여기서 '법'은 진리라는 말이 아니고 하나의 현상이라는 말이에요. 이런 원인 때문에 이런 사건이 생겼구나 하는 생각을 하라는 겁니다. 이 여러 가지 것들이 다만 인연 따라서 생긴 것이로구나 하는 것을 생각하라는 말입니다. 아(我)에 대한 잘못된 생각, 중생에 대한 잘못된 생각을 버리고, 마땅히 법이라는 생각을 하시오.

應作是念 그리고 마땅히 이렇게 생각해야 합니다.

但以衆法 合成此身 이 몸이라는 것은 갖가지 법이 모여서 만들어진 것입니다.

몸이라고 하는 것, 나라고 하는 것은 여러 가지 법이 모여서 이루어진 것입니다. 갖가지 법이라고 하는 것은 여러 가지 것들, 여러 가지 일들, 여러 가지 요소들이라고 해도 되고, 존재방식이라고 해도 됩니다. 그 존재하는 방식으로 나라고 하는 것은 앞에서 지·수·화·풍으로 되어 있다고 했어요. 그것 말고도 나라고 하는 것은 오온(五蘊)으로 되어 있다고 할 수도 있습니다. 색·수·상·행·식(色受想行識)으로 되어 있어요. 또 그 색 가운데는 안·이·비·설·신·의(眼耳鼻舌身意)의 육근(六根) 또는 육입(六入)이 있죠. 육근이 나라고 하는 것은 이 몸뚱어리만의 문제가 아니라, 나와 마주치는 내 주변의 것들과의 관계 속에서 그런 것이죠. 안·이·비·설·신·의가 마주치는 것이 육경(六境), 색·성·향·미·촉·법(色聲香味觸法)입니다. 그 여섯 가지를 육근과 합쳐서 십이처(十二處) 혹은 십이입(十二入)이라고 하죠. 그 가운데를 왔다 갔다 하는 놈을 육식(六識)이라고 하죠. 안식(眼識)·이식(耳識)·비식(鼻識)·설식(舌識)·신식(身識)·의식(意識)의 여섯 가지입니다. 육식이 밤낮 꼭 같습니까? 기분 좋을 때의 육식, 기분 나쁠 때의 육식이 다르죠? 매번 바뀝니다. 오늘의 나, 어제의 나, 잠 많이 잤을 때의 나, 불안에 떨고 있을 때의 나, 흥분했을 때의 나, 전부 다 다릅니다. 이렇게 육식에 육근, 육경을 합친 것을 십팔경(十八境), 혹은 십팔계(十八界)라고 하죠. 이렇게 몸은 갖가지 법들이 모여서 이루어져 있는 것입니다.

또 갖가지 법은 몸이 일으키는 작용이라고 할 수도 있습니다. 몸은 앉아 있기도 하고, 어디를 걸어가기도 하고, 누워 있기도 하고 그렇죠. 그것도 매번 매번 법입니다.

起唯法起 滅唯法滅 오직 법이 생긴 것이고, 오직 법이 사라지는 것입니다.

무엇이 생겼다고 할 때는 오직 법이 생긴 것이고, 무엇이 사라졌다고 할 때는 오직 법이 사라졌다는 말입니다. 내가 생겨난 것, 또 자식이 생겨나는 것도 다 법이죠. 어떤 법이 하나 생겨났다고 하는 것은 오직 인연 따라 나타난 하나의 현상입니다. 뭐가 없어졌다고 하는 것은 그런 현상이, 인연법이 없어졌다고 하는 것에 불과합니다. 인연법은 물거품처럼 생겼다가 사라졌다가 하는 것이죠. 이 눈앞에 보이는 모든 것들, 혹은 보이지 않지만 머리 속에 상상으로 그려 놓았던 어떤 물건, 생각도—장밋빛 상상도 있고 아주 고약한 상상도 있겠지만—꿈속에서 보는 것같이 전부 다 잘못된 생각이 만들어낸 것일 뿐이란 말입니다. 실체가 없어요. 그 법들은 그냥 인연 따라서 이렇게 생겼다, 저렇게 생겼다 하는 것뿐이죠. 가령 바다에 물결이 이는데, 하나는 동쪽바람이 불어서 이는 물결, 또 하나는 서쪽바람이 불어서 이는 물결, 그래서 동풍파(東風波)와 서풍파(西風波)가 있기는 하지만, 그것들이 얼마 오래가는 것은 아니죠. 순식간에 바뀌어 동풍파가 서풍파로 되고, 서풍파가 동풍파로 되어 막 뒤범벅이 됩니다. 그런 바람처럼 나라고 할 수 있는 것은 아무 것도 없죠. 그저 인연 따라서 바람이 이렇게 불면 이렇게 되고, 저렇게 불면 저렇게 되고, 모든 것은 일어났다가 사라지고, 말 없이 왔다 가는 거죠.

又此法者 各不相知 그러면서 또한 이 법은 서로 그 사실을 알지 못합니다.

그 인연법들이 서로 간에는 옆의 놈이 언제 죽고, 또 옆의 놈이 언제 새로 생기는지 몰라요. 그것이 바로 이 법들이 각각 서로 모른다는 말입니다.

起時 不言我起 滅時 不言我滅 생길 때 내가 생긴다고 말하는 일 없고, 사라질 때 내가 사라진다고 말하는 일도 없습니다.

생길 때 '내가 지금 생긴다'라고 말하고, 사라질 때 '내가 지금 사라진다'라고 말하면서 가는 나라는 놈은 없어요. 알고 보면 아무 것도 아닌 이야기죠.

존재방식이라는 것을 불란서말로는 'manière d'être'라고 하는데, '어떤 식으로 존재하느냐' 하는 것이 문제라는 이야기입니다. 영어로 말하면 'way of being'이 되겠죠. 그러니까 중생의 육도(六道)라고 하는 것도 일종의 존재방식입니다. 어떻게 존재하느냐? 그 존재하는 양식이 그때그때 인연 따라서 다 달라진단 말입니다. 소위 중생의 여러 가지 법이 생겼다, 사라졌다, 이것을 기멸(起滅)이라고 했지만, 생멸(生滅)이라고 해도 같은 이야기입니다. 생겼다 사라지고, 자꾸 그러면서 가고 있는 것이라는 이야기입니다.

아주 중요한 대목이었습니다. 불교가 왜 이 시대 사람들에게 필요하냐 하면 지금 전 세계의 사람들은 다 '나', '나', 하는 생각밖에 없어서 그래요. 불교를 자꾸 이야기하고 불교에 완전히 젖어 있다 보면 '나'라는 생각이 없어질 거라고 생각되기 때문입니다. 여기 강의 듣는 사람들 중에는 신학생도 있는데, 성경도 자꾸 읽고 제대로 믿으면 그렇게 된다는 말입니다. 이 부처님의 법을 믿고 이런 경전의 말씀을 자꾸 듣고 생각해 보고 그러다 보면 저절로 조금씩 달라지죠. 여러분들도 많이 달라졌을 거예요. 내 것이라는 생각, 나라는 생각을 덜 할 겁니다. 그래서 손해 보는 일도 있을지 모르지만, 사실은 그것이 덕을 보는 거라고요.

현대사회의 윤리적인 상황이 말이 아니죠. 생각하는 것도 틀려먹었고, 행동하는 것도 틀려먹었고, 다 틀려먹었다는 느낌을 쉽게 받게 됩니다. 그런데 가만히 생각해 보면 지금 뭐 나쁜 짓 하고 잘못도 저지르기는 하지만, 그것도 다 부처님 손바닥 안에 있는 일이거든요. 그 놈들에게도 다 부처님이 될 수 있는 맑고 깨끗한 마음 바탕이 있어요. 잘못한다, 잘한다, 자꾸 나무라지 말라는 생각도 들어요. 요새 특별히 더 나빠졌느냐? 옛날에는 좋았느냐? 옛날에는 지금보다는 좀 좋았겠지만, 지금도 옛날보다 더 나쁜 구석도 있고, 나쁘지 않은 구석도 있겠죠.

이번에 온 외국 잡지를 보니까 러시아의 상황이 말이 아니대요. 마피아 폭력단이 횡행하고 백주에도 폭력, 약탈, 살인이 난무한다고 합니다. 경찰이나 관리도 다 썩었대요. 아니 러시아뿐 아니라 온 세계 도처에 그런 것이 다 있죠. 옛날에 천주교를 열심히 믿었다고 하는 유고슬라비아에서도 회교도들 죽이는 것을 보면 끔찍하기 짝이 없어요. 미국은 미국대로 형편없고, 이제 그런 인간들을 보면서 인간혐오증에 안 걸릴 수가 없습니다. 아, 이것 정말 한심스럽다는 생각이 들지만, 이 나쁜 놈들도 결국은 다 어디로 가느냐 하면, 형을 받아서 죽기도 하고, 저희들끼리 죽이고 죽고 해서 다 없어지죠. 광풍이 지나고 나면, 그놈들에게도 언제 무슨 일이 있었던가 싶은 적막이 깃드는 겁니다. '나다. 너다. 내 것이다. 네 것이다. 이 새끼야, 저 새끼야' 하면서 싸우던 사람들도 어차피 죽게 마련이고, 다 죽고 나면 사대(四大)가 흩어지는데, 흩어지고 나면 그 흩어진 사대가 다시 붙는 법은 없거든요. 가명(假名)으로 몸뚱어리라고 이름 붙이고, 그것을 '나'라고 '너'라고 이름 붙이고, '이 아무개', 잘난 누구라고 이름 붙이고 그러는데, 높은 데서 가만히 내려다보면, 하루살이들이 놀고 있는 것 같은 형국입니다. 그럼에도 우리가 고래고래 소리 지르면서 저놈 나쁜 놈이라고 하거나, 선악을 가려 감옥에 보내고, 처형을 하고, 이렇게들 하는데, 처벌하는 놈이나 처벌받는 놈이나 그저 오십보백보죠.

이런 판국에 과연 철학자들이 무엇을 해야 하느냐 하는 것을 어떤 잡지에서 물어 왔어요. 지금까지 철학자들이라는 것, 철학강의라는 것이 그럴싸하기는 했지만 사실은 거짓말이 태반이었죠. 어제 만난 한 철학교수가 자기도 철학자인데 철학자라는 것이 틀려먹었다는 이야기를 합디다. '너도 그렇게 생각한다면, 철학자가 해야 할 일이 뭐냐? 또 종교인이 해야 할 일이 뭐냐?' 그런 생각을 하면서, '그럼 나는 철학자인가? 종교인인가?' 하는 의문을 가져 보았습니다. 우리 불교인은 종교인이라고 할 수는 없다고 봅니다. 종교인이라고 하는 것은 철학적으로 이치가 맞든 안 맞든, 인생의 이치에 따라서 행동하는 것이 아니라, 교조가 가르치는 대로 충성을 다하면서 그 사람을 받들고 찬양하고, 그냥 제물이나 바치게 되는 경우가 많죠. 불교가 그런 종교이기도 해요. 그러나 나는 그런 종교로서의 불교를 믿지는 않습니다. 또 여기서 가르치는 대승불교는 그런 종교가 아니죠. 물론 부처님이 없는 것은 아니지만, 부처님에게 무슨 가피(加被)를 받는다는 것도 나 자신의 마음가짐이 문제인 것이죠. 부처님은 그냥 덮어놓고 충성을 다해서 빌고 이치도 안 닿는 것을 무조건 따라오라는 사람이 아니란 말입니다. 불교라는 것은 그런 종교가 아니라는 의미에서 나는 종교인이 아닙니다.

그럼 내가 철학자인가 생각을 했는데, 나를 철학자 속에도 끼워 주지 않아요. 요즘 철학자라는 것은 인생 전체의 문제를 이야기하기보다는 어떤 조그만 문제를 논리적으로 체계적으로 따지는 것만을 철학자라고 생각한단 말이에요. 한마디로 말하면 철학과를 나와야 철학자거든요. 요새 철학 한다는 사람들은 분석철학을 합네, 무슨 철학을 합네 하지만, 진짜 철학자는 자기 이야기를, 자기가 믿는 진리를 이야기하는 사람이라야 하죠. 자기가 믿지도 않는 것을 단순히 따지고 소개만 하는 것을 지금 대학에서 철학강의라고 하는데, 그것이 오늘 우리의 삶과 윤리적 상황을 바꾸어 놓는 데 정말로 무슨 도움을 주었습니까? 무슨 교양과목이다, 어떻다 하는데, 쓸데없는 시간 낭비, 돈 낭비만 하고 있다는 생각이 들어요.

그래서 '아, 내가 철학자가 아니구나' 하고 생각했다가도 가만히 경전들을 읽다 보면 내가 철학자라는 생각을 하게 됩니다. 사실 우리가 공부하고 있는 이 『유마경』의 철학이 얼마나 심오한 철학인데, 서양철학 하는 사람들은 이런 것은 철학이 아니라고 생각하거든요. 여기에는 논리적이면서도 논리를 초월해야 하는, 실제로 그렇게 살아 보고 고민해 보지 않으면 알 수 없는 그런 것이 있습니다. 여러분들은 체험하면서 터득해 가는 것이 얼마나 귀중하냐 하는 것을 이미 알고 계시니까, 반복해서 읽는 가운데 유마의 정신, 유마의 사상, 유마의 철학이 바로 여러분들의 철학이 되고, 여러분 나름대로 해석을 가해서 독창성을 갖게 되기를 바랍니다. 다 '나'라는 것이 무엇인가 하는 이야기와 관련이 있는 것입니다.

(12)

彼有疾菩薩은 爲滅法想이니 當作是念하라.

此法想者는 亦是顚倒이니라.

顚倒者는 是卽大患이니 我應離之니라.

云何爲離뇨. 離我我所니라.

云何離我我所뇨. 謂離二法이니라.

云何離二法이뇨. 謂不念內外諸法하며 行於平等하나니라.

云何平等이뇨. 謂我等도 涅槃等이니라.

所以者何뇨 하니, 我及涅槃 此二가 皆空이기 때문이니라.

以何爲空이뇨. 但以名字 故로 空이라.

如此二法은 無決定性이니, 得是平等하면 無有餘病이니,

唯有空病이요 空病도 亦空이니라.

彼有疾菩薩 爲滅法想 當作是念 그 병든 보살은 법상(法想)을 없애야지, 이렇게 생각해야 합니다.

앞에서는 마땅히 법상을 일으키라고 해 놓고, 여기서는 그 법상 또한 없애라고 하고 있습니다. 그 법이라는 것도 있는 것이 아니라는 이야기죠. 무슨 이야기냐 하면 법은 인연 따라서 생기는 연기법(緣起法) 아닙니까? 용수(龍樹)의 『중론(中論)』에는 '인연으로 생긴 법들, 나는 그것을 공(空)이라고 말한다. 또한 그것을 나는 가명(假名)이라고 한다. 이것이 또한 중도(中道)가 된다'라고 하는 유명한 말이 있어요. 인연으로 생긴 법들은 공(空)·가(假)·중(中)의 이 세 글자로 이해해야 하는 것이죠. 본질적으로, 진짜 깊은 의미에서 말하면, 인연으로 생긴 법들은 붙잡으려 해도 붙잡을 수가 없어요. 그것이 공입니다. 조만간 나도 공이고 여러분도 공이라구요. 그러나 사는 동안에는 열심히 살아야죠. 인연 있는 동안에는 열심히 사는데, 우선 공이라고 하는 것을 알아야 합니다. 언제까지나 살 것처럼 알고 있으면 안 된단 말이에요. 이 공이라는 생각 때문에 우리는 미련을 갖지 않고, 애착을 하지 않을 수 있는 것입니다. 모든 것을 다 버릴 수 있는 거예요. 그런데 그런 공만 알고, '다 헛 거야, 다 헛 거야. 그 까짓 것 사나 마나' 이렇게 생각하면 안 된단 말입니다. 가(假)로서 존재하는 것도 사실입니다. 가로서 존재하는 것에는 이름이 붙죠. 그러니까 가명(假名)입니다. 가유(假有), 임시로 잠깐 동안 존재하는 것이죠. 이 눈앞에 보이는, 우리가 만들어낸 모든 법은 그런 가명이요, 가유란 말입니다. 잠정적인 인연에 따라서 생겼다 가는 것밖에는 없습니다. 그러니까 인연이 일찍 헤어지게끔 된 사람은 그 속에서 자기 나름대로 살 궁리를 해야 되죠. 결국 살아 있는 사람은 살아야 하니까 또 다른 인연을 생각해내야 되겠죠. 스스로 일찌감치 포기할 수는 없어요. 그런 때에도 진실하게, 정말 잘 사는 것처럼 살아야겠죠. 이 공을 알고, 가를 열심히 사는 태도가 중도로 산다는 겁니다.

일단은 법으로서 존재한다고 생각을 하긴 했는데, 그것도 또 초월하라는 것입니다.

此法想者 亦是顚倒 이 법이라는 생각이 또한 전도된 것입니다.

그러니까 공(空)의 도리로만 사는 것도 안 되고, 가(假)밖에 없고 가야말로 진짜라는 생각도 잘못된 전도견(顚倒見)이라는 이야기죠.

顚倒者 是卽大患 我應離之 전도는 큰 병이니 내가 마땅히 이 병을 떠나야 합니다.

云何爲離 離我我所 이 병을 어떻게 없앨까? 나와 내 것에 대한 잘못된 생각을 없애야 합니다.

나(我)에 대한 잘못된 생각(ātmagrāha)과 내 것(我所)에 대한 잘못된 믿음(ātmīyagrāha), 이 두 가지를 없애야 한다는 것입니다.

云何離我我所 謂離二法　그럼 나와 내 것에 대한 집착을 어떻게 없앨까? 두 가지 법을 떠나야 합니다.

云何離二法 謂不念內外諸法 行於平等　두 가지 법으로부터 떠난다는 것은 어떻게 하는 것일까? 내외의 모든 법을 생각하지 않고 모든 것에 평등하게 행동하는 것입니다.

내법(內法), 외법(外法)에서 떠나라. 내법은 자기 안에 있고, 외법은 자기 바깥에 있는 것인데, 안의 것, 바깥의 것, 그것을 자꾸 구분해서 생각하지 말라. 내외가 평등해지도록 하라. 모든 것이 전부 평등하다는 입장에서 행동하라는 것이죠.

티베트본에는 좀더 구체적으로 되어 있습니다. '내적, 외적인 모든 행동을 삼가는 것이다(adhyātmabahirdhāmudācāra). 동요와 혼란과 흥분의 감정 없이 평등해지도록 하는 것이다.'

云何平等 謂我等 涅槃等　그렇다면 평등이란 무엇일까? 나의 평등, 열반의 평등입니다.

평등은 samatā입니다. 라모뜨는 '완전한 평등'(l'égalité intégrale)이라고 번역하고 있습니다. samatā는 영어의 same, sameness와 같은 뜻이죠. 동요와 혼란과 흥분의 감정 없이 평등해지도록 노력하는 것입니다. 더워도 same, 괴로워도 same, 즐거워도 same, 언제든지 same, 그것이 samatā입니다. 참선하는 방법으로 '지(止)'를 뜻하는 śamatha와는 다른 거예요.

완전한 평등이란 '나의 평등', '열반의 평등'이라고 했습니다. 이것은 무슨 이야기냐 하면, 아(我)는 본래 공한 것, 무아거든요. 나라고 하는 것이 없다는 말을 바꾸면 『법성게』에서 말하는 '自他一時成佛道(자타일시성불도)'의 '自他'가 됩니다. 자타가 둘이 아니다. 이런 세상이 되는 것이 제일 좋을 거예요. 나와 남이 좋을 때는 사랑한다고 하고, 나쁠 때는 그냥 싸우는 것이 아닌 세상……. '我等 涅槃等(아등 열반등)', 여기서는 아도 열반도 중요한 것이 아니고 평등이 중요한 거죠. 그런데 여기서 평등이라는 말은 '자유, 평등, 박애'라고 할 때의 평등과는 다릅니다. 계급적인 평등을 의미하는 것이 아니라, 차별이 없다는 이야기죠. 나, 너를 가리지 않게끔 됐다는 말입니다.

열반의 평등. 열반이라는 것 자체가 열반과 생사를 따로 구분하면 그것은 이미 열반이 아니죠. 열반과 생사는 구분할 수 없는 거예요. 그러니까 나는 열반에 빨리 가련다 하는 것은 말이 안 되는 이야기입니다. 여기서 열반을 이룩하는 것이지, 어디 간다고 되나? 열반에 가고 싶거든 여기서부터 자타가 없는, 나와 네가 없는 의식을 가져 보도록 하라. 부부는 말할 것도 없고, 형제도 그렇고, 부자간, 모녀간에도 나와 네가 없도록 하라. 아마 쉽지 않을 거예요. 완벽하지는 않지만, 보살은 완벽을 향해서 가고 있는 존재죠. 너무 실망할 것은 없어요. 지금 서서히 가는 겁니다.

所以者何 我及涅槃 此二皆空 왜냐하면 나나 열반은 모두 공한 것이기 때문입니다.

나나 열반은 둘 다 자성(自性)이 없기 때문에 공한 것이죠. 본질적인 이야기를 하고 있는 겁니다. 공한 그 자리에 가면, 무슨 울타리가 있나, 담이 있나? 담이 없단 말이에요. 창문을 활짝 열어라, 그 말입니다.

내 친구인 변선환 박사가 스위스에 가서 공부할 때 배운 프리츠 부리라는 박사가 있습니다. 그 사람이 1960년대에 동국대학교에 와서 강연을 했는데 그때 이야기가 참 멋있었어요. '여기 두 개의 빌딩이 마주보고 있는데, 거기에 많은 창문들이 있습니다. 그 창문을 열고 빌딩과 빌딩 사이에서 서로가 서로를 보고 상대방의 아름다운 것, 좋은 것을 받아들이는 이웃, 이것이 얼마나 좋겠습니까? 빌딩이라는 것은 집을 말하지만, 그것이 문화 아닙니까? 사람들이 나름대로 문화를 만들어 왔습니다. build, 구축해 왔어요. 동양의 빌딩, 서양의 빌딩이 창문을 닫고, 너는 너, 나는 나, 그러지 말고, 창문을 활짝 열고 서로 오가면서 미소를 짓고 이야기하는 시대가 왔습니다.' 그런 이야기로 강연을 시작했습니다. 그때 아직 내가 젊어서 통역을 했는데, '아, 참 멋있는 서두구나' 하고 생각을 했습니다. 창문을 열자, 담을 헐자는 말이죠.

以何爲空 但以名字故空　무엇이 공하다는 것일까? 다만 이름으로 공하다고 하는 것입니다.

如此二法 無決定性　이 둘은 다 결정성이 없는 것입니다.

나라든가 열반이라든가 하는 이 두 가지 법에는 어떤 결정성이 있는 것이 아니다. 나라는 것의 정해진 모습, 열반이라는 것의 정해진 모습, 이런 것이 있지 않다는 말이죠. 이것도 잘 아셔야 합니다. 그러니까 부처님이 밤낮 법당에 저런 모습으로만 앉아 있다면 아무 일도 못 하시는 거죠. 부처님은 저렇게 하고 있는 것이 기본이기는 하지만, 저 선정의 자세로부터 얼마든지 일어나서 뛰어다니기도 하고, 걸어다니기도 하고, 일하기도 하는 다른 모습으로 바뀔 수 있다고 하는 사실을 알아야 합니다. 無決定性(무결정성), 결정성을 만들어 놓으면 안 된다는 말입니다.

得是平等 無有餘病　이런 평등의 견지에서 보면, 다른 병이라는 것은 있을 수 없는 것입니다.

완전한 평등을 보는 사람은 병(病)과 공(空) 사이를 차별하지 않는다는 말입니다.

唯有空病 空病亦空　오직 있을 수 있다면 공병(空病)이 있을 뿐인데, 공병도 역시 공한 것입니다.

공병에 가끔 걸리는 사람이 있지요. 소승불교도들은 공병에 걸렸습니다. '공이야, 공이야. 아무 것도 없는 거야' 하는 사람들이 공병에 걸린 것인데, 불교가 공병에 걸리면 안 되죠. 이 현실 세상 속으로 뛰어들어 와야 합니다. 이 유마거사처럼 살아야 하는 겁니다.

이제 이야기가 더욱 무르익어 가고 있습니다.

(13)
是有疾菩薩은 以無所受이나 而受諸受하고,
未具佛法이며 亦不滅受이나 而取證也이니라.
設身有苦면 念惡趣衆生하고 起大悲心하라.

是有疾菩薩 以無所受 而受諸受 앓고 있는 보살은 감각의 노예가 됨이 없이 모든 감각을 발휘합니다.

사실은 수(受)하는 바 없지만, 모든 수를 다 받아요. 수는 색·수·상·행·식의 수, 감각기능을 이야기합니다.

未具佛法 亦不滅受 而取證也 부처가 갖는 공덕을 다 갖추지 않고 모든 감각작용을 멸하지 않으면서, 열반을 증득합니다.

滅受(멸수), 수를 멸한다고 했는데, 사실은 수만 이야기하고 있는 것이 아닙니다. 색·수·상·행·식을 다 그대로 쓰죠. 안·이·비·설·신·의를 다 그대로 놀리죠. 그대로 다 놀리지만, 사실은 그것들이 이미 잘못된 색·수·상·행·식이 아니란 말입니다. 그러니까 모든 감각적 쾌락을 버리지 않아요. 맛있는 것 먹고, 좋아하는 일 하는 등 이 세속의 모든 생활을 다 합니다. 그래서 앞에서 '受諸受(수제수)한다', 모든 수를 다 받는다고 했습니다.

수는 보통 세 가지로 이야기하죠. 옛날부터 고수(苦受), 낙수(樂受), 불고불락수(不苦不樂受), 이런 세 가지 수를 이야기하고 있습니다. 고통스러운 수, 즐거운 수, 고통스럽지도 즐겁지도 않은 수, 이런 것들이 있는데, 그런 수를 받기는 다 받아요. 고통을 느끼기도 하고, 즐거움을 느끼기도 합니다. 그렇지 않을 때도 있지만, 그것 때문에 동요하지 않아요. 수를 멸함이 없습니다. 인간적인 조건을 다 갖추고 삽니다. 수만 하고 있는 것이 아니라, 상·행·식도 다 합니다. 보살이라고 해서 웃지도 울지도 말고, 또 먹지도 말라는 이야기가 아닙니다. 수·상·행·식이 우리의 일상생활 아닙니까? 그러니까 보살도 색·수·상·행·식을 다 하지만, 그것 때문에 마음에 동요를 일으키지는 않는다는 거죠.

따라서 수·상·행·식을 없애지 않았지만, 取證(취증), 증했다는 말입니다. 증득(證得)했다고요. 신(信)·해(解)·행(行)·증(證) 가운데 증을 했습니다. 이미 깨달은 바가 있단 말입니다. 이것이 보살입니다.

設身有苦 念惡趣衆生 起大悲心 설사 몸에 고통이 있을지라도 나쁜 길에 빠져 있는 중생을 생각하며 대비심을 일으킵니다.

보살도 몸에 고통이 있을 수 있어요. 몸에 고통이 있을 때는 악취(惡趣)에 빠져 있는 중생을 생각하면서 대비심을 일으켜라. 자기가 괴로울 때는 원망하지 말고, 자기보다 더 괴로운 사람들, 나쁜 길에 있는 사람들을 생각하면서 대비심을 일으켜라. 거기까지 가기가 힘든 것이지만, 그것을 하라는 것입니다. 이런 것을 자꾸 반복하여 외우고 생각하는 동안에 우리가 그런 것을 할 수 있게 되지 않겠나 생각합니다.

(14)

我旣調伏이니 亦當調伏 一切衆生하리라 하고,

但除其病하고 而不除法하느니라.

爲斷病本하고 而敎導之하나니,

何謂病本이며 謂有攀緣이니 從有攀緣이면 則爲病本이니라.

何所攀緣이뇨. 謂之三界니라.

云何斷攀緣이뇨. 以無所得이니라. 若無所得이면 則無攀緣이니라.

何爲無所得이뇨. 謂離二見이니라.

何謂二見이뇨. 謂內見과 外見이니 是無所得이니라.

文殊師利여, 是爲 有疾菩薩 調伏其心이니

爲斷老病死苦하면 是 菩薩의 菩提니라.

若不如是하면 已所修治가 爲無慧利니라.

譬如 勝怨을 乃可爲勇하나니,

如是 兼除老病死者를 菩薩之謂也니라.

앓고 있는 보살은 어떻게 생각해야 하는가에 대한 유마거사의 이야기
가 계속 이어지고 있습니다.

我旣調伏 亦當調伏一切衆生 나 자신의 고통을 제거하였으니 마땅히
일체 중생의 고통을 제거하리라 하고.

但除其病 而不除法 다만 그 병을 제거하되, 법은 제거하지 않습니다.

爲斷病本 而教導之 또 병의 근원을 끊기 위해서 중생들을 가르치고
이끌어야 합니다.

何謂病本 謂有攀緣 무엇이 병의 근원인가? 반연이 있기 때문입니다.

반연(攀緣)에 대해서는 앞에서도 여러 번 나왔습니다. 대상에 대한 집
착이죠. 산스크리트어로는 adhyālambana입니다.

從有攀緣 則爲病本 반연이 있음으로 해서 병의 근원이 됩니다.

何所攀緣 謂之三界 반연의 대상은 무엇인가? 삼계(三界)입니다.

云何斷攀緣 以無所得 반연은 어떻게 없애는가? 무소득(無所得)으로
써 끊습니다.

若無所得 則無攀緣 무소득이면 무반연이 되는 것입니다.

何爲無所得 謂離二見 그럼 무소득이란 어떻게 하는 것을 말하는가?

잘못된 두 가지 견해를 멀리하는 것입니다.

이견(二見, dṛṣṭidvaya)은 잘못된 두 가지 견해입니다.

何謂二見 謂內見外見 是無所得　잘못된 두 가지 견해란 무엇인가? 내견과 외견입니다. 이 두 가지를 떠나는 것이 무소득입니다.

내견(內見, adhyātmadṛṣṭi)은 안으로 주관을 보는 견해, 외견(外見, bahiradhadṛṣṭi)은 밖으로 대상을 보는 견해입니다. 그러한 두 가지 잘못된 견해로 분별해서 지각하는 바가 없으므로 무소득이라고 하는 것이죠.

文殊師利 是爲有疾菩薩 調伏其心 爲斷老病死苦　문수사리여, 이것을 일컬어 보살이 노(老)·병(病)·사(死)의 고통을 끊기 위하여 그 마음을 조복하는 행위라고 하는 것입니다.

是菩薩菩提　이것이 보살의 깨달음입니다.

若不如是 已所修治 爲無慧利　만약 이렇게 하지 못한다면, 이미 닦고 다스렸다 해도 그것은 지혜로운 일이 못 됩니다.

譬如 勝怨乃可爲勇　비유컨대 원수를 타도하는 것을 용사라 하는 것과 같습니다.

如是 兼除老病死者 菩薩之謂也　그와 같이 노·병·사의 고통을 이기는 자를 보살이라고 하는 것입니다.

(15)

彼有疾菩薩은 應復作是念하라.

如我此病이 非眞非有이듯이, 衆生의 病도 亦非眞非有로다.

作是觀時에 於諸衆生에 若起愛見大悲하면 卽應捨離하라.

所以者何뇨 하니, 菩薩은 斷除客塵煩惱하고 而起大悲하여야 하느니라.

愛見悲者면 則於生死에 有疲厭心이니, 若能離此면 無有疲厭이며,

在在所生에 不爲愛見之所覆也니라.

所生無縛하고 能爲衆生하여 說法하고 解縛하리라.

如佛所說이 若自有縛으로 能解彼縛이 無有是處요,

若自無縛으로 能解彼縛은 斯有是處니라.

是故로 菩薩은 不應起縛이니라.

彼有疾菩薩 應復作是念 앓고 있는 보살은 마땅히 이렇게 생각해야 합니다.

如我此病 非眞非有 衆生病 亦非眞非有 내 병이 진짜로 있는 것이 아니듯이, 중생의 병도 진짜로 있는 것이 아닙니다.

어떻게 생각하라는 이야기냐 하면, 이 세상의 모든 것은 가(假), 인연 따라서 왔다 가는 것으로 생각하라는 거죠.

화엄게송을 쭉 읽어보면, '적멸(寂滅)', '적정(寂靜)'이란 말이 많이 나오는데, 그것이 바로 여래의 참모습이고 열반의 참모습이라는 것입니다. 적정, 적멸, 고요하다는 말과 같은 말이 공이란 말이고, 여여라는 말이고, 그것이 우리가 가야 하는 본래의 그 자리입니다. 귀일심원(歸一心源), 일심의 근원으로 되돌아간다고 하는 것은 적멸로 가야 한다는 것인데, 그곳은 다른 데가 아니라 진(眞)입니다. 진이라고 하는 것은 무슨 물건이 아니고 실체가 있는 것도 아닙니다. 그것도 공이라고 설명할 수밖에 없는 거예요. 반야사상에서는 공이라고 설명하지만, 화엄이나 화엄과 맥락을 같이 하는 유식사상, 여래장사상에서는 전연 아무 것도 없다고는 말하지 않죠. 일심(一心)이라고 하지만, 그렇다고 유(有)는 아닙니다. 진여(眞如)라는 말에는 뭐가 있을 것 같이 느껴지지만, 있는 것이 아니란 말이에요. 있다고 말하면, 세상 사람들은 이 세상의 어떤 것이 있는 것처럼 있다고 착각하니까 그런 겁니다.

이 병이라고 하는 것은 진(眞)도 유(有)도 아니다, 나의 병도, 중생의 병도 또 그렇다고 생각하라. 보살도 육신을 가지고 있는 한에는 아프지만, 이 병은 진짜가 아니라고 생각하라는 거죠. 보살은 굉장히 높은 경지에 가도 부처가 되기 전에는 아직 아픈 데도 있고, 부족한 것도 있고, 실수도 있는 미완성품이라는 거예요. 그렇지만 범부들과는 다릅니다. 보살도 아프고 병원에도 가겠지만, 남들처럼 시시한 병에 걸려 밤낮 앓기만 하는, 제 탓으로 인한 병은 적겠죠.

지금 여기서 하는 이야기는 뭐냐 하면, 본질적으로는 '없는 것'이라는 이야기입니다. '본질적으로 말하면'이라는 것은, 이 세상의 것을 이해하는 데 있어서 세 가지 차원인 진제(眞諦)와 속제(俗諦), 중도제일의제(中道第一義諦) 가운데 진제로 이야기한다는 거죠. 속제로 말하면 있는데, 진제로 말하면 없다는 것입니다.

作是觀時 於諸衆生 若起愛見大悲 卽應捨離 이와 같이 관할 때 중생들에 대해 애견대비(愛見大悲)가 생기면 즉시 없애 버려야 합니다.

'관(觀)'이란 사물을 보는 것인데, 세계관, 인생관, 그런 것이죠. 그러니까 진제의 세계관, 속제의 세계관, 중도제일의제의 세계관이 있습니다. 지금 '이와 같이 관할 때'는 진제로 관한 겁니다. 진제로 관할 때 중생에 대해서 애견대비가 생기면 즉시 마땅히 사리(捨離)하라, 없애 버려라. 지금 유질(有疾)보살은 중생 때문에 아픈 겁니다. '중생이 앓고 있구나. 아, 불쌍하다'는 생각이 애견(愛見)이죠. 애견이라는 것은 애욕에 물든 마음이라고 할 수 있습니다. 대비(大悲)라는 것은 보통 우리가 이야기하는 사랑이라고 할 수도 있는데, 사랑이라는 것은 암만해도 센티멘털한 경우가 있을 수 있죠.

앞에서 다 죽어 가는 개를 보는 무착스님의 이야기를 하면서 상당히 센티멘털한 느낌을 받았습니다. 무착스님이 그런 것이 아닌데, 제가 잘못 표현했는지도 모르죠. 센티멘털한 감정의 차원에서 끌려가는 것입니다. 애정이 그쪽으로 끌려가는 것이 바로 애견인데, 그런 차원에서의 사랑, 그런 것을 여기서 경계하고 있는 것이죠. 센티멘털한 사랑은 언제든지 사고가 난다는 거예요. 참 어려운 이야기인데 짐작은 하실 겁니다. 태어난 그대로 마음만 착한 사람들이 센티멘털한 경우가 많은 것 같아요. 단련 받지 못한 사람들은 대개 센티멘털하기만 합니다. 센티멘털한 것은 어떻게 되느냐 하면, 조금만 도가 지나치면 그냥 번뇌가 폭류(暴流), 아주 거세게 흐르는 물같이 됩니다. 아비달마에서 번뇌 망상을 폭류라고 하잖아요. 일본의 나쓰메 소세키(夏木漱石)라는 소설가가 그랬습니다. '사람의 지(智)를 발동시키면 모가 나고, 정(情)을 발동시키면 떠내려간다.' 자기도 모르는 사이에 폭류에 떠내려간다. 그러니까 지만 믿어도 안 되고, 정에만 매달려도 떠내려간다. 그 사람은 이 『유마경』을 몇 번씩 읽었기 때문에 그런 이야기를 할 수 있었죠.

애견대비가 생기면, 즉 센티멘털한 정이 생기면 떠내려가니, 곧 버려라. 떠내려가지 않고, 또 매정하지 않게 되려면, 이치적으로는 중도제일의제라는 입장에 설 수밖에 없습니다. 조금 멀찍이 있고 깊숙이 매달리지 않게 하려면, 부처님을 너무 미남형으로, 관세음보살을 너무 미인형으로 조각하면 안 되는 거예요. 덤덤해질 수 있게 만들어야겠죠. 서양에서는 십자가에 매달린 예수상과 연애하는 사람들도 있는데, 부처님의 모습도 너무 아름답게 만들어서 마치 대답해 주는 것 같은 착각에 빠지게 하면 안 된다는 말이죠. 애(愛)와 자비의 다른 점이 바로 그런 점일 수도 있습니다.

所以者何 菩薩 斷除客塵煩惱 而起大悲 왜냐하면 보살은 객진번뇌를 끊어버리고 대비의 마음을 일으켜야 하기 때문입니다.

객진번뇌(客塵煩惱), 대상에 끌려 들어가는 마음의 번뇌입니다. 대상이 객(客) 아닙니까? 대상에 대해서 자기가 끌려 들어가고 있단 말이에요. 휘감겨 있단 말입니다. 객진, 거기서 생기는 먼지가 눈에서도 나고, 귀에서도 나고, 무진장 나는데, 그 먼지라는 것이 번뇌거든요. 그런 빨간 먼지, 누런 먼지, 여러 가지 객진번뇌를 끊어 버려라. 그러니까 대상들이 나에게 번뇌망상을 일으키게 하는 것을 끊어 버리고서 대비를 일으키라는 말입니다.

愛見悲者 則於生死 有疲厭心 애견대비를 일으키면 생사에 피곤하고 싫증나는 마음을 내게 됩니다.

그러니까 센티멘털한 사랑의 경우에는 어떤 생각이 나냐 하면, '아, 생사, 이 세상살이가 고단하고 싫증나니, 다른 데 가서 살았으면 좋겠다. 이 세상 버리고 싶다' 이런 생각이 난단 말입니다. 그래 다른 데가 어떤 데냐 하면, 유토피아 같은 데, 천당 같은 데죠. 그런 데 가고 싶은 생각이 나는 거예요. 그러니까 천당을 생각하는 사람들은 이 세상살이에 피염심(疲厭心)을 일으킨 사람들이에요. 이 부분은 내가 힘을 주어 이야기해야 할 것 같은데, 이 세상은 살기 싫고 천당에 빨리 가고 싶으니 '날 데려 가소서' 하는 찬송가가 있잖아요. 교회에서 부르는 찬송가인데, 나는 그 찬송가를 들을 때마다 여기서 좀 잘 살 궁리를 하자는 생각이 듭니다. 다른 사람들과 더불어 여기서 잘 사는 것을 생각해 보자는 말이죠. 다른 곳에 유토피아를 만드는 것은 꿈의 세계이지 사실 그런 게 어디 있노? 중생들이 제 마음은 고치지 않고 거기 가서 똑같은 짓을 하면 여기보다 나을 데가 어디가 있어? 괜한 몽상이죠. 그런 것은 절대로 있을 수 없어요. 사실 혼자서 망상하고 있는 거죠. 천당은 마음으로 만드는 것뿐입니다.

若能離此 無有疲厭 만약 애욕에 물든 사랑의 마음을 버릴 수 있으면, 피곤하고 싫증난다는 생각도 사라질 것입니다.

在在所生 不爲愛見之所覆也 所生無縛 能爲衆生 說法解縛 또 태어나 사는 곳마다 애견의 노예가 되지 않고, 어디서나 자유자재로 중생들을

위해 정법을 설하여 그들을 감정의 결박으로부터 풀어 줄 수 있을 것입니다.

'不爲愛見之所覆(불위애견지소복)'이라는 것은 애견에 의해서 덮어 씌워지는 법이 없다는 뜻이죠. 애견이 덮어씌우면 곤란해요. 한국 사람은 대체로 다 센티멘털하지만, 우리는 그러지 맙시다. 〈아리랑〉도 센티멘털한 노래죠. 한국 사람은 그 동안 그렇게 살았기 때문에 애수와 한이 많은데, 좀더 건강하게 살아야 되겠어요. 그런 것을 좀 이겨내야 한다는 말입니다.

在在所生(재재소생), 지금은 여러분이 여기에 태어났고, 이제 한 시간 후, 또는 두 시간 후면 또 어디 다른 데 가서 태어나고, 그것도 다 태어나는 거죠. 여기저기 가는 곳마다 새롭게 태어나는 것인데, 가는 곳마다 애견이 덮어씌우는 일이 없게끔 된다는 말입니다. 정말 선정이 되어 있는 상태에서는 흥분도 안 하고 아주 가라앉아 축 쳐지지도 않게 되는 겁니다. 요새 아이들이 노래 부르는 것을 보면 전부 다 발광이죠. 그것은 다른 방향의 센티멘털이에요. 센티멘트라는 것이 색·수·상·행·식의 수(受)와 상(想)이거든요. 수와 상의 차원에서 놀아나고 있어요. 식(識)까지도 못 갔죠. 수와 상이 바탕이 된 행동들만 하고 있는 거죠. 감옥에 갖다 와서 같이 안살아 준다고 찔러 죽이고 그런 것도 다 애견입니다.

所生無縛(소생무박), 어디에 가서 태어나든지 그곳에 결박됨이 없이, 能爲衆生(능위중생), 능히 중생들을 위해서, 說法解縛(설법해박), 법을 설하고 결박되어 있는 상태를 풀 것이다. 解縛, 거기서 그때그때 해탈이 이루어지는 겁니다. 부분적인 해탈이긴 하지만 그 해탈이 아주 중요합니다. 장소가 우리를 결박할 수도 있고, 자리나 사람이나 물건이 우리를 결박할 수도 있죠. 그런 것에 결박당하지 않고, 거기에 있는 중생들을 위하여 '그렇게 사는 것이 아니오'라고 법을 설하고, '참 자유를 얻으리라' 이렇게 이야기해도 되겠죠. 불교라는 것의 목표가 자유, 무애자재(無礙自在)입니다.

如佛所說 若自有縛 能解彼縛 無有是處 부처님이 말씀하신 바와 같이, 자신이 결박되어 있는 상태에서 능히 다른 사람의 결박된 상태를 풀어 준다는 것은 있을 수 없는 일입니다.

若自無縛 能解彼縛 斯有是處 자기 스스로 결박을 풀어헤친 사람만이 능히 다른 사람의 결박도 풀어 줄 수 있는 것입니다.

是故 菩薩不應起縛 그러므로 보살은 마땅히 결박을 일으켜서는 안 됩니다.

8. 결박과 해탈

(16)

何謂縛이며 何謂解이뇨.

貪着禪味가 是菩薩의 縛이요, 以方便生이 是菩薩의 解이니라.

又 無方便慧는 縛이요, 有方便慧는 解이며,

無慧方便은 縛이요, 有慧方便은 解이니라.

何謂縛 何謂解 결박이란 무엇이고 해탈이란 무엇인가?

貪着禪味 是菩薩縛 선삼매에 탐착하는 것이 결박입니다.

보살이라는 사람이 선미(禪味)에만 탐착하면, '아유, 나는 세상은 귀찮아. 참선이 제일 좋아. 난 참선만 하고 있으면 세상만사가 그보다 더 좋은 게 없어' 그렇게 되기 쉽죠. 이렇게 방구석에 들어박혀 참선만 하고 있는 사람이 있다면 그것은 보살의 결박인 것입니다.

자기가 보살이라고 자처하는 사람들 가운데 그런 사람들이 많아요.

선도 많이 해야 되지만, 어느 한 쪽만, 선만 해야 되는 줄 안단 말입니다. 그런 것은 문자에 결박되어 사는 사람들이나 마찬가지죠. 선미(禪味), 고요한 것, 조용한 것, 그렇게만 살고 있으면 그것도 결박된 것입니다. 그러니까 이 선을 새롭게 생각해야 됩니다. 노동선(勞動禪), 이렇게 말하면, 노동이라는 말을 노동자의 노동만으로 오해할 수도 있는데, 노동은 모든 일이거든요. 모든 일을 선삼매로 해야 한다는 말입니다. 학자가 참선한다고 아침부터 방석 한 장 깔아 놓고 책상은 저쪽에 밀쳐놓고 밤낮 앉아만 있으면 논문이 거기서 나옵니까? 일이 참선 못지않은 마음의 공부가 되고, 마음을 맑게 하는 것이 되어야 하는 것입니다. 일을 해 보면 알죠. 일을 아주 일사불란하게 하면 그냥 참선이 되는데, 그것은 지적인 노동이나, 몸으로 하는 노동이나 마찬가지입니다.

나는 옛날 불란서에 있을 때 모택동 사상을 많이 연구했어요. 천주교 사람들이 나보고 자꾸 모택동 이야기, 아시아 이야기를 하라고 했는데, 그때는 모택동, 주은래의 세상이었죠. 그래서 모택동선집을 열심히 읽고 이야기를 하면서 뭘 느꼈냐 하면, 그때 중국의 대학교수들은 철학교수건 누구건 간에 일 년에 석 달은 일하고 오라고 시골이나 공장에 보내는데, 잘하는 일이라고 생각했어요. 우리나라도 지금 일꾼이 없다고 하는데, 그런 제도를 만들면 되는 것 아니에요? 아, 교수고, 뭐고 지적인 노동에 종사하는 사람들도 방학 동안에는 이 공장, 저 공장에 갔다 오라고 하는데, 강제가 아니라, 자발적으로 하는 제도를 만들면, 일도 하면서 정말 여러 가지 배우는 것이 많을 거예요. 우리야 옛날부터 일을 하면서 살아온 사람이니까 노동의 가치를 아는데, 요새 젊은이들은 그것을 모른단 말입니다.

불란서에 세뉴라고 하는 유명한 가톨릭 신부이자 학자가 있었는데, 그 사람은 30분 동안 이야기하고 한 시간은 토론을 시켰어요. 그 토론한 내용을 가지고 30분 동안 이야기해 주었는데, 그 사람은 성경 문제를 다 현대와 관련시켜서 이야기했습니다. 강단에서만 이야기하는 것이 아니라 들판에서 공장에서, 또 직업별로 팀을 짜서 이야기를 했습니다. 그 사람이 불란서 노동사제들의 이론 제공자였습니다. 한마디로, '진리라는 것이 어디 성경책에만 있는 줄 아느냐' 하는 생각을 가진 굉장한 분이었습니다. 나는 그 분의 이야기를 들으면서, 『화엄경』에도 있듯이, 진리라는 것이 여기도 있고, 저기도 있고, 도처에 다 있다는 것을 다시한번 느꼈습니다. 그 사람은 『화엄경』도, 불교도 모르는 사람이었지만, 본 것이 많았어요. 지금은 불란서에도 그런 사람이 없지만, 50년대부터 60년대 초에는 그런 사람들이 굉장히 많았습니다.

以方便生 是菩薩解 방편으로 살아가는 것이 보살의 해탈입니다.

방편은 구체적인 것이죠. 살아가는 데 딱 정해진 방편이 있는 것이 아니라, 그때그때 사정에 따라서 방편은 달라질 수 있는 겁니다. 천편일률적인 것이 아니에요. 지혜로운 사람만이 때에 알맞은 방편을 발견할 수 있습니다. 그 방편으로 사는 것이 보살의 해(解)라는 거죠. 지혜가 암만 있으면 뭐해요. 참선을 암만 많이 했으면 뭐해요? 방편을 갖고 그것으로 어떤 구체적인 이익을 주지 못한다면 무슨 소용이냐는 말입니다. 보살의 박(縛)과 보살의 해(解)에 대한 이야기가 계속해서 나오고 있습니다.

又無方便慧解 有方便慧解 또 방편이 없는 지혜는 결박이요, 방편이 있는 지혜는 해탈입니다.

방편으로 구체화되지 못한 지혜는 결박이고, 방편으로 구체화된 지혜는 해탈이라는 말입니다. 가장 기본적인 원칙이죠. 암만 지혜가 있어도 방편이 없으면, 무슨 소용이 있냐는 거예요. 참선을 많이 해서 깨쳤다는 사람이 방편이 없으면, 세상 사람들을 어떻게 가르칠지 방법을 모르죠. 가르친다는 것이 말하는 것 아니겠습니까? 그러니 말 한마디 못 하는 사람들은 '無方便慧(무방편혜)'거든요. 그것은 박(縛)이죠. 그러니까 그 지혜 자체도 의심스럽게 되는 거예요.

그러니까 방편도 있고 지혜도 있는 것이 해탈입니다. 방편이 수반된 지혜라야 진짜 지혜입니다. 그러니까 내 지혜가 어느 정도인가 하는 것을 여러분 각자가 스스로 반성해 보세요. 불교를 배워서 조금 더 지혜로워졌나, 방편이 생겼나, 안 생겼나 하는 것을, 가령 남편이나 아내를 대하고, 아이들을 대할 때 점검해 볼 수 있겠죠.

無慧方便縛 有慧方便解 지혜가 없는 방편은 결박이요, 지혜가 있는 방편은 해탈입니다.

지혜의 뒷받침이 없는 방편은 결박이고, 지혜의 뒷받침을 받는 방편은 해탈이라는 말입니다. 지혜 없이 방편만 있는 사람이 있다고요. 지혜는 쥐뿔도 없으면서 방편만 있는 거예요. 우리 불교계에도 그런 사람들이 많아요. 요새 젊은 사람들 중에는 불교가 뭔지도 모르면서 우리는 민중 속에 들어가서 민중에게 이익을 주어야 한다는 등 방편만 말하고 돌아다니는 사람이 많은데, 부처의 지혜가 아니라 공산주의의 지혜만 빌린 것 같은 경우가 많죠.

9. 지혜와 방편

(17)
何謂 無方便慧縛이뇨.
謂 菩薩이 以愛見心으로 莊嚴佛土하고 成就衆生하여,
於空·無相·無作의 法中에서 而自調伏함을 是名 無方便慧縛이니라.
何謂 有方便慧解뇨.

謂 不以愛見心으로 莊嚴佛土하고 成就衆生하며,

於空·無相·無作의 法中에 以自調伏하되,

而不疲厭함을 是名 有方便慧解니라.

何謂 無慧方便縛이뇨.

謂 菩薩이 住貪欲·瞋恚·邪見等 諸煩惱하고

而植衆德本함을 是名 無慧方便縛이니라.

何謂 有慧方便解뇨.

謂 離諸貪欲·瞋恚·邪見等 諸煩惱하고 而植衆德本하며

廻向 阿耨多羅三藐三菩提함을 是名 有慧方便解니라.

여기서는 무방편혜(無方便慧), 유방편혜(有方便慧)를 네 가지로 따로 설명하고 있습니다.

何謂無方便慧縛 그렇다면 무엇을 일컬어 방편 없는 지혜의 결박이라고 하는가?

謂菩薩以愛見心 莊嚴佛土 成就衆生 於空無相無作法中 而自調伏 是名無方便慧縛 보살이 애견심을 갖고서 부처님 나라를 장엄하고 중생들을 성취시키며, 공(空)과 무상(無常)과 무작(無作)이라는 가르침에 따라 자신을 조복하면, 이것을 방편 없는 지혜의 결박이라고 합니다.

'以愛見心(이애견심)'이라고 했습니다. 애견심을 앞에서는 센티멘털한, 애욕에 물든 마음이라고 했는데, 여기서 애욕이라는 것은 어떤 대상에 대한 것이기는 하지만, 대상의 종류가 조금 달라요. 부처님이라고 하는 대상, 불국토라는 대상, 성불이라는 상태, 그것도 대상이에요. 그것을 꼭 이루어야만 하겠다는 애착이 대단합니다. 자꾸 천당 가겠다는 것도 이런 집착이죠. '부처님 나라', '하, 성불, 성불!' 하고 거기에 자꾸 집착하면서 객관화시키는데, 그러면 안 된다는 겁니다. 어디까지나 부처님은 자기 주관 속에 있는 나와 하나가 되어서 왔다 갔다 하는 자타불이(自他不二)의 관계에 있어야지, 바깥에 있다고 생각하면 안 돼요. 그러니까 이 애견심이라는 것이 그런 부처님에 대한 애욕입니다. 센티멘털한 믿음이에요. 그런 감상적인 믿음을 갖지 말라는 거죠. 그런데 그걸 갖고서 장엄불토(莊嚴佛土)했단 말입니다.

於空無相無作法中(어공무상무작법중), 법이 공이요, 무상이요, 무작이라는 이야기는 여기서 하나의 공식처럼 되풀이해서 말하고 있습니다. 공, 이 법이 다 허깨비 같은 것이라는 거죠. 무상, 상(相)이 있지만 그 상은 어디까지나 가짜입니다. 실상이 없는 거예요. 무작, 법은 인연 따라 생겼다 사라졌다 하는 것이지 인위적으로 만드는 것이 아니에요. 법은 제3자, 작자가 있는 것이 아니에요. 예수교, 혹은 다른 종교에서 이야기하는 것처럼 하나님이 역사를 만드는 것이 아닙니다. 운명이 그걸 만드는 것도 아니에요. 이런 법 중에서, 而自調伏(이자조복), 법의 도리를 알고 스스로 조복한단 말입니다. 그러니까 어떻게 보면 지혜롭기는 하죠. 이런 애견심의 지혜로 불국토도 장엄하고 또 중생들을 성취시켰단 말이에요. 이런 것은 無方便慧縛(무방편혜박), 방편이 없는 지혜의 결박이라고 했습니다. 이것은 소승불교 이야기를 좀 하고 있는 것이죠.

여기서 사실은 모든 것이 공이고, 무상이고, 무작이라고 했으니까, '장엄불토'라고 해도 불국토를 그렇게 화려하게 꾸미지는 않았을지도 몰라요. 그런데 요새 절들은 이 공, 무상, 무작, 그 사실조차 잊어버리고 불국토를 장엄한다면서 그냥 이 빛깔, 저 빛깔, 집만 화려하고 아름답게 하는 경우가 많죠. 그러니까 방편뿐 아니라 지혜 자체도 시원치 않은 거예요.

何謂有方便慧解 무엇을 일컬어 방편 있는 지혜의 해탈이라고 하는가?

謂不以愛見心 莊嚴佛土 成就衆生 於空無相無作法中 以自調伏 而不疲厭 是名有方便慧解　애견심 없이 부처님 나라를 장엄하고 중생을 성취시키며, 공, 무상, 무작이라는 가르침에 따라 자신을 조복하되 조금도 피곤해 하거나 싫증냄이 없으면, 이것을 방편 있는 지혜의 해탈이라고 하는 것입니다.

장엄불토를 애견심으로 하지 않는다고 했습니다. 그런 센티멘털한 생각으로 하지 않아요. 공, 무상, 무작인 줄 알면서 그 속에서 스스로를 조복해도 조금도 피곤한 생각과 싫증을 안 내요. 성취중생, 이것을 그냥 그대로 자기 일로 생각하고, 안 하려고 해도 안 할 수 없는 일이기 때문에 그냥 그대로 해 나갈 때, 이것을 유방편혜해(有方便慧解)라고 했습니다.

何謂無慧方便縛　무엇을 일컬어 지혜 없는 방편의 결박이라고 하는가?

謂菩薩 住貪欲瞋恚邪見等諸煩惱 而植衆德本 是名無慧方便縛　보살이 탐욕과 진에와 사견 등 갖가지 번뇌에 머물면서 공덕의 뿌리를 심는 것을 말합니다.

탐욕(貪欲), 진에(瞋恚), 사견(邪見)은 탐·진·치를 말하죠. 보살이 탐·진·치로 가득 차 있는 주제에 자비를 베푼다, 보시를 한다 하는데, 머무른다는 '住(주)' 자가 있으니까 그 욕심의 정도가 굉장히 심한 겁니다. 그러니까 지혜가 없으면서 방편만 쓰고 있는 것이죠. 가령 양로원과 고아원을 돕는다거나 불교방송, 불교신문, 학교사업 등 사회에 무슨 이익을 준다고 하면서 방편이 되는 일을 하는데 사실은 지혜롭게 하지 못하면 소용없는 거예요. 그것은 박(縛)입니다. 지혜 없이 방편만 쓰면 일을 해도 좋은 결과가 생기는 것이 아니라 나쁜 것만 자꾸 생긴다는 겁니다.

何謂有慧方便解　무엇을 일컬어 지혜 있는 방편의 해탈이라고 하는가?

謂離諸貪欲瞋恚邪見等諸煩惱 而植衆德本 廻向阿耨多羅三藐三菩提 是

名有慧方便解 탐욕과 진에와 사견 등 갖가지 번뇌를 떠나서 공덕의 뿌리를 심고 아뇩다라삼먁삼보리를 얻고자 회향하는 것, 이것을 지혜 있는 방편의 해탈이라고 하는 것입니다.

보살에게는 언제나 서원(誓願)과 회향(廻向), 이 두 가지가 중요합니다. 그러니까 이 말은 결국 보살은 아직 진행 중에 있는 사람, 목표, 이상을 향해서 가고 있는 사람이라는 것을 이야기하는 겁니다. 나는 다 됐다고 하는 사람은 곤란하죠. 우리의 목표는 언제든지 아뇩다라삼먁삼보리입니다. 아뇩다라삼먁삼보리가 되면 일심동체(一心同體)가 되는 것이죠.

(18)
文殊師利여, 彼有疾菩薩은 應如是觀諸法할지니라.
又復 觀身의 無常·苦·空·非我를 是名爲慧니라.
雖身有疾이라도 常在生死하여 饒益一切하고,
而不厭倦함은 是名方便이니라.
又復 觀身하되 身不離病이며 病不離身이요,
是病 是身이 非新非故라 함을 是名爲慧니라.
設身有疾이라도 而不永滅함을 是名方便이니라.

文殊師利 彼有疾菩薩 應如是觀諸法 문수사리여, 병을 앓는 보살은 마땅히 이와 같이 관해야 합니다.

又復觀身 無常苦空非我 是名爲慧 또 이 몸은 무상(無常)하다, 고(苦)다, 공(空)이다, 비아(非我)라고 관해야 합니다. 이렇게 관하는 것을 지혜라 합니다.

雖身有疾 常在生死 饒益一切 而不厭倦 是名方便 비록 육신에 아픈 데가 있을지라도, 항상 생사의 세속에 있으면서 일체 중생에게 이익을 주

며 싫증내지 않는 것, 이것을 방편이라고 합니다.

又復觀身 身不離病 病不離身 是病是身 非新非故 是名爲慧 또 몸을 돌이켜 보건대 몸에서 병이 떠나지 않고 병이 몸을 떠나지 않는 것, 이 병, 이 몸이 새 것도 낡은 것도 아님을 관하는 것, 이것을 지혜라고 합니다.

設身有疾 而不永滅 是名方便 설사 몸에 병이 있더라도 영원히 멸하지 않는 것, 이것을 방편이라고 합니다.

(19)

文殊師利여, 有疾菩薩은 應如是調伏其心하고,

不住其中하되 亦復不住 不調伏心할지니라.

所以者何뇨 하니, 若住不調伏心하면 是愚人法이요.

若住調伏心하면 是聲聞法이기 때문이니라.

是故로 菩薩은 不當住於調伏 不調伏心이니.

文殊師利 有疾菩薩 應如是調伏其心 문수사리여, 병들어 앓고 있는 보살은 마땅히 이와 같이 마음을 조복해야 합니다.

不住其中 亦復不住 不調伏心 그곳에 머물러 있어도 안 되지만, 조복하지 못하는 마음에 머물러서도 안 됩니다.

그러니까 앓고 있는 보살은 병이라고 하는 마음에 머물러 있어도 안 된다는 말이죠. 그 다음이 더 중요합니다.

所以者何 若住不調伏心 是愚人法 왜냐하면 조복하지 못하는 마음에 머무르는 것은 어리석은 자가 하는 짓이고.

若住調伏心 是聲聞法 조복하고 있다는 마음에 머무르는 것은 성문이 하는 짓이기 때문입니다.

여기 '住調伏心(주조복심)', '住不調伏心(주부조복심)'이라고 했는데,

마음이라고 하는 것은 산스크리트어로 citta죠. 그래서 citta-niyama는 마음을 조복한다는 말이고, citta-aniyama는 조복하지 않는다는 말입니다. niyama가 '잡는다', '억제한다'는 뜻의 명사거든요. 그러니까 사나운 말 같은 것을 잘 다스리는 것을 조복이라고 하죠.

또 '愚人法(우인법)', '聲聞法(성문법)'이라고 했는데, 이때의 법은 어리석은 사람들이 하는 짓, 성문들이 하는 짓이라고 하면 좋을 거예요. 여기서 '법'의 산스크리트어 원어는 gocara인 것 같습니다. gocara의 go는 '소', cara는 '행동한다', '움직인다', '산다'는 뜻의 명사죠. 그래서 gocara는 '소의 방목지'라는 뜻이 있고, '경계', '영역'이라는 뜻으로도 사용합니다. 영어로 말하면 domain이라고 할 수 있어요. 한문에서 '법'이라고 했지만, '계(界)'나 '경(境)'으로 번역할 수도 있고, '지(地)'라고 번역할 수도 있습니다.

우인(愚人)은 pṛthagjana일 것 같은데, pṛthak는 '유리된', '별도의', '다른'이라는 뜻이 있습니다. pṛthagjana는 격리돼야 하는 낮은 계급의 사람이라는 뜻입니다. 그런데 불교 경전에서는 흔히 범부(凡夫), 혹은 좋지 않은 마음가짐을 갖고 태어난 사람, 잘못 태어난 사람이란 뜻으로 쓰기도 합니다. 성문(聲聞)은 티베트본을 보면 āryagocara라고 되어 있는데, ārya는 성인이라는 뜻이죠. '소승의 성자'라는 말을 구마라집이 '성문'이라고 옮겼습니다.

是故 菩薩 不當住於調伏 不調伏心 그러므로 보살은 마땅히 조복하는 마음에도, 조복하지 않는 마음에도 머무르지 말아야 합니다.

그래서 어떻게 해야 하느냐 하는 것이 다음 (20)번에 32개의 항으로 설명되어 있습니다.

10. 보살이 해야 하는 일

(20)

① 離此二法이 是菩薩行이며

② 在於生死에 不爲汚行하고 住於涅槃에 不永滅度함이 是菩薩行이며

③ 非凡夫行 非賢聖行이 是菩薩行이며

④ 非垢行 非淨行이 是菩薩行이며

⑤ 雖過魔行이나 而現降衆魔함이 是菩薩行이며

⑥ 求一切智하나 無非時求함이 是菩薩行이며

⑦ 雖觀諸法不生이나 而不入正位함이 是菩薩行이며

⑧ 雖觀十二緣起이나 而入諸邪見이 是菩薩行이며

⑨ 雖攝一切衆生이나 而不愛着이 是菩薩行이며

⑩ 雖樂遠離이나 而不依身心盡이 是菩薩行이며

⑪ 雖行三界이나 而不壞法性이 是菩薩行이며

⑫ 雖行於空이나 而植衆德本이 是菩薩行이며

⑬ 雖行無相이나 而度衆生이 是菩薩行이며

⑭ 雖行無作이나 而現受身이 是菩薩行이며

⑮ 雖行無起이나 而起一切善行이 是菩薩行이며

⑯ 雖行六波羅蜜이나 而遍知 衆生心과 心數法이 是菩薩行이며

⑰ 雖行六通이나 而不盡漏가 是菩薩行이요

⑱ 雖行四無量心이나 而不貪着 生於梵世하니 是菩薩行이며

⑲ 雖行禪定·解脫三昧이나 而不隨禪生함이 是菩薩行이며

⑳ 雖行四念處이나 而不永離 身·受·心·法함이 是菩薩行이며

㉑ 雖行四正勤이나 而不捨身心精進함이 是菩薩行이며

㉒ 雖行四如意足이나 而得自在神通함이 是菩薩行이며

㉓ 雖行五根이나 而分別衆生諸根利鈍함이 是菩薩行이며

㉔ 雖行五力이나 而樂求佛十力함을 是菩薩行이며

㉕ 雖行七覺分이나 而分別佛之智慧함이 是菩薩行이며

㉖ 雖行八聖道이나 而樂行無量佛道함이 是菩薩行이며

㉗ 雖行止觀助道之法이나 而不畢竟墮於寂滅함이 是菩薩行이며

㉘ 雖行諸法不生不滅이나 而以相好莊嚴其身함이 是菩薩行이며

㉙ 雖現聲聞·辟支佛威儀이나 而不捨佛法이 是菩薩行이며

㉚ 雖隨諸法究竟淨相이나 而隨所應하여 爲現其身함이 是菩薩行이며

㉛ 雖觀諸佛國土가 永寂如空이나 而現種種淸淨佛土함이 是菩薩行이며

㉜ 雖得佛道轉于法輪하고 入於涅槃이나 而不捨於菩薩之道함이 是菩
薩行이니라.

說是語時에 文殊師利 所將大衆과 其中八千天子가 皆發阿耨多羅三藐
三菩提心하니라.

보살행에 대한 이야기가 서른두 개의 항으로 열거되어 있습니다. 티
베트본에는 서른네 가지로 되어 있어요. 글말미가 전부 '是菩薩行(시보
살행)'이라는 말로 끝납니다. bodhisattva-gocara, '보살이 해야 하는 일
이다'라는 뜻입니다. 앞에서 pṛthagjana-gocara와 ārya-gocara가 나왔고,
여기 bodhisattva-gocara가 나왔는데, 보살은 어떻게 해야 하느냐 하면
마땅히 조복한 마음에도, 조복하지 못한 마음에도 머무르지 말라고 하
죠. 보살은 어느 한쪽에 치우쳐버리면 안 된다는 말입니다.

① 離此二法 是菩薩行 이 두 가지 법을 떠나는 것이 보살행입니다.

조복한 마음을 가지고 있으면 교만해지니까 거기서 떠나라고 했고,
조복하지 못한 마음을 가지고 있으면 이것이 내 마음이라고 자꾸 그러면
서 바보가 되죠. 그러니까 거기서도 떠나라는 것입니다.

② 在於生死 不爲汚行 住於涅槃 不永滅度 是菩薩行 생사에 있으면서 더러운 행위를 하지 않고, 열반에 머물면서 영원히 멸도(滅度)하지 않는 것, 그것이 보살행입니다.

앞의 것을 다시 한 번 말을 바꾸어서 설명하고 있습니다. 생사에 살면서 汚行(오행), 더러운 행을 하지 않는다. 살지 말라는 것이 아니라, 살면서도 더러운 행을 하지 말라는 겁니다. 열반에 머물러 있으면서도 영원히 멸도하지 않는다. '이제는 다시 되돌아오지 않는다. 나는 이제 이 생사와 담쌓았다' 이러는 것이 영원히 멸도하는 것인데, 그러지 않겠다는 거죠. 그러니까 중도, 중도제일의제를 가르치고 있는 겁니다.

그러니까 생사와 열반을 서로 아주 극단적인 개념으로 생각하면서 '나는 생사는 절대로 싫고 열반만이 좋아' 이러지 말라는 겁니다. 생사를 살지 않으면서 열반을 얻는다는 것은 있을 수 없다는 이야기입니다. 소승불교도들은 생사를 버려야 열반에 간다고 했는데, 대승에서는 생사를 잘 사는 것이 열반이라고 하죠. 중요한 대목입니다. 위에서 나온 ārya, 성인의 경지를 '성문법'이라고 하면서 성인을 비웃고 있죠. 성인? 성인 좋아하네, 그런 성인 필요 없어.

그러니까 이 『유마경』을 환히 알면 세상에서 잘못 믿고 있는 사람들이 이내 눈에 띄죠. 이 사람들이 잘못 생각하고 잘못 믿고 있구나 하는 것을 이내 알 수 있습니다. 교회 다니다 불교에 흥미를 느껴서 왔다가 불교에서 하는 것을 보고 다시 돌아가고 싶은 사람도 있을지 몰라요. 잘 모르는 사람은 철저하게 잘 알아서, 불교에만 머무르라는 이야기가 아니고, 불교를 통해서 올바로 사는 길을 배우라는 겁니다.

③ 非凡夫行 非賢聖行 是菩薩行 범부의 행이 아니면서 현자나 성인의 행위도 아닌 것이 보살행입니다.

같은 이야기를 되풀이하고 있습니다. 범부(凡夫)와 우인(愚人)은 같은 의미이니까, 범부행과 우인법도 같은 이야기죠. 현성행(賢聖行)과 성문법도 같은 겁니다. 티베트본에서는 사실 이 말들이 하나로 되어 있는데, 한문에서 세 가지로 바꾸어 이야기하고 있는 것을 보면, 구마라집이 이것을 번역하면서 굉장히 힘을 주어서 이야기한 것 같아요.

④ 非垢行 非淨行 是菩薩行　때 묻은 행이 아니면서 극단적으로 깨끗한 행도 아닌 것이 보살행입니다.

非淨行(비정행), 극단의 퓨리턴도 아니라는 것입니다.

⑤ 雖過魔行 而現降衆魔 是菩薩行　이미 마구니를 넘어섰지만 여전히 모든 마구니를 항복시키는 모습을 보이는 것이 보살행입니다.

이미 마구니 정도는 다 초월했어요. 마구니는 그 사람에게 이미 적수가 안 됩니다. 그렇지만 마구니와 싸워서 마구니를 항복시키는 모습을 나타낸다는 거죠. 사실 싸울 필요가 없지만, 싸우는 모습을 나타내는 거예요. 석가모니 부처님은 마구니와 맞서야 하는 일조차 없어야 할 것 같은데, 마구니와 맞서는 일이 성도의 마지막 순간에 있었죠. 또 석가모니 부처님을 해치려는 사람이 아예 그 주변에 나타나지 못했어야 당연한데, 빈번히 나타났단 말입니다. 크게 당하지는 않았지만, 데바닷타라는 사람이 큰 바윗돌을 산꼭대기에서 떨어뜨리기도 했다고 하죠. 바윗돌이 부처님 발끝에 와서 멈췄다고는 하지만, 상처를 입는 일이 있었어요.

⑥ 求一切智 無非時求 是菩薩行　일체지를 구하지만 때 아닌 때에 거기에 안주하지 않는 것이 보살행입니다.

일체지(一切智), 모든 것에 걸쳐서 모르는 것 없이 다 알게 되는 부처님의 지혜가 일체지입니다. 산스크리트어로는 sarvajñāna라고 하는데, 한자로는 '살바야(薩婆若)'라고 하기도 했죠. 절에서 '살바야'라고 외우는 것을 종종 들을 수 있습니다.

⑦ 雖觀諸法不生 而不入正位 是菩薩行　제법이 불생(不生)인 것을 관

하기는 하지만, 그 정위(正位)에 들어가지 않는 것이 보살행입니다.

'제법이 불생'이라는 것은 '불생불멸'이라고 보면 됩니다. 제법이 불생불멸인 것을 관하기는 하지만, 그 정위, 영원한 자리에 들어가 버리지 않는다. 불생불멸인 그 자리에 들어가서 생멸을 마다하는 일이 없다는 겁니다. 이 세상에 살면서 세상의 구질구질한 일을 하지 않으려는 것은 안된다는 말이죠.

⑧ **雖觀十二緣起 而入諸邪見 是菩薩行** 십이연기를 관하지만 갖가지 사견을 가진 자들 속에 들어가는 것이 보살행입니다.

'入諸邪見(입제사견)'은 사견 속에 들어간다는 것이 아니라 사견을 가진 사람들 속에 들어간다는 말입니다. 그 사람들과 상종을 안 하는 것이 아니고 그 속에 들어가는 것이죠. 십이연기를 관하면 사견을 가진 사람들 속에는 들어가지 말아야 하느냐, 이것이 조금 문제이긴 하지만, 뭐 연결이 안 될 것은 없어요. 십이연기라는 것이 사실은 불법의 가장 기본이죠. 『화엄경』에서도 '三界虛妄 但一心作 十二因緣 分是一心(삼계허망 단일심작 십이인연 분시일심)이라고 하잖아요. 아비달마라고 하는 부파불교의 철학은 전부 십이연기의 설명인데, 복잡하게 설명한 것이 많아요. 『반야심경』도 이것과 관련이 있고, 유식사상도 관련이 있죠.

탐·진·치를 탐·진·사견이라고도 하죠. 치(癡) 대신에 사견(邪見)이라고 할 수도 있습니다. 치, 어리석다고 하는 것은 사견에 빠진 거예요. 그때 그 사견이라는 것을 보통 어떻게 설명하느냐 하면, 제법이 연기이며, 그 연기의 실상이 공이라는 것을 모르는 것을 사견이라고 한다고 합니다. 거기에서부터 또 무엇이 생기느냐 하면 아견(我見)이 생긴다고 하죠. 상견(常見), 단견(斷見), 뭐 이런 것들도 생깁니다. 그러니까 왜 십이연기를 여기에 갖다 놓았냐 하면, 십이연기를 통해서 모든 것은 인연 따라서 생기는 것이며 실제로는 존재하지 않는다는 것, 즉 공이라는 걸 철저히 알아 유(有)라고 하는 것에도 무(無)라고 하는 것에도 집착하지 말라, 유론에도 무론에도 빠지지 말라는 것입니다. 유론(有論)은 다른 말로 하면 상견, 무론(無論)은 다른 말로 하면 단견입니다. 상견은 언제나 있다는 생각, realism이고, 단견은 아무 것도 없다는 허무주의, nihilism이죠. 이 양쪽에 다 빠지지 않게끔 되는 것이 정견(正見), 올바로 보는 것입니다. 그러니까 십이연기를 쭉 다 외울 수 있다고 해도, 외우기만 하는 사람은 소용이 없고 어떻게 실천하느냐가 문제인 것이죠. 인연의 도리를 잘 알고 무엇보다도 거기에 집착하지 않아서 언제든지 내던지고 갈 수 있을 정도가 되어야 하는 것입니다.

십이연기를 관하여 결국은 공이라는 것을 알면서도, 사견을 가진 자들 속으로 들어가야 보살이라고 합니다. 너만 독야청청하지 말라는 거예요. 들어가라!

⑨ 雖攝一切衆生 而不愛着 是菩薩行 일체 중생을 섭(攝)한다 할지라도 애착하지 않는 것이 보살행입니다.

일체중생과 자기가 전연 남남이 아니라는 생각을 가지고 있습니다. 그러나 애착하지 않습니다.

⑩ 雖樂遠離 而不依身心盡 是菩薩行 멀리 떠나 있기를 좋아하지만, 몸과 마음을 미워하지 않는 것이 보살행입니다.

몸과 마음을 미워하여 盡(진), 사는 것도 다 그만두었으면 좋겠다, 이런 생각을 내지 않는 겁니다. 자칫 잘못하면 이 세상을 자꾸 버리려고만 하죠.

⑪ 雖行三界 而不壞法性 是菩薩行 삼계에서 생활하지만 법성을 깨뜨리지 않는 것이 보살행입니다.

삼계(三界)는 산스크리트어로 traidhātu입니다. trai가 '삼'이고 dhātu가 '계'예요. 법성(法性)은 dharmadhātu입니다. traidhātu에서 생활

하지만, dharmadhātu를 파괴하지 않는 것이 보살행이라고 했습니다. dharmadhātu는 '법성'이라고 번역했지만, '법계'라고도 번역할 수 있습니다. dhātu라고 하는 것이 넓다고 생각하면 '계(界)'가 되고, 아주 essential한 것을 이야기할 때는 '성(性)'이 더 좋습니다. 『법성게』의 '法性圓融無二相(법성원융무이상)', 이렇게 된다구요. 법성, 법의 본질, 그것이 뭐냐 하면 공이거든요.

우리가 『화엄경』을 이야기하면서 넓고 넓은 법계, 거기에 산도 있고, 강도 있고, 별도 있고, 별의별 것이 다 있다고 하지만, 거기서 제일 중요한 것은 허공이죠. 허공을 ākāśa라고 하는데, 영어로는 ether라고 번역하기도 합니다. 화학 하는 사람들 이야기로는 ether라는 것이 가장 기본이라고 하더군요. 그 속에서 모든 것들이 생긴다고 해요. 『대승기신론소』에 나오는 '대승의 노래'에도 있듯이, 광활한 우주가 우리 콧구멍으로, 우리 땀구멍으로 슬슬 다 들어가잖아요. 들어갔다 나왔다 마음대로 하죠. 이 우주가 우리 몸 속에 들어갔다 나왔다 합니다. 참 굉장해요.

⑫ 雖行於空 而植衆德本 是菩薩行 공도리를 따라 수행하지만 갖가지 공덕의 뿌리를 심는 것이 보살행입니다.

'공인데 뭐 때문에 이 갖가지 지상의 공덕은 닦아?' 그럴지 모르지만, 천만의 말씀입니다. 가지가지 공덕의 뿌리를 심는 것이 보살행이라는 겁니다. 왜냐하면 그것이 법성이기 때문에, 하지 않으면 안 되게 되어 있는 법성이기 때문에 해야 한단 말입니다.

⑬ 雖行無相 而度衆生 是菩薩行 무상의 도리를 알고 따르지만 중생 제도를 하는 것이 보살행입니다.

⑭ 雖行無作 而現受身 是菩薩行 무작의 도리를 알고 따르지만 기꺼이 삶의 길을 가는 것이 보살행입니다.

⑮ 雖行無起 而起一切善行 是菩薩行 생기(生起)함이 없다는 것을 알

고 따르지만 모든 선한 행위를 하면서 사는 것이 보살행입니다.

무상(無相), 무작(無作), 무기(無起), 다 전에 나왔던 이야기입니다. 산스크리트어로는 animitta, apraṇihita, anabhisaṃskāra라는 말들입니다. 이 세상의 실상, 법성 자체를 이야기하는 거죠. 법성 자체는 무상, 무작, 무기예요. 법성이 무상이라는 이야기는 실상이 공하니까 그렇죠. 무작이라는 것도 역시 마찬가지인데 인위적으로 하는 것이 아니고, 무기도 또한 그런 것입니다.

무상의 도리를 알고 따르지만 중생제도를 하는 것이 보살행이다. 무상이면 중생이라는 상(相), 중생상도 없을 것 아니냐, 그러면 중생도 없는데 뭘 제도한다는 것이냐, 그럴 수도 있지만 그것은 잘못된 생각이죠. 무상이라는 것은 진제(眞諦)로 말하면 무상입니다. 그러나 속제(俗諦)로 말하면 중생이 있지 않습니까? 중생도, 보살도, 불도 있지 않습니까? 그러니까 이 공(空)을 알고 가(假)를 살아가는, 중도(中道)로 사는 것이 보살행이죠.

무작도 역시 공의 세계 이야기인데, '現受身(현수신)'이 보살행이라고 했습니다. '受身'이라는 말은 무슨 말이냐? 몸이라는 것이 없다면서, 몸은 허깨비 같은 거야, 물거품과 같은 거야, 파초 잎사귀 같은 거야, 그런 이야기들을 많이 하죠. 사실 이 생멸의 세계에서는 비록 허깨비 같은 것이지만, 가(假)로서, 임시방편으로서는 몸을 받아 나타내면서 보살행을 하는 거거든요. 現受身, 여러 가지 생의 과정, '이 생에서 저 생으로'라고 하는, 생을 받는 모습을 나타내는 것이다. 진제로 말하면 무작이지만, 속제로 말하면 인간의 유한한 일생이 있는 것이다. 受身, 다른 몸을 받기도 한다는 것이죠.

⑯ 雖行六波羅蜜 而遍知衆生心 心數法 是菩薩行 육바라밀다를 행하지만, 두루 중생의 마음과 마음 때문에 생긴 법들을 다 아는 것이 보살행

입니다.

心數法(심수법), '마음 때문에 생긴 법들'이라고 했는데, 이것은 실천이라고 해도 됩니다. caitasikadharma라는 말인데, 마음의 행위라고 해도 돼요. 상대를 생각하지 않고 육바라밀다를 혼자 할 수도 있겠죠. 그러나 보살은 중생의 마음과 마음 때문에 생긴 법들을 모르는 것 없이 다 아는 것입니다.

⑰ 雖行六通 而不盡漏 是菩薩行　육신통을 발휘하지만 무루(無漏)가 되지 않는 것이 보살행입니다.

'六通(육통)'은 육신통이죠. '不盡漏(부진루)', 진루하지 않아요. 누(漏)를 다 말려버린다는 이야기인데, '무루'라고 해도 됩니다. '누'라고 하는 것은 āsrava예요. 새는 것, 실수하고 잘못하는 것이라고 할 수 있고, impurity라고 번역해서 깨끗하지 않은 것, 부정한 것이라고도 할 수 있습니다. 不盡漏, 전연 실수가 없다고 하는 것은 보살이 아니라는 거예요. 원만하기만 한 사람은 보살이 못 돼요. 누구한테나 실수하지 않는, 모두에게 다 좋기만 한 사람은 아무 일도 못 한다고요. 보살은 화낼 때는 화도 내고 야단칠 때는 야단도 치고 그럴 수 있어야 일을 하죠.

⑱ 雖行四無量心 而不貪着生於梵世 是菩薩行　사무량심을 행하지만, 범천세계에 태어나는 것을 탐착하지 않는 것이 보살행입니다.

사무량심은 앞에서도 여러 번 나왔는데, 자(慈)·비(悲)·희(喜)·사(捨)입니다. 소승불교에서는 범천에 태어나기 위해서 사무량심을 행한다고 설명했던 적이 있어요. 그러나 여기서는 범천에 가서 태어나겠다는 따위는 생각도 하지 말란 말입니다. 그보다 '여기서'가 더 중요하단 말이죠.

⑲ 雖行禪定解脫三昧 而不隨禪生 是菩薩行　선정과 해탈삼매를 행한다고 하지만 그 선미(禪味)에 탐닉하지 않는 것이 보살행입니다.

不隨禪生(불수선생), 선을 따라서 생하지 않는 것. 그러니까 선삼매로 얻어진 힘도 일종의 좋은 의미의 습기(習氣)이지만, 그런 습기를 따라서, 습기에 의해 영향 받는 생활을 하지 않는다는 이야기죠. 선정, 해탈삼매, 이런 데 들어가 참선 좀 했다는 사람을 보면, 공연히 웃어야 할 때도 웃지 않고, 의자에 앉아서도 재려고만 하고 이상한 티를 내는데, 그렇게 하지 않는다는 것이죠.

⑳ 雖行四念處 而不永離身受心法 是菩薩行 사념처라는 것을 알고 정진하지만 몸과 감각기능과 의식작용과 법을 영원히 떠나지 않는 것이 보살행입니다.

사념처(四念處)는 신(身)·수(受)·심(心)·법(法)에 대한 이야기죠. 신, 몸은 더럽다고 생각해라. 수, 감각은 괴롭다고 생각해라. 심, 마음은 못 믿을 거라고 생각해라. 법은 없다고 생각해라. 이렇게 염(念)하는 대상으로서 네 가지 신·수·심·법이 있는데, 그것을 다 나쁘다고 생각한 거거든요. 그러다 보니까 '에이, 그런 것 다 버려라. 일찌감치 떠나라'는 결론을 내리기 쉽단 말이죠. 그래서 영리(永離)하지 않는 것, 영영 떠나지 않는 것이 보살행이라는 겁니다.

㉑ 雖行四正勤 而不捨身心精進 是菩薩行 사정근에 힘쓰되 몸과 마음을 버리지 않고 정진하는 것이 보살행입니다.

사정근(四正勤)이라는 것은 선한 것 두 가지, 악한 것 두 가지로, 이미 저지른 악은 다시는 저지르지 않고, 아직 행하지 않은 악은 절대로 하지 않겠다는 다짐과, 이미 행한 선은 더욱더 행하고, 아직 하지 않은 선한 일이 있으면 다 하겠다는 것입니다. 그러면서도 '不捨身心精進(불사신심정진)'한다는 것이죠. '不捨'라는 말 대신에 다른 말이 들어갔더라도 좋았겠는데, 어쨌든 이 이야기는 선법(善法)과 불선법(不善法)을 구별하지 말고 신심정진하라는 거예요. 그러니까 선법은 더 하겠다, 불선법은 안 하겠다 하면서, 선법은 좋은 것, 불선법은 나쁜'것, 이렇게 구분만

하고 있으면, 아무리 선법이라 해도 선법이 아니게끔 된다는 말입니다. 이런 구별 없이 정진하는 것이 보살행이라는 겁니다.

㉒ 雖行四如意足 而得自在神通 是菩薩行 사여의족을 행하지만 자재 신통함을 얻는 것이 보살행입니다.

사여의족(四如意足)은 사신족(四神足)이라고도 합니다. 산스크리트 어로는 ṛddhipāda라고 하는데, 선을 성취하기 위해서 필요한 덕목입니다. 사여의족은 선을 얻기 위해서 부지런히 의욕적으로 열심히 노력하는 건데, 의욕적으로만 하다 보면 거기에 마음이 쏠려서 자연스럽지 못하게 된단 말입니다. '得自在(득자재)'는 '저절로', anābhoga라는 말인데, '무 공용(無功用)'이라고도 해요. 그러니까 애써서 하는 것이 아니라, 많이 하다가 보면 저절로 그렇게 하게끔 되는 겁니다.

여기 쭉 열거된 사념처, 사정근, 사여의족, 이것들은 다 『아함경』에서 이야기하는 법, 소승법인데, 여기서는 해석이 달라지고 있어요.

㉓ 雖行五根 而分別衆生 諸根利鈍 是菩薩行 오근을 쓰되 중생의 제근 (諸根)이 총명한지 둔한지를 분별하는 것이 보살행입니다.

오근(五根)은 신(信)·정진(精進)·염(念)·정(定)·혜(慧)입니다. 오 근을 행한다는 것은 오근을 잘 가꾼다는 말이죠. 그렇지만 중생의 근기 에 이근(利根)이 있고 둔근(鈍根)이 있는 것을 분별은 할 줄 알아야 한다 는 말입니다. 누구에게나 다 오근이 있다고 무조건 차별하지 말라는 이 야기는 아니란 말이에요.

㉔ 雖行五力 而樂求佛十力 是菩薩行 오력을 행하되 부처님의 십력을 갖추고자 하는 것이 보살행입니다.

㉕ 雖行七覺分 而分別佛之智慧 是菩薩行 칠각분을 익히되 부처님의 지혜를 분별하는 것이 보살행입니다.

칠각분(七覺分)이란 칠각지(七覺支)라고도 하는데, 보리를 얻는 데 필요한 택법(擇法), 정진(精進), 희(喜), 경안(輕安), 사(捨), 정(定), 염(念)의 일곱 가지입니다. 그런데 이 칠각분이라는 것은 아직도 부처님의 지혜가 아니라, 성문, 연각의 지혜거든요. 그러니까 그 정도 지혜 가지고는 안 된다는 겁니다.

㉖ 雖行八聖道 而樂行無量佛道 是菩薩行 팔성도를 행하되 무량한 불도를 즐겨 가는 것이 보살행입니다.

'八聖道(팔성도)'는 팔정도와 마찬가지예요. 그러니까 여기서도 팔정도만 가지고는 안 된다는 것이죠. 팔정도도 확대해석해야죠. 무량한 불도로 해석해 나가야 한다는 겁니다.

㉗ 雖行止觀助道之法 而不畢竟墮於寂滅 是菩薩行 도를 돕는 법인 지관을 행하되 결코 적멸에 떨어지지 않는 것이 보살행입니다.

'止觀助道之法(지관조도지법).' 산스크리트어로 지(止)는 śamatha이고, 관(觀)은 vipaśyana죠. 이것은 선(禪) 하는 구체적인 방법이거든요. vipaśyana를 팔리어식으로 읽으면 위파사나가 되죠. 엊그제 누구 이야기를 들으니까, 어떤 은행원이 스리랑카에 가서 위파사나를 배워 왔대요. 그래서 머리 깎고 승려노릇을 하고 있답니다. 그런데 그것만 해서는 안 되죠. 왜냐하면 잘못하면 적멸에 떨어집니다. 그것으로 끝이다 하는 상태에 떨어지고 마는 경우가 있는 겁니다. 일어날 줄을 모르는 거예요. 그냥 앉은 상태에서 이 세상일은 생각하지도 않는 그런 것은 안 된다는 말입니다. 여기서는 śamatha와 vipaśyana를 '助道之法'이라고 하고 있어요. 그러니까 지관이 근본이 되는 것은 아니라는 말입니다.

㉘ 雖行諸法不生不滅 而以相好莊嚴其身 是菩薩行 제법은 불생불멸임을 알고 따르지만 그 몸을 상호로써 장엄하는 것이 보살행입니다.

물론 어떻게 장엄하느냐가 문제겠죠.

㉙ 雖現聲聞辟支佛威儀 而不捨佛法 是菩薩行 성문과 벽지불의 위의

를 나타내지만 불법을 버리지 않는 것이 보살행입니다.

㉚ 雖隨諸法究竟淨相 而隨所應 爲現其身 是菩薩行　제법의 궁극적인 청정한 모습을 따르지만, 인연에 따라 그 몸을 나타내는 것이 보살행입니다.

제법의 究竟淨相(구경정상), 궁극적인 청정한 모습은 공한 상인데, 그 상을 따라가긴 하지마는, 중생의 바람을 따라서 그 몸을 나타내 보인다는 것입니다. 그러니까 집안에서 살면서 남편 노릇은 안 하고, 스님 노릇만 한다면 그것도 곤란한 거죠.

㉛ 雖觀諸佛國土永寂如空 而現種種淸淨佛土 是菩薩行　모든 부처님의 나라가 영원히 공적(空寂)하다는 것을 관하면서도 갖가지 청정한 부처님 나라를 나타내 보이는 것이 보살행입니다.

㉜ 雖得佛道 轉于法輪 入於涅槃 而不捨於菩薩之道 是菩薩行　불도를 얻고 법륜을 굴리고 열반에 들었다 할지라도 보살의 길을 버리지 않는 것이 보살행입니다.

여기서 유마거사의 이야기가 끝났습니다.

說是語時 文殊師利所將大衆 其中八千天子 皆發阿耨多羅三藐三菩提心 이렇게 설했을 때 문수사리가 이끌고 온 대중들, 그 가운데 팔천 명의 천자가 다 아뇩다라삼먁삼보리심을 발했다.

부사의품 不思議品 第六

1. 구법

(1)

尒時에 舍利弗이 見此室中 無有牀座하고 作是念하니,

'斯諸菩薩 大弟子衆이 當於何坐하리오' 하니라.

長者 維摩詰이 知其意하고 語舍利弗言하되,

"云何 仁者 爲法 來耶아, 求牀座耶아" 하니,

舍利弗이 言하되, "我爲法來요, 非爲牀座로다" 하니라.

尒時 舍利弗 見此室中 無有牀座 作是念 그때 사리불이 유마거사의 방 안에 상좌(牀座)가 없는 것을 보고, 이런 생각을 했다.

상좌는 앉는 것을 말하는데, 걸상이었는지 방석이었는지는 모르겠어요. 인도 사람들은 걸상 말고 방바닥에 천을 깔고 앉기도 합니다. 여기서는 중국식으로 생각해서 걸상이라는 '상(牀)' 자가 나온 것 같아요.

斯諸菩薩 大弟子衆 當於何坐 이 많은 보살들과 대제자의 무리들이 어디에 앉아야 한단 말인가?

이렇게 사리불이 좀 근심어린 생각으로 두리번거렸나 보죠.

長者維摩詰知其意 語舍利弗言 장자 유마힐이 사리불의 마음을 알아차리고 그에게 말했다.

云何仁者爲法來耶 求牀座耶 그대는 법 때문에 왔소, 앉을 자리 때문에 왔소?

舍利弗言 我爲法來 非爲牀座 사리불이 말했다. 내가 온 것은 법 때문이지 자리 때문이 아닙니다.

(2)

維摩詰이 言하되, "唯, 舍利弗이여,
夫求法者는 不貪軀命할지니, 何況牀座이리오.
夫求法者는 非有色·受·想·行·識·之求할지며,
非有界入之求할지며, 非有欲·色·無色之求할지니라."

이 부분에서 하는 이야기는 『반야심경』과 그대로 통하는 이야기입니다.

維摩詰言 유마힐이 말했다.

唯 舍利弗 夫求法者 不貪軀命 何況牀座 아, 좋습니다. 사리불이여. 법을 구하는 사람은 목숨도 아끼지 말아야지요. 하물며 앉을 자리 따위에 마음을 두어서야 되겠습니까?

이렇게 한마디 하고, 그 다음에 중요한 설법을 합니다.

夫求法者 非有色受想行識之求 법을 구하는 사람은 색·수·상·행·식을 구하지 않아야 합니다.

'求法(구법)'이라고 하는 것은 구도(求道)라고 해도 좋고, 수도(修道)라고 해도 좋고, 진리 탐구라고 해도 좋은데, 수도를 한다고 하면서 색·수·상·행·식에 대해서 욕심을 내고 집착한다는 것은 있을 수 없는 일이라는 것입니다. 부처님은 색·수·상·행·식에 대해서 애착을 갖지 말라는 이야기를 많이 했습니다. 『반야심경』에도 '照見五蘊皆空(조견오온개공)'이라는 말이 있는데, 오온이 다 허깨비 같다고 하는 것을 환히 비추어 본다는 말이죠. 환히 비추어보고 나니까 온갖 종류의 고통과 재난, 그런 것들이 다 사라져 버렸다는 겁니다.

색·수·상·행·식, 이 다섯 가지를 오온(五蘊)이라고 하죠. 인간이라고 하는 것이 보통 이 다섯 가지로 되어 있다고 합니다. 색(色)이 있다는 것은 인간에게 육신이 있다는 말이에요. 수(受)라는 것은 그 육신에 매달려 있는 안·이·비·설·신·의(眼耳鼻舌身意) 같은 것들이 감각작용을 하는 것을 말합니다. 감각이라는 것은, 눈이 있어서 자꾸 보고, 귀는 들으려고 하고, 코는 좋은 냄새만 맡으려고 하는 것입니다. 그래서 여러 가지 것들이 발명되고 제조되고 판매되어 그것으로 돈 번 사람들이 많죠. 옷도 보기 좋은 옷을 자꾸 만들어서 자극하면 안 사겠습니까? 패션쇼 하는 것을 생각해 보면, 모델을 될 수 있는 대로 매력적으로 보이게끔 해서 보는 사람을 착각하게 하죠. 모델처럼 잘 생기지도, 매력적이지도 않은데, 나도 저것을 입으면 이쁘게 보이겠지 하는 생각에 사게 됩니다. 그것은 뭐 남자도 비슷해요. 남자들도 그렇게 속는 수가 많죠. 자꾸 전시하고, 세일하고, 뭐하고, 이런 것에 말려 들어가는 사람들은 눈에 자꾸 그런 것만 보이고, 또 어디서 막 요란스럽게 싸다고 하면 귀가 자꾸 그리로 가게 되죠. 또 거기 가면 먹게도 되고, 냄새 맡고, 그런 식으로 수를 일으키는 겁니다. 신(身)이라는 것은 아주 부드러운 촉각을 좋아하는 놈으로, 입술도 그런 것이죠.

수(受) 좋아하지 말라는 거예요. 색(色) 자체는 탓할 게 없어요. 그런데 그 색을 탓하지 않을 수도 없는 것이 색이라는 놈치고 수를 안 하는 놈이 없고, 색이 수·상·행·식의 바탕이 되거든요. 색이란 놈은 잘 쓰면 좋은 것이고, 잘못 쓰면 아주 고약하게 되는 겁니다. 그래 색은 지금 덤으로 이렇게 들어왔는데, 색이라는 것은 어차피 없어지게 마련이에요. 그러니까 색도 너무 좋아하지 말라는 거죠. 색은 어차피 없어지고 마는 거니까, 쓸 만할 때 건강하게 잘 써야 한다는 의미입니다.

또 색, 몸뚱어리에서 상·행·식이 생기는데, 이것들은 머리와 관계가 많아요. 수까지는 눈, 귀, 코, 혀 등 주로 감각적이고 말초적인 신경들이지만, 상(想)은 머리가, 뇌수가 상상하는 것이죠. 상상을 잘못하면, 망상하고, 공상하고, 멍하니 어디 쳐다보고, 환상을 보고, 꿈만 꾸고 그렇게 되죠. 그래 이런 것도 안 되겠으니, 상에 집착하지 말라고 하는 겁니다.

행(行)이란, 먹는 것, 입는 것 등 몸이 하는 모든 것이 전부 다 행입니다. 조용히 쉴 때는 쉬기도 하고, 가만히 있기도 해야 하는데, 몸을 자꾸 움직이면서 공연히 소란스럽게 왔다 갔다 하는 행을 삼가라는 것이죠. 행도 잘하면 괜찮은데, 서양의 수도사들은 여덟 시간 노동하고, 여덟 시간은 잠자고, 여덟 시간은 기도하면서 스물 네 시간을 보냈습니다. 참 괜찮은 방법인 것 같아요. 그런데 이 몸뚱어리를 그냥 활동만 시키면서, 잠도 안 자고 혹사시키면 그것도 문제죠. 물론 잠만 자도 문제지만. 이 행이라는 것은 정신적인 행동도 행입니다. 이 궁리 저 궁리하는 것도 전부 행이에요. 뭐 계획하고 조직하고, 그러는 것도 다 행입니다. 쉴 때는 쉬는 것이 행에 집착하지 말라는 것과 관계가 있다고 생각합니다.

식(識)은 지적인 작용인데, 행과 식이 뒤섞여서 이루어지기도 하겠지만, 이것은 공부께나 한 사람들의 지적인 작용을 말합니다. 이것도 너무 많이 작용시켜서는 안 되는 거죠.

그런 색·수·상·행·식이라는 것이 인간이면 다 있습니다. 아직도 미개한 생활을 하는 아프리카의 원주민들은 공부를 좀 덜했다 뿐이지 색이야 물론 있고 또 더 건강해요. 수(受)도 있죠. 상(想), 상상력은 오히려 더 풍부할지도 모르지만, 그 사람들은 아마 식은 좀 부족할 거예요. 어떤 면에서 행은 굉장히 활발합니다. 이렇게 인간에게는 정도의 차이는 있지만 색·수·상·행·식이 다 있습니다. 그런데 개나 돼지에게는 색·수·상·행·식이 다 있지는 않죠. 상·행·식이 없거나 부족해요.

불교를 처음 배우는 사람들에게는 이 이야기를 하는 데 시간이 많이 걸립니다. 어제도 칠십 평생 불교를 모르고 산 사람들에게 『반야심경』을 강의하면서, 이 색·수·상·행·식을 설명하는 데 두 시간 중에 절반을 소비했습니다. 알아들었는지, 못 알아들었는지 모르겠는데, 그래도 이야기 해야만 할 것 같아서 이야기했습니다. 그런데 색·수·상·행·식은 공부를 하면 할수록 점차 색-수-상-행-식의 순서로 더 많이 갖추어져요. 능력이 많아지는 거죠. 그런데 이것만 가지고는 안 되는 거예요. 이것이 아무리 많아도 식(識)에 불과합니다. 식이 여기서는 제일 중요하지만, 식이라는 것도 혜(慧)와 비교하면 아무 것도 아니죠. 그러니까 식이라는 것만 가지고는 안 된다고요. 식과 혜는 질적으로 다르단 말입니다. 지혜로워져야죠. 비슷한 것 같지만, 식과 혜는 다릅니다. 아무리 아는 것이 많아도 그것이 자기의 피가 되고 살이 되어, 마음대로 응용을 해서 그때그때 이 현실 생활 속에서 슬기롭게 잘 적용해서 쓸 수 있게 되어야 하는 것이죠.

그러니까 지혜라는 것은 어떤 어려운 고비든지 다 견딜 수 있어야 하는 겁니다. 시련은 달콤한 시련도 있고 아주 무서운 시련도 있어요. 그런 시련이 왔을 때, 달콤한 것은 좋고, 힘든 것은 싫다, 이 정도로 생각하는 것은 식의 차원에 머물러 있는 거죠. 달콤한 것은 달콤한 대로 조심하고, 힘든 것은 힘든 대로 까딱없이 대처해서 이겨나갈 만한 마음가짐, 그것이 지혜입니다. 배짱도 없이 그저 겁만 집어먹고 불안과 공포에 떨면, 그것은 지혜로운 것이 아니에요. 언제든지 까딱없게끔 되는 것이 중요한 것이죠. '불안 공포가 다 뭐냐? 나는 공포가 없다.' 어제 강의 들은 분 중에 유달영 선생이 『반야심경』을 다 듣고 나서, 『반야심경』이라는 것이 결국은 대자유인이 되라는 거라는 것을 알았다고 하시대요. 어떻게 반가운지 얼싸안고 싶었어요. 그 양반, 80노인인데도 몰랐던 것은 누구한테든지 배우려는 마음가짐으로 정말 열심히 『반야심경』을 들었습니다.

요새 서양철학 한다는 사람들을 보면 새파란 사람들이 뭘 제대로 모르는 경우를 많이 보게 됩니다. 서양철학에 대한 조금의 지식만 있지, 기본적인 인격도 갖추지 못한 것을 자주 보게 돼요. 쉽게 싸우고 화내고 시기하고 질투하고, 나쁜 짓은 다하고, 그러고도 철학자라고 하고, 또 종교를 믿는다고 하는데, 그것이 무슨 소용이 있어요? 내가 그랬습니다. '아, 참 당신들은 철학을 무엇 때문에 하는 건지 모르는 사람들이야. 예수님이나 부처님 같이는 못 되더라도 이상을 바라고 가면서 겸손하게 노력할 줄은 알아야 되잖아?' 그런데 그들에게 어디에 이상이 있어요? 그들은 예수도 이상이 아니면서 불교 같은 것에 뭐가 있냐고 하는데 참 죽겠단 말이에요. 그 무식쟁이들이 유식한 척하는 것을 보고 있자니 참 죽을 지경입니다. 어떻게든지 그 사람들을 가르쳐 깨닫게 해야 하는데……

지금도 틀려먹은 것이, 평화의 문제, 통일의 문제, 생명의 문제를 이야기해 보자고 다른 종교들을 다 모아다 놓고는 정작 주최하는 사람들 자신은 지혜롭지 못한 경우를 보게 됩니다. 이 사람 저 사람, 뭐 이름 있는 사람들만 끌어다가 거창한 장소에서 개최만 하면 무슨 해결방안이 나오는 줄 알고들 있는데, 웃기는 일이죠. 거기에 우리 큰스님들도 동원되고 있는 것을 보면, 그 큰스님들을 희화(戱畫)로 만들어 놓으려고 하는 거예요. 저희들은 젊은 사람들이 나오면서 서암스님을 안 끄집어내나, 관응스님을 안 끄집어내나? 무슨 대화가 중요한 것이 아니라 자기네들 스스로 겸손하게 공부하면 되는데 그런 걸 모른단 말입니다. 그것도 모르고 뭐 도를 구한다고 하는데, 참 우스워요. 그 사람들은 사리불도 못 되니까 유마거사의 방에 오지도 않죠. 유마거사의 방에 와서 어디 앉을까 하는 생각도 못 합니다. 그러니까 아예 상대도 안 되지만.

자, 지금은 사리불에게 유마거사가 하는 이야기입니다. '자네는 어디 앉을까 그 궁리부터 하고 있나?' 그렇게 일침을 놓았습니다. 그러니까 이렇게 좀 듣기 싫은 소리 해도 상관없는 거예요. '사리불이여, 당신 법을 구하러 왔소? 앉을 자리를 찾으러 왔소?' 탁 한마디 했다구요. 법을 구하는 사람은 신명을 아끼지 않는다는 이야기가 있었습니다. 법을 구하는 사람은 스승을 만났을 경우에 자기 의사를 내지 않아요. 스승이 하라는 대로 목숨을 바치라면 목숨도 바칩니다. 이런 태도가 법을 구하는 사람의 태도라는 거예요. 법을 구하는 사람은 자기 목숨도 탐하여 채우지 않는 법인데, 어디에 앉을까 하며 앉을 자리를 탐내?

그런 이야기를 턱 해 놓고서, 색·수·상·행·식이라는 아직도 얕은 차원의 생각을 갖고서 법을 구하겠다고 하면 안 된다는 말을 합니다. 네 의식 수준부터 바꿔야 돼. 옛날 스승들은 얼마나 엄하게 했습니까? 요새는 그게 안 통하죠. '나무 해 와!' 하면, 잔소리 없이 나무 하러 갔습니다. '부엌에서 불 때!' 그러면 불 땠단 말입니다. 요새 사람들은 될 수 있는 대로 그런 훈련에서 빠지려고 하죠.

석가모니 전생의 이야기를 들어보면, 부처님은 옛날에 못된 스승, 우리가 볼 때는 '야, 이런 스승이 다 있나' 싶을 정도로 못된 스승을 많이 만났습니다. 가령 보시를 가르쳐 준다고 하면서, '저기 말이야, 다 죽어가는 사람이 있는데, 뼈 속에 있는 골수를 빼서 먹이면 낫는다는데?' 하고 떡 한마디 하거든요. 그럼 대답이 어떻게 나오느냐 하면, 다 주죠. 저는 죽더라도 그것을 줍니다. 그래야 되거든요. 저기 눈 못 보는 사람에게는 제 눈을 빼서 줍니다. 저야 죽더라도 불교의 이타정신이라는 게 거기까지 간다구요.

또 마누라와 어린아이를 사랑하는 왕자에게 제석천이 바라문 모습을 하고 나타나서 뭐라고 하냐 하면, '자네가 보살수행을 한다는데 보시를 해야 될 것 아냐? 기왕에 보시를 하려면 가장 애지중지하는 것도 다 아낌없이 줘야 한다는데, 내가 나이가 먹어서 누구 시중들어 줄 사람이 필요하거든. 자네 애들을 데려다가 일을 좀 시켰으면 하는데 어떻겠나?' 합니다. 그러니까 주어버려요. 그 경전을 읽으면서 그런 생각을 했습니다. 아, 도대체 '내 애지중지하는 아들을 어떻게 드립니까?' 그 말 한마디도 안 나와? 좀 한마디라도 하고서 줬으면 좋겠는데, '아, 그래요?' 하고 아들을 주어 버리니 오해를 하겠더군요. 눈물을 흘리면서 내가 애지중지하는 아들이지만, 부처님께서 모든 것을 다 주라고 했으니 줘야지 하고 준다구요. 그런데 바라문의 모습을 한 제석천이 또 와요. 뭐라고 하느냐하면, '자네 사랑하는 부인을 일하는 사람으로 좀 줄 수 없겠나?' 그래요. 정말 가슴이 찢겨지는 것 같은 심정으로 굉장히 고민을 하면서도 합장을 하고 참으면서 '데리고 가십시오' 하고 준다구요. 그러자 세상이 요란하게 바뀌면서 '알았다, 알았다. 네가 그렇게 까지 순수한 보시의 정신을 가지고 있다는 것을 분명히 보았다. 이것은 순전히 너를 시험해보기 위해서 했던 거다' 하면서 아들과 마누라, 빼앗았던 모든 재산들을 몇 곱으로 보답해서 돌려줍니다. 그러나 이 마지막 순간이 올 때까지는 너무 비정하구나 하는 생각이 들었어요.

반야바라밀다라는 것이 그런 겁니다. 얼마나 하기 힘듭니까? 무조건 준다는 것은 내 것이라는 생각이 없어져야 하는 거잖아요. 그러니까 완전한 출가의 정신을 여기서 이야기한 거죠. 색·수·상·행·식에 바탕을 둔 구법(求法)은 안 된다는 겁니다. 또 유마거사의 이야기가 이어집니다.

非有界入之求 법을 구하는 사람은 계(界)나 입(入)을 구하지 않아야 합니다.

'계'는 십팔계(十八界)를 말합니다. 앞에서도 나왔지만, 십팔계는 안·이·비·설·신·의(眼耳鼻舌身意)의 육근(六根), 색·성·향·미·촉·법의 육경(六境), 안식계·이식계·비식계·설식계·신식계·의식계의 육식(六識)의 세계를 합해서 이야기한 것입니다. 계라는 것에는 우선 안(眼)이라는 장소가 있죠. 또 이·비·설·신·의라는 장소가 있습니다. 그리고 눈이 가서 보는 것이 색(色), 귀가 가서 듣는 것이 성(聲), 코가 냄새 맡는 것이 향(香), 혓바닥이 맛보는 것이 미(味), 몸으로 가서 쾌감을 느끼는 것이 촉(觸), 의식으로 좋다, 나쁘다, 그것은 무엇이다, 이렇게 이름 짓는 것이 법(法)입니다. 또 안·이·비·설·신·의와 색·성·향·미·촉·법 사이에서 왔다 갔다 하는 안식(眼識)·이식(耳識)·비식(鼻識)·설식(舌識)·신식(身識)·의식(意識)의 여섯, 그것을 다 합하면 십팔계가 되는 것입니다.

안식계(眼識界), 안식이 만든 세계예요. 가령 여러분이 꽃을 볼 때, 꽃은 그대로 있지만 여러분들의 머릿속에는 눈으로 보고 의식으로 판단한 세계가 있습니다. 그것이 여러분의 안식계죠. 각자가 다 따로 따로 안식계를 만들어냅니다. 또 내가 목소리를 냈습니다. 그것을 여러분이 귀로 듣습니다. 들어서 만든 세계가 이식계(耳識界)입니다. 다음 코로 냄새 맡은 세계는 비식계(鼻識界), 또 혓바닥으로 맛본 세계는 설식계(舌識界), 또 머리로 생각하는 세계는 의식계죠(意識界). 그런데 안식계, 이식계, 비식계, 설식계, 신식계, 의식계가 그대로 다 있는 것이 아니라 자신이 만든 거죠. 안·이·비·설·신·의도 지금이야 임시로 잠깐 동안 있지만, 믿을 것이 못돼요. 잘 안 보여서 돋보기를 써도 그냥 짐작하고 읽을 때가 많습니다. 이러다가 영영 안 보이게 되면, 감아버리게 되는 거라구요. 이렇게 다 있다, 있다 하지만 조만간 땅속에 들어가면 이내 없어지는 거잖아요. 안·이·비·설·신·의, 색·성·향·미·촉·법이 다 그렇습니다. 어제까지 피었던 꽃도 다 없어지고, 단풍도 다 떨어져서 가지만 앙상해집니다.

'입(入)'이라는 것은 앞에서 이야기한 안·이·비·설·신·의를 말합니다. 이것을 육근 또는 육입이라고 하죠. 이런 계니 입이니 하는 차원에서 법을 구하지 말라. 그런 차원의 법도 있기는 하지만, 여기서 말하는 법은 영원히 사라지지 않는 법을 이야기하는 것입니다. 부처님의 영원히 사라지지 않는 진리는 그런 데 있지 않거든요.

非有欲色無色之求 법을 구하는 사람은 욕계, 색계, 무색계를 구하지 않아야 합니다.

'欲(욕)', '色(색)', '無色(무색)'은 각각 욕계, 색계, 무색계의 삼계(三界)를 말합니다. 그 속에서 진리를 구하려고 해도 안 된다는 거죠. 삼계를 벗어나야 한다는 거예요. 여기서 이야기하는 법은 고차원의 법인 공이라는 법, 여여라는 법, 허공과 같은 법을 말하는 것입니다.

(3)
唯, 舍利弗이여,

夫求法者는 不著佛求하고, 不著法求하고, 不著衆求할지니라.

夫求法者는 無見苦求하고 無斷集求하고 無造盡證修道之求할지니라.

所以者何뇨 하니, 法은 無戲論이기 때문이니라.

若言 我當見苦·斷集·證滅修道하리라 하면

是則戲論이요, 非求法也니라.

唯 舍利弗이여,

法은 名寂滅이니, 若行生滅하면 是求生滅이요 非求法也니라.

法은 名無染이니, 若染於法 乃至涅槃하면 是則染著이요 非求法也니라.

法은 無行處니, 若行於法하면 是則行處요 非求法也니라.

法은 無取捨니, 若取捨法하면 是則取捨요 非求法也니라.

唯 舍利弗 夫求法者 不著佛求 不著法求 不著衆求 사리불이여, 법을 구하는 사람은 불(佛)에 집착해서 구하지 말아야 하고, 법(法)에 집착해서 구하지 말아야 하고, 중(衆)에 집착해서 구하지 말아야 합니다.

먼저 삼귀의에 대해 주의를 환기하고 있습니다. '승(僧)'을 '중(衆)'이라고 했는데, 마찬가지입니다. 우리나라의 웬만한 불교도들도 이 뜻을 잘 못 알아들을 거예요. '거룩한 부처님께 귀의합니다. 거룩한 가르침에 귀의합니다. 거룩한 스님들께 귀의합니다' 이렇게 번역한 '삼귀의'를 하고 있는 사람들은 이 말의 뜻을 잘 못 알아들을 겁니다. 불·법·승 삼보에 매달리지 말라는 이야기죠.

'불'을 '부처님'이라고 번역할 수도 있는데, 이 '님'이라는 말 때문에 좀 문제가 생겨요. 왜냐하면 부처는 반드시 '님'만은 아니기 때문입니다. 이 우주 자연의 모든 것이 전부 다 부처예요. 그런데 '님' 하면 대체로 사람에게 붙이지 않습니까? '님'이라는 말이 붙지 않는 부처가 있을 수 있어요. 일본 사람들은 '님' 대신에 '사마(さま)'라는 말을 쓰는데, 사람이 아닌 것에도 다 '사마'를 붙입니다. 하기야 우리도 '달님', '해님'이라는 말은 쓰지만, 이것은 어디까지나 예외적이죠. '바위님', '산님', '강님', '나무님' 그렇게는 안 하죠. 일본 사람들은 우리와 마찬가지로 해와 달에 '님'을 붙이고, 물에도 경어를 쓰고, 흙에도 경어를 쓰고, 자연의 모든 것에 경어를 쓰면서 아주 소중히 받듭니다. 그런데 우리는 그런 것이 좀 박약해요. 그런데 『화엄경』에서는 전부가 다 부처라고 생각한단 말이에요. 그러니까 '님', 사람으로서만 부처를 생각해서는 안 되고, 더군다나 부처가 석가모니 부처님 한 사람뿐이라고 생각하면 그것도 아주 잘못된 생각입니다. 불교에는 석가모니 부처님 한 분만 계신 것이 아니라 얼마나 많습니까? 사실 처음에 불교를 배우면 부처님도 예수님과 같이 딱 한 사람인 줄 알죠.

그런데 예수님도 복잡합니다. 예수님은 아버지가 있어요. 기독교인들은 설명을 못 하니까 덮어놓고 믿으라고 해서 내가 기독교 믿는 사람들에게 설명을 해 주었어요. 뭐 기독교 믿지 말라고 그러는 것이 아니라,

잘 이해하고 잘 믿고 살라는 이야기였습니다.

따라서 여기 부처님에 대해서도 '석가모니 부처님!' 하고 집착하면서 믿으면 안 되죠. 어떤 바보 같은 사람은 불상만 부처님이라고 생각하는 사람도 있어요. 또 뭐 별의별 이상한 생각으로 이것만이 부처님이다, 그렇게 이야기하면서 집착하는 사람도 있을지 모릅니다. 그런데 불교에서 제일 중요한 것은 '부처님은 각자 자기 마음속에 있다', '각자 자기의 마음이 바로 부처다' 라는 것이죠. 자기 마음이 맑아지면 바로 그것이 부처가 되어 모든 능력을 전부 다 발휘한다. 누구의 마음속에든지 부처는 다 계신다. 그러니까 아무리 어리고, 못나고, 나쁜 짓하고 있는 사람이라도, 지금 살아서 마음을 갖고 있고, 여러 가지 생각을 하고 있는 한 그 마음을 존중해 주어라. 마음이 있고, 생명이 있는 한 그 사람을 향해서 합장을 하라. 그 사람이 병신이더라도, 아주 죽을 병에 걸려 있더라도, 그 마음이 눈으로 보고, 귀로 듣고 있으니 슬프게 하지 말라, 서럽게 하지 말라.

다 듣고 있고, 다 보고 있으면서 나중에 심판한단 말이에요. 아니, 매 순간에도 심판하고 있습니다. '그때 네가 나를 이렇게 푸대접했지?' 할 것을 생각하면 무섭죠. 우리는 자꾸 잊어버리고 실수하는 경우가 많습니다. 항상 합장하는 마음으로 대하라는 것이 보현보살의 이야기죠. 삼매에만 들었다 하면, 바로 여래장이라는 거예요. 여래가 삼매 속에 들어가 있다. 삼매가 그렇게 어마어마한 힘을 가지고 있고, 누구든지 삼매에 들 수 있다는 겁니다. 삼매 속에서 모든 병도 다 고친다고 나는 생각합니다. 삼매에 드는 것이 제일 중요한데, 정신이 말똥말똥해도 어떤 경우에는, 미친 것도 삼매와 조금 비슷하니까, 미친 사람보다 못할 경우도 있어요. 그런데 미친 것은 나중에 탈이 있으니 곤란하고, 미친 것이 아닌 진정한 의미의 삼매에 들어가는 것이 필요하다는 겁니다.

그런 삼매에 들어가려면, 육바라밀다를 다 실천하고, 잘못을 저지르지 않게끔 돼 있어야죠. 나라고 하는 생각, 아집 따위, 그런 것이 다 없어진 마음가짐, 완전히 순수해진 마음가짐으로 이 바깥세계와 하나가 돼버린 상태의 마음일 때 삼매가 되거든요. 그렇게 되면, 저절로 법이 거기와 있는데, 그냥 그대로 행복한 경지에 와 버렸으니, 뭘 새삼스럽게 구하고 말고 할 필요가 없는 것이죠. 그래 그런 마음가짐이 있으면, 어떤 모습으로든지 구체적으로 나타날 수 있는 것이 불(佛)의 법신(法身)입니다. 아주 여여하고 공한 마음, 『반야심경』에서 이야기하는 '心無罣礙(심무가애)', 걸림 없는 마음이 되면, '無罣礙故 無有恐怖(무가애고 무유공포)', 걸림이 없기 때문에 공포가 없어요. 공포가 없기 때문에 거기에서 한 걸음 더 나아가면, 모든 공덕, 모든 능력이 거기서 다 나와요. 모든 좋은 궁리가 거기서 다 나오죠. 그러니까 그런 상태에 갔다가 다시 생겨나는 색·수·상·행·식은 단순한 색·수·상·행·식이 아니라 근사한 것이 되어버린 거죠. 그냥 색·수·상·행·식일 때는 결함투성이이고, 잘못투성이일 수 있어서 남에게 해를 끼치는 이기적인 것이지만, 그런 아주 텅 빈 마음, 삼매 속에 들어갔던 몸, 그러한 색(色)이 일으키는 수(受), 그 색의 의식이 일으키는 상(想)·행(行)·식(識)은 지혜로운 것이 되어버립니다. 좋은 것으로 나타나는 거예요. 그때의 색·수·상·행·식은 이미 색·수·상·행·식이 아니라, 계(戒)·정(定)·혜(慧)·해탈(解脫)·해탈지견(解脫知見)이라는 이름으로 불리게 되는 겁니다.

'불'에 대해서는 이만큼 이야기하고, 다음 '법'에 대해서 이야기하죠. 법을 어떤 사람들은 사제팔정도다, 십이인연이다, 이런 것이라고만 알고 있거나, 신묘장구대다라니(神妙章句大陀羅尼)가 법이다, 이렇게만 믿고 있는 사람도 있을지 몰라요. 그러나 천만의 말씀이죠. 법이라는 것은 '불'과 마찬가지로 '불'의 마음가짐이 됐을 때 거기에서 법이 나온단 말이에요. 거기에서 완전해진 색·수·상·행·식이 하는 모든 일이 전부 다

법이 될 수 있는 것입니다.

다음에는 사제팔정도의 사제(四諦) 이야기가 나옵니다.

夫求法者 無見苦求 無斷集求 無造盡證修道之求 법을 구하는 사람은 고(苦)를 봄이 없이 구하고, 집(集)을 끊음이 없이 구하고, 증(證)을 다함이 없이 구하고, 도(道)를 수(修)함이 없이 구해야 합니다.

지금 여기서 고·집·멸·도를 이야기하면서 아주 재미있는 표현을 했어요. 견고(見苦, 고를 본다), 단집(斷集, 집을 끊는다), 진증(盡證, 증을 다한다), 수도(修道, 도를 수한다) 이렇게 표현했습니다. 진증은 진멸(盡滅)이라고 해도 되겠죠. 이렇게 바꾸면, 고·집·멸·도가 됩니다. 고·집·멸·도는 안다고 치고 간단하게 이야기하면, '이 세상은 고다. 인생이 고다. 이것을 보아야 된다', 그래서 '견고'라고 했어요. 또 탐·진·치가 모여 고가 됐다고 해서 집인데, 그 탐·진·치를 끊는 것을 '단집'이라고 했습니다. 그리고 열반은 완전히 얻어야 한다, 증득(證得)해야 한다, 즉 완전히 깨달아야 된다고 해서 '진증'이라고 했습니다. 그리고 팔정도를 닦아야 한다는 것을 '수도'라는 말로 표현했습니다.

첫째는 견고하라는 가르침, 둘째는 단집하라는 가르침, 셋째는 진증하라는 가르침, 넷째는 수도하라는 가르침, 법을 이렇게 흔히 네 가지로 쪼개서 가르쳐 왔죠. 그런데 반드시 이것을 공식처럼 외우고 있지 않아도 된다는 거예요. 시시하게 불교 믿는 사람보다 사제팔정도 같은 것을 모르면서도 더 훌륭하게 깨달은 사람이 많습니다. 살다 보니까 고통이더라. 고통의 원인이 뭔고 하니 결국은 탐·진·치더라. 부처님의 말씀을 들으니까 이것이 더 분명해진 것은 사실이지만, 그 말 안 듣고도 알고 있는 사람 많아요. 말로는 모르고 있다가 부처님의 말씀을 들어보니까 내가 생각하고 있던 그대로네. 야, 부처님 말씀이 옳구나. 그래서 감탄하는 거죠. 또 열반은 증득해야 한다고 했는데, 열반을 증득하라는 것은 어렵다고요. 열반이 뭔지도 잘 모르는데, '열반'만 외운다고 열반이 되나요?

또 팔정도가 있죠. 가령 정견(正見)이라는 것은 올바로 보라는 건데, 두 눈으로 보는 것이 아니라 지혜의 눈으로 보라고 했거든요. 정사(正思), 올바로 생각하라. 올바로 보는 것과 올바로 생각하는 것, 즉 정견과 정사 중 어느 것이 더 중요하냐 하면, 정사가 더 중요할 것 같죠. 보는 거야 쉽잖아요. 그런데 사실 보는 것은 지혜의 눈으로 직관적으로 보는 것이기 때문에 더 힘듭니다. 정견, 정사, 정어(正語), 정업(正業), 정명(正命), 정정진(正精進), 정념(正念), 정정(正定), 참, 나 자신도 이 팔정도를 몇 번씩 평가절하했다가 평가절상했다가 그럽니다. 사실 팔정도라고 하는 것이 밤낮 외우고만 있다고 뭐가 되는 거라면 시시한 가르침이죠.

그것은 삼귀의도 마찬가지예요. '중(衆)'이라는 것, 승(僧), 스님만 밤낮 위하고 있으면 다 되느냐? 훌륭한 스님이야 우리들이 위해야 하고, 또 그 스님들은 우리를 위해서 훌륭한 가르침을 주시는 것이 이상적입니다. 그런데 어떤 스님을 보면 가르침을 받는 것이 아니라 골치만 아파 온다면, 이것은 스님에게 좀 문제가 있는 거죠. 원효대사 같은 사람은 자신이 스님이지만, 스님으로서 너무 대접을 많이 받았다고 생각했어요. 그 당시는 스님이 절대적으로 대접을 받을 때였잖아요. 그런 것이 일반적인 분위기였는데도, 나는 대접받으러 온 것이 아니라, 일하러 왔는데 일을 해야 되겠다고 했습니다. 대중 속에 들어가 일을 안 하면 제대로 사는 것이 아니라고 생각하고, 스스로 승려 생활을 그만 둔 거잖아요. 대접 안 받겠다는 거죠. 머리만 깎고 있으면 대접받는데, 대접 못 받아도 상관없이 자기가 할 것은 다 한다는 거예요. 여기서 어느 정도 상가(saṃgha), 승의 본래 의미를 알게 됩니다. 그러니까 출가한 사람들만이 승이 아니라, 이 세상의 모든 사람들, 출가든지, 재가든지, 혹 불교를 믿는 사람이든, 모르는 사람이든, 나아가 다른 종교를 믿는 사람들도 모두 다 공동체의 한 식구이며, 남남이 아니라 다 부처님의 지체(肢體), 부처님의 분신, 부처님의 생명을 나누어 가지고 살고 있는 사람이라는 더 넓은 생각을 가져야 합니다. 그렇게 살아야 어떤 사람만 특별히 공경한다든가 하지 않게끔 되고 진짜 도가 이루어지는 것이죠. 삼귀의를 외우면서도 불·법·승을 잘 모르면, 그것은 법을 구하는 것이 못 되고, 사제팔정도를 밤낮 외운다고 해서 고통이 없어지고 열반이 얻어지는 것도, 올바로 살게 되는 것도 아니란 말입니다. 그것은 말장난이라고 했습니다.

所以者何 法無戱論 왜냐하면 법에는 희론이 없기 때문입니다.

여기서 이야기하는 법이라는 것은 한마디로 말하면 진정한 이치에 맞는 존재방식, 우리가 따라가야 하는 영원한 자리, 우리가 되어야 하는 영원한 모습, 이런 것이라고 할 수 있습니다. 법에는 쓸데없는 말장난이 없다는 말입니다.

若言我當見苦斷集證滅修道 是則戱論 非求法也 내가 이제 고(苦)를 본다, 집(集)을 단(斷)한다, 멸(滅)을 증(證)한다, 도(道)를 수(修)한다 하는 것은 희론이지 법을 구하는 것이 아닙니다.

앞에서 보았듯이 법이라는 것은 사제팔정도라든가, 십이연기라든가, 그 밖의 어떤 특별한 논리, 문장으로 되어 있는 소위 교리라는 말만 가지고 설명할 수 없는 거예요. 교리라고 하면 문장으로 규정해 놓은 어떤 내용, 믿어야 하는 도리 같은 것이죠. 그런데 법이라는 것은 그런 것이 아닙니다.

이러한 법에 대한 설명이 (4)번까지 죽 이어집니다. 문장들이 전부 다 똑같이 '非法求也(비법구야)'라는 말로 끝나고 있어요.

唯 舍利弗 法名寂滅 若行生滅 是求生滅 非求法也 사리불이여, 법은 적멸입니다. 만약 생멸한다면 생멸을 구하는 것이지 법을 구하는 것이 아닙니다.

법은 적멸(寂滅)이다. 적멸이라고 하는 데에서는 뭘 내세우는 게 없어요. 요전 날 변선환 박사가 정년퇴임기념논문집을 냈을 때 안병무 교수가 지금까지 감리교 쪽에서 변선환 씨를 제대로 이해해 주지 못했다는 불평 비슷한 말을 했습니다. 왜 그 위대한 사람을 감리교 안에만 묶어 놓으려고 하냐는 이야기를 했어요. 변선환 박사는 진리라는 것이 기독교에만 있는 것이 아니라고 했었죠. 그랬다가 감리교 교단에서 혼이 났습니다. 안병무 교수의 말을 옮기면, 기독교의 진리도 그렇거니와 진리는 불교에서도 말할 수 있고, 유교에서도 말할 수 있고, 어느 종교만이 독점할 수 있는 것이 아니라고 했어요. 진짜 진리는 법인데, 불교에서 말하는 법인데, 이 법은 말로 설명할 수 없이 적멸한 거라고까지 이야기했습니다. 그냥 없애고, 또 없애고, 더 없앨 것이 없는 데까지 갔을 때, 거기에 나타나는 것이 진짜 진리인 것 같다고 했어요. 제법 됐더라고요. 그래서 내가 끝난 다음에 툭 치면서 '하, 오늘 말 잘하더군. 자네가 항상 그런 생각 가지고 있는 줄은 알았지만, 역시 안병무가 최고다. 정말 마음으로 존경한다'고 했습니다.

법은 적멸한 거라. 말로 했다 하면 그것은 이미 법이 아니게끔 된다는 말이에요. 그것은 생멸(生滅)이 되거든요. 적멸의 반대가 생멸이죠. 생멸, 생겼다 사라졌다 하는 것이 없는 것이 적멸입니다. 무슨 말로 설명하고 그러면 그것은 생멸하는 것이 됩니다. 지금 우리는 말로써 할 수 없는 진리를 이야기하고 있는 거죠.

그러니까 끝에 가서는 참선을 해야 하는 겁니다. 그래 참선 안 한 사람들과 밤낮 대화만 하면 무슨 소용이 있냐는 말이에요. 求生滅(구생멸)이요 非求法也(비구법야)니라, 생멸을 구하는 것이지 법을 구하고 있는 게 아니야.

法名無染 若染於法 乃至涅槃 是則染著 非求法也 법은 물듦이 없는 것

입니다. 법이나 열반에 물든다면 그것은 염착(染着)이지 법을 구하는 것
이 아닙니다.

法無行處 若行於法 是則行處 非求法也 법은 대상이 없는 것입니다.
법을 쫓아다닌다면 대상을 구하는 것이지 법을 구하는 것이 아닙니다.

'行處(행처)'는 한문만으로 번역하려면 힘들고, 티베트본을 원용해서
이렇게 해석할 수 있습니다. 가야 하는 대상, 가는 바, 그 대상입니다.

法無取捨 若取捨法 是則取捨 非求法也 법은 취사(取捨)가 없는 것입
니다. 법을 취하고 사한다면, 그것은 취사이지 법을 구하는 것이 아닙니
다.

가진다, 버린다 하는 것도 초월한 입장입니다.

(4)
法은 無處所니, 若著處所하면 是則著處요 非求法也니라.
法은 名無相이니, 若隨相識하면 是則求相이요 非求法也니라.
法은 不可住니, 若住於法하면 是則住法이요 非求法也니라.
法은 不可見聞覺知니,
若行見聞覺知하면 是則見聞覺知요 非求法也니라.
法은 名無爲니, 若行有爲하면 是求有爲요 非求法也니라.

法無處所 若著處所 是則著處 非求法也 법은 피난할 처소가 아닙니다.
처소에 집착한다면 피난처에 매달리는 것이지 법을 구하는 것이 아닙니다.

法名無相 若隨相識 是則求相 非求法也 법은 상(相)이 없는 것입니다.
만약 상을 쫓아다니며 분별하는 것은 상을 구하는 것이지 법을 구하는
것이 아닙니다.

라모뜨 교수는 이 상을 nimitta라고 보고 있습니다.

法不可住 若住於法 是則住法 非求法也 법은 어디에도 주(住)하지 못
합니다. 법에 주한다면 주법(住法)이지 법을 구하는 것이 아닙니다.

주한다는 것은 한군데에 머무는 것을 말하죠. '주(住)'자가 좋지 않은
의미로 쓰이는 거예요. '應無所住而生起心(응무소주이생기심)'이라는
말이 있습니다. '주하는 바 없이 마음을 내라.'

法不可見聞覺知 若行見聞覺知 是則見聞覺知 非求法也 법은 견문각지
할 수 있는 것이 아닙니다. 견문각지를 한다면 그것은 견문각지일 뿐 법
을 구하는 것이 아닙니다.

'견문각지(見聞覺知)'라는 것은 보고 듣고, 의식으로 깨닫는 것입니
다. 의식으로 깨닫는 거니까 시원치 않은 거예요. 견, 문, 아직도 안·이·
비·설·신·의, 색·수·상·행·식의 차원에서 뭐 알았다고 하는 거란 말
이에요. 대학에서 하는 게 다 그런 견문각지죠. 감각과 의식의 작용이라
고도 할 수 있습니다.

法名無爲 若行有爲 是求有爲 非求法也 법은 무위입니다. 유위를 행한
다면 그것은 유위를 구하는 것이지 법을 구하는 것이 아닙니다.

(5)
是故로 舍利弗아, 若求法者는 於一切法에 應無所求할지니라.
說是語時에 五百天子가 於諸法中에 得法眼淨하니라.

是故 舍利弗 若求法者 於一切法 應無所求 그러므로 사리불이여, 만약
법을 구하는 자는 일체의 법에 대하여 마땅히 구하는 바가 없어야 합니다.

說是語時 五百天子 於諸法中 得法眼淨 이와 같이 말했을 때 오백의
천자는 모든 법에 대해 법안(法眼)의 청정함을 얻었다.

법안이 환하게 열렸다. 법을 볼 수 있는 눈이 생겼다. 다섯 가지 눈이

있다고 했죠. 그중에 법안이 가장 높은 눈입니다.

2. 사자좌의 기적

(6)

尒時에 長者 維摩詰이 問하되,

"文殊師利여, 仁者는 遊於 無量千萬億阿僧祇國하였으니

何等佛土에 有好上妙功德으로 成就師子之座이더뇨" 하니,

文殊師利 言하되,

"居士여, 東方으로 度三十六恒河沙國하면 有世界 名須彌相하니,

其佛의 號는 須彌燈王이라.

今現在 彼佛의 身長은 八萬四千由旬이요,

其師子座의 高는 八萬四千由旬으로 嚴飾第一이니라."

尒時 長者維摩詰問 그때 장자 유마힐이 물었다.

文殊師利 仁者 遊於無量千萬億阿僧祇國 何等佛土 有好上妙功德 成就 師子之座 문수사리여, 그대는 무량 천만억 아승기나 되는 나라들을 돌아보았는데 어느 부처님 나라에 가장 훌륭한 공덕을 성취한 사자좌가 있었습니까?

'아승기(阿僧祇)'라는 말은 '헤아릴 수 없다'는 뜻의 인도말 asaṃkhya를 한자로 표기한 것입니다. saṃkhya가 '헤아린다'는 말이고, 앞에 a가 붙어서 부정이 됐어요. 이 말이 나중에는 시간을 나타내는 한 단위가 되어 버렸습니다. 문수사리가 그렇게 헤아릴 수 없이 많은 나라를 돌아다녔다는 거죠.

사자좌(師子座), 부처님이 앉는 자리, 위대한 도인이 앉는 자리를 사자좌라고 합니다. 부처님이 그 자리에 앉으셔서 사자후(師子吼)를 토하시죠. 옛날 제가 서양에서 갓 돌아왔을 무렵 아직 젊었을 때, 동산(東山)스님이 종정이셨는데, 경주 불국사에 계셨습니다. 그때 태국 스님들 일행이 우리나라에 왔다가 동산스님을 뵈러 간다고 해서 제가 통역으로 동행해서 갔습니다. 갔더니 동산스님께서 "여기 들어올 때, 사자가 한 마리 있었을 텐데 사자가 포효하는 소리를 들었나?" 이렇게 물어 보라고 하셔서 영어로 그렇게 물었습니다. 'Did you hear a lion's roar?' 태국 스님들이 그 정도는 알았어야 됐는데 못 깨닫더군요. "사자 울음소리요? No, No!" 그랬단 말이에요. 그러니까 "에이, 틀렸다, 틀렸어. 뭐 그것도 몰라?" 그러셨어요. 저 다보탑 네 모서리에 작은 고양이 같은 돌사자가 하나 남아 있는데, 본래는 네 변에 하나씩 있었죠. 사자후라는 것이 뭐 사자여야만 되는 것은 아니거든요. 이 우주가 사자후를 하고 있고, 소나무도 사자후를 하고 있습니다. 그 소리 못 들었나? 들었다고 해야 하는데, 못 듣고서 들었다고 해도 안 되니까 정직하긴 정직했어요. 그러나 그때부터 점수가 깎였습니다. 그 사람들이 동산스님이 말한 '사자후'의 의미를 몰랐던 거죠.

어느 나라에 가장 훌륭한 공덕을 성취한 사자의 자리가 있습니까? 유마거사가 이렇게 물었습니다.

文殊師利言 居士 東方度三十六恒河沙國 有世界名須彌相 其佛號須彌燈王 문수보살이 말했다. 거사여, 동방으로 삼십육 항하사만큼이나 많은 나라를 지나서 수미상(須彌相)이라는 세계가 있고, 그곳의 부처님 이름은 수미등왕(須彌燈王)입니다.

부처님 나라 이름이 수미상, Merudhvaja이고, 부처님의 이름이 수미등왕, Merupradīparāja입니다. rāja는 '왕'이고, pradīpa는 '등(燈)'이죠.

Meru는 Sumeru라는 말인데, 간단히 줄여서 Meru라고도 합니다. 삼천대
천세계마다 세계의 중심에 있는 산이죠. 우리나라에 메루라는 산이 있습
니까? 혹 수미산이란 산 들어보았습니까? 나는 들어본 적이 없는 것 같
아요. 영축산은 많은데, 수미산은 좀처럼 못 들어본 것 같아요. 수미산이
우리나라에 있다고 하기에는 좀 송구스러웠던가 보죠. 그런데 인도네시
아의 보로부두르의 바로 뒤에 있는 화산을 메라피라고 하는데, 이 말은
'불을 뿜는 메루'라는 뜻입니다.

　　今現在 彼佛身長 八萬四千由旬　지금 현재 그 부처님의 신장은 팔만
사천 유순입니다.

　　'팔만 사천'이라는 숫자는 많다는 의미라고 생각하면 돼요. 유순(由
旬)은 인도의 yojana라는 단위인데, 엄청나게 긴 거리를 말합니다. 굳이
따지면 1유순이 8km쯤 된다고 하는데, 계산하고 있을 필요는 없을 것 같
아요.

　　其師子座高 八萬四千由旬 嚴飾第一　그 사자좌의 높이는 팔만 사천 유
순으로, 장엄한 아름다움이 으뜸입니다.

　　신장이 팔만 사천 유순이고, 또 사자좌의 높이가 팔만 사천 유순이니
까 굉장히 높아요.

(7)
於是에 長者 維摩詰이 現神通力하니,
卽時에 彼佛이
遣三萬二千師子座의 高廣嚴淨을 來入維摩詰室케 하나니,
諸菩薩과 大弟子와 釋・梵・四天王等이 昔所未見이며,
其室이 廣博하야 悉皆包容 三萬二千師子座하고 無所妨礙더라.
於毗耶離城과 及閻浮提四天下도 亦不迫迮하여 悉見如故이더라.

於是 長者維摩詰 現神通力　그때 장자 유마힐이 신통력을 나타냈다.

卽時 彼佛遣三萬二千師子座 高廣嚴淨 來入維摩詰室　그러자 곧 수미 등왕 부처님은 삼만 이천 개의 사자좌를 유마힐의 방으로 들어오게 했는데, 그것들은 한결같이 높고 광대하고 장엄하고 청정하였다.

諸菩薩 大弟子 釋梵四天王等 昔所未見　모든 보살들과 대제자들, 제석천, 범천, 사천왕 등이 일찍이 본 일이 없는 것이었다.

'釋(석)'은 제석천, '梵(범)'은 대범천입니다. 보살들과 대제자들, 제석천, 범천, 사천왕은 화엄경의 세계관에서 중요한 위치에 있죠. 석굴암에도 맨 앞에 사천왕이 있고, 그 뒤에 제석천, 대범천이 있고, 문수보살과 보현보살이 있고, 대제자가 있고, 그 다음에 또 다른 많은 보살들이 있습니다. 그러고 보면 석굴암의 사상적인 배경이 여기 이미 나타나 있어요. 그런 면에서도 이 경전을 잘 알 필요가 있습니다. 경전도 전부 다 잘 알아야지 『아미타경』만 가지고, 불상이 서쪽에서 동쪽을 향해 앉아 있으니까 이것은 아미타 부처님일 거다, 뭐 이렇게 단정하고 자꾸 고집을 부리는 사람이 있는데 답답한 이야기입니다. 석굴암은 『화엄경』의 세계입니다. 『화엄경』의 세계 속에는 아미타 부처님도 있을 수야 있죠. 비로자나 부처님 산하에 모든 다른 부처님도 있을 수 있는데, 본존불을 꼭 아미타 부처라고 고집하는 이유를 모르겠어요.

其室廣博 悉皆包容 三萬二千師子座 無所妨礙　유마힐의 방은 넓고 커서 삼만 이천의 사자좌를 다 들여놓고도 지장이 없었다.

그러니까 삼만 이천 개나 되는 사자좌가 유마거사의 방에 다 들어올 정도로, 유마거사의 조그맣던 방이 갑자기 넓어진 거예요. 앞서 무슨 이야기가 있었냐 하면, 유마거사의 방에는 아무 것도 놓인 것이 없었습니다. 아무리 아무 것도 놓인 것이 없다 할지라도, 그 높고 넓은 사자좌가 삼만 이천 개나 들어오고도 유마거사의 방은 無所妨礙(무소방애), 아무런 방해를 받는 일이 없었습니다. 얼마든지 넓어지려면 넓어질 수 있고 작아지려면 작아질 수 있는 무애자재한 것이었습니다. 제보살과 대제자와 석·범·사천왕 등이 일찍이 보지 못한 훌륭한 사자좌가 지금 유마거사의 방에 마련된 것입니다. 문수사리의 이야기를 듣자마자 유마거사가 신통력을 발휘한 거죠. 동쪽의 수미상 세계에 있는 부처님이 삼만 이천 개나 되는 넓고 큰 사자좌를 보내 왔단 말입니다. 그러니까 예수님이 물고기 몇마리와 빵 몇 조각으로 사람들을 다 먹였다는 이야기와 비슷하죠.

於毗耶離城 及閻浮提四天下 亦不迫迮 悉見如故   또 비야리성과 염부제의 사천하도 궁색함이 없이 예전과 같았다.

삼만 이천 개의 사자좌가 저 부처님 나라에서 왔다고 하면, 유마거사의 집이 있는 비야리성과 염부제의 동서남북에도 문제가 생길 법한데, 거기도 조금도 좁아져서 옹색하거나 그런 일이 없었어요. 悉見如故(실견여고), 예전과 같았다. '故'는 '옛날'이란 말이죠. 모두가 다 예전 그대로더라. 염부제(閻浮提)는 산스크리트어로 Jambudvīpa라는 말을 옮긴 겁니다. 섬부주(贍部洲)라고도 해요. Jambu라는 커다란 나무가 있다고 해서 이 말이 붙었고, dvīpa는 '대륙'이라는 말입니다. 수미산 둘레에 커다란 바다가 있는데 그 사방에 각각 대륙이 있거든요. 그 남쪽에 있는 대륙이 염부주인데, 삼각주처럼 생겼습니다.

(8)
尒時에 維摩詰이 語文殊師利하되,
"就師子座하고 與諸菩薩 上人과 俱坐하고
當自立身 如彼座像하라" 하니,
其得神通 菩薩은 卽自變形하야 爲四萬二千由旬하고 坐師子座하였으나,
諸新發意菩薩과 及大弟子는 皆不能昇하나니라.

尒時에 維摩詰이 語舍利弗하되, "就師子座하라" 하니,

舍利弗이 言하되, "居士여, 此座高廣하여 吾不能昇이요" 하니,

維摩詰이 言하되, "唯, 舍利弗이여,

爲須彌燈王如來하여 作禮하면 乃可得坐하리라" 하니,

於是에 新發意菩薩과 及大弟子가 卽爲須彌燈王如來에게 作禮하고

便得坐師子座하니라.

尒時 維摩詰語文殊師利 그때 유마힐이 문수사리에게 말했다.

就師子座 與諸菩薩上人俱坐 當自立身 如彼座像 문수사리여, 저 사자
좌에 앉으신 부처님 크기만큼 당신의 몸을 일으켜 세워 보살들, 상인(上
人)들과 더불어 사자좌에 오르시오.

當自立身(당자입신), 몸을 일으켜 세우란 말입니다. **如彼座像**(여피좌
상), 저기 부처님 앉아 계신 모습만큼 당신의 몸을 일으켜 세우라는 말입
니다.

其得神通 菩薩 卽自變形 爲四萬二千由旬 坐師子座 신통력을 갖춘 보
살들은 곧 자기 모습을 바꾸어 사만 이천 유순으로 변하여 사자좌에 앉
았다.

諸新發意菩薩 及大弟子 皆不能昇 그러나 새로 발심한 보살들과 대제
자들은 다 올라갈 수가 없었다.

尒時 維摩詰語舍利弗 就師子座 그때 유마힐이 사리불에게 말했다. 사
자좌에 오르시오.

舍利弗言 居士 此座高廣 吾不能昇 사리불이 말했다. 거사여, 이 사자
좌는 높고 커서 저로서는 올라갈 수가 없습니다.

사리불은 여기 『유마경』에서는 형편없어요.

維摩詰言 유마힐이 말했다.

唯 舍利弗 爲須彌燈王如來作禮 乃可得坐 아, 사리불이여, 수미등왕 여래께 예배를 드리시오. 그러면 앉을 수 있을 것입니다.

於是 新發意菩薩 及大弟子 卽爲須彌燈王如來作禮 便得坐師子座 이때 새로 발심한 보살들과 대제자들이 수미등왕 여래께 예배를 드리니, 곧 사자좌에 앉을 수 있었다.

사리불도 앉게 된 것이죠. 대제자라고 하면 십대제자를 말하거든요. 이런 것을 보고 천태대사는 '소승도 포섭을 해야지 자꾸 이렇게 비하한다'고 『유마경』을 그렇게 좋은 경전으로 생각 안 했어요.

(9)
舍利弗이 言하되, "居士여, 未曾有也이나이다.
如是小室에 乃容受此高廣之座이나이다.
於毗耶離城에 無所妨礙며 又於閻浮提와 聚落 · 城邑과
及四天下와 諸天 · 龍王 · 鬼神宮殿에도 亦不迫迮하였나이다."

舍利弗言 사리불이 말했다.
居士 未曾有也 如是小室 乃容受此高廣之座 거사여, 미증유한 일입니다. 이처럼 작은 방이 이 높고 큰 사자좌들을 수용하다니.
於毗耶離城 無所妨礙 又於閻浮提 聚落城邑 及四天下 諸天龍王鬼神宮殿 亦不迫迮 또 비야리성에도 아무런 지장을 주지 않았고, 염부제의 취락과 성읍, 사천하와 제천, 용왕, 귀신 등의 천궁에도 아무런 영향을 미치지 않았습니다.

며칠 전 토요법회에서 원효대사의 『화엄경소』를 번역해서 그것을 중심으로 이야기했는데, 그 안에 '방장에 수많은 사자좌를 가지고 들어온

다'는 이야기가 들어 있었어요. 이제 나오는 수미산이 겨자씨 속에 들어 간다는 이야기도 그 안에 들어 있거든요. 원효의 『유마경』에 대한 주석 은 지금 남아 있지 않아서 불행하게도 알 수 없지만, 『화엄경소』의 서문 에 『유마경』에 나오는 이야기가 그냥 쭉 들어가 있습니다. 그러니까 전 에도 이야기한 적이 있지만, 『유마경』과 『화엄경』은 사상적으로 아주 밀 접한 관계에 있는 것이죠. 고려대장경에는 『유마경』의 다른 이름이 '불 가사의해탈경'이라고 되어 있는데, 지금 이 '부사의품'의 이야기는 『화엄 경』의 이야기와 아주 관련이 깊다는 것을 알아야 하겠습니다.

3. 불가사의해탈

(10)

維摩詰이 言하되,

① "唯, 舍利弗이여, 諸佛菩薩에는 有解脫 名不可思議하니,

若菩薩이 住是解脫者면,

以須彌之高廣을 內芥子中하여도 無所增減하고,

須彌山王이 本相如故며,

而四天王과 忉利諸天이 不覺不知 己之所入이니라.

唯應度者만이 乃見須彌入芥子中이니라.

是名 住不思議解脫法門이니라.

維摩詰言 유마힐이 말했다.

唯 舍利弗 諸佛菩薩有解脫 名不可思議 사리불이여, 제불보살에게는 불가사의라는 이름의 해탈이 있습니다.

若菩薩住是解脫者 以須彌之高廣 內芥子中 無所增減　만약 보살이 이 해탈에 머무르면 높고 넓은 수미산을 겨자씨 속에 넣어도 겨자씨가 늘어나거나 수미산이 줄어드는 일이 없습니다.

이제부터 여기 모두 열 세 가지의 예가 나오는데 이것이 첫 번째 예입니다. 높고 넓은 수미산이 겨자씨에 들어가도 뭐가 늘고 주는 일이 없다. 無所增減(무소증감), 증감하는 일이 없다. '무소증감'이라는 말과 '부증불감(不增不減)'이라는 말을 관련시켜서 생각하면 좋을 거예요. 『반야심경』에 나와 있는 '불구부정(不垢不淨)', '부증불감', '불생불멸(不生不滅)'과 다 연결시켜 생각하면 좋겠죠.

수미산과 겨자씨, 이 이야기는 모든 불교, 특히 선불교에서 선사들 사이에 밤낮 입에 오르내렸던 이야기입니다. 방거사(龐居士) 같은 분도 수미산과 겨자씨 이야기를 자주 했어요. 수미산이 겨자씨 속에 들어가도 겨자씨는 조금도 늘어나는 법이 없다. 수미산이 겨자씨 속에 들어가려면 작아져야 하지 않겠느냐 하겠지만, 그런 것이 아니라 마음으로 전부 다 받아들일 수 있다는 거죠. 이것을 물질적으로만 생각하지 말라는 거예요. 수미산을 전부 다 마음으로 받아들일 수 있다. 그것을 겁난다고 생각하면 아무 일도 못 하겠지만, 좋아하고 받아들일 수 있는 마음이 있으면, 아무리 시련이 많고 어려움이 많더라도 못할 게 없습니다. 해탈은 자유라고 할 수 있죠

須彌山王 本相如故 而四天王 忉利諸天 不覺不知 己之所入　수미산의 본래 모습은 이전과 같으며, 사천왕과 도리천의 제천들은 그들이 어디에 들어갔는지를 깨닫지 못합니다.

사천왕은 수미산의 중턱에서 사방을 지키는 천신들이고, 도리천은 수미산 꼭대기에 있는 하늘나라입니다. 이들이 수미산과 더불어 겨자씨 속에 들어갔는데, 자기네들이 어디에 들어갔는지도 모르고 있다는 거예요.

唯應度者 乃見須彌入芥子中 오직 마땅히 제도 받을 만한 사람만이 수미산이 겨자씨 속에 들어간 것을 아는 것입니다.

수행이 다 되어 이제 조금만 가면 해탈할 수 있는 사람만이 수미산이 겨자씨 속에 들어간 사실을 발견하는 것입니다. 대부분은 자기가 어디가 있는지도 모르죠.

是名住不思議解脫法門 이를 일컬어 불가사의해탈법문에 주(住)한다고 하는 것입니다.

여기 든 예가 아주 극단적인 것으로 생각될 수도 있겠죠. 수미산을 겨자씨 속에 넣어도 수미산이 작아지거나, 겨자씨가 늘어나거나 하는 일이 없어요. 수미산이 옛날 모습 그대로 있고, 꼭대기에는 도리천, 그 중턱에는 사천왕이 그대로 있습니다. 수미산이 겨자씨 속에 들어갈 때는 사천왕과 도리천도 역시 함께 겨자씨 속에 들어가겠죠. 그런데 이 사천왕이다 도리천이다 하는 것은 하나의 상징적인, 신화적인 구조물이지, 그것을 구체적인 물건으로 생각할 필요는 없어요. 현실 세계 속에서 겨자씨는 마음을 가리키는 것이라고 생각할 수 있고, 수미산은 이 세계의 물질적인 제반요소들을 이야기하는 것이라고 할 수 있을 거예요. 한 치도 안 되는 심장을 방촌(方寸)이라고 하지만, 이 방촌의 마음속에 온 세계를 전부 다 감싸 들일 수 있잖아요. 그 안에 수미산이 그냥 그대로 다 들어와 있을 수 있죠. 이 이야기의 중요한 골자는 이 높고 넓은 수미산이 겨자씨에 들어오고도 부증불감(不增不減)이라는 것입니다. 또 수미산은 스스로 어디 들어왔는지도 모르지만, 수미산이 겨자씨 속에 들어간 것을 누가 볼 수 있어요? 제도 받을 만한 수준에 간 지혜로운 사람만이 볼 수 있다는 거죠. 이것이 불가사의해탈의 한 예라는 겁니다.

보살은 이 불가사의해탈—또 부사의해탈이라고도 했는데—여기에 들어가야 한다는 겁니다. 원효의 『대승기신론소』의 맨 앞에 나오는 '대승의 노래'에는 '크다고 할까 작다고 할까' 그런 이야기들이 있습니다. 있다고 할 수도 없고, 없다고 할 수도 없고, 있는 것 같으면서도 없고, 없는 것 같으면서도 있고, 하나인 것 같으면서도 많고, 많은 것 같으면서도 하나이고. 뭐가 그렇다는 말이냐 하면, 깨달은 사람의 마음은 그렇게 자유자재하다는 거예요. 언제 어디서나, 어떤 환경에 처해서도 뭐든지 할 수 있어야 되고, 어떤 상황에서도 당황함이 없이 모든 것을 아주 태연자약하게 해낼 수 있는, 『반야심경』에서 이야기했던 대자유인이 되라는 이야기죠.

(11)
② 又以四大海水가 入一毛孔하되 不嬈魚鼈黿鼉水性之屬이고,

而彼大海가 本相如故며,

諸龍鬼神과 阿修羅等이 不覺不知 己之所入이며,

於此衆生에도 亦無所嬈이니라.

두 번째 예가 나옵니다. 사대해수(四大海水), 큰 바다가 네 개 있다는 것은 불교의 cosmology(우주론)에서 이야기하는 것인데, 불교의 cosmology는 일종의 신화이면서도 현실을 토대로 신화를 만들었기 때문에 현실과 상당히 비슷하죠. 그렇지만 그것을 현실에 그대로 적용시켜 해석하려는 것은 잘못된 것입니다. 어디까지나 '三界虛妄 但一心作(삼계허망 단일심작)'이라는 것을 잊어버려서는 안 돼요. 물질의 세계는 마음이 만든 것이라는 것을 잊어버려서는 안 됩니다. 요새는 물질문화, 정신문화가 어디 따로 있느냐고 우기는 사람들이 많지만, 물질이 앞서냐, 정신이 앞서냐 하면 당연히 정신이죠. 그렇다고 해서 정신을 물질과 따로 나누어서 생각해도 안 되겠지만, 이제는 거의 유물론자들이 득세해서 마음 따위는 물질에서 생겨난 하나의 부산물에 불과하다는 식으로 생각

하는 사람이 많은 것이 큰일이에요.

又以四大海水 入一毛孔 不嬈魚鼈黿鼉水性之屬 而彼大海 本相如故 또 사대해의 물을 하나의 털구멍 속에 넣어도 물고기, 자라, 거북, 악어, 그 밖의 물속 동물들에게 해를 입히는 일이 없이, 그 대해는 본래 모습 그대로입니다.

諸龍鬼神 阿修羅等 不覺不知 己之所入 용과 귀신과 아수라 등은 자기들이 그 속에 들어가 있다는 사실을 깨닫지 못합니다.

於此衆生 亦無所嬈 이 중생들에게도 손상이 가해지는 일이 없습니다.

사대해수(四大海水)가 하나의 모공(毛孔) 속에 들어갔다. 이 모공이라고 하는 것도 숨이 들어갔다 나갔다 하는 데니까 마음이라고 생각하는 것이 좋아요. 하나의 모공 속에 이 사대해수가 들어갔는데, 그 바다에는 가지가지 물고기, 동물들이 있을 거예요. 큰 자라, 작은 자라, 악어, 그 밖의 여러 가지 물 속 동물들이 이 바닷물과 더불어 한꺼번에 모공 속으로 들어갔지만, 대해가 줄어들거나 모공이 넓어지거나 한 것도 아니고, 그 대해는 옛날에 있던 그 모습 그대로입니다. 또 바다 속에 있는 용과 귀신과 아수라 같은 놈들도 자기네들이 어디에 들어갔는지 알지 못하고 있는 거예요.

여기서 바닷물을 하나의 털구멍 속에 넣는 이야기도 『화엄경』과 관련이 있습니다. 아주 미세한 것, 작은 것과 큰 것이 그냥 이렇게 들어가고 나오고, 상즉상입(相卽相入)하는 관계에 있는 것이죠. 서로서로가 연결되어 있다는 이야기입니다.

(12)
③ 又舍利弗이여, 住不可思議解脫菩薩은 斷取三千大千世界하기를 如陶家輪 著右掌中하고 擲過恒河沙世界之外하나니,

其中衆生이 不覺不知 己之所往이며,

又復還置本處하여도 都不使人 有往來想하고,

而此世界가 本相如故이니라.

又舍利弗 住不可思議解脫菩薩 斷取三千大千世界 如陶家輪 著右掌中 擲過恒河沙世界之外 또 사리불이여, 불가사의해탈에 머무는 보살은 마치 도기 빚는 사람이 물레 위의 흙을 주무르듯 삼천대천세계를 오른쪽 손바닥으로 쥐고 항하사 세계 밖으로 던집니다.

삼천대천세계는 이 우주 전체의 사람들이 만들어 가는 가지가지의 세계들입니다. 어마어마한 세계를 순식간에 만들었다 허물었다 하죠. 그런 세계를, 도자기 만드는 사람이 물레 위에 진흙을 놓듯이, 오른쪽 손바닥 위에다 놓고 저 먼 항하사 세계 바깥으로 내던졌다는 말입니다. 항하사(恒河沙)는 갠지스 강의 모래알같이 많은 것을 말하죠.

其中衆生 不覺不知 己之所往 그런데도 그 세계의 중생들은 자기들이 어디로 갔는지를 깨닫지 못합니다.

又復還置本處 都不使人 有往來想 而此世界 本相如故 또 본래 있던 곳으로 되돌려 놓아도, 도무지 사람들로 하여금 왔다 갔다 하는 상(想)을 일으키게 하지 않으며, 이 세계는 본래 모습 그대로 남아 있습니다.

이것이 보살의 불가사의해탈의 능력이라고 하는 것이죠. 결국은 신통력입니다. 어때요? 우리도 그렇게 던져지고 있는지도 모르죠. 이렇게 내던져지고 있는지도 몰라요. 내던졌다가 또 다시 데리고 왔는데도 갔다 왔는지도 모른다고요.

(13)

④ 又舍利弗이여, 或有衆生이 樂久住世 而可度者면,

菩薩이 卽延七日 以爲一劫하여 令彼衆生으로 謂之一劫하며,

或有衆生이 不樂久住 而可度者면,

菩薩이 卽促一劫 以爲七日하여 令彼衆生으로 謂之七日이라.

又舍利弗 或有衆生 樂久住世 而可度者 菩薩卽延七日 以爲一劫 令彼衆生 謂之一劫　또 사리불이여, 혹 어떤 중생이 이 세상에 오래 머물러 있기를 좋아한다면, 그 중생을 제도할 때 보살은 7일을 1겁으로 늘려 주고, 그로 하여금 7일을 1겁이라고 말하게 합니다.

或有衆生 不樂久住 而可度者 菩薩卽促一劫 以爲七日 令彼衆生 謂之七日　혹은 어떤 중생이 이 세상에 오래 머물기를 원하지 않는다면 그 중생을 제도할 때 보살은 1겁을 7일로 줄여 주고, 그 중생으로 하여금 7일이라고 말하게 하는 것입니다.

'促(촉)', 줄인다는 말이죠. 원효의 『화엄경소』에도 '促'자가 나왔어요. 그래, 일찍 가고 싶어? 그러면 그렇게 1겁을 7일이라고 말하게끔 한다는 것이죠. 이것이 불가사의해탈의 능력이라는 겁니다.

뭐 축지법이 아니라 시간도 그냥 늘어나게 하고 줄어들게 합니다. 여기서 아상(我相), 인상(人相), 중생상(衆生相), 수자상(壽者相) 중에 수자상을 생각할 수 있죠, 나이라는 것이 사실 없는 거라는 말이에요. 우리가 생각하기에 따라서 어린애처럼 살아갈 수도 있고 아주 젊은 사람처럼 생각하고 살 수도 있는 거잖아요. 나이를 자꾸 생각하고 있으면 자꾸 더 늙는 거죠. 그러니까 자기 할 나름이거든요. 이 시간이라는 것이 삼매 속에 있으면 줄일 수 있어요. 나이를 덜 먹을 수 있습니다. 가령 이광수의 소설 『꿈』 같은 데서는 잠깐 꿈꾸는 사이에 일생 동안 별의별 고난을 다

겪는 삶을 살죠. 그것을 꿈으로 표현한 것이지만, 실제로 그렇게 산 거예요. 목탁 치던 승려가 엎드려서 꿈을 꿨는데, 그 동안에 장가 가서 아이 낳고 뭐 하고 하다가, 그 다음에 별의별 고생 다 하고 알거지가 되고, 그러다가 막 소름 끼쳐서 깨 보니까 꿈이었단 말이에요. 다행히도 꿈이었다는 거죠. 그러니까 얼마든지 길게도 짧게도 살 수 있는 겁니다.

(14)

⑤ 又舍利弗이여, 住不可思議解脫菩薩은

以一切佛土 嚴飾之事를 集在一國하여 示於衆生하나니라.

⑥ 又菩薩은 以一佛土衆生 置之右掌하고 飛到十方하며,

遍示一切하되 而不動本處하니라.

⑦ 又舍利弗이여, 十方衆生 供養諸佛之具를

菩薩은 於一毛孔에 皆令得見하니라.

⑧ 又十方國土 所有日月星宿을 於一毛孔에 普使見之케 하니라.

⑨ 又舍利弗이여, 十方世界 所有諸風을 菩薩은 悉能吸著口中하되,

而身不損하며 外諸樹木도 亦不摧折하니라.

又舍利弗 住不可思議解脫菩薩 以一切佛土 嚴飾之事 集在一國 示於衆生 또 사리불이여, 불가사의해탈에 주(住)하는 보살은 일체 불국토가 갖춘 장엄장식을 한 나라에 다 모아 놓고 중생들에게 보여줍니다.

불국토마다 각각 장엄장식이 다른데, 그 모든 불국토의 아름다운 장엄과 장식들을 다 한 나라에 모아서 중생에게 보여주기도 하는 것이다. 제일 좋다는 천당 혹은 극락을, 불교라면 부처님 계신 곳, 기독교라면 하나님 계신 곳, 또 유태교라면 여호와 계신 곳, 그렇게 설명할텐데, 그런 곳들을 전부 다 모은다면 이런 이야기가 되지 않겠나 싶어요. 파라다이

스 전람회가 되겠죠.

자기만의 불국토 안에서 내 것만이 제일이라고 주장하는 것은 속 좁은 사람이죠. 해탈 못 한 사람이에요. 많은 것에 친숙해지면 친숙해질수록 모든 것을 다 이해할 수 있게끔 됩니다. 지금 여기 강의 듣는 사람 중에도 교회 다니는 사람들이 몇 사람 있는데, 이제 그 양반들도 예불하고 법회도 참석하는 가운데 자연스럽게 또 하나의 세계가 자기의 세계로 되어 그만큼 폭이 넓어지니 얼마나 좋습니까? 더 많이 알고 있으니 절대로 쓸데없는 외고집을 부리지 않게끔 되는 것이죠. 자기의 것으로 익숙해지지 않아서 싫은 것뿐이지, 익숙해지면 다 다정하고 좋은 거예요. 그러니까 자꾸 왔다 갔다 하면서 서로 배울 필요가 있습니다. 처음부터 먹어 보지도 않고 저 음식에는 독이 있을 거라고 생각하는 것은 참 말도 안 되는 독선적인 태도 아니겠습니까? 그것은 불가사의해탈은커녕 그냥 해탈도 못 해요.

又菩薩 以一佛土衆生 置之右掌 飛到十方 遍示一切 而不動本處   또 보살은 한 불국토 안의 중생들을 오른쪽 손바닥 위에 놓고 시방세계를 날아다니며 일체의 불국토를 다 보여줍니다. 그러나 본래 있던 곳에서 떠나 움직인 일이 없습니다.

날아다녀요, 보살은 날아다니는 능력이 있다고 했습니다. 오신통(五神通)을 천안통, 천이통, 타심통, 숙명통, 신족통이라고 하는데, 이 가운데 신족통(神足通)에 바로 그런 능력이 있습니다. 신족통은 신경통(神境通), 혹은 여의통(如意通)이라고도 하죠. 산스크리트어로는 ṛddhi입니다. 용수(龍樹)의 『대지도론(大智度論)』에서는 '능도(能到)', '전변(轉變)', '성여의(聖如意)'의 세 가지로 구분하고 있어요. 이 '능도' 중에 '身能飛行 如鳥無礙(신능비행 여조무애)'라는 것이 있습니다. 새가 아무 데도 걸림 없이 날아다니는 것과 같이 날아다니는 능력을 말하죠. 이것도 삼매를 얻으면 가능한데, 결국 전부 다 삼매를 얻으라는 이야기입니다. 불교라고 하는 것이 뭐냐 하면 마음공부를 하라는 것인데, 마음공부라는 말을 다른 말로 바꾸면 삼매공부를 하라는 이야기죠.

여기서 마지막에 '而不動本處(이부동본처)'라고 했는데, 본래 있던 곳을 떠나지 않고 움직이지 않는다. 이것은 『화엄경』 이야기와 똑같죠. '舊來不動名爲佛(구래부동명위불)', 돌아다닌 것 같지만 돌아다니지 않았단 말이에요. 삼매 속에서 모든 것을 다 할 수 있습니다. 보살은 한 불국토의 중생을 오른쪽 손바닥 위에다가 놓고 시방세계로 날아가서 모든 중생들에게 그것을 두루두루 다 보여주지만, 그 본래의 장소에서 떠나지 않고, 움직이지 않고 그런 일을 하고 있는 것이다. 그것이 어떻게 가능하냐 하면, 여의 신통력 때문에 가능하다는 것이죠.

又舍利弗 十方衆生 供養諸佛之具 菩薩 於一毛孔 皆令得見 또 사리불이여, 보살은 시방세계의 모든 중생들이 제불께 공양하는 도구들을 하나의 털구멍 속에서 다 볼 수 있게 합니다.

시방세계의 모든 부처들의 이름은 무엇이며, 그 숫자는 얼마나 되는가? 뭐 그런 것은 따질 필요가 없어요. 제불(諸佛)은 무수하다고 말해야 되겠죠. 부처는 미진수(微塵數)만큼이나 많습니다. 그러니까 부처를 인격적인 사람으로만 국한시켜서 볼 수 없는 거예요. 이 우주자연의 모든 것, 일목일초(一木一草)가 다 부처이고, 돌멩이 하나, 티끌 하나가 전부 다 부처란 말이에요. 이렇게 생각하면 자연을 보호한다는 것이 부처님을 보호하는 거죠. 자연을 두려워해야 합니다.

又十方國土 所有日月星宿 於一毛孔 普使見之 또 시방 국토의 해와 달과 별, 그 일체의 것을 하나의 털구멍 속에 나타나게 하여 모든 중생들이 보도록 합니다.

국토가 달라지면 일월성신(日月星辰)도 다르지 않겠습니까? 그것을 전부 다 하나의 모공 속에서 보이게 한다는 거죠.

又舍利弗 十方世界 所有諸風 菩薩悉能吸著口中 而身不損 外諸樹木 亦不摧折 또 사리불이여, 보살은 시방세계의 갖가지 바람을 다 입으로 들이마셔도 몸에 아무런 손상이 없고, 밖의 크고 작은 갖가지 나무들도 바람에 부러지거나 꺾이는 일이 없습니다.

모든 것을 다 그대로 두면서 들어가는 것, 이것이 바로 상입(相入)입니다. 서로가 서로 속에 들어가는 관계를 이야기하는 것이라고 할 수 있습니다.

(15)

⑩ 又十方世界 劫盡燒時에 以一切火가 內於腹中에
火事如故하되 而不爲害하니라.

⑪ 又於下方으로 過恒河沙等諸佛世界하고 取一佛土하고
擧著上方으로 過恒河沙無數世界하여
如持鍼鋒이 擧一棗葉而하나 無所嬈하니라.

又十方世界 劫盡燒時 以一切火 內於腹中 또 보살은 시방세계의 겁이 모두 불타 없어질 때 그 모든 불길을 다 자기 뱃속에 끌어들입니다.

火事如故 而不爲害 불길이 여전히 타올라도 아무런 해를 입는 일이 없습니다.

세계가 아주 망하는 법은 없지만, 성(成)·주(住)·괴(壞)·공(空), 이렇게 한 사이클이 계속 돌아가죠. 불과 물로 전부 다 없어지는 것인데, 이 겁이 불타 버릴 때를 당하면, 그 불을 전부 뱃속에다 쓸어 넣어 버린다는 겁니다. 뱃속에서 불은 여전히 불타고 있는데, 해를 입는 법은 없습니다. 그러니까 이것을 사건으로 생각해서는 안 되겠죠. 이것은 전부 다 삼매로 이해해야 합니다.

又於下方 過恒河沙等諸佛世界 取一佛土 擧著上方 過恒河沙無數世界
또 아래쪽으로 항하사와 같이 많은 제불 세계를 지나서 하나의 불국토를
취하고, 위로 들어 올려 항하사와 같이 무수한 세계를 지나 정상에 올려
놓습니다.

如持鍼鋒 擧一棗葉而 無所嬈　그렇게 하기를 마치 바늘 끝에 대추나무
잎사귀 하나를 올려놓는 것과 같이 손쉽게 합니다.

(16)
⑫ 又舍利弗이여, 住不可思議解脫菩薩은 能以神通으로 現作佛身하고,
或現辟支佛身하고, 或現聲聞身하고, 或現帝釋身하고,
或現梵王身하고, 或現世主身하고, 或現轉輪王身하느니라.

又舍利弗 住不可思議解脫菩薩 能以神通 現作佛身 或現辟支佛身 或現
聲聞身　또 사리불이여, 불가사의해탈에 주하는 보살은 능히 신통력으로
부처님의 몸을 나타내기도 하고, 벽지불의 몸을 나타내기도 하며 성문의
몸을 나타내기도 합니다.

或現帝釋身 或現梵王身 或現世主身 或現轉輪王身　제석천의 몸을 나
타내기도 하고, 범천의 몸을 나타내기도 하고, 사천왕의 몸을 나타내기
도 하고, 전륜성왕의 몸을 나타내기도 합니다.

(17)
⑬ 又十方世界에 所有衆聲 上中下의 音이 皆能變之하여 令作佛聲하고,
演出 無常 · 苦 · 空 · 無我之音하며,
及十方諸佛 所說種種之法이 皆於其中에 普令得聞하느니라.

又十方世界 所有衆聲 上中下音 皆能變之 令作佛聲 演出無常苦空無我之音　또 시방세계의 모든 중생들이 갖는 갖가지 소리, 큰 소리, 중간 소리, 작은 소리들을 모두 부처님의 음성으로 만들어 무상과 고와 공과 무아를 알리는 소리로 변하게 합니다.

'佛聲(불성)'이 티베트본에는 '불·법·승의 소리'로 되어 있습니다.

及十方諸佛 所說種種之法 皆於其中 普令得聞　또 시방의 모든 부처님들이 설하는 갖가지 법을 그 속에서 언제 어디서나 듣게 합니다.

(18)
舍利弗이여, 我今略說 菩薩의 不可思議解脫之力이어니와
若廣說者이면 窮劫不盡이니라."

舍利弗 我今略說菩薩 不可思議解脫之力　사리불이여, 내가 지금 설한 보살의 불가사의한 해탈의 힘은 그 간략한 일부일 뿐입니다.

若廣說者 窮劫不盡　자세히 말한다면 겁이 다할 때까지도 끝나지 않을 것입니다.

여기서 유마거사의 불가사의해탈에 대한 이야기가 끝났습니다.

4. 가섭의 찬탄

(19)
是時에 大迦葉이 聞說 菩薩의 不可思議解脫法門하고
歎未曾有하여 謂舍利弗하되,
"譬如 有人이 於盲者前에 現衆色像하여도 非彼所見이니,

一切聲聞이 聞是 不可思議解脫法門하고 不能解了 함이 爲若此也이니라.

智者는 聞是하고 其誰 不發阿耨多羅三藐三菩提心이리오.

我等이 何爲永絕其根하고 於此大乘 已如敗種인저.

一切聲聞이 聞是 不可思議解脫法門하면,

皆應號泣에 聲震三千大千世界하고,

一切菩薩은 應大欣慶하고 頂受此法하리니,

若有菩薩이 信解 不可思議解脫法門者는 一切魔衆이 無如之何리라."

大迦葉이 說是語時에 三萬二千天子

皆發阿耨多羅三藐三菩提心하느니라.

是時 大迦葉聞說 菩薩不可思議解脫法門 歎未曾有 謂舍利弗 그때 대가섭이 보살의 불가사의해탈법문을 설하는 것을 듣고 미증유한 일이라 감탄하며 사리불에게 말했다.

여기는 대가섭을 등장시켰어요. 대가섭 하면 사리불, 목련 다음가는 제자죠. 대가섭이 등장해서 불가사의해탈법문의 위력 앞에 굴복하는 겁니다.

譬如 有人於盲者前 現衆色像 非彼所見 비유컨대 한 사람이 장님 앞에 갖가지 색상(色像)을 보여주어도 장님이 그것들을 못 보는 것과 마찬가지로.

一切聲聞 聞是不可思議解脫法門 不能解了 爲若此也 모든 성문은 이 불가사의해탈법문을 들어도 그것이 무슨 뜻인지 알아듣지 못하니, 바로 이와 같은 것이오.

智者聞是 其誰不發阿耨多羅三藐三菩提心 지혜 있는 사람이라면 이 법문을 듣고 그 누가 아뇩다라삼먁삼보리심을 발하지 않겠소?

我等 何爲永絕其根 於此大乘 已如敗種 그런데 우리들은 어찌하여 이

대승 앞에 그 뿌리를 끊어 버려서 썩은 종자같이 되었단 말이오?

'敗種(패종)', 마치 싹이 돋아나지 못하게끔 된 종자와 같이 우리는 이 대승을 앞에 두고도 못 알아듣는 존재들이 됐단 말인고? 이렇게 대가섭이 한탄을 한 것이죠.

一切聲聞 聞是不可思議解脫法門 皆應號泣 聲震三千大千世界　일체의 성문들이 이 불가사의해탈법문을 듣게 되면 모두 대성통곡하여 그 소리로 삼천대천세계를 진동시킬 것이오.

一切菩薩 應大欣慶 頂受此法　그러나 일체의 보살들은 이 법문을 듣자마자 기뻐 어찌할 바를 모르며 왕관을 받는 왕자처럼 이 법을 받을 것이오.

왕관을 받는 것은 산스크리트어로 abhiṣeka인데, 왕자가 장차 왕이 되도록 책봉 받는 의식을 말합니다. 어쩌면 왕관을 받는 것이 아니라 관정(灌頂) 받는 것을 의미했을지도 모르겠습니다. 흔히 보살을 관정 받는 왕자에 비유하기도 하죠.

若有菩薩 信解不可思議解脫法門者 一切魔衆 無如之何　만약 보살이 이 불가사의해탈법문을 알고 믿는다면, 온갖 마구니의 무리들도 보살을 어찌하지 못할 것이오.

여기서 '信解(신해)', '믿고 이해한다'는 말이 참 중요합니다. 불가사의해탈법문은 뭘 모르면서 믿는 것이 아니라 알고 믿는 거예요. '신'과 '해'는 언제든지 같이 따라다니는 글자입니다. 알고 믿는 거예요. 그냥 맹신이 아닙니다. 덮어놓고 믿으라는 것이 아니에요. 의심이 남아 있는 상태에서 믿는 것은 안 된다는 말이죠. 그러니까 성문들은 이 신해가 없이 맹목적인 충성심으로 따라가는 사람들이었다는 거죠. 오늘날 우리 불교에 있어서도 제일 중요한 것은 알고 믿어야 한다는 겁니다. 그러니까 아는 것이 필요하고 끊임없이 의심하라는 거예요. 의심은 생기게 마련이고 처음부터 깨달을 수는 없는 거죠. 그것을 하나하나 해명해 가는 겁니다. 결국은 풀리게끔 되어 있는데, 많이 공부하지 않으면 풀리지 않는단 말이에요. 또 좋은 길 안내자가 있어야만 그것이 풀립니다.

불가사의해탈법문을 신해하고 있어야 보살이지, 이름뿐인 보살은 소용이 없을 거예요. 마구니의 무리들이 아무리 그 보살들을 해치려고 해도 파괴하고 타락시키지를 못할 것이다. 이렇게 대가섭이 신앙고백처럼 말하고 있습니다.

大迦葉說是語時 三萬二千天子 皆發阿耨多羅三藐三菩提心 대가섭이 이와 같이 말했을 때 삼만 이천의 천자들이 다 아뇩다라삼먁삼보리심을 발하였다.

5. 마왕이 된 보살

(20)
尒時에 維摩詰이 語大迦葉하되,

"仁者여, 十方無量阿僧祇世界中에 作魔王者는

多是 住不可思議解脫菩薩이니,

以方便力으로 教化衆生하여 現作魔王하니라.

又迦葉이여, 十方無量菩薩에게 或有人이 從乞 手足耳鼻頭目髓腦와

血肉皮骨 聚落城邑과 妻子奴婢 象馬車乘, 金·銀·琉璃·車渠·馬瑙·

珊瑚·琥珀·眞珠·珂貝, 衣服·飮食이면,

如此乞者는 多是 住不可思議解脫菩薩이니

以方便力으로 而往試之하고 令其堅固케 하니라.

所以者何뇨 하니, 住不可思議解脫菩薩은 有威德力故로

現行逼迫하여 示諸衆生의 如是難事니라.

凡夫는 下劣하여 無有力勢니 不能如是逼迫이니라.

菩薩은 譬如 龍象蹴踏을 非驢所堪이니

是名 住不可思議解脫菩薩의 智慧方便之門이라 하니라."

介時 維摩詰語大迦葉 그때 유마힐이 대가섭에게 말했다.

仁者 十方無量阿僧祇世界中 作魔王者 多是住不可思議解脫菩薩 가섭이여, 시방 무량 아승기 세계에서 마왕이 된 자들 중에는 불가사의해탈에 주하는 보살들이 많습니다.

以方便力 敎化衆生 現作魔王 방편력으로써 중생을 교화하기 위해서 마왕의 모습을 나타내 보이고 있는 것입니다.

나는 이 대목이 중요하다고 생각합니다. 마왕의 모습을 하고 있는 사람들 가운데에도 방편력으로써 중생을 교화하기 위해 그런 모습을 나타내 보이고 있는 경우가 많죠.

어제 저녁 어느 대학 불교학생회에 강연을 하러 가는 길에 거기 회장이라는 아이와 이야기를 나누었습니다. 이런 이야기 저런 이야기 하다가 요즘 고등학교 애들 이야기가 나왔습니다. 학교가 가기 싫은 데인가 봐요. 나쁜 아이들도 많고, 얼마나 세차고 못되게 구는지 무섭다고 하대요. 그 나이는 물불을 가리지 않거든요. 그런데 그런 놈들이 오히려 나이를 먹으면 아주 의젓해지고 딴사람이 된다고 합니다. 나는 그 말이 참 맘에 들었습니다. 그런 아이들은 자기가 원해서 마왕이 된 것은 아니겠지만, 사람이라는 것이 언제 어떻게 달라질지 모르죠. 아주 착실하던 사람도 미치광이가 되고, 그렇게 될 수도 있잖아요.

그러니까 자기가 의식하지 못하는 사이에 마왕이 돼 있는 경우가 많을 거예요. 지금 당장 좀 못되게 군다고 해서 이 놈들은 전연 딴 종자니 어떠니 하면서 격리시키고, 어디다 가두어 놓고, 그렇게 속단하는 것도 문제가 많겠죠. 실제로 살아가는 일은 참 어렵습니다. 이렇게 보기 싫고 못된 짓 하는 사람들과도 같이 살아야 되고, 화목하게 살아가야 되죠.

又迦葉 十方無量菩薩 或有人 從乞手足耳鼻頭目髓腦血肉皮骨 聚落城邑 妻子奴婢 象馬車乘 金銀琉璃 車㟪馬瑙 珊瑚琥珀 眞珠珂貝 衣服飮食 如此 乞者 多是住不可思議解脫菩薩 또 가섭이여, 시방의 무량한 보살들에게 손, 발, 귀, 코, 머리, 눈, 골수, 뇌, 피, 살, 가죽, 뼈와 취락, 성읍, 처자, 노비, 코끼리, 말, 갖가지 탈것들과 금, 은, 유리, 차거(車㟪), 마노, 산호, 호박, 진주, 조개나 의복과 음식, 이런 것들을 구걸하는 사람이 있으면, 이 사람들은 대부분 불가사의해탈에 주하는 보살입니다.

以方便力 而往試之 令其堅固 방편력으로써 보살들을 시험하고 견고하게 하기 위해 온 것입니다.

그렇죠. 그때 화내거나, 대항해서 싸우거나, 죽여 버리거나 그렇게 하는 것은 불교가 아니거든요. 이들도 다 우리를 견고하게 하려고 온 사람들, 시험하려고 온 사람들입니다. 불가사의해탈에 주하는 보살들이라는 거죠. 보살이 변화된 몸으로 내게 가까이 와서 하기 어려운 일을 강요하는 겁니다. 석가모니 부처님의 전생 이야기, 본생담(本生譚)을 보면, 이런 것 달라는 경우가 많아요. 그때마다 전생의 부처님은 다 주잖아요. 마지막 순간에는 골수까지 다 줘요. '내 문둥병은 당신 뼈다귀 속에 있는 골수를 먹으면 낫는다는데 그것 좀 꺼내 줄 수 없소?' 하니까, '아, 그래 가져가시오' 하고 다 줍니다. 그렇게 다 내놓고 자기는 죽게끔 되는데, 사실 그 사람은 죽는 것이 아니라 다시 새로운 삶을 시작하는 거죠. 그러니까 예수가 십자가에 못 박힌 것도 똑같은 이야기입니다. 그것도 보살인데, 그것을 너무 많이 이용해 먹죠. 예수는 그렇게 했으면 그걸로 되는 건데, 하지도 않은 제자란 놈들이 그걸 자꾸 이용해서 예수 팔아먹고 그런 면이 좀 있죠. 불가사의해탈보살, 굉장한 능력을 가지고 있는 보살입니다.

所以者何 住不可思議解脫菩薩 有威德力故 現行逼迫 示諸衆生 如是難事 왜냐하면 불가사의해탈에 주하는 보살은 위덕의 힘이 있기 때문에, 핍박하는 모습을 나타내어 이와 같이 어려운 일을 중생들에게 요구하는 것입니다.

凡夫下劣 無有力勢 不能如是逼迫 범부는 열등하고 힘이 없기 때문에 이와 같은 일을 능히 해내지 못합니다.

菩薩 譬如龍象蹴踏 非驢所堪 보살은 마치 한 마리의 용이나 코끼리가 땅을 걷어차며 습격해 올 때 당나귀가 감히 대적할 수 없는 것과 같이 힘차고 불가사의합니다.

이런 것은 선사들도 하는 이야기입니다. 『증도가』 같은 데에서도 '용이나 코끼리의 거센 행진 앞에서 당나귀 네가 대적을 한단 말이냐?' 하는 이야기가 나오지 않습니까? 당나귀 꼴로 '부처님, 제게 어떤 마구니의 위험이나 시련도 없도록 도와주십시오. 나에게 어떠한 고통이나 어려움도 닥쳐오지 않도록 해 주십시오' 이렇게 비는 것은 불교도의 올바른 자세가 아니라는 것이 여기 나오죠. 고통, 그것은 다시 한 번 용기를 가지고 나를 더욱더 견고하게 만들어 정말 용감한 존재가 되도록 하는 좋은 수행의 계기라고 생각하고, 그것을 극복하고 이겨내는 것이 진정한 불도라는 겁니다. '부처님, 내게 왜 이런 일을 주십니까?' 이렇게 하라는 것이 아니죠. 여기 나온 불교는 적어도 그렇게 비는 불교가 아닙니다. 그러니까 어느 불교를 믿을 거냐? 어떤 불교를 믿는 사람이 믿을 만한 사람이냐? 이것이 문제라는 거죠.

是名住不可思議解脫菩薩 智慧方便之門 이를 일컬어 불가사의해탈에 주하는 보살의 지혜방편의 문이라고 하는 것입니다.

불가사의해탈, 『유마경』이 왜 선사들에 의해서 높은 평가를 받아 왔는지 그 까닭을 알 수 있습니다. 선종에서는 경을 존중하지 않는 전통이 있었지만, 『유마경』의 정신은 그냥 그대로 선종에 흡수되어 살아 있다고 볼 수 있습니다. 그래서 선종에는 스님들과 대등한 위치에서 활동한 방거사(龐居士) 같은 거사들이 많지 않았습니까? 승복 입고 안 입고가 중요한 것이 아니고, 조그만 계율만 중시하는 것도 중요한 것이 아니었죠. 한산(寒山)이나 습득(拾得)도 계율이나 잘 지키는 아주 예의바른 스님은 아니었습니다. 그런 특색들이 선종인 우리 불교에도 있으니까, 그런 점에서도 『유마경』을 더 탐구해 보아야 할 것입니다. 그런데 『유마경』을 고려시대나 혹은 조선시대의 스님들은 법회라는 데에서 도대체 이야기 할 수 없는 처지였어요. 특히 조선시대에는, 절간에서 경을 혼자서 읽었지 사람들 모아 놓고 법회를 못 했거든요. 고려시대에는 법회를 많이 했지만, 『유마경』의 내용을 설법하면서 그 정신을 진작하고 뭐 이런 것은 없었다고요. 밤낮 복만 빌고 그랬죠. 그런데 신라시대는 아니었단 말이에요. 신라의 불교에는 정말 이 『유마경』의 정신이 살아 있었습니다. 화랑들도 바로 그런 기상을 가진 사람들이었습니다.

불연 이기영 전집

불연 이기영 선생의 전(全) 저술을 모아 전집을 발간합니다. 1960년대 한국불교
계에 혜성과 같이 나타나 한국불교 및 불교학의 현대화와 보살정신에 입각한 새로운
대승불교운동의 고취에 힘써 한국 현대불교사에 뚜렷한 족적을 남긴 불연선생은 생
전에 정력적인 저술과 강의 · 강연 활동을 펼쳤습니다. 본 전집은 선생이 남긴 저서와
역서, 논문과 수필, 법문, 강의록 등을 총망라하여 선생의 업적을 일목요연하게 정리
하고 후세에 전하는 의미가 있습니다. 아래와 같은 체제에 따라 각 권을 연차적으로
발간하여 앞으로 수년 내에 전집을 완간(完刊)하는 것을 목표로 하고 있습니다.

- • 1.『원효사상 —세계관—』(1967, 2002)
- • 2.『원효사상 70講 —새벽의 햇빛이 말하는 의미—』(1991, 2003)
- 3.『원효사상연구 I』(1994)
- • 4.『원효사상연구 II』(2001)
- • 5.『한국불교연구』(1982, 2006)
- 6.『한국의 불교』
- 7.『참회의 기원』(Aux origines du Tchan-houei 懺悔, Aspects bouddhiques de la pratique penitentielle)(1960)
- • 8.『석가』(1965, 1999, 2007)
- 9.『종교사화』(1978)
- 10.『불전해설』(1978)
- • 11.『불교와 사회』(1977, 1999)
- • 12.『사색인의 염주』(1977, 1999)
- • 13.『하나의 의미』(1977, 1999)
- 14.『마음의 철학』(1987)
- 15.『영원히 하나가 되는 길』(1987)
- 16.『별처럼 달처럼 태양처럼』(1991)
- • 17.『내 걸음의 끝은 마음에 있나니 —이기영교수의 삶과 사색—』(1997)
- • 18.『다시 쓰는 한국불교유신론』(1998)
- 19.『금강삼매경론』(1972, 1996)
- 20.『한국의 불교사상』(1976)
- 21.『증도가 · 십우도』

※ 괄호 안의 연대는 초간 연도임.
   • 는 전집 체제로 旣출간.
   진행 상황에 따라 구성에 다소 변동이 있을 수 있음.

유마경강의

상권

지은이/이기영
펴낸이/정호영
펴낸곳/사단법인 한국불교연구원
만든곳/사회평론

발행일/2000년 11월 4일 초판 1쇄 발행
      2010년 5월 20일 초판 2쇄 발행
등록/제1-500호(1972. 9. 12)
주소/서울시 종로구 익선동 55 현대뜨레비앙 148호
전화/(02)762-5624~6, 전송/(02)762-5627

불연전집 편집/이주형, 고흥순, 서광구, 조문현, 정복선, 이수경, 이순광

값 13,000원

ISBN 978-89-7554-029-5 94220
ISBN 978-89-7554-014-1 (전집)
* 지은이와의 협약에 따라 인지는 생략합니다.
* 잘못된 책은 바꾸어 드립니다.

제작 · 공급/(주)사회평론(T. 02-326-1182, F. 02-326-1626)